Anton Praetorius

Kämpfer gegen Hexenprozesse und Folter

Zum 400 jährigen Gedenken an das Lebenswerk eines protestantischen Pfarrers

Bild 1 Wappen aus Praetorius "de pii"

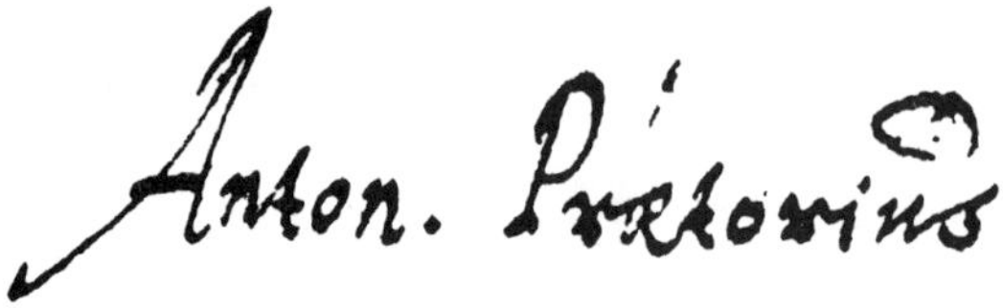

Titelbild: Sammelhinrichtung mehrerer Hexen durch Verbrennung
Wickiana, Ende des 16. Jahrhunderts

Gestaltung des Umschlags und der Farbseiten durch Rainer Waszkiewitz, Unna
Bild 2 (oben) Unterschrift Praetorius [1]

Landschaftsverband
Westfalen-Lippe www.lwl.org

Anton Praetorius

Kämpfer gegen Hexenprozesse und Folter

Bild 3 AP

Eigenverlag

Hartmut Hegeler
Sedanstr.37, 59427 Unna, Tel./Fax 02303- 53051
Email: Hartmut.Hegeler@web.de
2002

ISBN 3-00-009225-0

Druck: Offset Druckerei Pohland, Partnachweg 1, Augsburg
Printed in Germany

9

AD AVCTOREM
LIBRI.

ECcleſiæ tu filius,
Patris Deiq; ſervulus:
Eccleſiam matrem colis,
Patrisq; juſſa perficis,
Dum corde, pennâ, linguâ,
Quæ vera ſunt & cognita,
Promis, fateris, & ſeris,
Latè propagas, & metis.

Verum doces puriſſimè,
Falſum refutas ſobriè.
Dociles juvas, & territos
Solaris, hinc & improbos
Graviter mones & arguis,
Sic omnibus prodeſſe vis.

Si fortè cunctis non placet,
Liber tuus quod continet;
Si forſan & calumniis
Obnoxius multis eris:
Ad te quid hoc? Sic moris eſt:
Proferre qui nulla poteſt,
Alios premit, ſi proferant,
Sic invidet, quòd floreant.

Sed quis placebit omnibus?
Satis eſt piis laboribus
Juviſſe multos, & Deo
Soli probari maximo.

B Quare

Bild 4 Widmung an Anton Praetorius von Hermann Pistorius 1. Teil [2]

10

Quare, gener, moveberis
Prorſus nihil calumniis.
Quin perge, perge fortius
Prodeſſe ſcriptis pluribus.
Nunquam carebis præmio,
Sanctis probaris, & Deo.
Fidelis eſto in parvulis,
Majoribus ſervaberis.

Herm. Piſtor. Altenkirch.
Soc. p. g. ſ.

Bild 5 Widmung an Anton Praetorius von Hermann Pistorius 2. Teil
(Übersetzung nächste Seite)

AD AUCTOREM LIBRI

(Widmung an Anton Praetorius von Hermann Pistorius 1602)

Ecclesiae tu filius,
Patris Deique servulus:
Ecclesiam matrem colis,
Patrisque jussa perficis,
Dum corde, penna, lingua.
Quae vera sunt et cognita,
Promis, fateris et seris,
Late propagas, et metis.

Verum doces purissime,
Falsum refutas sobrie.
Dociles juvas, et territos
Erschreckten
Solaris, hinc et improbos
Graviter mones et arguis,
Sic omnibus prodesse vis.

Si forte cunctis non placet,
Liber tuus quod continet;
Si forsan et calumniis

Obnoxius multis eris:
Ad te quid hoc? Sic moris est:
Proferre qui nulla potest,
Alios premit, si proferant,
Sic invidet, quod floreant.

Sed quis placebit omnibus?
Satis est piis laboribus
Juvisse multos et Deo
Soli probari maximo.

Quare, gener, moveberis
Prorsus nihil calumniis.
Quin perge, perge fortius
Prodesse scriptis pluribus.
Nunquam carebis praemio,
Sanctis probaris et Deo.

Fidelis esto in parvulis,
Majoribus servaberis.

Herm. Pistor. Altenkirch.
Soc. p. g. f.[3]

An den Autor des Buches

Du, der Kirche Sohn,
Knechtlein des Vaters und Gottes,
ehrst als Mutter die Kirche,
und führst aus des Vaters Befehle,
indem Du mit Herz, Feder und Zunge,
was wahr ist und bekannt,
hervorbringst, bekennst und aussäst,
weithin fortpflanzest und erntest.

Das Wahre lehrst Du auf das reinste;
Das Falsche weist Du nüchtern zurück.
Die Verständigen förderst Du und die

stärkst Du. Auch die Ruchlosen hier
mahnst und beschuldigst Du gewichtig.
So willst Du allen nützen.

Wenn zufällig nicht allen gefällt,
was Dein Buch enthält,
wenn vielleicht auch durch trügerische An
klage
Du vielen als schuldig gelten wirst,
was geht dies Dich an? So ist es der Brauch.
Wer nichts hervorzubringen vermag,
bedrückt andere, wenn sie etwas schaffen.
So neidet er, weil sie in Blüte stehen.

Wer aber wird allen gefallen?
Genug ist's, durch fromme Mühen
vielen geholfen zu haben und Gott
allein zu gefallen, dem Größten.

Daher, Schwiegersohn, erschrecken wirst Du
durchaus nicht vor haltlosen Anklagen.
Vielmehr fahre fort, fahre mutiger fort,
zu nützen durch zahlreiche Schriften.
Niemals wirst du des Lohnes entbehren.
Bei den Heiligen findest Du Billigung und bei
Gott.

Treu sei in den kleinen Dingen.
In den größeren wirst Du Rettung finden.

Übersetzung: B. Schmanck
Im Mai 2001

Inhaltsverzeichnis

Dank an Sponsoren 9
Vorwort 10
Das Leben des Anton Praetorius 18
Gewaltige Umwälzungen um 1560 18
In Lippstadt geboren 19
In Kamen leben - in Kamen lehren - in Kamen lieben 25
Wanderjahre: Worms, Oppenheim 27
Lutheraner und Calvinisten bekämpfen sich 28
Pfarrer im Weinort Dittelsheim 30
Der Dalberger Hexenprozess 32
Ein Dittelsheimer staunt über das große Fass 32
Der Taufstein wird in Stücke geschlagen 37
Die Pest schlägt zu 38
Die Kirche ist leer - Einführung in Offenbach? 39
Lobgedicht auf den Grafen von Ysenburg 40
Umzug: Brief des Grafen an den Schultheiß Darheim 44
Umzug: Antwort des Schultheiß an den Grafen 46
Gemeinden wehren sich gegen Neuerungen der Reformierten 48
Zank über die Einführung des neuen Pfarrers 49
Hofprediger in Birstein 50
Die Birsteiner Kapelle wird zur reformierten Kirche umgebaut 51
In Büdingen leben die Untertanen "in allerlei Sünde und Schande" 52
Im Büdinger Land: die Pest und das Hexengeschmeiß 54
Das Jahr 1597 - Wendepunkt des Lebens von Anton Praetorius 55
Heirat in Muschenheim (bei Lich) 56
"Haußgespräch" 57
Schlechtes Wetter 59
Der Teufel ist fleißiger als je zuvor 61
9. März 1597: Anton Praetorius spricht mit dem Schulmeister 61
Die versteckte Botschaft: "mit großem jammergeschrey" 66
Peinliche Vernehmung von "Eulen Anna" 67

Walpurgisnacht im Büdinger Land 67
Was bedeutet "Hexe"? 68
Gespräch von Praetorius mit dem Schulmeister 68
Der Hexen- Prozess in Birstein beginnt 80
Praetorius verfasst einen Katechismus 83
Der Hexenprozess in Birstein nimmt seinen Verlauf 85
Was Gott uns zum rechten Umgang mit Hexenprozessen gelehrt hat 85
Auseinandersetzung auf Leben und Tod "O Ihr unrichtigen Richter!" 90
Mit dem Leben davonkommen 106
Eine verschlüsselte Botschaft und ihre Lösung 110
Wie wollt Ihr aber die Zauberei ausrotten? 112
Brief des Praetorius an den Grafen 114
Ein neuer Schulmeister für Birstein 116
Der Pfarrer in Lebensgefahr 117
Zuflucht in Laudenbach a.d. Bergstrasse 118
Streit zwischen Anton Praetorius und seiner Frau Sibylle 120
1598: "Bericht von der Zauberey" 124
Praetorius findet einen Drucker in Lich 126
Pferdesterben in Laudenbach 128
1602 - das Buch unter dem eigenen Namen 131
Theologische Streitschrift "de sacrosanctis" 131
"Widerwärtigkeiten in der Ehe" 134
Bittbrief an den Grafen 134
Kommentar zu dem Brief des Anton Praetorius 136
1602: Lutherische Theologen schreiben ein Gutachten zur Zauberey 139
Die Entscheidung des Grafen - der Sohn studiert 139
Was ist aus Johannes geworden? 141
Die Windel und das kranke Kind in Laudenbach 142
Besuch aus Unna/ Westfalen - Freunde in Kamen 143
Almosen für die Armen, Umbau der Kirche, ein Friedhof für Laudenbach 152
1613: ein Schicksalsjahr 155
"Über die Widmungen muss ich noch einmal nachdenken": 155
Die Hilfe der kurpfälzischen Pfarrer 155
Ein Gedicht vom Heppenheimer Pfarrer 160
Freunde und Gesinnungsgenossen selbst in Danzig 161
Jodocus kommt - Johannes stirbt 165
Die letzte Trauung in Weinheim 165
Das Nachtmahl mit dem Schulmeister 175
Beerdigung durch den Hemsbacher Pfarrer 178
Beerdigungspredigt 178
Wo ist das Grab von Praetorius? 181
1613: sein Buch gegen den Hexenwahn erscheint zum 3. Mal 182
1629: sein Buch erscheint zum 4. Mal 185
Spätere Stimmen zum Wirken von Praetorius 187
Lebensdaten von Pfarrer Anton Praetorius 189

Anhang 191
Grevels Recherchen zur Person des Praetorius 191
Luthers Kleiner Katechismus/ Heidelberger Katechismus über Zauberei.. 192
Stellung Luthers und Calvins zur Hexenverfolgung 192
Der Vorname "Anton" und der Nachname "Praetorius" 193
Exkurs zur Pest 195
Exkurs zur Kleinen Eiszeit 197
Zum Schloss von Birstein 198
Berühmte Mitglieder der Familie Cisnerus (Kistner) 200
Zeitgeschichtliche Anspielungen auf Erich II. von Braunschweig 200
Streit von Reformierten und Lutheranern in Unna um 1595 202
Bau des Hochaltars zu Sankt Johann in Danzig 203
Exkurs ins Jahr 1615 zum Wirken des R. Kleinfeld für die Stadt Danzig.. 204
Abkürzungen 205
Index 206
Abbildungsverzeichnis 216
Literaturverzeichnis 220
Anmerkungen 233

Dank an Sponsoren

Herzlichen Dank an folgende Sponsoren, die durch ihre Unterstützung die Drucklegung dieses Buches ermöglicht haben:

Bürgermeisteramt Laudenbach, Rhein-Neckar-Kreis
Evangelischer Kirchenkreis Unna
Evangelische Landeskirche in Baden
Geschichtsverein Oppenheim, Dr. Martin Held
Hermann M. Wind, Laudenbach
Hessisches Ministerium für Wissenschaft und Kunst
Kirchenvorstand Ev. Pfarramt Muschenheim
Landeskirchenamt Ev. Kirche von Kurhessen-Waldeck
Landschaftsverband Westfalen-Lippe
Lippisches Landeskirchenamt Detmold
S.D. Fürst von Isenburg-Birstein
Stadt Lippstadt

Bild 6 Graphik aus Praetorius, Bericht 1613

Vorwort

In den 200 Jahren seit der letzten Hexenhinrichtung hat sich keine christliche Kirche als Institution jemals zu den Hexenverfolgungen geäußert. Erst 1997 veröffentlichte die Synode der Evangelisch Lutherischen Landeskirche in Bayern aufgrund von Eingaben einzelner Christen eine Stellungnahme zu den Hexenverfolgungen in Bayern und zu der Haltung der Reformatoren zu den Hexenprozessen.[4] Mit Bayern gehörte Westfalen zu den Gebieten mit der höchsten Anzahl von Hexenprozessen. Im Jahr 2000 gründeten Frau Pfarrerin Markmann und ich den Arbeitskreis "Hexenverfolgungen in Westfalen" mit dem Ziel, die Landessynode der Evangelischen Kirche von Westfalen um eine Bestandsaufnahme der Hexenprozesse in Westfalen und eine theologische Stellungnahme zu bitten. Die Landessynode der Evangelischen Kirche von Westfalen hat unserem Antrag im November 2001 zugestimmt und ihn zur weiteren Beratung an die Kirchenleitung überwiesen.

In unserem Arbeitskreis waren wir erstaunt, wie viele Menschen über dieses Kapitel der Geschichte/ Kirchengeschichte nicht ausreichend informiert sind und wie viel wir selber dazu lernten. Es gibt wichtige Gründe, dass die Kirchen das Thema "Hexenverfolgungen" nicht länger totschweigen sollten. Die Hexenprozesse am Beginn der Neuzeit zählen zu den größten, nicht kriegsbedingten Massenvernichtungen von Menschen durch Menschen. 200 Jahre nach der Hinrichtung der letzten Hexe ist die Mehrzahl unserer Bevölkerung überzeugt, dass Hexenprozesse und Folter in kirchlicher Regie stattfanden und auf Urteilen kirchlicher Gerichte beruhten. Dies ist falsch, denn die Hexenprozesse fanden vor weltlichen Gerichten statt. Eine von uns hierzu durchgeführte Umfrage brachte sowohl unter kirchenfernen Personen wie unter kirchlichen Mitarbeitern das gleiche Ergebnis: die Menschen sind der festen Meinung, dass die Durchführung der Hexenprozesse in direkter Verantwortung der Kirchen lag. Daher sollte es im unmittelbaren Interesse der Kirchen liegen, hierzu sachgerechte Informationen auf breiter Ebene zugänglich zu machen - gerade in einer Zeit, wo die Kirchen die ökumenische Dekade zur Überwindung der Gewalt ausgerufen haben und sich um Menschenrechte und um mehr Glaubwürdigkeit ("Kirche mit Zukunft") bemühen.

Die sogenannte Hexenjagd wurde in erster Linie "nicht von der Kirche getragen, sondern von der abergläubischen Bevölkerung und einer unfähigen Justiz, die sich zum Erfüllungsgehilfen der öffentlichen Meinung machte."[5] Die Zauberprozesse waren "Folge eines Mangels an Religiosität in den Notzeiten von Kriegen, Seuchen und Hungersnöten."[6] "Sie betrafen nicht gezielt Frauen, sondern auch Männer, Kinder, Geistliche und reiche Amtleute. Der Aberglaube war insgesamt kein Resultat mangelnder Bildung, sondern wurde vor allem von den führenden Gelehrten der Zeit mit wissenschaftlich klingenden Argumenten verbreitet."[7]

"Dies sind Ergebnisse der Untersuchung der umfangreichen 'Wehmütigen Klage' von Hermann Löher, eines aus Münstereifel gebürtigen Bürgermeisters und Schöffen zu Rheinbach bei Bonn. Er war Mitwirkender eines Tribunals, das von 1630 bis 1640 etwa 150 Zauberverdächtigte verbrannte. Historische Zeitdokumente und neuere Forschungsergebnisse bestätigen seine Beobachtungen. Sie zeigen, dass verbreitete Ansichten über die sogenannte 'Hexenjagd' einer Korrektur bedürfen."[8]

Aus der Rückschau wird heute deutlich, dass eine dramatische Klimaverschlechterung eine der Hauptursachen für die ökonomische Notsituation jener Zeit war. Aus katastrophalen Ernten resultierten Hungersnöte, Seuchen, Kriege und Suche nach neuem Lebensraum. Allerorts vermutete die leidende Bevölkerung (und die Obrigkeit) eine ungeahnte Verschwörung böser Mächte als Schuldige für die wirtschaftliche Not. Es begann eine beispiellose Hexenjagd.

Entgegen landläufigen Vermutungen fanden in protestantischen Gebieten genauso viele Hexenprozesse statt wie in katholischen. Die Reformatoren Luther und Calvin glaubten an die Existenz von Hexen und forderten entschieden ihre Verfolgung und Hinrichtung. Die Aussagen von Luther und Calvin über Hexerei/ Zauberei sind zusammengefasst im reformierten Heidelberger Katechismus und im Kleinen Katechismus von Luther. Es überrascht, dass diese unkommentiert ins neue EG Evangelisches Gesangbuch von 1996 übernommen worden sind. Beide Katechismen sind bis heute offizielle Grundlage des Kirchlichen Unterrichts (vgl. Anhang auf Seite 192).

Demgegenüber muss festgestellt werden: Es gab keine Hexen oder Hexer, sondern nur Frauen, Männer und Kinder, die durch die Folter dazu gemacht wurden. Wie im folgenden deutlich wird, spricht Praetorius zwar von der Existenz von Hexern und Hexen, spricht ihnen aber nachdrücklich jegliche außernatürliche Handlungskompetenz und damit Verantwortlichkeit für die klimabedingte Verschlechterung der Lebensbedingungen der Menschen ab. Eindrücklich protestiert er gegen das Quälen von Unschuldigen, das Erpressen von Geständnissen durch die Folter und die Hinrichtung der Beschuldigten.

Den Anstoß zur Entstehung dieses Buches über Anton Praetorius gaben Schülerinnen im Religionsunterricht des Berufskollegs. Im Gespräch über Hexenverfolgungen erkundigten sie sich: "Hat denn keiner der Christen damals etwas gegen Hexenprozesse gesagt?" "Doch, der katholische Jesuit Friedrich Spee von Langenfeld", lautete meine Antwort. - Dass jedoch auch ein engagierter protestantischer Pfarrer seine Stimme gegen Hexenprozesse erhob, davon hatte ich in keiner kirchengeschichtlichen Vorlesung je gehört. Bei einem Besuch in der Ausstellung über Hexenverfolgung im Sauerland im Schieferbergbau- Heimatmuseum in Schmallenberg - Holthausen erregte eine kleine Tafel meine Aufmerksamkeit: "Der erste Westfale, der sich gegen die Hexenverfolgung wandte, war der gebürtige Lippstädter Pfarrer Anton Praetorius". Der freundliche Museumsmitarbeiter suchte eine geschlagene Stunde, bis er schließlich ein letztes Exemplar des Ausstellungskataloges[9] aus dem Jahr 1984 fand. Auf einer halben Seite waren knappe Angaben zu Praetorius abgedruckt, die mich neugierig machten.

Zuhause musste ich zu meiner Enttäuschung feststellen, dass im Lehrbuch der Kirchengeschichte aus meinem Studium ("Heussi, Kompendium der Kirchengeschichte") ein Pfarrer Praetorius nicht bekannt oder keiner Erwähnung Wert befunden worden war. Ich blätterte weiter und merkte, dass dieses Standardwerk von Heussi die gesamte 350-jährige Geschichte der Hexenverfolgung nur in zwei kleinen Absätzen auf insgesamt drei Zentimetern Text abhandelt. Auch bei fast allen anderen protestantischen Kirchengeschichtlern herrscht zum Thema Hexenprozesse totales Schweigen. Über die Beweggründe habe ich gerätselt: ist es ein Versuch, ein unangenehmes Thema zu vermeiden? Unwissenheit? Zufall?[10]

Daher erstaunt es nicht, dass das Wissen über evangelische Gegner der Hexenverfolgung ebenfalls im Dunkel der Vergangenheit fast völlig untergegangen ist. Dieses Schicksal widerfuhr auch Anton Praetorius, der 1602[11] als erster protestantischer Pfarrer ein mutiges Buch gegen Hexenverfolgung veröffentlichte. Um diesen Anlass gebührend zu würdigen, wird zum 400-jährigen Gedenken seines Protestes gegen Folter und Hexenprozesse zum ersten Mal das Leben dieses außergewöhnlichen Kämpfers gegen den Hexenwahn dargestellt und vieles an bislang unentdeckten Dokumenten bekannt gemacht.

Es hat einige Anläufe gegeben, das Leben dieses couragierten Pfarrers zu erforschen. "Nur wenige Heimatforscher versuchten - wie Wilhelm Grevel - Hintergründe stärker biographisch auszuleuchten. Der 1835 geborene Apotheker Grevel war Ende der 90er Jahre bei der Zusammenstellung einer Sammelmappe über gelehrte Söhne der alten Stadt Kamen in den Archiven auf den Namen eines gewissen "Johannes Scultetus" gestoßen, den er bald als Autor eines aus dem Jahre 1598 stammenden Werkes mit dem Titel ´Gründlicher Bericht von Zauberey` identifizieren zu können glaubte. Die Universitätsbibliothek Münster, an die er sich mit der Bitte um Auskunft wandte, musste diese Hoffnungen allerdings enttäuschen. "Die Schrift, die 1598 unter seinem Namen erschien, sei in Wirklichkeit von seinem Vater - dem frühen Verfolgungskritiker Anton Praetorius verfasst worden, informierte man ihn auf einer Karte, die an "Herren Rentner Grevel" adressiert war. Auch der Weyer-Forscher Carl Binz, zeitweiliger Dekan der juristischen Fakultät der Universität Bonn, erteilte Grevel einen abschlägigen Bescheid. Am Ende seiner Recherchen hatte Grevel über Scultetus ´trotz aller Bemühungen nichts erfahren´, obwohl alle Gelehrten, welche über Zauberei und Hexenwesen in neuerer Zeit geschrieben haben, zu Rate gezogen worden waren."[12] (Zu Grevels Forschungen über Praetorius s. Anhang S. 191)

So wie bei Grevel brachten die bisherigen Versuche, Licht in das Dunkel des Wirkens von Praetorius zu bringen, nur einzelne verstreute Puzzleteile zutage. Auch meine Bemühungen, Näheres über Praetorius herauszufinden, begannen entmutigend. Ein altes Pfarrerverzeichnis erwähnt in drei kurzen Sätzen, in welchen Städten Praetorius als Pfarrer gearbeitet hatte. Aber es fand sich kein einziger Hinweis auf eine Beschreibung seines Lebens. Die Lebensumstände und das Wirken von Pfarrer Anton Praetorius erschienen immer rätselhafter. Meine Anfragen bei landeskirchlichen und staatlichen Archiven brachten gar keine Ergebnisse, eher Enttäuschung. "Wir haben keine Unterlagen, wir sehen uns nicht imstande, eine Suche durchzuführen, und wissen auch nicht, wo Sie Material finden können."

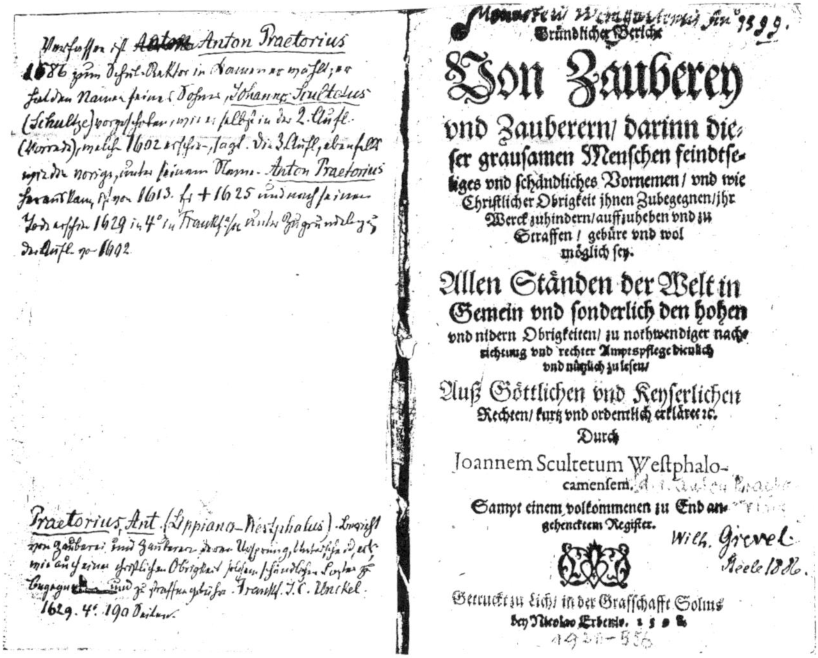
Verfasser ist Anton Praetorius 1586 zum Schul-Rektor in Kamen erwählt; er hat den Namen seines Sohnes, Johannes Scultetus (Schultze) vorgeschoben, wie er selbst in der 2. Aufl. (Vorrede), welche 1602 erschien, sagt. Die 3. Aufl., ebenfalls wie die vorige, unter seinem Namen Anton Praetorius herausgekommen, ist von 1613. Er + 1625 und nach seinem Tode erschien 1629 in 4° in Frankfurt a/M. unter Zugrundelegung der Aufl. von 1602.

Praetorius, Ant. (Lippiano-Westphalus) Bericht von Zauberei und Zauberern, deren Ursprung, Unterschied, etc. wie an seine christliche Obrigkeit solchen schändlichen Laster zu begegnen und zu straffen gebühre. Frankf. J.C. Unckel. 1629. 4°. 190 Seiten.

Gründlicher Bericht Von Zauberey und Zauberern/ darinn dieser grausamen Menschen feindtseliges vnd schändliches Vornemen/ vnd wie Christlicher Obrigkeit jhnen zubegegnen/jhr Werck zuhindern/auffzuheben vnd zu Straffen/ gebüre vnd wol möglich sey.

Allen Ständen der Welt in Gemein vnd sonderlich den hohen vnd nidern Obrigkeiten/ zu nothwendiger nachrichtung vnd rechter Amptspflege dienlich vnd nützlich zu lesen/

Auß Göttlichen vnd Keyserlichen Rechten/ kurtz vnd ordentlich erkläret etc.

Durch Joannem Scultetum Westphalo-camensem.

Sampt einem volkommenen zu End angehencktem Register.

Wilh. Grevel Steele 1886.

Getruckt zu Lich/ in der Graffschafft Solms bey Nicolao Erbenio. 1598.

Bild 7 Grevels handschriftliche Aufzeichnungen auf Praetorius Bericht 1598

Mit Hilfe des Diskussionsforums "Hexenforschung" im Internet[13] suchte ich nach Puzzlesteinen vom Leben des Praetorius. Dabei gaben mir die Moderatoren des Diskussionsforums, Dr. Graf aus Koblenz, Dr. Nix aus Hoffeld, Dr. Schmidt aus Tübingen und andere Teilnehmer des Forums bereitwillig Hinweise.

Interesse und Unterstützung fand ich bei Menschen aus den Orten, in denen Praetorius damals gelebt hat: Herr Rektor a. D. Wind und seine Frau in Laudenbach, Pfarrer Hammann aus Birstein, Pfarrer Bruns aus Muschenheim, Stadtarchivar Kistner aus Kamen, Herr Dr. Decker im Fürstlichen Archiv Büdingen/Birstein, Herr Dresp im Stadtarchiv Lippstadt, Dr. Nieß, Frau Dreuth aus dem landeskirchlichen Archiv Darmstadt, Frau Zimmer aus Lich und viele andere, die ich hier nicht alle nennen kann - sie hörten zu und halfen, das zusammenzutragen, was sich finden ließ. Herr Schmanck erschloss durch seine Übersetzungen lateinische Texte von Praetorius. Herr Waszkiewitz leistete entscheidende Unterstützung bei der Bearbeitung der Abbildungen. Wichtig war die Unterstützung von Superintendent Buß des Ev. Kirchenkreises Unna in Westfalen. Danke für alle Hilfe – auch bei dem "Kampf" mit Computerproblemen und dem Korrekturlesen (H.Wind, H.Möhler, Dr.Nix).

Aus dem Nebel einer fernen Vergangenheit tauchten allmählich Spuren eines Menschen auf, der vor 400 Jahren gekämpft, geliebt, gepredigt und gelitten hat. Langsam entstand das Bild eines der ersten Kämpfer gegen den Hexenwahn. Wo kann man ein Buch von Anton Praetorius finden? Es gibt nur wenige Exemplare in Universitäts- und Staatsbibliotheken - z.B. in München, Heidelberg, Göttingen. Sie können nicht ausgeliehen werden. Meistens ist das Buch in einem Sammelband mit mehreren anderen Werken aus der frühen Neuzeit enthalten. In Frankfurt durfte ich unter der Aufsicht einer Bibliothekarin in dem Buch blättern, die mich eingehend darüber aufklärte, dass besondere Vorsicht bei derart alten Büchern vonnöten sei. Natürlich ist es verboten, Fotokopien des Buches anzufertigen.

Dem interessierten Leser bleibt nur die Möglichkeit, einen Mikrofiche des ganzen Werkes für fünfzig Euro zu bestellen. Vier Wochen musste ich ungeduldig warten, bis vier postkartengroße Filmstücke kamen. Leider konnte ich sie zuhause nicht lesen, weil sie so stark verkleinert sind. Erst in einer Universitätsbücherei konnte ich die vier Mikrofiches entziffern und auf Papier kopieren. Schließlich hatte ich das Buch von Praetorius auf 410 Papierseiten und 200 Euro dafür ausgegeben. Nun konnte ich lesen - voller Spannung. Praetorius schreibt persönlich und spricht den Leser an.

Seit 2001 - ein Jahr später - kann man teilweise das Buch von Praetorius endlich auch direkt im Internet[14] lesen und es ausdrucken. Auf meine Anfragen hin hat es der Server Frühe Neuzeit in München übernommen, die einzelnen Seiten von Praetorius einzuscannen und ins Internet zu stellen. Aber das Buch dort zu lesen, ist immer noch nicht ganz einfach, denn jede einzelne Seite will geladen werden. Bis jetzt ist in 12 Monaten etwa die Hälfte des Buches im Internet zu finden.

Eine große Schwierigkeit bei den Nachforschungen war, dass viele Archive kaum Materialien aus der Zeit vor dem 30-jährigen Krieg enthalten, nicht zuletzt deshalb, weil damals so viel zerstört worden ist. Viele Kirchbücher beginnen erst um 1650. Aber es gibt einige Ausnahmen. Nach monatelanger mühsamer Suche fand ich in einem Archiv[15] einen handschriftlichen Brief von Anton Praetorius! Es war ein Gefühl, als wenn ich Amerika entdeckt hätte. Seine Schrift konnte ich auf Anhieb entziffern.

Freundlich empfangen wurde ich in den Orten, in denen er gelebt hat. Drei Häuser sind erhalten, in denen Praetorius vor 400 Jahren wohnte. In einem Pfarrhaus stieg ich in den Hauskeller mit einem Gewölbe von 1550 und erblickte an der Wand eine alte lateinische Inschrift, die bislang nicht entziffert ist.

Eine Nachricht elektrisierte mich: "Vor 13 Jahren hat eine Pastorin aus Bayern eine Examensarbeit über den 'Bericht über Zauberey` von Praetorius geschrieben". Zufällig erfuhr ich dies bei meinem Besuch im Ort Laudenbach. Nur: die Pastorin hieß nicht mehr so wie früher, sondern hatte geheiratet. Und sie war mehrmals umgezogen! Schließlich erzählte sie mir völlig überrascht am Telefon, dass 1988 der heutige Erzbischof Kretzschmar der russischen Lutherischen Kirche in St. Petersburg (damals Theologieprofessor in Bayern) eine Examensaufgabe über Praetorius gestellt hatte. Ein anderer Prüfling hätte in seiner Hausarbeit sogar eine Geheimbotschaft im Text von Praetorius entschlüsselt. Ich brannte darauf, diese Examensarbeiten zu lesen. Aber wie die Namen der Prüflinge von 1988 herausfinden? In Zeiten des Datenschutzes wahrlich keine einfache Aufgabe. Ein Freund, Pfr. Groll aus München, suchte aus alten verstaubten kirchlichen Amtsblättern die Namen der Prüflinge von damals heraus und aus dem neuen Pfarrerverzeichnis Adressen von heute. Ich habe alle 100 angeschrieben (wenn sich nun schon jemand wochenlang Gedanken gemacht hatte über diesen geheimnisvollen Pfarrer von 1600!) und wartete ungeduldig auf Antwort. Und ich fing selber an, im Bericht von Praetorius nach möglichen Geheimbotschaften zu suchen. An dem Tag, an dem ich auf einen rätselhaft klingenden Absatz von Praetorius stieß, traf ein Paket ein: Pfarrerin Krimm hatte mir alle ihre noch sorgsam verwahrten Prüfungsordner zugesandt mit Anhaltspunkten für die Entzifferung der versteckten Botschaften. Danke für die Zusendung der Examensarbeiten![16]

Was ich zu Beginn nicht ahnte, dass ich in eine Zeit versetzt würde, von der ich wenig wusste: von den kleinen und großen Katastrophen, unter denen die Menschen litten. Nichts ahnte ich von dem erbitterten Kampf zwischen lutherischen und reformierten Christen, ihren Ängsten und Hoffnungen - und von ihrem Glauben an Gott. Eine besondere Bedeutung für das Verständnis der Lebensbedingungen gewannen die Informationen über die damaligen Wetterkatastrophen (vgl. Seite 59). "Belangend die Wetter machen wissen wir, dass solches Gottes Werck ist, dann also sagt der 147. Psalm. ... Da Sodoma, Gemorra ... durch Feuer vom Himmel sollten verderbt werden."[17]

Nach Ansicht vieler Historiker haben klimatische Faktoren bedeutsamen Einfluss auf das Ausbrechen der Hexenverfolgungen und auf Glauben und Aberglauben in der frühen Neuzeit gehabt. Daher finden sich häufig diese Wetterinformationen neben politischen und chronologischen Daten an den Kapitelanfängen dieses Buches oder in den Gang der Erzählung eingebunden. Historisch fachkundige Leserinnen und Leser mögen es nachsehen, wenn durch zeitgeschichtliche Informationen versucht wird, für den allgemein interessierten Leser das Umfeld der Lebensumstände der Menschen zur Zeit von Praetorius zu erhellen und etwas verständlicher zu machen. Zugleich sollen so die Lebensstationen von Praetorius mit allseits geläufigen zeitgleichen Geschichtsereignissen verknüpft werden. Dabei habe ich mich bemüht, einige Faktoren dieser Epoche um 1600 zusammenzutragen: die Wucht der 'reformierten' Reformation Calvins, politische Machtinteressen und die verheerenden Wirkungen der Klimaverschlechterung für das Leben der Menschen. Als Zeitgemälde soll dieses Werk ein tieferes Verständnis wecken für den Kampf von Praetorius gegen Hexenwahn und Folter.

Das Buch möchte dazu beitragen, dass das Leben des Praetorius nicht nur kirchenhistorisch Interessierten, sondern einer breiteren Öffentlichkeit bekannt wird. Deshalb habe ich mich um eine erzählende Darstellung bemüht und zugleich um möglichst große Nähe zu den Quellen. Vieles an bislang völlig unbekannten Dokumenten wird zugänglich gemacht. Ein ausführlicher Index erschließt die zeitgenössischen Orte und Personennamen. Gleichzeitig werden durch die Quellenangaben in den Anmerkungen Hinweise geboten für weitere Forschungen. Vielleicht können so vor allem in den Gebieten, in denen Praetorius lebte, Anregungen zu einer weiteren heimatgeschichtlichen Spurensuche gegeben werden.

Eine besondere Herausforderung waren die Widmungen von Praetorius. Ich entdeckte, dass er in seinem Bericht von 1613 einzelne Personen in ganz Deutschland hervorhebt - überraschenderweise auch aus meinem eigenen Heimatort Unna und der Nachbarstadt Kamen. Doch wer waren diese Menschen? Die Suche nach ihren Lebensgeschichten verlief zum Teil auf abenteuerliche Weise. Das Wirken dieser Personen wird (zum Teil im Anhang) etwas ausführlicher dargestellt. So ergibt sich ein umfassenderes Bild dieser Epoche, und wir erfahren, welche Probleme diese mit Praetorius befreundeten Menschen in verschiedenen Teilen Deutschlands bewegten.

Eine Gesamtwürdigung der Theologie von Anton Praetorius kann derzeit noch nicht erfolgen, da bisher keine Übersetzung seines in Latein verfassten zentralen theologischen Werkes "de sacrosanctis" vorliegt, welches 312 Seiten umfasst. Vornehmliches Anliegen dieses Buches ist daher, in einem chronologischen Aufriss den weitgehend unbekannten Lebensweg von Praetorius darzustellen und Anstöße zu geben zu einer angemessenen Würdigung dieses protestantischen Kämpfers gegen Folter und Hexenprozesse.

Zum Sprachgebrauch: Oft habe ich zur besseren Lesbarkeit Zitate von Praetorius in heutiges Deutsch gebracht und mich dabei um möglichst wenig Veränderungen bemüht. Streckenweise habe ich die zeitgenössischen Quellen wortwörtlich wiedergegeben, damit der Leser einen Eindruck vom Sprachstil der damaligen Autoren gewinnt - manchmal unter Beibehaltung der damaligen Rechtschreibung. Die Darstellung will allgemeinverständlich sein. Deswegen werden in den Anmerkungen Begriffe aus den Hexenprozessen und Fremdworte erklärt.

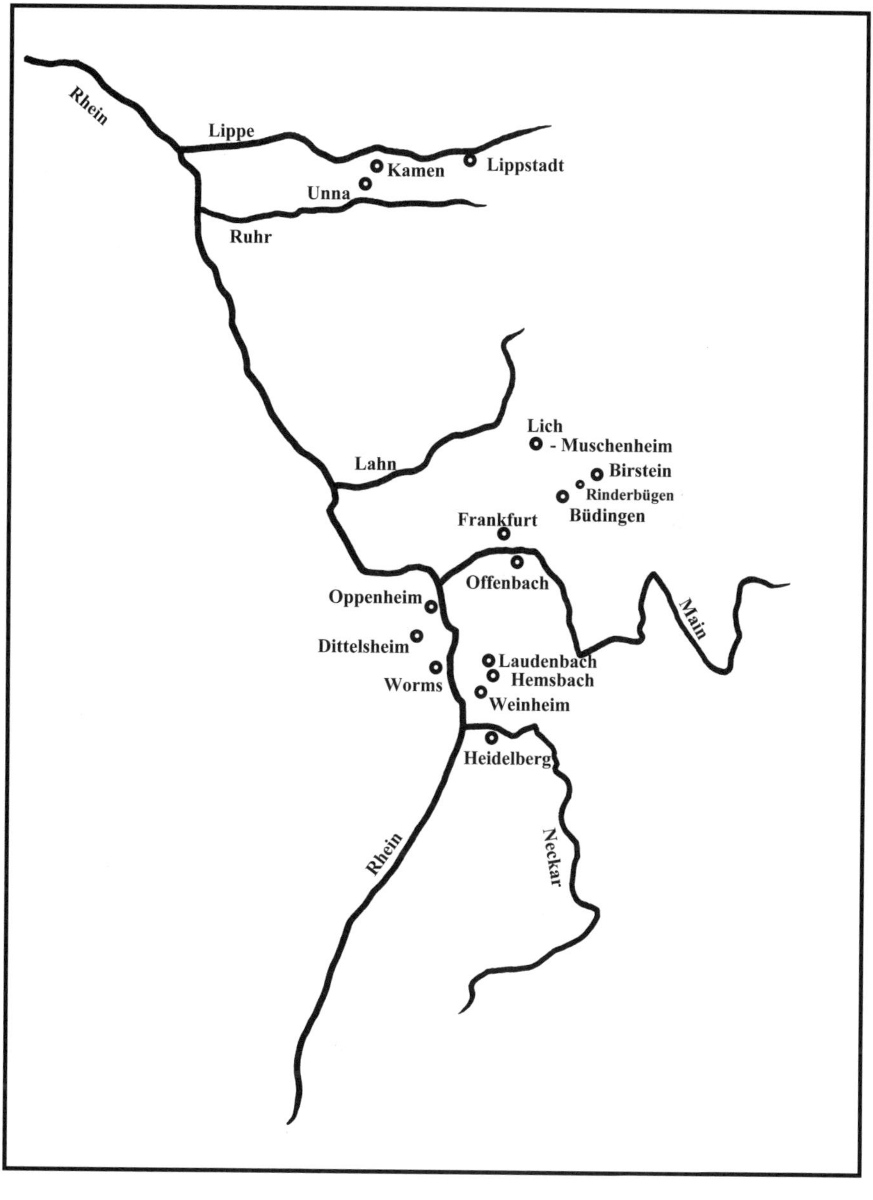

Bild 8 Lebensstationen von Praetorius

Das Leben des Anton Praetorius

Gewaltige Umwälzungen um 1560

Um 1560 bestimmen gewaltige Umwälzungen das Leben der Christen.

Am 8. August 1559 stirbt Papst Paul IV. Sein Tod wird von der römischen Bevölkerung mit Jubel begrüßt, weil er den Weg frei macht für die Wiedereröffnung des zehn Jahre lang unterbrochenen Konzils von Trient. Darauf richten sich allerseits die Hoffnungen für eine Regeneration der katholischen Kirche. Unter seinem Nachfolger Pius IV. wird die lang ersehnte Kirchensynode in Trient[18] neu eröffnet mit der Perspektive konziliarer Reform und Wiedervereinigung der christlichen Kirchen.[19]

Philipp II. (Sohn von Karl V.) verlässt 1559 die niederländischen Provinzen, um für immer nach Spanien heimzukehren. Lutheraner und Calvinisten fürchten, dass sich Inquisition und Verfolgung verschärfen. Etwa hundert Jahre tobt der spanisch - niederländische Erbfolgekrieg. Immer wieder ziehen Truppen durch die vereinigten Herzogtümer Jülich-Kleve-Berg-Mark und versetzen die Menschen in Angst und Schrecken.[20]

In Frankreich entstehen überall nach Genfer Vorbild calvinistische Kirchengemeinden, die sich 1559 ein gemeinsames Glaubensbekenntnis geben. Dann lässt das Haupt der katholischen Partei, Herzog Franz von Guise, Anhänger des Calvinismus ermorden. Die Hugenotten erheben sich, der Herzog wird ermordet.[21] 30 Jahre lang[22] zerrütten die Hugenottenkriege Frankreich.

In Deutschland wird der vom Westen ins Reich eindringende Calvinismus nur in begrenzten Gebieten wirksam. In Frankfurt und am Niederrhein bilden sich einzelne Flüchtlingsgemeinden aus französischen und niederländischen Anhängern Calvins. Der Heidelberger Hof des pfälzischen Kurfürsten Friedrich III. wird zum deutschen Mittelpunkt des neuen reformierten Bekenntnisses. Im "Heidelberger Katechismus" stellen pfälzische Hoftheologen 1563 die Lehre Calvins dar (siehe Anhang Seite 192).

Der Heidelberger Katechismus wird in drei Teilen entfaltet: "Von des Menschen Elend" (erkannt durch das Gesetz Gottes, das uns Christus im Doppelgebot der Liebe lehrt), "Von des Menschen Erlösung" (Credo, Taufe, Abendmahl) und "Von der Dankbarkeit" (Dekalog und Unservater). Die reformierten und z.T. auch die lutherischen Gebiete Deutschlands verdanken seinem Erscheinen die Errichtung ihres Dorfschulwesens.[23]

Das schottische Parlament errichtet die reformierte Staatskirche und bestätigt die von John Knox verfasste "Confessio Scotica".

Elisabeth I. führt die Anglikanische Staatskirche in Irland ein.[24]

Maria Stuart, die schöne Witwe Franz II. von Frankreich, kehrt 1561 als Königin nach Schottland zurück und fördert den Katholizismus. Sie liegt im Kampf mit dem ungebärdigen Adel, der sich überwiegend zum Calvinismus bekennt. Sie beansprucht den englischen Königsthron, wird aber 1587 von Königin Elisabeth I. von England hingerichtet.

Nostradamus (1503-1566), französischer Arzt, Mathematiker und Astrologe, veröffentlicht 1555 eine Sammlung von Prophezeiungen "Les Centuries". Sie beschreiben Ereignisse, die von Mitte des 16. Jahrhunderts bis zum Ende der Welt eintreten sollen. 1560 ernennt König Karl IX. von Frankreich Nostradamus zum Hofarzt.

Der große Dramatiker Shakespeare wird geboren.[25]

John Hawkins (30) beginnt 1562 den Sklavenhandel von Afrika nach Amerika.[26]

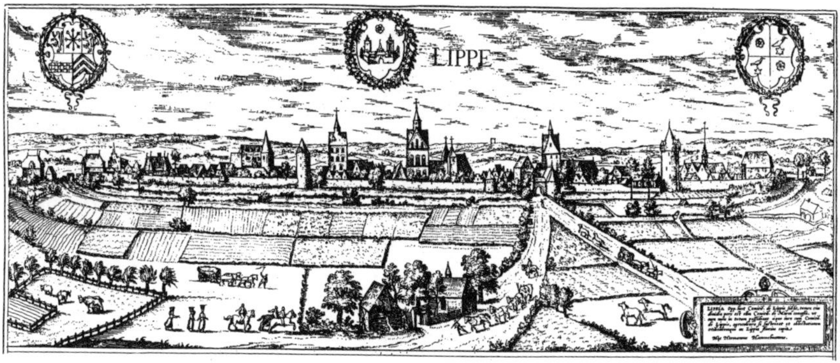

Bild 9 Lippstadt

In Lippstadt geboren

Im Schatten dieser großen weltgeschichtlichen Ereignisse bringt unter großen Schmerzen eine Frau in einer dunklen Nacht des Jahres 1560[27] ein Kind zur Welt. In einem der kleinen Fachwerkhäuser in Lippstadt[28] wird das Baby in Windeln gewickelt. Die Eltern ahnen nicht, unter welchem Schicksalsstern dieser Tag für sie steht. Matthes Schultze[29] ist stolz: ein Sohn! Anton soll der Sohn heißen. Berühmte Heilige haben diesen Namen lateinischen Ursprungs[30] getragen: Antonius der Große, der älteste bekannte Eremit,[31] der 1200 Jahre zuvor den Menschen den Weg gezeigt hat, um ihre Seele vor den Eitelkeiten der Welt und den Nachstellungen der Dämonen zu retten. Und Antonius von Padua, der erste theologische Lehrer der Franziskaner. Er hat die Menschen durch seine volkstümlichen Predigten sozial und moralisch aufgerüttelt.[32] Ob die Eltern ahnen, wie dieser Name Anton schon ein Omen für den Lebensweg ihres Sohnes ist? (Weitere Informationen zu berühmten Trägern dieses Vornamens finden sich im Anhang Seite 193.)

Der Familienname "Schulze" (Schulte) kommt nirgendwo häufiger vor als in Westfalen. Er leitet sich vom Hofschulzen ab, einem Beamten, der einer Bauerngemeinschaft vorsteht. Meist ist er der Inhaber des Haupthofes, den er als Lehen hat. Dafür muss er seine Abgaben entrichten. Bei ungenügender Führung seines Amtes können ihm Hof und Rechte entzogen werden. Seine wichtigste Pflicht ist die Verwaltung des Hofgerichts, also der niedrigsten juristischen Instanz. Er ist also sozusagen ein Bauernrichter. Der Schulte ist ursprünglich der Schultheiß, der richterliche Gewalt hat, die Pächte eintreibt und die Güter verwaltet.

Matthes Schultze[33] und seine Frau wohnen in Lippe,[34] einer kleinen Stadt mit 2500 Menschen und 500 Häusern.[35] Mit "Lippe", seinem "Vaterland" ist die Stadt Lippstadt in Westfalen gemeint.[36] Praetorius selbst bezeichnet die Grafschaft Lippe als sein Vaterland.[37]

Zu den Sehenswürdigkeiten von Lippstadt gehören die 1221 geweihte Große Marienkirche, die planmäßig angelegte Altstadt mit den alten Fachwerkhäusern und eine starke Festung. Lippstadt liegt auf einem von dem Flüsschen Lippe umflossenen Ausläufer des Bördelandes. In diesem alten Handelsplatz mit seinem Markt kreuzen sich wichtige Handelsstrassen. Lippstadt ist Hansestadt[38] mit besonderen Beziehungen zum Ostseeraum.[39] Am Ende des 14. Jahrhunderts erwirbt die Stadt das Gogericht[40] vom Landesherren und hält sich lange ziemlich unabhängig von allen öffentlichen Gerichten. Seit Gründung ist die Stadt im lippischen Besitz. 1535 erfolgt die Einnahme durch den Herzog von Kleve - Mark.[41]

Die Reformation wird in Lippstadt am frühesten in ganz Westfalen schon 1524 durchgeführt.[42] Seit 1535 gibt es darüber ständig Auseinandersetzungen zwischen der Stadt und dem Herzog von Kleve, der gegen die "Rädelsführer eines boshaften und unverantwortlichen Aufstandes" vorgeht.[43] Am 17. März 1556 wird dem Herzog von Kleve berichtet, dass die Prädikanten an der großen Marienkirche und der Nicolaikirche sowie der Schulmeister die klevische Kirchenordnung nicht beachten.

Nach dem Augsburger Religionsfrieden von 1555 erfolgt der endgültige Übergang Lippstadts zum Luthertum. 1560 arbeiten Pfarrer Schröder, Gert von Unna und andere mit vereinten Kräften an der völligen Einrichtung des evangelischen Gottesdienstes.[44] Schon nach wenigen Jahrzehnten durchzieht eine neue Reformation das Land: viele aus der Generation Antons werden der reformierten Lehre Calvins folgen.

"Merkwürdig in der lippischen Kirchengeschichte ist der Umstand, dass drei unmittelbar einander nachfolgende regierende Herren, Vater, Sohn und Enkel, jeder einer besonderen christlichen Religionsparthei mit vorzüglichem Eifer zugethan gewesen sind. Der Graf Simon war ein strenger Eiferer für den römisch - katholischen, sein Sohn Bernhard V. für den evangelisch - lutherischen und sein Enkel Simon VI. für den evangelisch - reformierten Lehrbegriff".[45]

Bild 10 Lippstadt: Altes Gasthaus am Lippertor von 1566

Die Lippstädter leiden zunehmend unter den Naturgewalten. Nach einer Pestepidemie um 1553 herrscht großer Mangel an Lebensmitteln.[46] 1557 werden die Menschen von einer enormen Preissteigerung gebeutelt.

Tiefe Sorgen quälen die Eltern von Anton angesichts drohender Teuerung und Hungersnot. Werden sie das Kind durchbringen in einer Zeit, wo die Menschen angesichts schlechten Wetters dauernd um ihr Überleben bangen?

In Antons Geburtsjahr 1560 ist der Sommer ungewöhnlich nass.[47] Am 9. Mai verwüsten Stürme und Unwetter Deutschland. Am 10. Juni führt ein gewittriger Starkregen vielerorts zu Hochwasser. Die Ernte erleidet große Schäden. Die Menschen frösteln, denn es ist ein kühles Jahr.[48] Alle reagieren beunruhigt auf eine außergewöhnliche Himmelserscheinung am 28. Dezember 1560.[49] Kündet dies das Ende aller Zeiten an? Prediger deuten die "großen und erschrecklichen Zeichen am Himmel" als Strafe Gottes wegen der Sünden der Menschen.[50]

Im 2. Lebensjahr von Anton 1562 bringt der Winter große Kälte. Europa versinkt im Schnee. Der folgende Winter ist der kälteste und längste seit 50 Jahren. Sogar der Bodensee friert zu, und "hatten der Schnee und Kelte merklichen Schaden ahn aller Winterfrucht gethan".[51]

Es kommt noch schlimmer: Im Jahr 1564, als Kaiser Ferdinand I und der Reformator Calvin sterben, "ist eine große Kälte eingefallen", es ist "gar ein unsawbers böses Wetter".[52] "Der Winter 1565 zählt zu den großen Jahrhunderterreignissen": überfrorene Flüsse, "existentielle Bedrohungen, Hunger und Kältetod, Probleme mit der Wasserversorgung," "Auftreten von Wölfen und Schädigungen des Wintergetreides". Es ist einer der kältesten Winter des gesamten Jahrhunderts. Im Mai erfolgt ein erneuter Kälteeinbruch.[53] Ist Hexerei schuld an diesen Katastrophen?

In der Kindheit von Anton Praetorius wird von dem Ort Liesborn, der nur sechs Kilometer von Lippstadt entfernt ist, 1565[54] ein Hexenprozess berichtet.[55] Man darf bei dem Schauspiel einer Hexenverbrennung auch Zuschauer aus Lippstadt annehmen.[56] Findet möglicherweise dieser Hexenprozess in einer späteren Schrift von Praetorius Erwähnung?[57]

1567 und 1568 sind endlich wieder warme Jahre mit Rekordhitze.[58] Doch die Menschen können nicht lange aufatmen: 1569 folgt ein sehr strenger und niederschlagsreicher Rekordwinter. Das Eis bricht erst im April auf den Flüssen, doch schon im Mai fällt die Kälte wieder ein.[59]

1570 leiden die Menschen unter Hungersnot aufgrund der vorangegangenen katastrophalen Kälteperioden. Vielerorts verbrennt man Hexen.[60] 1571 friert der Bodensee in einem extrem kalten Winter zu.[61]

1571-1621 Als Komponist geistlicher Musik erwirbt sich einen Namen: Michael Praetorius. (Siehe Anhang Seite 193)

1572 Bartholomäusnacht in Paris anlässlich der "Pariser Bluthochzeit" König Heinrichs IV.: Die hugenottischen Hochzeitsgäste werden auf Befehl der Königinmutter Katharina von Medici ermordet. In Frankreich werden 15000 Hugenotten getötet. Viele Calvinisten fliehen und kommen u.a. nach Deutschland.[62] Ein Strengwinter beginnt.[63]

1573 folgt nach einem der kältesten Winter des ganzen Jahrhunderts ein nass-kühl-unfruchtbarer Sommer mit Stürmen und Hochwasser. Der Wein ist nicht zu genießen; die Menschen leiden Hunger.[64]

Anton erlebt in seiner Jugend das Ende eines Hexenprozesses mit. Es ist hier und im folgenden immer wieder auffällig, dass Hexenprozesse besonders im Zusammenhang mit Jahren extremer Witterungsverhältnisse durchgeführt werden. Wetterzauber war ein typischer Vorwurf gegen Hexen. Anton ist von den Hexenverbrennungen tief erschüttert. Rückblickend schreibt er im Jahr 1613:[65] "Es ist über 40 Jahre, dass ich zu Lippe in meinem Vaterlande mit meinen Augen gesehen habe, dass etliche Bürgersweiber hinausgeführt und verbrannt worden, nur darum, dass sie bekannt, sie hätten mit dem Satan, welchen sie Federbusch nannten, gezecht, getanzt, gebuhlt und Wetten gemacht; welches alles doch ihrer Natur zuwider und unmöglich gewesen."[66] In diesen Zeiten von Missernten werden häufig die Hexen angeklagt, mit dem Teufel zu zechen oder Essgelage zu feiern.

1573 findet in Lippstadt ein Hexenprozess statt in der Zeit Graf Simons VI.[67] Es wird gegen eine größere Anzahl Weiber prozessiert, welche durch die Folter zum Geständnis ihrer "Unthaten" gebracht werden.

Die Jugendjahre von Anton liegen im Schatten der Geschichte verborgen. Welchen Beruf Antons Vater hat, ist nicht zu erfahren. Wir wissen nur, dass die Eltern an seiner Erziehung nichts fehlen lassen: Ihr Sohn lernt wahrscheinlich auf dem hiesigen Gymnasium[68] lesen und schreiben. Seit 1247 hat Lippstadt eine Lateinschule,[69] wie viele kleinere Handelsstädte im westfälischen Raum (Unna, Kamen, Dortmund, Hamm und Werl).[70] Im Gefolge der Reformation beabsichtigt Lippstadt 1542 die Gründung einer Schule im ehemaligen Augustinerkloster, "da die Jugend gegenwärtig so übel versorget und aufgezogen werde, sei es ein christliches Werk, das Kloster zu einer Schule zu verwenden"[71] und etliche arme Jungen darin wohnen zu lassen.[72] Die gesunde Lage des Klosters nahe der Lippe an der Stadtmauer und seine Raumeinteilung machen es für eine schulische Nutzung gut geeignet.[73] Die Klosterrenten sollen zum Unterhalt der Schulmeister und guter christlicher Prädikanten verwendet werden.[74] Um 1550 soll die Schule bereits fünf Klassen mit der entsprechenden Anzahl Lehrer umfassen.[75] Einige Lehrernamen jener Zeit sind überliefert.[76]

Anton bekommt die beste Bildung.[77] Für die Lateinschulen stehen Erziehung im christlich - evangelischen Glauben und das Erlernen der Bibelsprachen im Mittelpunkt. Anton beherrscht die lateinische Sprache fließend und kennt sich wie kein zweiter in der Bibel aus. "In teglichem Lesen der Heiligen Schrifft hab ich unter anderem wargenommen, dass allerley leiblichen und geistlichen Segen reichlich zu erlangen, nicht bessers unnd gewissers auff Erden sey, dann Gott recht erkennen, lieben unnd furchten."[78] Aus der Heiligen Schrift erhoffen sich die Menschen auch Antwort, warum Gott sie so leiden lässt durch die Naturdesaster.

1575 Auf den heißen Sommer und Trockenheit[79] folgt ein kalter Winter. Der Kälteeinbruch im Mai 1576 vernichtet die Reben in ganz Deutschland. Der nasse Sommer verursacht große Ernteschäden: der gemähte Roggen musste "wegen des bösen Regenwetterß lang auf dem Felt ... liegen bleiben".[80]

Es sind harte Jahre für die Menschen, während Anton in seiner Schulausbildung auf den Universitätsbesuch vorbereitet wird. Entsprechend der konfessionellen Ausrichtung der Stadt finden sich Lippstädter Studenten vor allem auf den Universitäten von Marburg und Rostock. Später werden Frankfurt an der Oder und Heidelberg bevorzugt. Allein in Marburg studieren zwischen 1560 und 1620 fast vierzig Lipper Studenten.[81]

Wann und wo Anton studiert, ist nicht zu ermitteln. Genau in der fraglichen Zeit 1576, als Anton 16 Jahre alt ist und mit dem Studium beginnen könnte, findet sich in der Universität Rostock[82] allerdings ein Anton aus Lippe. Er wird dort unter dem Namen Anton Susataeus Lippiensis geführt,[83] Studium in der Universität Rostock 1576.[84] "Nach Beendigung seiner Studien wurde er 1579 als Prediger an die Nikolaikirche zu Lippstadt berufen, wo er bis 1582 amtiert hat."[85] Susataeus wird allgemein wiedergegeben mit "Soest", dem Nachbarort von Lippstadt (25 km entfernt). Stammt er aus einem Ort dazwischen? Oder handelt es sich möglicherweise um einen Schreibfehler, so dass zu lesen ist Anton Scultetus? In Schreibschrift[86] ähnelt sich das Schriftbild der Namen Susataeus, Sustaeus und Scultetus:

Anton Susataeus	Anton Sustaeus	Anton Scultetus
Anton Susataeus	Anton Sustaeus	Anton Scultetus

Ein Studium in der Hansestadt[87] Rostock erscheint aufgrund der besonderen Beziehungen der Hansestadt Lippstadt zum Ostseeraum durchaus denkbar.[88] Von diesem Lippstädter Pfarrer Anton Susataeus Lippiensis, der in Rostock studiert hat, gibt es keinen Hinweis auf seinen weiteren Verbleib. Es wäre möglich, dass es sich um Anton Scultetus Lippiensis handelt. Im ältesten Kirchbuch Lippstadts findet sich hierzu die Bemerkung: "Pfrr. Anton Soest in den Jahren 1579/1580 biß 1582, ich finde von ihm in alten Kirchendocumenten, woraus ich alle diese Nachrichten mühsam gesamlet habe, weiter keine Nachricht."[89] Liegt das daran, dass dieser Pfarrer später verzogen ist?

Anton hat das Glück, dass er die Ausbildung als Lehrer machen kann. Dem Trend der Zeit entsprechend übersetzt Anton Schultze seinen Namen ins Lateinische, wie es viele Gebildete tun. Er nennt sich fortan Anton Praetorius.[90] (Weitere Informationen zum Namen "Praetorius" im Anhang Seite 193.)

In einer anderen Quelle heißt es, dass Anton Praetorius 1581 in seinem Vaterland zum Schuldienst befördert wird.[91] Es ist ein nasses kühles Jahr, in dem sich die Menschen erst im September für kurze Zeit an sonnigem Wetter erfreuen können.[92] Die Schullehrertätigkeit wird fast immer als Übergangsstufe zum Predigeramt begriffen; kurze Verweildauer und schlechte Bezahlung entsprechen dem geringen sozialen Ansehen.[93]

In Kamen leben - in Kamen lehren - in Kamen lieben

1580 Die Pest wütet in Kamen[94] und allen umliegenden Gebieten.[95]
Frosteinbrüche im Frühling schädigen das Brotgetreide Roggen.[96]

1581 Der Kamener Pfarrer Johann Buxtorf stirbt.[97]

1582 Durch die Niederschläge missrät die Ernte in vielen Regionen.[98] In der Grafschaft Ysenburg wütet die Pest.[99]

1583 Die Stadt Kamen verkauft wegen erdrückender Schulden mehrere Grundstücke an Dr. Gerlach Gruiter für 550 Goldgulden und 100 Reichstaler.

1583 am 6. November wird in Kleve der Gregorianische Kalender vom Herzog Wilhelm von Kleve eingeführt.[100]

1585 ist Europa in einen weitreichenden Machtkampf verstrickt. England leistet den Niederländern Hilfe im Kampf gegen Spanien. Der spanische König und der Papst haben sich mit dem katholischen Frankreich gegen die Hugenotten verbündet. Der römische Partner dieses großangelegten Planes gegenreformatorischer Waffenentscheidung ist Papst Sixtus V. (1585-1590). Spanische Truppen erreichen bald darauf Kamen und andere westfälische Städte.

1585 stirbt am 21. August Marschall Dietrich v. d. Recke, Herr zu Reck und Kamen. Er wird in der evangelischen Pfarrkirche in Kamen beigesetzt.[101]

Bild 11 **Das älteste Haus in Kamen von 1570, Kämerstrasse 5[102] - Farbfotos S. 1**

Bild 12 **Kamener Pauluskirche: Schiefer Turm - im Vordergrund die alte Schule**

Zu Beginn der 1580-er Jahre zieht Anton Praetorius ins 80 Kilometer westlich gelegene Kamen[103] in Westfalen.[104] Vielleicht wohnen dort Verwandte[105], denn schon um 1416 findet sich in der Liste der Kamener Burgmannen die Ahnen der Gelehrtenfamilie Scultetus (Schulte/Schulze).[106]

Kamen hat zu dieser Zeit etwa 1500 Einwohner und 344 Häuser.[107] Das Stadtbild beherrscht der schiefe Turm der Kamener Pauluskirche (von 1150). Von der Einrichtung des gotischen Kirchenschiffs zeugt eine Rechnung aus dem Jahr 1374.[108]

1584 verliebt sich Praetorius und heiratet in Kamen (eine hiesige Frau?).[109] Ihr Name bleibt uns unbekannt. Sie wird bald schwanger, denn 1585 wird in Kamen[110] vor April[111] ihr Sohn Joannes Scultetus Westphalo Camensis geboren. Daher auch sein Name "Johannes Schultze - aus Kamen in Westfalen". 1584 und 1585 sind fruchtbare Jahre mit mildem Winter.[112] Doch Anton und seine Frau müssen schon bald mit ähnlichen Schwierigkeiten kämpfen wie seine eigenen Eltern: Kaltes, nasses Wetter terrorisiert die Menschen. Bis 1601 stehen Jahre mit extrem grimmigen langen Wintern und nasskalten Frühjahren und Sommern bevor.[113] Wie mag sich dieses trübe, feuchte und kalte Wetter körperlich und seelisch auf die Menschen ausgewirkt haben?

Zum Jahreswechsel 1586 bricht ein strenger Winter herein. Noch Anfang Mai fällt Schnee. Es gibt Getreidemissernten.[114] Schon Mitte November frieren die Flüsse wieder zu.[115] 1586 ist Anton Praetorius in Kamen als Rektor der Lateinschule[116] urkundlich nachgewiesen.[117] In diesem Jahr stiften wohlhabende Bürger eine größere Summe Geldes für Zwecke der besseren Schulausbildung in Kamen. Das Schulwesen hat lange Tradition: die städtische Rektoratschule in "Camen" wird schon 1320 erwähnt.[118] Die Spender erklären, dass eine gute Schule jeder Stadt zu Nutzen und der geistlichen und weltlichen Obrigkeit nützlich und heilbringend sei. Die Schule der Stadt Kamen sei aber seit längeren Jahren nicht gut verwaltet. Die Jugend werde übel erzogen und wachse als wilde Rangen auf. Dies habe hauptsächlich seinen Grund, weil die finanziellen Mittel der Unterhaltung der Schuldiener zu gering seien und Kirche und Stadt wegen eigener Bedürftigkeit nicht zulegen können. Deshalb wollen sie zur Vermehrung der Schulrenten beisteuern.

Bild 13 Altes Kamener Gymnasium (neben dem Neubau) - Farbfotos S. 1

Von den 14 Bürgern, die sich an der Stiftung von insgesamt 1520 Thalern und 72 Thl. Rente pro Jahr beteiligen, sind in diesem Zusammenhang zwei Kamener besonders zu erwähnen: Hermann Reinermann, Bürgermeister, schenkt: 100 Thaler, 6 Thl. Rente, und Johann Bodde, späterer Richter zu Camen, 30 Thaler, 2 Thl. Rente.[119] Von ihnen wird im Jahr 1613 noch zu berichten sein (siehe Seite 144).

"Die Schenker verpflichten sich, die Summen anzuweisen oder die Zinsen aus ihren Gütern halbjährlich auf Ostern und Michaelis zu entrichten. Aus den Renten sollen die Schuldiener besoldet werden und zwar soll der Primarjus M.[120] **Anton Praetorius** 45 Daler, der zweite M. Lambert Ulentorpius aus Lippstadt[121] 45 Daler haben pro Jahr. Der Dritte M Jost Tifmann[122] hat eine genügende Competenz[123] von der Stadt. Außerdem erhalten die Schuldiener das Schulgeld, welches pro Person auf 4 ß[124] pro Halbjahr gesetzt ist, und zwar bekommt der **Rector** die Hälfte und die zweite Hälfte die beiden anderen. Die Donation soll nur so lange Gültigkeit haben, als die Augsburger Confession in Kamen in Übung ist; sollte Kamen durch die Obrigkeit oder von selbst zum leidigen Papstthum und dessen verführerischer abgöttischer Lehre zurückkehren, so sollen die Donatoren[125] oder deren Erben alles zurücknehmen können."

Das Bedürfnis dieser Kamener Bürger nach gehobener Bildung geht einher mit dem Aufblühen der Stadt, dem Ausbau ihrer Handelsbeziehungen und einem Aufschwung des Wirtschaftslebens dieser nicht unbedeutenden Hansestadt.[126] Im Mittelpunkt des Unterrichts steht die religiöse Unterweisung. Der Vermittlung von gelehrter Bildung dient vor allem das Lateinische. Es ist die Sprache der Gelehrten. Wer Latein kann, ist ein angesehener Mann. So soll auch die Fähigkeit erworben werden, sich auf Latein zu unterhalten. Dabei wechseln Auswendiglernen und Abhören einander ab.[127] Erstaunlich ist das Engagement dieser Bürger, die durch Humanismus und Reformation beeinflusst, der Bildung der Jugend durch ihre Spende einen so hohen Stellenwert zumessen.

Anton Praetorius und seine Frau genießen ihr junges Eheglück und das sichere Einkommen als Schul-Rektor. Sie wird wieder schwanger und gebiert ein zweites Kind. Doch das Neugeborene stirbt schon im ersten Lebensjahr. So sind sie überglücklich, als sie merkt, dass sie wieder in anderen Umständen ist. Doch auch diese Schwangerschaft steht unter einem unglücklichen Stern.[128] Sie können es gar nicht fassen, dass dieses Kind ebenfalls am frühen Kindstod in den ersten Monaten stirbt.[129] Ob der Schock über den Tod dieser beiden Babys ein Grund ist, dass Praetorius aus Kamen fortgeht? Wir erfahren die Beweggründe nicht, warum Praetorius wegzieht: weder bei seinem Weggang von Kamen noch bei den folgenden häufigen Ortswechseln. Hat er eine Berufung als Lateinlehrer/ Pfarrer an eine andere Schule? Will er Karriere machen? Ist seine Frau nach dem Tod der beiden Kinder die treibende Kraft? Hier bleiben viele Fragen offen, die wir wahrscheinlich nie beantworten können.[130]

Wanderjahre: Worms, Oppenheim ...

Nur wenige privilegierte Menschen, Fürsten auf einer Bildungsreise, Diplomaten, Priester, Kaufleute oder Soldaten kamen über die Grenzen ihres Landes hinaus; die allermeisten blieben, wo sie waren; einige, Häretiker, mussten auswandern oder waren ihr Leben lang auf der Flucht.

1587 erleiden die Menschen einen grausamen und eisigen Winter, der ganz Deutschland erfasst. Frost hindert die Mühlen am Mahlen des Getreides. Der Frühling des Jahres 1587 kommt zu spät. Viele sterben an Hunger, Auszehrung und Krankheit. Es gibt Frost bis in den Mai, gefolgt von einem nass kühlen Sommer.[131] Eine Raupenplage schädigt die Ernte.[132] Die Weinlese ist miserabel. Größere Mengen Hafer werden unter das Korn gemengt, "weil das Korn nit reichen wollen".[133]

In diesem Jahr 1587[134] ist in der Stadt Worms,[135] wo Martin Luther 1521 vor Karl V. auf dem Reichstag den Widerruf seiner Lehre verweigert hat,[136] ein Anton Praetorius verzeichnet.[137] Er ist als lutherischer Diakon für die Verwaltung des Kirchenkastens und für soziale Belange zuständig.[138] Not und Armut nehmen zu in diesen harten Zeiten.

Bild 14 Wormser Dom - siehe Farbfotos S. 2

1588 ist eins der Jahre mit den höchsten Regenfällen und schwersten Stürmen.[139]
Die Ausfahrt der spanischen Armada zur Niederwerfung der ketzerischen Königin Englands erfolgt im Sommer 1588. Sie wird in der katholischen Welt von Gebet und Prozessionen begleitet. Begünstigt durch Stürme vernichtet die englische Flotte unter Sir Francis Drake im Kanal die spanische Armada. Damit kündigt sich der Aufstieg Englands zur führenden Seemacht an.

1588 ist anomal niederschlagsreich und kalt. Dem total verregneten Sommer folgt ein kühler Herbst. Der Wein fällt schlecht aus wie im Vorjahr.[140]

1589 bringt einen strengen Winter mit Schneefall bis in den Mai. Im Sommer folgen eine feuchte Hitzeperiode und Hochwasser. Schon im November erfolgt ein markanter Wintereinbruch mit erheblichen Baumschäden.[141]

1589[142] finden wir Praetorius im kurpfälzischen Oppenheim[143] am Rhein.[144] Er ist Diakonus, zweiter Pastor an der Katharinenkirche[145], wo schon 1565[146] der Calvinismus eingeführt worden ist.[147] Das Pfarrhaus (in der heutigen Form ca. 1700 entstanden) steht direkt vor der Kirche.[148] Das riesige Gotteshaus zählt - neben dem Straßburger Münster und dem Kölner Dom - zu den schönsten gotischen Bauwerken am Rhein. Praetorius hat es in der gegenwärtigen Form gesehen, denn der Bau wird um 1220 begonnen und 1439 beendet. Von den Fenstern ist besonders die berühmte "Oppenheimer Rose" aus dem 14. Jahrhundert zu nennen, nach dem Grundriss einer Heckenrose gestaltet: die Rose als Zeichen der Liebe. Das Bibelfenster im Mittelteil stammt aus dem Jahr 1520 und zählt zu den kostbarsten Fenstern der Kirche. Unter der Michaelskapelle liegt das Beinhaus, in dem die Gebeine von 20000 Oppenheimer Bürgern aus den Jahren 1400 bis 1750 und Soldaten des 30-jährigen Krieges ruhen.[149] Als reformierter Pfarrer wirkt an der Katharinenkirche ab 1585[150] Valentin Laupaeus als erster Pfarrer, von 1597 an ist er zugleich Inspektor.[151] Von ihm wird im Jahre 1613 noch zu berichten sein (siehe Seite 158).

Bild 15 **Altes Pfarrhaus in Oppenheim - Farbfotos S. 2**

Bild 16 **Gebeinhaus an der Katharinenkirche in Oppenheim - Farbfotos S. 2**

Bild 17 **Oppenheimer Katharinenkirche - Farbfotos S. 2**

Lutheraner und Calvinisten bekämpfen sich

Überall toben heftige Auseinandersetzungen zwischen lutherischen und reformierten Protestanten. "Lieber papistisch als calvinisch"[152] wird in Kreisen des Luthertums zur offen ausgesprochenen Maxime. Praetorius ist ab jetzt stets Reformierter, alle seine Pfarreien liegen in reformiertem Gebiet.[153] Es ist ein halbes Jahrhundert vergangen, dass Johannes Calvin 1541 die Reformation in Genf einführt. Ihm ist es vor allem zuzuschreiben, dass der europäische Protestantismus sich gegenüber dem Elan der erneuerten katholischen Kirche behauptet.[154]

Die calvinistische Propaganda beginnt durch Rücksendung der in Genf ausgebildeten Theologen und durch systematische Verbreitung theologischer Werke quer durch Europa zu wirken.[155] Eine Elite des europäischen Protestantismus nimmt von Genf den Geist eines kämpferischen Dienstes am Gotteswort und die Bereitschaft zum Martyrium in sich auf.[156]

Die Eindeutigkeit der göttlichen Berufung wird für Calvin zum Schlüssel. Er ruft zum erneuerten und nun endlich siegreichen Kampf gegen die "Papisten" und für das Voranschreiten des Reiches Christi auf.[157] Das Zusammenwirken der kirchlichen Aufsicht mit der politischen Obrigkeit hat die Ver-christlichung des Gemeinwesens mit Sittengericht, Hauskontrollen, Verbot von Tanz, Kartenspiel und Theater zum Ziel.[158] Der Grundsatz der Einheit von bürgerlicher Pflicht und religiöser Ordnung wird mit solcher Kraft vertreten, dass sich die Hinrichtungen von politischen und theologischen Gegnern häufen. Calvin fordert die unerbittliche Verfolgung und Vernichtung von Feinden Gottes, damit auch der Hexen.

Unter Berufung auf die Bibelstelle Exodus 12, 18 erklärt Calvin, Gott selbst habe die Todesstrafe für Hexen festgesetzt. In seinen Predigten[159] tadelt er darum jene, welche die Verbrennung der Hexen ablehnen, und will sie als Verächter des göttlichen Wortes aus der Gesellschaft ausstoßen. Wer sich gegen die Hinrichtung der Hexen auszusprechen wagte, setzte sich der Gefahr schwerster Verfolgungen, des Bannes oder Todes aus.[160]

Bild 18 Reformator Calvin

Calvin: Prompte et sincere
Stilistisch handelt es sich um einen Hendiadyoin: eine Eigenschaft wird durch zwei ähnliche Ausdrücke beschrieben. Als treffende Charakteristik Calvins gedacht, könnte man übersetzen: "Frei heraus und ohne Falsch" (B. Schmanck).

Calvin glaubte, "dass drei Jahre lang Männer und Frauen in Genf durch Zauberkünste die Pest ausbreiteten und hält alle ihnen durch die Folter abgepressten Selbstanschuldigungen für wahr, nachträglichen Widerruf für unwahr." 1545 werden innerhalb weniger Monate 34 Unglückliche nach entsetzlichen Martern vor allen Häusern, die sie angeblich mit Pest behext hatten, verbrannt[161] (vgl. Anhang Seite 192). Toleranz kennt das Genf Calvins weder in der Theorie noch in der Praxis. Die Calvinisten fordern radikal die Entfernung aller Bilder aus den Kirchen.

Es entsteht die reformierte Kirche mit einer neuen kirchlichen Ordnung mit vier Gemeindeämtern. Calvin wacht besonders über die Kirchenzucht. Mit dem Züricher Protestantismus gelangt Calvin 1549 zu einer Einigung. Calvins Hauptwerk ist der "Unterricht in der christlichen Religion", 1535 verfasst und bis 1560 mehrfach erweitert. Daneben sind vor allem seine Kommentare zu den biblischen Büchern wichtig. Entscheidender Ausgangspunkt seiner Theologie ist das Bekenntnis zur Allmacht Gottes, dem in unbedingtem Gehorsam die Ehre gegeben werden muss. Daraus ergibt sich Calvins Lehre von der doppelten Prädestination. In der Abendmahlslehre, in der er die Gegenwart Christi im Geist vertritt, unterscheidet er sich von Zwingli und von Luther.

Das Zerbrechen der christlichen Einheitskultur im 16. Jahrhundert ist ein Vorgang von beispielloser und verwirrender Wucht. Im konfessionellen Ringen ist auf beiden Seiten die Überzeugung verbreitet, zur Wahrheit gehöre die Ganzheit und die Einheit des Reiches Gottes auf Erden. Es entsteht ein politisch geführter Konfessionskampf.[162]

Pfarrer im Weinort Dittelsheim

1590 Einem strengen Winter folgt ein kalter und trockener Frühling und ein extrem heißer Sommer mit Dürre. Doch schon im September beginnt der Frost.[163] Die Heuernte der Ysenburger Hofgüter ist die schlechteste der letzten zehn Jahre.[164]

1591 folgt ein kalter Winter und ein nass-kalter Frühling mit Schnee im April. Der Sommer ist kühl-nass. Erst der Herbst ist trocken[165] mit guter Roggenernte.[166]

Mit wachsendem Bangen mag Anton Praetorius der nächsten Schwangerschaft seiner Frau entgegengesehen haben. Tief sitzt der Schock über den vorigen Tod der beiden Neugeborenen. Und das Schreckliche wird wahr: auch diese Schwangerschaft verläuft unglücklich. So sterben also drei Kinder aus dieser Ehe alle im ersten Lebensjahr.[167] Nur der erste Sohn Johannes überlebt. Dies könnte ein Grund dafür sein, dass Praetorius in den nächsten Jahren von einer Stadt zur anderen zieht. Im 3-Jahresrhythmus wechselt er sechs Mal die Stelle. Oder gibt es andere Gründe? Wir erfahren später, dass Praetorius sehr impulsiv ist und dazu neigt, offen und engagiert seine Meinung zu sagen.[168] Ob er damit aneckt und deshalb die Stelle wechseln muss?

1592 wird Praetorius Pfarrer in dem Dorf Dittelsheim,[169] das seit 774 besteht.[170] Dittelsheim liegt in einer weitläufigen Weinlandschaft Rheinhessens. Es ist ein feuchtes Jahr, und die Weinernte ist nicht gut: "reben etwas an den spitzen erfrorn, ... dass wenig wein zu hoffen. das unserer sunden schuld."[171]

Im Jahre 1572 wird in Dittelsheim erstmals ein reformierter Pfarrer genannt. Auf landesherrliche Anordnung wird 1577 in Dittelsheim das lutherische Bekenntnis installiert, doch erfolgt schon im Jahre 1583 wieder der Wechsel zum reformierten Bekenntnis.

Praetorius bleibt hier bis 1595 als "kalvinischer Prediger".[172] Die Kirche ist in "unclagbarem Bau"[173] mit einem Kirchturm, der zu der Zeit schon mindestens 200 Jahre[174] alt ist mit romanischem Torbogen. Der Turm ist der Kirche vom Grab Christi in Jerusalem nachempfunden, um sozusagen "Jerusalem nach Europa zu holen".[175] Der Turm wird im Volksmund "Heidenturm" genannt. Von dem um die Kirche liegenden befestigten Friedhof ist noch das Torhaus mit der spitzbogigen Toreinfahrt vorhanden. Der Bogen ist aus Quadern gemauert. Der ganze im Tal gelegene Ort hat keine natürlichen Verteidigungsmittel, sodass die Befestigungen um die Kirche besonders stark ausgeführt sind. Im Baubuch des Amtes Alzey im Jahre 1587 wird über das Pfarrhaus berichtet, dass es "in unclagbarem Bau stehe". Eine Inschrift an der Vordertür des Pfarrhauses nennt als Baujahr 1752. [176]

Bild 19 **Evangelische Kirche von Dittelsheim - s. Farbfotos S. 6**

Bild 20 **Pfarrhaus Dittelsheim - s. Farbfotos S. 6**

Praetorius beginnt mit schriftlichen Vorarbeiten zu seinem Buch "Haußgespräch". Rückblickend schreibt er 1597:[177] "Demnach hab ich diese kurze Unterredung von allen vornehmsten Stücken, ohn welche rechte Weisheit und Erkenntnis Gottes nicht seyn noch bestehen kann, vor dieser Zeit in Churfürstlicher Pfalz zusammen getragen, damit ich hätte gewisse und stete Übung der Meinen und sie von Jugend auf durch kurzen und richtigen Weg zum Herren führte." So wird deutlich, dass Glaubensgespräche ein häufiges Thema bei ihm zuhause und in der katechetischen Gemeindearbeit sind: "Hab ich diese nützliche Unterweisung der Meinen auch andern, die es begehret, gern mitgeteilt und oftmals abschreiben lassen."[178]

Mit seinem Sohn Johannes betet er abends: "Herr Gott, himmlischer Vater, wir danken dir, dass du uns diesen Tag vor Unglück und Schaden so gnädiglich behütet hast. Und bitten dich, du wollest uns vergeben all unser Sünd. Und auch diese Nacht uns bewahren unbefleckt an Leib und Seel und behüten vor bösen Träumen, Schrecken und aller Gefahr: dass auch unser Schlaf zu deiner Ehre gereichen möge. Gib auch Ruhe und Trost allen Armen und Kranken, Betrübten und Angefochtenen Herzen. Durch unseren Herrn Jesum Christum. Unser Vater. Ich glaube an Gott. Amen".[179]

Der Dalberger Hexenprozess

1593 ist ein Jahr mit starkem Frost im Januar und Februar. Auch im Frühling gibt es Frost und kalte Nässe. Die Niederschläge liegen weit über Durchschnitt. Es folgt ein milder Winter.[180]

1593 besucht Praetorius das nahe gelegene Herrnsheim[181] (heute ein Stadtteil von Worms) mit dem großen Schloss der Dalberger.[182] Praetorius wird Zeuge eines Rechtstags[183] mit der Verlesung der Urgichten (Bekenntnis).

Bild 21 Worms - Dalberger Schloss – s. Farbfotos S. 2

Er schreibt darüber, dass "auch Männer und Weiber verbrannt worden. Für deren Endurteil wurden vom Rathaus aus einem Fenster solche schändliche, närrische und greiflich lügenhafte Dinge von teuflischer Gemeinschaft und Wettermachen öffentlich vorgelesen, dass mir das Zuhören wehe täte und ich mich für keuschen Ohren schämen müsste, dieselben zu erzählen." Es ist vermutlich der Prozess gegen Hesslocher Frauen 1593,[184] bzw. der Dalberger Hexenprozess.[185] Hessloch ist das katholische Nachbardorf des reformierten Dittelsheim, nur 2 km entfernt.

Hierbei empört sich Anton Praetorius besonders über das ungerechte Verfahren der Obrigkeit. Er fällt ein vernichtendes Urteil über die Heidelberger Regierung und die Alzeyer Beamten[186], die "das aller reichest Weib zu Herrnsheim"[187] auf das Bekenntnis der Verbrannten gefangennahm und lebenslänglich im Gefängnis festhielt. Praetorius ist empört über die offensichtliche Ungerechtigkeit: "Denn wäre das Weib schuldig, warum ward sie nicht auch verbrannt? War sie aber unschuldig, warum musste sie dann ihr Lebenlang im Gefängnis bleiben als eine Übeltäterin?"[188]

Durch seine Schilderung wird zugleich deutlich, wie mit solchen Hinrichtungen die Prozesse ihre Wirkung auf das Umland ausüben.

Ein Dittelsheimer staunt über das große Fass

1594 ist ein Jahr mit vielen Schneetagen im Mai, kaltem Frühjahr, kühlem Sommer und Herbst, sehr kaltem und trockenem Jahresausgang.[189] Quellen berichten von schlechter Ernte und Lagerschäden am Roggen ("Kümmerkorn"). Durch die lange anhaltenden Regenperioden bleibt das Getreide immer häufiger zu lange auf dem Halm und in der Ernte. Es ist als Brotgetreide wenig geeignet.[190] In einigen Gebieten wird eine Ausfuhrsperre für das knappe, teure Brotgetreide erlassen. In Gelnhausen wird ein Bürger bestraft, weil er Brotgetreide in eine andere Gegend verkauft.[191] Büdinger Bürger bitten, "der Landesherr möge beherzigen die schwere ... Zeit", weil wir uns "des Hungers schwerlich erweren khönnen".[192]

1594 reist Praetorius nach Heidelberg,[193] der Universitätsstadt am Neckar, dem Zentrum reformierter Theologie (Heidelberger Katechismus) bis zum Dreißigjährigen Krieg.[194] Es sind gerade zehn Jahre vergangen, dass der Baseler Theologe Joh. Jak. Grynäus 1584 die Universität im Auftrag des Pfalzgrafen Johann Kasimir restauriert und das calvinistische Bekenntnis gefestigt hat.[195]

Nach der extremen Nässe im kalten Sommer atmen die Menschen auf, als der Herbst warm und trocken ist.[196] Praetorius ist von der Stadt am Neckar tief beeindruckt. Nach seiner Rückkehr editiert er in Dittelsheim im Oktober 1595 in lateinischer Sprache die älteste Nachricht von dem großen Fass in Heidelberg.[197] Die kunstvolle grafische Anordnung der Buchstaben auf der Titelseite lässt die Form des grossen Fasses erkennen.

Nach seiner Angabe ist das Fass, das 1589 angefangen und 1591 fertig geworden, "16 Fuß weit, 18 Fuß hoch, 12 Schritte lang, aus 112 Stäben, jeder 27 Fuß lang, zusammengesetzt, mit 24 eisernen Bänden versehen und hielt 132 Fuder, 3 Ohnz und 12 Maaß Wein. Das Eisenwerck, wovor der Schmidt 1400 Rheinische Gulden bekam, wiegt 1100 Pfund. Der Meister heißt Michael Werner, von Landau gebürtig".[198]

Tafel I.

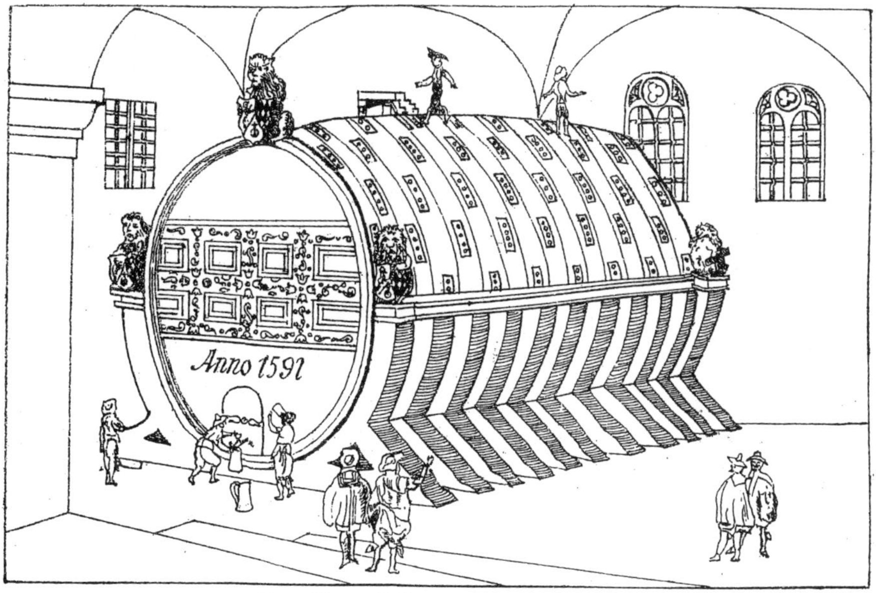

Das Fass Johann Casimirs.

Bild 22 Heidelberger Fass

36.

VAS HEIDELBERGENSE,

Anno Christi nati 1589, & tribus sequentibus mirificè non minus quàm magnificè constructum,

IN

ILLVSTRISSIMORVM PRINCIPVM ET DOMINORVM, DOMINI IOANNIS CASIMIRI, ADMINISTRATORIS (BEATI,) ET

Domini Friderici IIII. Electoris, Comitum Palatinorum ad Rhenum, vtriusque Bauariæ Ducum &c. memoriam & laudem sempiternã Carmine Elegiacǫ tum artificiosè, tum verè descriptum per

ANTONIVM PRÆTORIVM Lippianum VVestphalum, Ecclesiastem Tuteltheimii,

Anno Virginei partus 1595. mense Octobri.

1. Pet. 2. 17.
Deum time: Regem cole.

HEIDELBERGAE,
Apud hæredes Smesmanni.
ANNO clↄ. Iↄ. xcV.

Bild 23 **Praetorius: Vas Heidelbergense**

Über dieses Loblied von Praetorius schreiben die Lippstädter Heimatblätter: "Darum war es unstreitig ein Verdienst, wenn 1595 in einem großen Gedicht, das in lateinischer Sprache als Buch in Heidelberg erschien, das großartige Wunderwerk ausführlich beschrieben wurde."

"Ein Lippstädter ist es gewesen, der das Riesenfass der Neckarstadt durch sein Buch auf den Weg des Weltruhms gebracht hat." "Längst ist das Buch 'Vas Heidelbergense` verschollen."[199] In diversen Publikationen findet man als Fragment nur einen kurzen Textausschnitt dieser Beschreibung überliefert.

Im Stadtarchiv Heidelberg ist dieses Werk von Praetorius nicht bekannt.[200] In der Literatur gilt bislang als früheste bekannte Angabe über das Heidelberger Fass die Beschreibung von Paul Hentzner vom April 1599.[201]

Es ist erfreulich, dass die Beschreibung des Fasses von Praetorius wieder aufgetaucht ist und dem Leser hier die lang verloren geglaubte Titelseite von Praetorius Beschreibung des "Vas Heidelbergense"[202] präsentiert werden kann.

Es ist bemerkenswert, dass von dem 15-seitigen Manuskript nur die ersten acht Seiten in gedruckter Form vorliegen. Abrupt enden hier die gedruckten Seiten. Die weiteren sieben Seiten sind als Originalmanuskript in der Handschrift von Praetorius erhalten geblieben. Sie werden heute in der Staatsbibliothek in Berlin aufbewahrt.

Wir erfahren nicht, ob das Manuskript je als Ganzes gedruckt wurde, und über die Gründe, warum die zweite Hälfte in der Urschrift überliefert ist. Lag es an Geldmangel? Lag es an den Schicksalsschlägen, die Praetorius zu erleiden hatte?

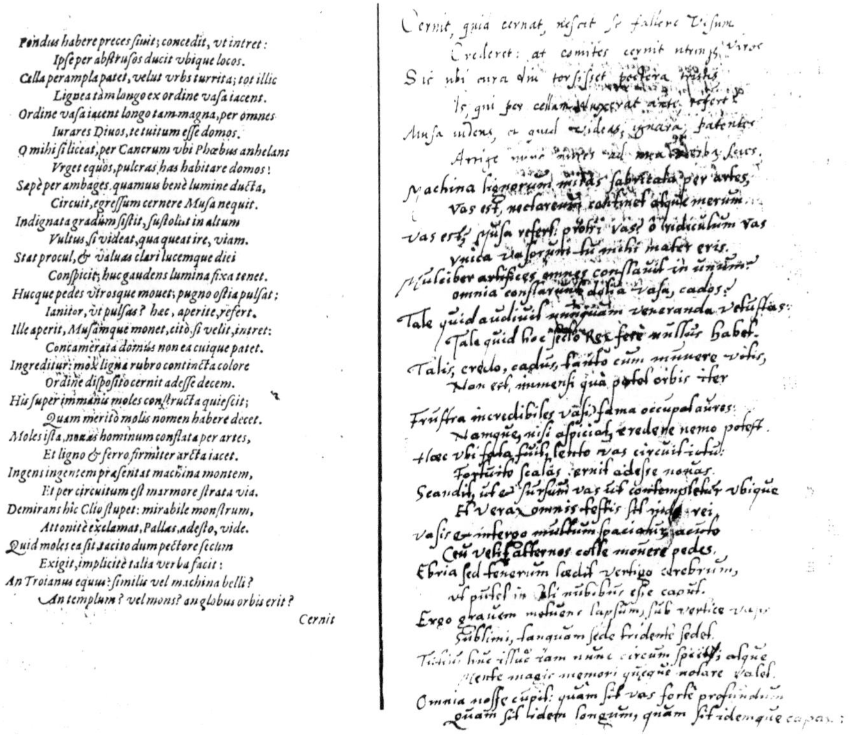

Pondus habere preces siuit; concedit, vt intret:
Ipse per abstrusos ducit vbique locos.
Cella perampla patet, velut vrbs turrita; tot illic
Lignea tàm longo ex ordine vasa iacent.
Ordine vasa iacent longo tam magna, per omnes
Iurares Diuos, te tuitum esse domos.
O mihi si liceat, per Cancrum vbi Phœbus anhelans
Vrget equos, pulcras has habitare domos:
Sæpè per ambages, quamuis benè lumine ducta,
Circuit, egressum cernere Musa nequit.
Indignata gradum sistit, sustolit in altum
Vultus, si videat, qua queat ire, viam.
Stat procul, & valuas clari lucemque diei
Conspicit; huc gaudens lumina fixa tenet.
Hucque pedes vtrosque mouet; pugno ostia pulsat:
Ianitor, vt pulsas? hæc, aperite, refert.
Ille aperit, Musamque monet, citò, si velit, intret:
Concamerata domus non ea cuique patet.
Ingreditur: mox ligna rubro contincta colore
Ordine disposito cernit adesse decem.
His super immanis moles constructa quiescit;
Quam meritò molis nomen habere decet.
Moles ista, nouas hominum conflata per artes,
Et ligno & ferro firmiter arcta iacet.
Ingens ingentem præsentat machina montem,
Et per circuitum est marmore strata via.
Demirans hic Clio stupet: mirabile monstrum,
Attonitè exclamat, Pallas, adesto, vide.
Quid moles ea sit tacito dum pectore secum
Exigit, implicitè talia verba facit:
An Troianus equus: similis vel machina belli?
An templum? vel mons? an globus orbis erit?
Cernit

Cernit, quia cernat, nescit se fallere visum
Crederet: at comites cernit utrinque viros
Sic ubi cura diu torsisset pectora [illegible]
Is, qui per cellam duxerat ante, refert:
Musa videns, et quod videas, ignara, patenter
Arrige nunc aures [illegible]
Machina lignorum mistas fabricata per artes,
Vas est, nectareum continet atque merum.
Vas est? Musa refert: proh! vas? o ridiculum vas
Unica vasorum tu mihi mater eris.
Mulciber artifices omnes conflavit in unum?
omnia conflarunt dolia vasa, cados?
Tale quid audivit nunquam veneranda vetustas:
Tale quid hoc seclo Rex fere nullus habet.
Talis, credo, cadus, tanto cum munere vitis,
Non est, immensi qua patet orbis iter
Frustra incredibiles vasi fama occupat aures:
Namque, nisi aspiciat, credere nemo potest.
Haec ubi fata fuit, lento vas circuit ictu:
Fortuito scalas cernit adesse novas.
Scandit, ut et sursum vas sit contemplatur ubique
Et verax omnis testis sit [illegible] rei,
Vasis et in tergo multum spaciatur [illegible]
Ceu velit alternos celse movere pedes.
Ebria sed tenerum laedit vertigo cerebrum,
Ut putet in [illegible] nubibus esse caput.
Ergo gravem metuens lapsum, sub vertice vasis
Sublimi, tanquam sede tridente sedet.
[illegible] huc illuc iam nunc circumspicit, atque
Mente magis memori quaeque notare valet.
Omnia nosse cupit: quam sit vas forte profundum
Quam sit idem longum, quam sit idemque capax:

Bild 24 **Praetorius: Vas Heidelbergense (8 Seiten gedruckt, die restl. 7 Seiten handschriftlich)**

Der Taufstein wird in Stücke geschlagen

Der calvinistische/reformierte Heidelberger Katechismus lehrt: "Was will Gott im zweiten Gebot? Gott will, dass wir ihn in keiner Weise abbilden noch ihn auf irgendeine andere Art verehren, als er es in seinem Wort befohlen hat."[203] "Dürfen denn nicht die Bilder als der 'Laien Bücher' in den Kirchen geduldet werden? Nein; denn wir sollen uns nicht für weiser halten als Gott, der seine Christenheit nicht durch stumme Götzen, sondern durch die lebendige Predigt seines Wortes unterwiesen haben will."[204]

Dies ist ein besonderer Streitpunkt in der erbitterten Auseinandersetzung zwischen Reformierten und Lutheranern und führte vielerorts zu einem Bildersturm. In Hechtsheim[205] wird "am 4. August 1596 zum erstenmal calvinisch gepredigt, nachdem zwei Tage zuvor alle Bilder aus der Kirche geschafft, auch der Taufstein in Stücke geschlagen war".[206] Der Reichstag zu Speyer hat genau siebzig Jahre zuvor die Konfession ihrer Untertanen zur Sache der Landesherren gemacht. So muss der lutherische Pfarrer, dessen Name unbekannt ist, von der Pfarre weichen; ein reformierter tritt an seine Stelle.[207]

Zu dieser Zeit wird der Graf von Ysenburg auf den gelehrten Prediger Praetorius aufmerksam. Von ihm ergeht der Ruf an Praetorius, in seiner Grafschaft eine Pfarrstelle anzunehmen.

Bild 25 Bilderzerschlagung durch Reformierte

Die Pest schlägt zu

1595 Shakespeare verfasst "Romeo and Julia".
"Traurig wird schließlich alles, was die Sterblichen als Glück ansehen" (Leonardo da Vinci)

1596: Bedrohlich türmen sich die Wolken auf. Es regnet ständig. Manchmal hat man den Eindruck, es würde nie wieder aufhören.[208] Um 1596 stirbt die Frau von Praetorius.[209] Er ist 36 Jahre alt, seine Frau mag etwas jünger gewesen sein.[210] Der Schmerz über ihren Tod überschattet die Freude über seine Berufung in die neue Pfarrstelle. Ist es nicht das, was Menschen am schlimmsten trifft - der plötzliche Verlust eines Menschen, der uns nahe steht? Es ist schlimmer als Krankheit - es macht krank. So klingt es aus den Worten von Praetorius in einem späteren Brief.[211] Doch das Schicksal hat weitere böse Überraschungen für Anton Praetorius bereit.

Praetorius ist bemüht, für sich und seinen unversorgten elfjährigen Sohn eine neue Frau und Mutter zu finden. Als er sich vermählt, schlägt das Schicksal wie ein Blitz aus heiterem Himmel ein: "die zweite Hausfrau ist am 12. Tag nach dem Kirchgang an der Pest[212] gestorben, also dass sie keine Stunde gesund beieinander gewesen sind."[213] Die Pest grassiert. Der Pestgang beginnt nördlich des Mains in den relativ wintermilden Jahren 1596-1598 und wird im heißtrockenen Sommer 1599 durch eine Ruhrpandemie[214] überlagert.[215]

Die Leute leiden Todesangst: überall werden die Menschen um sie herum weggerafft. Anton Praetorius durchlebt schreckliche Qualen. Er fürchtet, dass sein Sohn und er selber auch die "böse Luft"[216] bekommen und von der Pest geholt werden.[217] Jeden Morgen, jeden Abend und wie oft zwischendrin schaut er voller Todesangst am Körper des Jungen nach den furchtbaren Beulen, die die schreckliche Krankheit und das baldige Todesurteil verkünden.

Es kursieren viele Flugschriften, welche Hilfsmittel gegen die Pest versprechen: Aderlass und teure Arzneien für die Reichen, die "das Gift durch den Schweis ausführen",[218] Kräuter mit Wasser und Essig vermischt. "Gar arme Leute nemen ein frisch Brun-wasser mit scharfem Essig sauer gemacht und trinckens. Gott wolle uns gnediglich behüten."[219] (Weitere Informationen zur Pest im Anhang Seite 195).

Nach Wochen, vielleicht erst nach Monaten kann Anton Praetorius Gott danken: Der schwarze Tod hat ihn und seinen einzigen Sohn verschont. Langsam beginnt das panische Entsetzen zu weichen. Angesichts seines unversorgten Sohnes wagt es Anton Praetorius zum dritten Mal: Er verlobt sich, doch die dritte Frau, die ihm verheißen, "aber am dritten Tag nach der ersten Proklamation[220] von hinnen geschieden, also dass er sie nicht zur Kirche, sondern zum Grab begleitet."[221]

So reißt ihm der Tod dreimal in kurzer Zeit eine Frau von seiner Seite. Dies nimmt ihn seelisch schrecklich mit. Ihr Sterben ruft eine tiefe Traurigkeit in ihm hervor. Zu einer Zeit, als viele Menschen Unglück als Strafe Gottes verstehen[222], wird er selber oft gefragt haben, was er getan hat oder was Gott ihm sagen will. Später schreibt er, dass "vor etlichen Jahren elende wittibschafft[223] und stette todsgefahr mich troffen hatte".[224] Er leidet unter Krankheiten und seinem Kummer. Ein Freund schreibt: "dass er (durch den Tod der dritten Frau) erst recht in die Kreuz-Schul geführt und allda lernen müssen, wie man mit Geduld streiten und überwinden muss." Der Hauch des Todes hat ihn gepackt: "Ob nun noch der liebe Gott das mahl mich erhalten, bin ich doch desgleichen falls teglig wartend", dass der Tod auch mich ergreife.[225]

Bild 26 Offenbach alte Stadtansicht

Die Kirche ist leer - Einführung in Offenbach?

In Offenbach[226] hat die Reformation Luthers um die Mitte des 16. Jahrhunderts Eingang gefunden. Als jedoch im Jahre 1596 Graf Wolfgang Ernst I.[227] von Ysenburg die Regierung übernimmt, beginnt für Offenbach wie für die ganze Grafschaft Ysenburg eine erneute konfessionelle Wende.[228] Der junge Graf findet während seines Studiums in Straßburg zum reformierten Glauben. Nach seinem Regierungsantritt 1596 bestimmt er zunächst heimlich, dann öffentlich kurzerhand die calvinistische Konfession zur neuen Religion seines Landes; die Untertanen haben sich danach zu richten.
Eine erste Maßnahme dieses erneuten Konfessionswechsels, der zweiten Reformation für Offenbach: Die lutherischen Geistlichen werden aus ihren Ämtern in den Gemeinden der Grafschaft entlassen. Der lutherische Pfarrer Johannes Lauterbach, der seit 1594 in Offenbach wirkt, erhält im August 1596 seinen Abschied und gleichzeitig die Anweisung, "den Pfarrhof zu reumen". Als Nachfolger hat Graf Wolfgang Ernst den bisherigen Prediger in Dittelsheim, Anton Praetorius, gewonnen.[229] Praetorius soll damit erster reformierter Geistlicher in Offenbach werden. Wie lange mag er bleiben? Immerhin haben die Pfarrer hier zu dieser Zeit im 2-Jahresrhythmus gewechselt.

Lobgedicht auf den Grafen von Ysenburg

Handelt es sich um eine überraschende Berufung? Im August 1596 verfasst Anton Praetorius ein lateinisches Lobgedicht[230] auf Wolfgang Ernst, Herrn von Ysenburg, Graf von Büdingen und Birstein (vgl. Seite 50. Ein Bild des Grafen findet sich auf Seite 43). Praetorius schreibt, er sei vorher Prediger in Dittelsheim gewesen, aber demnächst Hofprediger in Birstein. Von einem möglichen Einsatz als Pfarrer in Offenbach weiß er anscheinend zu dieser Zeit noch nichts. Vielleicht kommt dieser Auftrag ganz überraschend, sonst hätte er es auf der Titelseite seiner Schrift bestimmt erwähnt. Das Lobgedicht auf den Grafen wird in Heidelberg bei Christophorus Leonis im August 1596 gedruckt.[231] Möglicherweise ist es auch eine Auftragsarbeit.

Die Übersetzung der Titelseite lautet: (s. Abbildung nächste Seite)

Über des gottesfürchtigen Amtsträgers Pflicht, Recht und Amtsgewalt in der

Gottesverehrung und den nach der Vorschrift des Wortes Gottes zu erneuernden

Kirchen ein elegisches Gedicht

dem erlauchten und edlen Grafen

Wolfgang Ernst,

Herrn von Isenburg, Grafen von Büdingen und Burstein, zum ewigen Lobe seiner höchstpersönlichen Pflichttreue und zur Erinnerung an seine Erhebung und Ehrung also geschrieben von

Anton Schulze von Lippstadt in Westfalen, bis jetzt im pfälzischen Tutelsheim,

darauf aber in Burstein der Isenburgischen Kirche Diener.

Moses. Exod. 22. 28

Sapiens. Prov. 24. 21.

Petrus. 1. Epist. 2. 17.

Dem Fürsten sage nichts Übles nach:

Fürchte Gott und den Regenten ehre.[232]

(Übersetzung B. Schmanck)

DE PII MAGISTRATVS
OFFICIO, IVRE, AC POTESTATE IN
RELIGIONE ET ECCLESIIS AD VERBI DEI NORMAM REFORMANDIS
CARMEN ELEGIACVM,

ILLVSTRI AC GENEROSO COMITI
VVOLFGANGO ERNESTO, DOMINO AB ISENBVRG
COMITI A BVDINGEN ET BVRSTEIN, IN
PERPETVAM PIETATIS IPSIVS LAVDEM AC MEMORIAM SVBIECTIONIS ET HONORIS ERGO
SCRIPTVM

Ab

Antonio Prætorio Lippiano VVeſtphalo, hactenus Tutelshæmij Palatinæ, deinceps verò Burſtænij Iſenburgicæ Eccleſiæ Miniſtro.

Moſes. Exod. 22. 28.
Sapiens. Prou. 24. 21.
Petrus. 1. Epiſt. 2. 17.

Ne Principi dicas malè:
Deum time; Regem cole.

HEIDELBERGÆ
Typis Chriſtophori Leonis.

Anno cIↃ. IↃ. XCVI. Menſe Auguſto

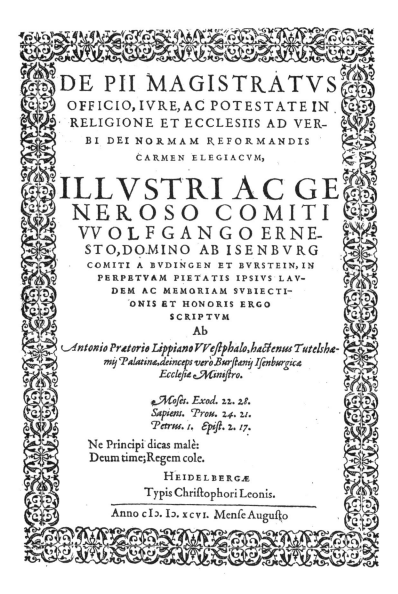

Bild 27 Titelseite von Praetorius, de pii (Lobgedicht auf Graf Wolfgang Ernst)

(Übersetzung auf voriger Seite)

Grandia grādiloquis dicam ſermonibus acta:
Acta ſtupenda Dei, grandia facta viri.
Verba Dei lætas promens referentia laudes,
Regibus & ducibus nomina digna canam.
Arma canant alij, pugnas, cædesq; cruentas:
Me pia relligio, me juvat arcta fides.
Quid deceat, quid dedeceat; quid proſit & obſit,
Diſcernam: Flatu me rege, Chriſte, tuo.
Quæritur: Annè Duces, rutilantia ſceptra gerentes,
Iure ſacrum ſtatuant relligionis opus?
Quæritur: An ritus, quos conſuetudo recepit,
Corrigier fas ſit? fas ſit habere nouos?
Quæritur: vt forſan poſſint meliora doceri,
Quilibet an Regi debeat obſequium?
Quæritur: An liceat ceruices cogere duras?
Anque rebellantes vltio juſta premat?
Scinditur ignarum vota in contraria vulgus;
Et doctis lis eſt: hic negat, ille probat.
Lis fuit illa diu, noua nunc certamina creſcunt:
Ah! pia libertas vincula dura gerit.
Ius cecidit, mos præualuit, languetque poteſtas:
Hoc placet; hoc vult, hoc turba profana probat
Verus at interea cultus perit Altitonantis:
Dogmata quin paſſim vera ſepulta jacent.
Sordida damnoſi bullant fermenta papatus:
Error & errorem gignit vbique nouum.
Hinc excandeſcit Diuum Pater, atque hominum Rex:
Hinc Mars, hinc mors eſt, hinc miſeranda lues.
Hinc eſt dira fames, noſtrique iniuria cæli;
Hinc ſpes, hinc pietas, hinc ruit orta ſalus.
Ergonè res digna eſt, ſacris inquirere libris,
In melius quînam cuncta redire queat?
Dignum eſt. Scripturas, Chriſtus, ſcrutaminor, inquit: *Ioh. 5. 39.*
Quærite; in his latitat vita perennis, ait.

A 2 Hæ

Bild 28 Seite aus Praetorius, de pii (Lobgedicht auf Graf Wolfgang Ernst)

Bild 29 Graf Wolfgang Ernst von Ysenburg-Büdingen

Wolfgang, ein wahrer Gefolgsmann Christi, Gerechtigkeit übt er und fördert den Glauben. Gar groß seine Liebe zu Gott. Die Musen liebt er, wie jeder weiß. Selbst hochgebildet, gilt er als Förd´rer der Wissenschaften. Unsterblich daher des Ysenburgers Name und Ruhm, glanzvolle Zier des Grafenstandes. (Übersetzung B. Schmanck)

Umzug: Brief des Grafen an den Schultheiß Darheim

1596 folgt einem milden Frühling ein sehr feuchter Juli. Endlich ein warmer Herbst![233] Mit Schreiben vom 7. August 1596 befiehlt der Graf dem Schultheiß Darheim des ysenburgischen Dorfes Königstädten[234] in einem Brief, [235] den "Haußradt und ander Zeug" des Pfarrers Praetorius in Dittelsheim abholen und nach Offenbach schaffen zu lassen.

Der Wortlaut des Briefes:

Wolfgang Ernst,
Lieber Getreuer, demnach wir den würdigen
Unseren lieben Getreuen Antonium Praetorium gewesenen
Pfarrern
zu Tütelßheim[236] in der Pfalz, Zwischen
Wormbs[237] und Altzej[238] liegend, zu Unserem
Prediger angenommen, und nunmehr sein
Haußradt und andren Zeug anhero geführet
und sein will, Als befehlen
wir dir hiermit in Gnaden, daß du dich
erstes Tages dahin
gehn Tütelßheim
verfügest und
wieviel wagen zur Abführung dessen
vonnöten seyen, bericht einnehmest
und uns dann inmittelst eines solchen wieder berichtest
und darnach Unseren Unthertanen zu
Königsstetten[239],
denen wir die ufgewandte Zehrung wiederum erstatten wöllen,[240]
ein solches abzuholen
und biß gehn Offenbach[241] zu
führen, von dannen es vollends anhero
abgeführt werden soll, befehleß
und anordnest.

Das tun wir uns zu dir versehen und
meinen Dich mit Gnaden, Datum
Birstein, den 7.August 96.

An Johan Darheim Schultheißen zu Königstetten.[242]

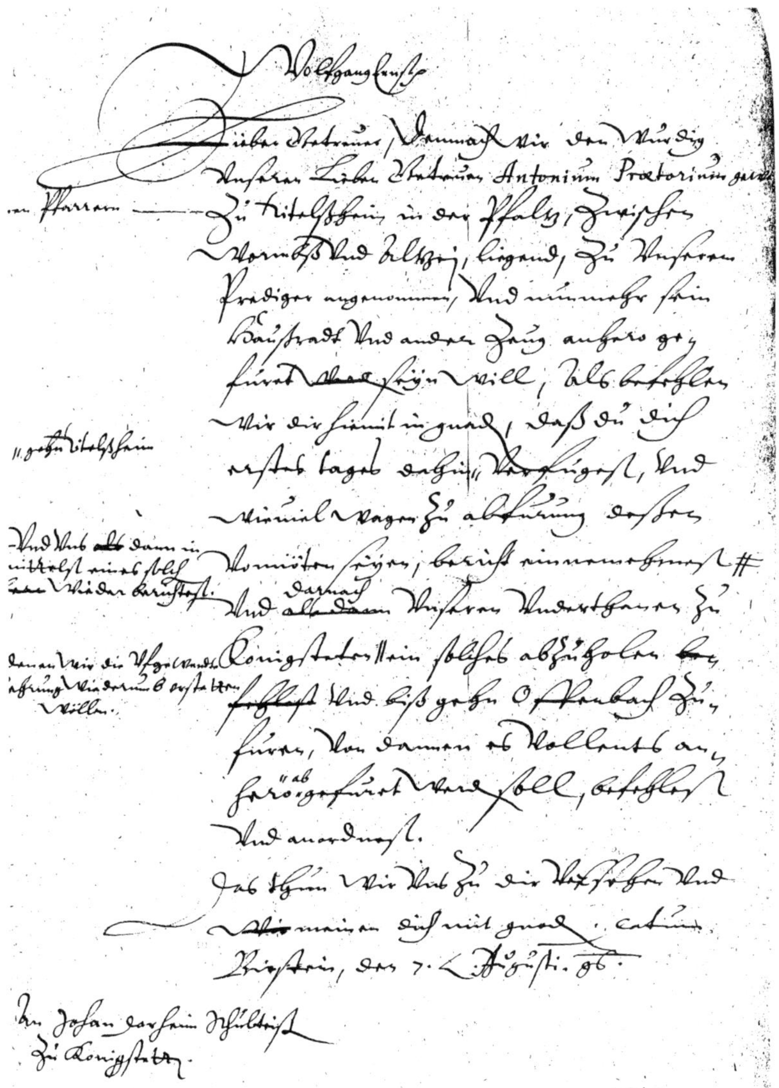

Bild 30 **Brief des Grafen Wolfgang Ernst an Darheim vom 7.8.1596**

Umzug: Antwort des Schultheiß an den Grafen

Auch der Antwortbrief[243] des Johan Darheim, Schultes zu Königstetten, ist erhalten:

Wohlgeborener Graff, gnediger Herr, E.G.[244] seiendt meine underthenige gehorsame pflichtige Dienste in aller underthenigkeit zuvor gnediger Herr, demnach mir E.G. schriftlichen befehl zukommen lassen mich zu erkundigen wie viel wagen der pfarrherren von Tittelsheim[245] wegen seines hausradts bedurftig unnd wenn dieselbigen bei ihme sollen ankommen, so hatt der herr pfarrherr gebeten, den 30. Augusti 4 wagen bei ihme anzukummen, als dann wollte er also bald mitt den wagen an das Ortt, dahin er angenummen, ich hab mich solches befehls, den mir E.G. zugeschickt, gegen meinen Amts Angehörigen vernehmen lassen, als dass sie des pfarrherrn zu tittelsheim hauß radt mit 4 wagen holen sollten, aber die halsstarrigen solches gegen mir geweigert, aber wenn die zeit kommt, wenn sie fahren sollen, und wollen sich nochmals weigern, will ich diejenigen ins wirdeshaus mahnen, bis so lang sie willig zu fahren, ein solches hab auf E.G. schriftliches begehren ich E.G. underteniglich mit sollen verhalten, tun E.G. zu langwieriger Regierung in Schutz des Allmächtigen empfehlen

Datum Königsstetten den 12. Augusti 1596
Underteniger Diener

Johan Darheim,
Schultes zu Königstetten

Am 12. August berichtet der Schultheiß also dem Grafen, dass die Fuhrleute, die zum Frondienst für den Grafen verpflichtet waren, sich halsstarrig geweigert haben, den Transport durchzuführen. Der Schultheiß wolle sie nochmals ins Wirtshaus mahnen, so lange, bis sie willig seien zu fahren.[246]

Der Graf Wolfgang Ernst ist schnell bei der Hand, den Untertanen Frondienste aufzuerlegen, aber diese weigern sich, den Transport des Hausrats des Pfarrherrn zu Dittelsheim mit vier Wagen einfach so gegen Erstattung der Zehrungskosten durchzuführen. Angesichts des feuchten Juliwetters[247] sind im August die Menschen mit der Ernte beschäftigt. Wer hat da Zeit, den Umzug eines Pfarrers durchzuführen? Da werden Pferd und Wagen auf den Feldern benötigt. Wer weiß, wie lange das sonnige Wetter hält? Am 30. August 1596 soll der Transport durchgeführt werden. Es ist anzunehmen, dass der neue Pfarrer zu diesem Zeitpunkt in Offenbach schon seinen Wohnsitz hat.[248]

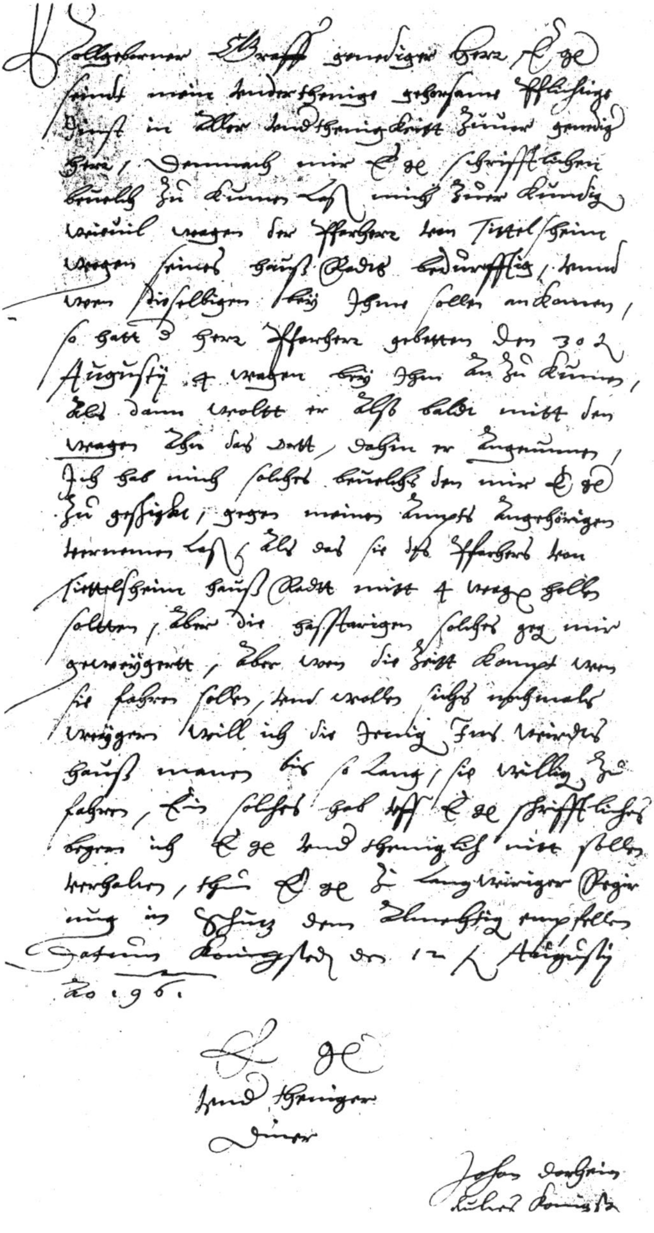
Wolgeborner Graff gnediger herr, E. g. seindt mein vnderthenige gehorsame willige Dienst in aller vndtherthenigkeitt zuuor gnedig herr, Demnach mir E. g. schrifftlichen beuelch zu kommen laßen mich zuuerstendig wieuil wagen der Pfarherr von Tittelsheim wegen seines hauß Radts bedurfftig, vnnd wan dieselbigen bey Ihme sollen ankommen, so hatt d herr Pfarherr gebetten den 30. Augusti 4 wagen bey Ihm an zu kumen, als dann wolte er also baldt mitt den wagen ahn das ortt, dahin er zugehören, Ich hab mich solches beuelchs den mir E. g. zu geschickt, gegen meinen Amptt Angehörigen vernemen laßen, als das sie dess Pfarherrs von Tittelsheim hauß Radt mitt 4 wagen holen solten, aber die haußarmen solches gegen mir geweigertt, aber wan die Zeitt kompt wan sie fahren sollen, vnnd wollen sich nochmals weigern will ich die dreutzig funf wieder hauß mann, bis so lang, sie willig zu fahren, Ein solches hab ich E. g. schrifftlichen begern ich E. g. vnderthenigklich nitt sollen verhalten, thu E. g. in langwiriger Regierung in schutz des allmechtig empfellen Datum Königstein den 12 Augusti Ao 96.

E. g.
vnderthenigster
Diener

Johan Darheim
Schultes Königstein

Bild 31 **Antwortbrief des Johan Darheim, Schultes zu Königstetten**

Gemeinden wehren sich gegen Neuerungen der Reformierten

Zur weiteren Vorbereitung seines Reformationswerkes lässt Graf Wolfgang Ernst noch im August 1596 aus den Kirchen der Grafschaft die bisher beim A-bendmahl benutzten Kelche einziehen. Anstelle dessen lässt er durch einen Frankfurter Goldschmied gleichwertige Silberbecher anfertigen. In den Kirchen werden die Altäre gegen schlichte Tische ausgetauscht.[249]

Noch ist hier in Offenbach wie in den anderen Gemeinden der Grafschaft Ysenburg der reformierte Prediger nicht eingeführt worden, als sich auch schon die Bevölkerung diesen kirchlichen Neuerungen zu widersetzen beginnt. Brieflich haben Anfang September 1596 die Einwohner von Eckartshausen,[250] Birstein, Langendiebach[251] und Ravolzhausen[252] den Offenbachern mitgeteilt, dass sie nicht daran denken, "solche Lehre und fremden Glauben anzunehmen". Vielmehr wollen sie ihre Konfession behalten und keine fremde Lehre einlassen. Dazu erbitten sie den Beistand der Offenbacher. In einer Versammlung der "ganzen Gemeinde Offenbach" am 7. September 1596 kommt dieser Brief zur Sprache. Die Offenbacher Einwohnerschaft richtet nun ihrerseits ein Schreiben an weitere ysenburger Kirchdörfer, da sie sich der "Beschwerung der Religion wegen nicht verhalten" könne. "Nachdem sich unser gnädiger Herr, Gott erbarms' untersteht, die Kirche zu reformieren und einen anderen Glauben und andere Lehre einzuführen, die wider seines eigenen seligen Vaters Kirchenordnung ist, auch seine Voreltern, Vettern und Herr Vater nicht dulden und annehmen wollten", wenden sich die Offenbacher mit einem Brief an ihre Nachbarn. Sie begehren zu erfahren, "ob sie auch bei uns stehen und halten wollten". Für die folgende Woche beraumen sie eine Besprechung in Büdingen an, zu der jeder Flecken und jedes Dorf zwei Abgeordnete entsenden solle. Die einzelnen Gemeinden erklären sich hierzu schriftlich einverstanden. Sie betonen, es sei auch ihr Wille und Begehr, "als wir mit solchen Dörfern und Flecken wollen stehen und halten und nicht ablassen". Aber noch bevor die Gemeinden sich in Büdingen über ihre Gegenmaßnahmen besprechen können, erscheint bereits am Samstag, den 11. September 1596,[253] der ysenburgische Hofprediger Konrad Schnabel in Offenbach bei dem dortigen Sekretär der gräflichen Regierung, Balthasar Hien, um mit diesem zusammen in den folgenden Tagen die neu angenommenen Pfarrer in den Gemeinden der ysenburger Untergrafschaft zu präsentieren.[254]

Offenbach hat zu dieser Zeit ca. 500 Einwohner.[255] Die Schlosskirche in Offenbach hat nicht einmal ein eigenes Geläut, sondern die Gläubigen werden zum Gottesdienst durch die Glocken gerufen, die im sog. Glockenturm der Stadtmauer hängen.[256] Heute ist von dieser Kirche nur noch der Turm erhalten. Das moderne Gemeindehaus daneben heißt "Katharina von Bora-Haus" und ist nach der Frau von Luther benannt - damals von den Calvinisten als schlimmster Widersacher bekämpft.

Zank über die Einführung des neuen Pfarrers

Die Einführung des neuen reformierten Pfarrers für Offenbach, Anton Praetorius, soll schon am nächsten Tage, Sonntag, den 12. September 1596, folgen. Zur vorgesehenen Zeit betreten der Hofprediger Schnabel, Pfarrer Praetorius, Sekretär Hien und der Offenbacher Schultheiß Martin Rausch das Gotteshaus. Doch da müssen sie "mit Schmachen" feststellen, dass "nur zween Manner undt fünf oder sechs Weiber auß der ganzen Gemeine in der Kirche mitgewesen", die anderen Gemeindeglieder haben sich hingegen vor der Kirche zusammengefunden. Sie erklären dem Sekretär auf Befragen, "dass sie alle dahin entschlossen, die Predigt nicht zu besuchen, sie sähen denn zuvor, wie sich die Untertanen in den andern Dorfschaften verhielten". Obwohl der Sekretär die Versammelten auch "vor Schaden gewarnet", bleiben sie bei ihrer Meinung, und so muss die Präsentation des Pfarrers auf ein andermal verschoben werden. Allerdings vermuten sowohl der Sekretär Hien als auch der Schultheiß Rausch, dass "diese der Offenbacher Halsstarrigkeit" auf den Brief von Eckartshausen und anderen Dörfern der Ysenburger Obergrafschaft zurückzuführen sei, "da sie ja zuvor Sonntags zur Predigt gegangen".

Der nun nicht eingeführte Pfarrer Praetorius verlässt gleich in der nächsten Woche Offenbach und reist nach Lamesheim.[257] Ob er zu einem späteren Zeitpunkt in sein Offenbacher Predigeramt eingeführt werden kann, geht aus den vorliegenden Akten nicht hervor. Graf Wolfgang Ernst rät jedoch seinen Offenbacher Untertanen, nachdem er von deren "anmaßlicher Widerspenstigkeit" erfahren hat, sie möchten "zuvorderst in die Kirchen gehen, hören und darnach erst darvor urteilen".

Bild 32 Turm der alten Schlosskirche in Offenbach - Farbfotos S. 6

Der Hofprediger Schnabel reist anderntags nach der misslungenen Präsentation in Offenbach zusammen mit dem Sekretär Hien weiter nach Okriftel,[258] wo sie noch am gleichen Tage, Montag, dem 13. September 1596, den dortigen reformierten Pfarrer, Magister Wigand von Walthor, ohne jegliche Störungen in sein Amt einführen können.[259]

Erst zur Mitte des nächsten Jahres 1597 ist für Offenbach ein neuer reformierter Pfarrer bezeugt.[260] Dieser Pfarrer Johannes Noviomagus bezeichnet sich in seinen Briefen als "Diener des ewigen göttlichen Worts zu Offenbach", später auch einfach als "Kirchendiener zu Offenbach". Seine Jahresbesoldung, zum Teil aus Naturalien bestehend, beträgt damals 40 Gulden an Geld, 18 Gulden für drei Ohm Wein und drei Ohm Bier, 32 Achtel Korn, 6 Achtel Hafer, 1 Achtel Weizen, 1/2 Achtel Erbsen, 2 Wagen Heu, 1 Wagen Grummet,[261] 3 Fuder Roggenstroh, 15 Gulden für Brennholz sowie Opfergeld und der so genannte kleine Zehnte.

Auch zu dieser Zeit scheint sich die calvinistische Reformation in Offenbach noch nicht völlig durchgesetzt zu haben. Zwar werden die Gottesdienste wieder besucht, doch lässt die Teilnahme am heiligen Abendmahl sehr zu wünschen übrig. Nach einem Bericht des Pfarrers Noviomagus an den Grafen haben am Sonntag, dem 4. September 1597, nur sieben Personen, und zwar der Schultheiß Rausch, der Forstmeister Hardmann Geyer, der frühere Küster Justus Gomp, der Zimmermann Julius Krauss, der Müller Joachim Weißbrot sowie zwei weitere Männer das Abendmahl empfangen.

Bei einer danach vom Pfarrer und Schultheißen unter den 46 Offenbacher Familienvätern vorgenommenen Befragung über ihr Verhalten zur neuen Religion erklären alle, dass sie an der neuen Lehre wie an der Predigt "keinen Fehl oder Mangel hätten, ... sich mit der Zeit auch zum heiligen Nachtmahl begeben" wollen. Danach hat sich die neue Religionsform in Offenbach wohl eingebürgert. 1598 bekennen sich nur noch drei Familien zur lutherischen Lehre. Sie besuchen zwar die Predigtgottesdienste in Offenbach; zum Abendmahl jedoch gehen sie ins lutherische Frankfurt.[262]

Hofprediger in Birstein

Nach diesen Schicksalsschlägen scheint sich das Leben für Praetorius endlich zum Besseren zu wenden. Nachdem er mittels eines lateinischen Widmungsgedichtes[263] in eine persönliche Beziehung zum Grafen Wolfgang Ernst von Ysenburg-Büdingen getreten ist,[264] beruft ihn 1596 der Graf von Ysenburg - Büdingen als Hofprediger nach Birstein[265] ins Büdinger Land,[266] ca. 30 km östlich von Frankfurt.

In diesem Widmungsgedicht von 1596[267] (siehe Seite 40) auf den Grafen spürt man die überschwängliche Freude von Praetorius, Karriere zu machen und Pfarrer am Hof des Fürsten zu werden. Stolz klingt aus seinen Worten über seine Berufung mit. Als Hofprediger ist er jetzt der Erste unter den Pfarrern! (Näheres zum Hof und Schloss der Grafen zu Birstein und der Stellung des Hofpredigers siehe Seite 198).

Drei Bibelstellen nennt er auf dem Titelblatt in seiner Widmung an den verehrten Grafen:

1. Petr. 2,17: Tut Ehre jedermann, habt die Brüder lieb, fürchtet Gott, ehret den König!

Sapiens. Pron. 24,21: Mein Sohn, fürchte den HERRN und den König und menge dich nicht unter die Aufrührer.

Moses, Exodus 22,28: Den Ertrag deines Feldes und den Überfluss deines Weinberges sollst du nicht zurückhalten. Deinen ersten Sohn sollst du mir geben.

Ob ihn schon eine dunkle Ahnung beschleicht, dass vielleicht doch alles ganz anders kommt, als er sich das Bibelwort heraussucht: "und menge dich nicht unter die Aufrührer"?

Und der Leser erschrickt, wenn Praetorius bei den Geboten der Gottesfurcht aus dem 2. Buch Moses den Vers heraussucht, dass die Menschen Gott nicht nur den Erstlingsertrag der Ernte geben sollen, sondern Gott auch den ersten Sohn geben sollen! Ist doch Johannes, der erste Sohn, sein einziges Kind. Er ist Antons ein und alles. Er hat die große Hoffnung, dass Johannes ihm einmal im Beruf als Pfarrer nachfolgen möge.

Praetorius löst den lutherischen Pfarrer Johannes Vogt ab und wird der erste reformierte Pfarrer in Birstein.[268] Hier wird "in den Jahren 1596-98 der Calvinismus aus verschiedenen Gründen 'heimlich' eingeführt, z.B. durch Berufung calvinistischer Pfarrer an Stelle von lutherischen. Offiziell bekannt wird die Birsteiner Calvinisierung durch die neue Kirchenordnung von 1598. Die gesamte Grafschaft Ysenburg-Büdingen wird 1601 endgültig reformiert."[269] Praetorius ist also als "heimlicher" Calvinist in Birstein.[270] Von Birstein aus erhält Praetorius 1596/97 Kenntnis über die Hexenverfolgungen in dem nahen Ort Gelnhausen, die 16 Frauen das Leben kosten.[271]

Die Birsteiner Kapelle wird zur reformierten Kirche umgebaut

Praetorius wohnt im geräumigen Pfarrhaus neben der Kirche und nahe dem Schloss. Das gleiche Pfarrhaus in Birstein (erbaut 1556) wird auch heute noch vom evangelischen Gemeindepfarrer bewohnt. Vor dem heutigen Pfarrerehepaar Hammann gab es 31 protestantische Pfarrer von Birstein.[272] Gegenüber dem Pfarrhaus befindet sich die Lateinschule aus dem Jahr 1590.

Anton Praetorius engagiert sich sofort in der Umsetzung der neuen Lehre, der reinen calvinistischenLehre. Im November lässt sich Graf Wolfgang Ernst in einem ausführlichen Gespräch "mit geneigtem Willen" über die Auffassungen seines neuen Hofpredigers über den calvinistischen Glauben informieren.[273]

Anscheinend gleich nach Dienstantritt beginnt Praetorius die kleine Kapelle in Birstein zu der Größe der späteren Kirche zu erweitern. Dabei lässt er sich von reformierten Vorstellungen leiten. "Wenn wir die Zeit dieses Erweiterungsbaues in die Zeit um das Jahr 1596 verlegen, so spricht für die Anlage der Kirche in der Form eines rechteckigen Saales, was sich leicht daraus erklären lässt, dass mit der damals sich vollziehenden Einführung des reformierten Kultus auch der einfache reformierte Kirchbaustil ohne Chor zur Anwendung kam. Das in der Kirche aufgefundene Denkmal aus dem Jahre 1598, welches (später) durch das Podium an dem früheren Kirchenältestenstuhl verdeckt war, kann als Beweis dafür genommen werden, dass die Kirche damals schon bis zu dem Umfange, den sie vor dem Brand im Dreißigjährigen Kriege um das Jahr 1644 hatte, erweitert war und als Begräbnisstätte der gräflichen Häuser diente."[274]

Es ist also Anton Praetorius, der sofort nach Dienstantritt energisch die reformierten Kirchenvorstellungen baulich umsetzt und dafür anscheinend auch die notwendigen Geldmittel (wohl vom Grafen) besorgt und erhält. Es ist erstaunlich, dass Anton Praetorius dies in der kurzen Dienstzeit von knapp drei Jahren im Büdinger Land bewerkstelligt.[275] Auch eine neue Glocke wird im Rahmen dieser Baumaßnahmen von Praetorius aufgehängt. Sie trägt eine Inschrift in lateinischen Großbuchstaben:

WIE KLEIN ICH SEY SO HAB ICH DOCH EIN GROSZ GESCHREY
1597.[276]

Praetorius: "Wenn die Glock schlecht.[277]
Ein seligs Stündlein geb uns Gott, in Lebenszeit und Sterbens Not.
Darnach ein fröhlich Auferstehn, dass wir ins Ewig Leben gehn."[278]

Für Almosen wird im Gottesdienst eine Kollekte gesammelt. So kommen am 9. Sonntag nach Trinitatis zusammen: 10 alb. 3 &.[279] An Ausgaben findet sich am 5. November 1597 vier & einem exuli Nicolao mullero, concisnatori caftransi in Ungaria (einem Asylanten Nicolaus Müllerus aus Ungarn).[280]

Bild 33 **Birsteiner Schloss früher – s. Farbfotos S. 4**
(vgl. Exkurs "Birsteiner Schloss" im Anhang Seite 198)

Bild 34 **Birsteiner Schloss heute s. Farbfotos S. 4**

Bild 35 **Lateinschule in Birstein – s. Farbfotos S. 5**

Bild 36 **Birstein Lateinschule (Schild mit Jahreszahl) s. Farbfotos S. 5**

Bild 37 **Ev. Kirche in Birstein – s. Farbfotos S. 5**

Bild 38 **Pfarrhaus in Birstein – s. Farbfotos S. 5**

Bild 39 **Turm des Schlosses in Birstein – s. Farbfotos S. 5**

In Büdingen leben die Untertanen "in allerlei Sünde und Schande"

Im Büdinger Land wird eine neue Kirchen- und Polizeiordnung erlassen. Darin wird 1581 festgestellt, "dass der größte ... Haufen der gemeinen Untertanen ... Gottes Wort ... aufs Höchste ... unehren und verachten, ... leben in allerlei Sünde und Schande ... und halten ... kein Maß in überflüssigen Zehrungen auf Hochzeiten, Kindtaufen und dergleichen .... So ... bringen sie Gottes gerechten Zorn und Strafe auf das ganze Land, wie dann der Allmächtige uns eine lange Zeit her mit allerlei Plagen, ... Pestilenz und anderen unerhörten Krankheiten hart gestraft".[281]

So ist aus Sicht der Obrigkeit die Schuld für alle Widerwärtigkeiten beim Fehlverhalten der einfachen Untertanen zu suchen. Man führt Unglücke auf sündhaftes Handeln und mangelnden Glauben des Einzelnen zurück. Not und Schicksalsschläge werden als Strafe Gottes angesehen.
Deswegen wird festgesetzt, dass ein jeder in die sonntägliche Predigt gehen soll. Bei Hochzeiten, Begräbnissen und Kindtaufen soll es mäßiger zugehen (Fressen und Saufen) und Tänze werden verboten.[282] Um das zu kontrollieren, werden die Kirchenrüger eingesetzt.[283]

Die Todsünden: Die Völlerei
H. Cook nach Pieter Brueghel

Bild 40 Pieter Brueghel, Die Todsünden: Die Völlerei

Wie eine Beschwerde des Offenbacher Pfarrers Peter Rudolphus vom 3. März 1589 zeigt, weist die Durchführung der Kirchenordnung, in Sonderheit das Amt der Kirchenrüger, Mängel auf. Er berichtet dem Grafen, sonntäglich seien nur acht Personen in der Kirche, um die Predigt zu hören; die Kirchenrüger sagten auch keine Rügen mehr an. Von seiten der Pfarrerschaft wird auf eine neue, strengere Kirchenordnung gedrungen, was sicherlich mit dem Übergang der Grafschaft von der lutherischen Lehre zum Calvinismus zusammenhängt. 1598 wird durch Graf Wolfgang Ernst eine neue Kirchenordnung erlassen.[284] Darin heißt es: "Was aber öffentliche, landrüchige grobe Sünder sind als Zauberer, Abgötter, Meineidig, Gotteslästerer, Totschläger, Mörder, Ehebrecher, Blutschänder, Hurer, Trunkenbolde, Dieb, Räuber ... , so sollen sie hart bestraft werden."

Alle konfessionellen Parteien bemühen sich, ihre reine Lehre durchzusetzen, um die Teilnahme am Reich Christi zu erlangen und die Strafe Gottes zu vermeiden. Hinter den Bestimmungen der Kirchenordnung wird das Bemühen deutlich, gegen alles Fehlverhalten und alle Irrlehren vorzugehen, die letztlich den Zorn Gottes heraufbeschwören und damit zu Katastrophen und Tod der Menschen führen. Dem Werk des Teufels wird es zugeschrieben, dass er die Menschen zur Sünde verführe.

Im Büdinger Land: die Pest und das Hexengeschmeiß

Nicht nur die Konfessionsstreitigkeiten beschäftigen die Menschen. Noch ist Deutschland ein bevölkertes und wohlhabendes Land Europas, noch sind Glanz und Reichtum der großen Handelsstädte im Norden und Süden des Reiches nicht gebrochen. Doch in den letzten Jahrzehnten des 16. Jahrhunderts hat die wirtschaftliche Entwicklung Deutschlands unter der Störung der Handelslinien, unter der Erschöpfung der deutschen Erzgruben und unter einer passiven Außenhandelsbilanz zu leiden. Dunkle Wolken ziehen herauf und bedrohen das Glück der Familien in der Zeit um 1596.

Die Pest grassiert.[285] Ganze Familien liegen danieder oder sind schon gestorben. In der Stadt Büdingen werden verseuchte Häuser zugemauert,[286] die Überlebenden ziehen in das Totenhaus bei der Pfarrkirche. Zu allem Überfluss hat im Winter der starke Frost auch noch die Wasserversorgung der Stadt Büdingen lahm gelegt. Da man die Badstuben übel vermehrt hat und jeder dorthin geht, ist die Ausbreitung der Pest unumgänglich.[287] Im Büdinger Land bricht die Pest dermaßen stark aus, dass die gräfliche Regierung den Büdinger Schultheiß anweist, die Stadttore besonders sorgfältig zu schließen und zu bewachen, damit nicht "jedermann aus den Orten, wo die bös Luft regiert, sich einschleiche".[288] Die Pest wird als Strafe Gottes für die menschlichen Sünden gesehen. Nackte Todesangst und Verzweiflung lassen die Menschen nach Sündenböcken suchen. "Das ist die Schuld der Hexen", schallt es an vielen Orten. Zur Säuberung des Landes vom Hexengeschmeiß im Büdinger Land beschließen die beiden Isenburgschen Grafenhäuser am 15. Januar 1597 einen Vertrag,[289] worin sich beide Grafen zu gemeinsamem strafrechtlichen Vorgehen verabreden.[290]

9. Februar 1597: Eine Delegation von 13 Büdinger Bürgern legt dem Rat der Stadt eine Resolution vor und verlangt, dass die Hexenprozesse in Gang gebracht werden sollen, um die Menschen vor den Anschlägen des Teufels zu schützen.[291]

Als Ursachen, die 1597 zu einer Hexenverfolgungsperiode in Büdingen führen, sieht der Regionalforscher Dr. Nieß drei Faktoren:[292] den Ausbruch der Pest im Jahre 1596, das strafrechtliche Vorgehen der Grafschaft Ysenburg gegen Zauberer und andere Übeltäter, zum dritten den alten heidnischen Aberglauben der Büdinger Bürger. Vielleicht treiben auch die unzähligen Droh- und Sündenpredigten den Menschen zusätzlich so viel Angst ein, dass sie Sündenböcke suchen (vgl. Seite 59).

Das Jahr 1597 - Wendepunkt des Lebens von Anton Praetorius

"Newjarß Lied.
Im Thon.
HErr Christ der Einig Gottes Sohn.

1. HErr Gott sey du gepreyset/ Fur deine Gütigkeit:/:
Die du uns hast beweiset/ Diß Jahr und alle zeit:
Und deinen Namen nennen/
Hilff das wir solchs erkennen/ Mit rechter Danckbarkeit.

2. Dein Wort hast uns gegeben/ Welches ist der Seelen Speiß:/:
Darinn erkläret eben/ Wie wir sollen mit Fleiß/
Durch Christum deinen Sohne/
Deß Lebens ewig Krone/ Im Glauben nemmen an.

3. Du hast uns auch bescheret/ Regen und Fruchtbarkeit:/:
Durch Sonnenschein erwehret/ Vieler Verderblichkeit:
Most/ Korn/ und Futter geben/
Davon wir können leben/ Mit unserm gantzem Hauß.

4. Ferner thustu erwehlen/ Gut Oberkeit[293] im Land:/:
Derselben nicht lässt fehlen/ An Macht/ Raht/ und Verstandt/
Dem bösen abzuwehren:
Das Volck in Fried und Ehren/ Kann sie Regieren wol.

5. In solcher Lieb erhalten/ Wöllest uns/ O trewer Gott:/:
Dein Wort und Kirch verwalten/ Retten auß aller Noth:
Krieg/ Hunger/ Pest/ Elende/
O Gott gnädig abwende/ Nach deinem Willen gut.

6. Das sieben und Neuntzigst Jahre/ Thut man anfangen Heut:/:
Gib/ dass wirs ohn Gefahre/ Leben: Wie Christen Leut/
Dein Wort uns lassen weisen/
Dir dienen/ und dich preisen/ Hie/ und in Ewigkeit.

A M E N" [294]

Heirat in Muschenheim (bei Lich)

1597 ist der Wendepunkt in seinem Leben. Anton Praetorius lernt Sibylle, die Tochter des Pfarrers Hermann Pistorius[295] kennen aus dem Dorf Muschenheim[296] bei Lich und wirbt um sie. Ihr Vater stammt wohl aus Altenkirchen,[297] hat 1566 in Marburg studiert und ist seit 1576 Pfarrer[298] in Muschenheim.[299] Zwischen 1576 und 1582 ist er zum Calvinismus übergetreten.[300]

Das Wappen von Muschenheim, ein Schwert, bezieht sich auf Funde von prähistorischen Bestattungsplätzen, u.a. dem "Heiligen Stein" und einem Grab mit einem "goldenen Schwert".[301] Die Kirche erhebt sich hoch über das Dorf und ist von weither zu sehen. Die Glocke dieser alten Kirche läutet schon seit dem 13. Jahrhundert.[302] Das alte Pfarrhaus steht mitten im Dorf an einem großen Platz an der Hauptstrasse, ca. 300 m von der Kirche entfernt. Es ist bis zum Verkauf im Jahr 1990 Wohnsitz der reformierten Pfarrer. Der Pfarrer bewohnt jetzt einen Neubau am Ortsrand.

Bild 41 Muschenheimer Wappen

In Muschenheim gibt es seit 1575 bereits eine Schule. Hierhin kommen auch Schüler aus den Nachbarorten, wovon der "Schülerpfad" nach Bettenhausen kündet. Bis in den Dreißigjährigen Krieg hinein wirken studierte Theologen hier als Lehrer.[303] Von 1587 - 1596 unterrichtet Johannes Faber aus Wetter und geht dann als Pfarrer nach Hanau-Münzenberg. Seine Nachfolger sind Volpert Hirsfeld aus Wetter und (1596-1597) und Johannes Mesomylius aus Wetter sowie Kaspar Ewald aus Kirchhain, bis 1612 Diakon in Muschenheim.[304] Ob Sibylle die Schule besucht, ist nicht überliefert.

Die Reformation in Muschenheim wird von Graf Konrad zu Solms 1582 mit der Einführung des reformierten Bekenntnisses "vollendet". In der Kirche wird der Altar durch einen Tisch für die Abendmahlsfeier ersetzt. Für Pfarrer Pistorius bringt die Einführung des reformierten Bekenntnisses keine Schwierigkeiten: fast alle Pfarrer in der Grafschaft bleiben in ihren Gemeinden.[305]

Das Dorf ist vier Kilometer von der kleinen Stadt Lich entfernt, dem späteren Druckort von Praetorius Büchern. Vielleicht hat Praetorius seine Frau und deren Familie durch die ersten Kontakte mit dem dortigen Drucker anlässlich seines geplanten Buches kennengelernt. Anton Praetorius wird sicherlich als eine gute Partie angesehen. Zwar ist er mit 37 Jahren schon mehrfach verwitwet, doch er kann auf 16 Jahre Berufserfahrung als Schulrektor und Pfarrer zurückblicken. Zudem ist er der Erste unter den Pfarrern, ist fürstlicher Hofprediger und steht kurz vor der Veröffentlichung eines zweiten, schon begonnenen Buches.

Bild 42 Muschenheimer Ev. Kirche – s. Farbfotos S. 3

Bild 43 Muschenheimer Kirche und Friedhof – s. Farbfotos S. 3

Bild 44 Muschenheim altes Pfarrhaus – s. Farbfotos S. 3

"Haußgespräch"

Am Jahresanfang 1597 schreibt Praetorius:
"Das Altejahr vergangen war, heut Morgen früh vor Tag,
das Neu anging und mich umfing, groß Freud, da ich noch lag.
Ich gedacht daran, wie mancher Mann vorhin, uns zuverschlingen,
die Wahrheit wollt umbringen."[306]

Am 18.2.1597[307] wird die Heirat mit Sibylle Pistorius gefeiert. Der Februar ist kalt nach einem milden Dezember und viel Nässe im Januar.[308] Diese Ehe ist für Anton Praetorius wie ein neuer Lebensstart. Mit frischer Energie geht er ans Werk. Nicht nur durch den Umbau der Kirche setzt er sich für die Einführung des reformierten Glaubens in Birstein ein. Er will den Lehrern und dem gemeinen Volk auch Schriften in die Hand geben, damit sie ganz einfach mit dem Wichtigsten des calvinistischen Glaubens vertraut werden.

Im März 1597 beginnt mit einem markanten Temperatureinbruch ein kaltes Frühjahr.[309] Am 6. März 1597 stellt Praetorius sein Buch fertig: "Haußgespräch, darin kurz doch klärlich und gründlich begriffen wird, was ... zu gottseligem Wandel gehörig.... Christliebenden Eltern und Kindern zur Beförderung gottseliger Privatübung."[310] Sehr persönlich und fromm überlegt er seines eigenen neuen Hausstandes gedenkend, wie Eltern und Kinder ihr Leben Gott wohlgefällig einrichten. Es ist wie ein Programm für ein gelingendes Familienleben. Es scheint, als könne er nun das ganze Leben in neuem Glanz sehen. Und doch beginnt er sein Buch mit den Versen: "Auch werden sein der Gesellen viel (ich kenn ihr, doch nicht nennen will), die nur darauf gefliessen sein, dass sie verdunckeln Sonnenschein..."

Er widmet das Buch "Haußgespräch" den sieben Kindern seines Arbeitgebers, des Grafen Wolfgang Ernst. "Haußgespräch" ist nach der Vorlage des Heidelberger Katechismus entstanden, mit dem er stellenweise wörtlich übereinstimmt. In dem Dialog zwischen Vater und Sohn wird vor allem an der Stelle, an der es um den rechten, zeichenhaften Gebrauch der Sakramente geht, deutlich, dass Praetorius reformierter Prediger ist.[311] Zugleich entsteht vor dem Auge des Lesers das Bild, wie sich Praetorius als Vater mit seinem jetzt 12-jährigen Sohn Johannes unterhält, um seine Liebe zu Gott zu wecken und zu stärken, ja, er hat ihn als Vorbild in den Kenntnissen über den christlichen Glauben vor Augen. Ob Anton Praetorius seinen Sohn aus erster Ehe bei sich hat oder zu dieser Zeit bei Verwandten in Kamen untergebracht hat, ist nicht festzustellen. Bei den anderen Pfarrern im Ort (z.B. bei Praetorius Nachfolger) werden Kinder verzeichnet, bei Praetorius nicht.[312]

So wie heutzutage die Ehe-Urkunde nicht mehr aufzufinden ist, so scheint auch in dieser Ehe für Anton Praetorius kein Glück zu finden gewesen sein.[313] Zwar bewohnt Praetorius mit seiner Frau ein großes Pfarrhaus,[314] doch sagt ein Freund später:[315] "was seinen Hausstand betreffen tut, so hat er von Jugend auf viel zu streiten gehabt mit viel und mancherlei Krankheiten, mit Frost, mit Hunger und Kummer und vielen anderen Widerwärtigkeiten, vornehmlich aber als er etwas zu Jahren kommen und zur Ehe gegriffen hat, er vermeinet, das Glück würde ihm auf allen Gassen begegnen, aber es hat sich weit umgewendet, also dass er erst recht in die Kreuz-Schul (Schule des Leidens) geführet alda lernen müssen, wie man mit Geduld streiten und überwinden muss, dann er ist in die vierte Ehe kommen."

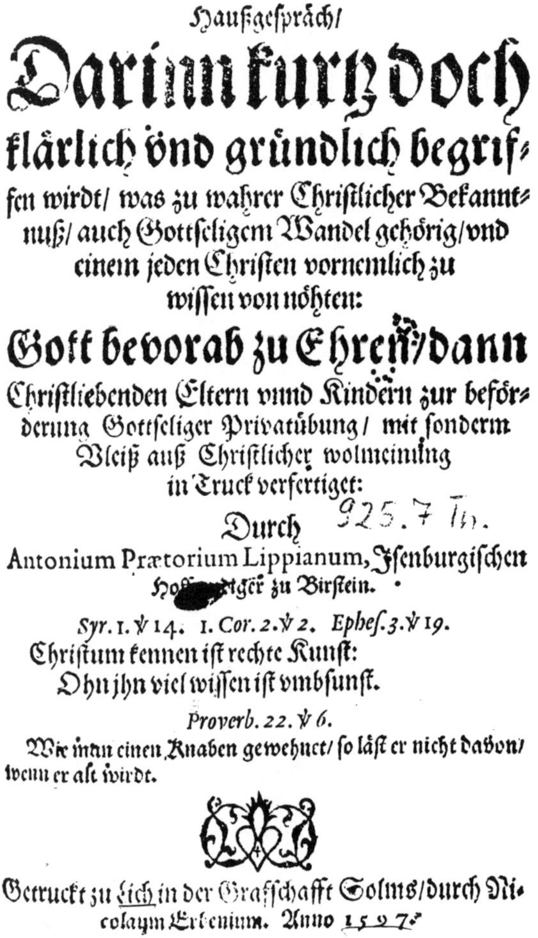
Haußgeſpräch/
Darinn kurtz doch
klärlich vnd gründlich begrif-
fen wirdt/ was zu wahrer Chriſtlicher Bekannt-
nuß/ auch Gottſeligem Wandel gehörig/ vnd
einem jeden Chriſten vornemlich zu
wiſſen von nöhten:
Gott bevorab zu Ehren/ dann
Chriſtliebenden Eltern vnnd Kindern zur beför-
derung Gottſeliger Privatübung/ mit ſonderm
Fleiß auß Chriſtlicher wolmeinung
in Truck verfertiget:
Durch 925.7 Th.
Antonium Prætorium Lippianum, Jſenburgiſchen
Ho[illegible]ger zu Birſtein.
Syr. 1. ℣ 14. 1. *Cor.* 2. ℣ 2. *Epheſ.* 3. ℣ 19.
Chriſtum kennen iſt rechte Kunſt:
Ohn jhn viel wiſſen iſt vmbſunſt.
Proverb. 22. ℣ 6.
Wie man einen Knaben gewehnet/ ſo läſt er nicht davon/
wenn er alt wirdt.
Getruckt zu Lich in der Graffſchafft Solms/ durch Ni-
colaum Erbenium. Anno 1597.

Bild 45 Titelseite Praetorius, Haußgespräch

Schlechtes Wetter

"Du hast uns auch bescheret/ Regen und Fruchtbarkeit:/:
Durch Sonnenschein erwehret/ Vieler Verderblichkeit:
Most/ Korn/ und Futter geben/
Davon wir können leben/
Mit unserm gantzem Hauß."[316]

Was wir über das Wetter aus der Zeit um 1600 erfahren, klingt ganz anders als die Liedstrophe von Praetorius. Zu jener Zeit treten eine ganze Serie von Missernten auf. Das Leben der Menschen wird radikal über viele Jahrzehnte durch die eingetretene Klimaverschlechterung bedroht.[317] Forscher heute bezeichnen diese Ära als Beginn der Kleinen Eiszeit.[318]

Es beginnt ziemlich abrupt um 1560. Der Winter 1561 ist der kälteste, längste Winter seit 50 Jahren. Sogar der Bodensee friert zu. Der Winter 1562 ist kalt, mit außergewöhnlich viel Schnee. Katholische, lutherische und calvinistische Prediger deuten die "grossen und erschrecklichen Zeichen am Himmel" als Strafe Gottes wegen der Sünden der Menschen. Im Sommer 1562 führen heftige Regenfälle zu schweren Überschwemmungen, Epidemien und Rindersterben. Am 3. August 1562 verwüstet ein Unwetter Mitteleuropa. Mittags verdunkelt sich der Himmel, als wenn es Mitternacht wäre. Ein Sturm zerstört in einem Umkreis von vielen hundert Kilometern Dächer und Fenster. Stunden später geht er in einen Hagelsturm über, der bis mitten in die Nacht die Ernte auf den Feldern und Weinbergen verwüstet. Es ist der schlimmste Sturm seit Menschengedenken.

Ein zeitgenössisches Flugblatt berichtet, dass viele Menschen fürchten, dass das Jüngste Gericht anbricht.[319] Grauen befällt die Menschen, wenn von den Kanzeln das biblische Kapitel von der Sintflut verlesen wird. Wetter und insbesondere Gewitter werden in einem Flugblatt von den grausamen Wetterzeichen von 1555 als direkte Ausdrucksform von Gottes Zorn gedeutet.[320] Die Predigt von Brenz vom Hagel, Donner und allem Ungewitter von 1564 wird mehrfach nachgedruckt.[321] Vielerorts verbrennt man Hexen.[322]

In der Periode von 1576 bis 1601 wird über nur vier gute Erntejahre berichtet,[323] wovon auch noch zwei Pestjahre sind. Es sind also mehr als zwanzig Jahre ausgesprochene Notjahre für die Bevölkerung. Aus diesen Gründen ist es nicht verwunderlich, dass alle Welt von der Geißel Gottes spricht, die über die Menschheit gekommen sei. Man glaubt, dass diese nur durch Buße und Beten und nicht zuletzt durch Beseitigung der Missetäter abzuwenden ist, welche diese apokalyptischen Verhältnisse heraufbeschworen haben.[324]

Die folgende Liedstrophe von Praetorius lässt die Not ahnen:

> "Deß walte Gott, wend ab all Not, das uns der Feind nicht plage.
> Dass Korn und Wein geraten fein, auch ander Frucht darneben,
> darvon wir mussen leben".[325]

Noch deutlicher werden die Sorgen der Menschen über die klimatischen Katastrophen und drohenden Hungersnöte von einem anderen Liederdichter ausgedrückt. Pfarrer Behm schreibt dieses als klimageschichtliche Quelle sehr eindrucksvolle Lied kurz nach 1600 offenbar unter dem Eindruck der sich vor allem um die Jahrhundertwende häufenden schlechten Ernten.

1. Ach Gott, die armen Kinder dein
begehren Gnad und Segen,
weil jetzt die Sonn verhält den Schein
und fallen schwere Regen.
Das Wasser wächst, groß Schad geschieht,
sein´ Jammer man auf Erden sieht;
die Näss´ bringt groß Verderben.

2. Du hast das Körnlein auf dem Land
gegeben und bescheret.
Hilf ferner durch dein rechte Hand,
daß es nicht wird versehret.
Gebeut[326] den Wolken und dem Wind,
weil sie dir all´ gehorsam sind,
daß sie nicht Regen bringen.

3. Die Sonn laß klar am Himmel gehen,
ihrn Glanz und Hitz vermehre.
Die Luft macht heiter, rein und schön,
die Ernt uns nicht zerstöre.
Laß gut und gnädig Wetter sein,
so führen wir die Ernte ein
mit Jauchzen und mit Singen.[327]

1597 brechen in einem kühlen Sommer viele Unwetter über das Büdinger Land herein.[328] Die Roggenerträge, wichtig als Brotgetreide, sinken dramatisch. Die Bauern müssen Saatkorn "auß mangel Kornß" bei der Landesherrschaft ausleihen wegen mehrerer aufeinander folgender Missernten.[329] Zwischen 1590 und 1612 hat in fünf Jahren die Roggenernte nur wenig mehr als die Aussaat gebracht.[330] Diese Umwelteinflüsse, insbesondere klimatische und physiologische Momente, und das gleichzeitige Auftreten der Pest im Büdinger Land haben einen großen Anteil am Ausbruch der Hexenprozesse.[331]

Bild 46 Schadenszauber der Hexen: Unwetter

Der Teufel ist fleißiger als je zuvor
9. März 1597: Anton Praetorius spricht mit dem Schulmeister

Vorbemerkung: Dieses Gespräch ist Fiktion, könnte aber mit vergleichbarem Inhalt stattgefunden haben. Es verbindet den Inhalt des Berichtes von Zauberey und Zauberern mit der persönlichen Lebenssituation von Praetorius. Da die Werke von Praetorius nicht öffentlich für jedermann verfügbar sind, möge dies zugleich einen Zugang zu seinen Worten eröffnen.

Die Redeanteile von Anton Praetorius sind fast immer wortwörtlich der ersten Fassung seines Berichtes über Zauberey und Zauberer von 1598 entnommen. Manchmal ist eine behutsame Anpassung an die Redeweise oder Wahl einzelner Worte von heute erfolgt. In den Anmerkungen sind jeweils die Fundstellen angegeben.

Insgesamt ist in diesem Kapitel versucht worden, Anton Praetorius im Originalton durch Sätze seines Buches zu Worte kommen zu lassen, so wie er seine Überzeugungen wohl viele Male in Gesprächen mit Amtskollegen, Freunden, Verwandten und auch Gegnern ungestüm und mit persönlichem Einsatz diskutiert haben wird. Teile solcher tatsächlichen oder imaginären Gespräche begegnen uns in seinem Buch, wenn er plötzlich ins "DU" überwechselt: "Ha ha he, hette schier gelachet der schönen Antwort/ mich wundert aber/ dass du nicht auch sagest/ die Hexen seynd keine wahre Menschen mehr."[332]

Es weht ein kühler Wind in dieser Märzwoche.[333] Die Menschen frösteln. Schwarze Wolkenbänke jagen pfeilschnell über den Himmel. Praetorius betritt das Schulhaus, welches dem Pfarrhaus gegenüber liegt, und sucht den Schulmeister.

Schulmeister: "Lieber Hofprediger! Es ist gut, dass Ihr kommt. Ihr habt von den Hexenprozessen im nahen Gelnhausen gehört. Es hat den Anschein, dass neuerdings überall Hexen und Zauberer ihr Unwesen treiben. Nun ist es genau einen Monat her, dass eine Delegation von 13 Büdinger Bürgern dem Rat der Stadt eine Resolution vorgelegt und verlangt hat, dass die Hexenprozesse in Gang gebracht werden sollen, um die Menschen vor den Anschlägen des Teufels zu schützen." [334]

Praetorius: "Ja, alle Welt spricht darüber. Der Teufel ist fleißiger als je zuvor, sein Reich zu erweitern. Er weiß, dass er nur noch kurze Zeit hat, Menschen zu verführen. Desto heftiger schüttet er seinen Zorn aus und eilet, sein Haus voll zu haben.[335] Ja, je länger, je ärger, wie die Schrift und die Erfahrung selbst lehrt.[336] Ihr habt recht: also die Zauberei naget und beisset, drückt ihre Anfänger und Ausbreiter je mehr und mehr..."

Schulmeister: " - bis sie endlich verschlungen und in den Abgrund versenkt werden." [337]

Praetorius: "Wohl gesprochen, Präzeptor.[338] Doch was ist Zauberei? Man muss zuerst klare Definitionen der Zauberei liefern. Es tut not, gründlich zu untersuchen,[339] wie Zauberei entstanden ist mit vollkommener Beschreibung der Zauberei. Solche Beschreibung aber muss man aus der Anleitung göttlichen Wortes nehmen.[340] Ich will dazu die ganze Bibel durcharbeiten."

Schulmeister: "Es ist allgemein bekannt, was Zauberern und Hexen vorgeworfen wird. Glaubt Ihr, Ihr wisst besser als die Richter, was Zauberei ist?"

Praetorius: "Hört zu: Zauberei oder wie man heute oftmals sagt: Hexerei[341] ist eine abergläubische, boshafte Wissenschaft.[342] Es ist eine gottlose Handlung der Menschen aus heimlicher Eingebung des Teufels, Gott zur Schmach und den Menschen zum Verderben. Deshalb ist sie von Gott ernstlich verboten und von der Obrigkeit jederzeit rechtmäßig zu verhüten und zu strafen.[343] Aber Zauberei ist keine Verleugnung Gottes." [344]

Schulmeister: "Ich bitte Euch, sprecht leise! Es könnte Euch jemand hören! Wie könnt Ihr wagen, so etwas zu sagen!"

Praetorius: "Zauberei ist nicht notwendig eine Verleugnung Gottes, denn die Bibel sagt: Es gab schon vor Christus Zauberer unter den Heiden, und die kannten Gott nicht.[345] Die Zauberei hat nämlich unter den Heiden angefangen und ist nun in aller Welt." [346]

Schulmeister: "Wer waren die ersten Zauberer, und was richteten sie aus?" [347]

Praetorius: "Wissbegierde, Zorn, Neid, Missgunst, Stolz und Unzucht sind die Wurzeln der Zauberei." [348]

Schulmeister: "Aber das gibt es doch schon bei den Kindern von Adam und Eva." [349]

Praetorius: "Richtig. Deshalb: Wo Gottes Dienst fehlt, steht Teufels Dienst auf.[350] Die ganze Erde ist verderbt gewesen vor Gottes Augen. In Fressen, Saufen und Unzucht sind die Menschen ersoffen.[351] So wurde Teufelsdienst aufgerichtet.[352] Seit der Sintflut gab es Zauberer zu allen Zeiten und allen Orten.[353] Da waren z.B. die Zauberer aus Ägypten, das Weib zu Endor oder die arabischen Zauberinnen.[354] Immer wieder haben sich Menschen von Gott abgewendet und beim Teufel Hilfe gesucht."

Schulmeister: "Wird es wohl bis zum Ende aller Zeiten Zauberer geben?"

Praetorius: "Das ist sicher. Aber der Teufel hat nicht mehr viel Zeit. Deswegen setzt er besonders viel Energie daran, die Menschen in Sünde, Aberglauben und Verblendung zu halten.[355] Doch trotz dieser Häufung der Zauberei in der heutigen Zeit ist es müßig, in einen Wahn zu verfallen, denn solche Irrtümer und Gräuel werden bis zum Jüngsten Tag bleiben.[356] Und es ist falsch, andere ohne Beweise in Verdacht zu bringen." [357]

Schulmeister: "Und wer sind Eurer Meinung nach die heutigen Zauberer?"

Praetorius: "Ich könnte die Namen vieler nennen, weil sie aber noch leben und vielleicht sich bekehren möchten, will ich ihres Namens verschonen.[358] Etliche tun es wissentlich, etliche unwissentlich in der Meinung, es sei nichts Böses.[359] Am Jüngsten Tag aber wird der Herr das Unkraut ausfegen und verbrennen.[360] Bei uns Christen wüsste ich von der Zauberei nichts zu finden außer dem Papstgötzentum und den Wiedertäufern." [361]

Schulmeister: "Gibt es verschiedene Arten von Zauberei?"

Praetorius: "Ich unterscheide zwischen weissagender und wirkender Zauberei.[362] Weissagung geschieht aus Eingebung des Teufels[363] durch Träume oder durch Kristallkugeln. Sterndeuterei, Deutung des Vogelgeschreis, Segnen, Fluchen - das taten schon die ägyptischen Zauberer lange vor Christus.[364] Denn der Teufel gibt acht auf den Menschen und sucht Gelegenheiten. Deswegen sage ich allen Menschen: Hütet euch! Widersteht dem Teufel, dann verschwindet seine Macht!" [365]

Schulmeister: "Aber Zauberer sagen doch nicht nur die Zukunft voraus, sie schaden doch auch."

Praetorius: "Zauberer wollen anderen Personen Schaden zufügen. Sie versuchen dies z.B. mit Worten, aber die sind kraftlos und bewirken nichts." [366]

Schulmeister: "Ich bin entsetzt, wie Ihr redet. Wie könnt Ihr sagen: die Worte der Zauberer bewirken nichts?"

Praetorius: "Gute Worte machen Menschen, Vieh und Bäume nicht gesund.[367] So können böse Worte sie auch nicht krank machen. Es geht alles nach der Natur, so wie Gott es eingerichtet hat. Die Anwendung dieser Worte durch die Zauberer geschieht nur zur Verblendung der Menschen, weil der Teufel es so befiehlt."

Schulmeister: "Glaubt Ihr also, dass Zauberer gar keinen Schaden tun?"

Praetorius: "Doch, wenn sie Kräuter oder Giftmittel[368] anwenden. Dabei ist der Teufel die Quelle der Zauberei.[369] Interessant ist, dass Zauberei erst unter Männern war und erst später unter Frauen." [370]

Schulmeister: "Die Zauberer wenden doch vielerlei Mittel an: z.B. verwenden sie Kristalle zur Wahrsagerei, aus Kleidungsstücken[371] können sie die Krankheit sagen. Aus Träumen erkennen sie, was morgen geschieht." [372]

Praetorius: "Es ist schrecklich, auf wie viele Weise die Zauberei verrichtet wird[373] und wie Hilfe gesucht wird beim Teufel."

Schulmeister: "Wendet sich der Mensch nicht an Zauberer, weil er nicht mehr unterscheiden kann, was Gottes Werk und was Teufels Werk ist? Der Mensch möchte an einen guten Gott glauben, der alles zum Guten wendet. Aber er ist verzweifelt, weil immer schrecklichere Katastrophen über ihn hereinbrechen. Vielleicht erhofft der Mensch Hilfe bei den Wahrsagern, um zu unterscheiden: Sind dies Strafen Gottes oder Werke des Teufels?"[374]

Praetorius: "Doch solche Mittel bewirken nichts. Das sieht man darin, wie oft Zauberer versagen oder falsches vorhersagen.[375] Schließlich ist alles Gottes Wille.[376] Sündige Menschen bestraft Gott durch den Teufel.[377] Gott wird die ausrotten, die sich an die Wahrsager wenden!" [378]

Schulmeister: "Viele sind völlig verzweifelt, weil die Ernten ausbleiben. Das Wetter wird immer böser. Die Menschen schreien zum Herrgott und wissen nicht mehr aus noch ein, weil sie ihren Kindern nichts zu essen geben können.[379] Die Menschen suchen im Leid nach Mitteln und Wegen, ihr Unglück zu wenden.[380] Sie wollen in ihrer Verzweiflung wissen, was die Zukunft bringt und wie sie das Übel abwenden können."

Praetorius: "Doch wende dich nur an Gott. Und verweigere dich der Züchtigung Gottes nicht. Lasse Gottes Willen geschehen mit Geduld." [381]

Schulmeister: "Sagt, woran kann man Zauberer erkennen? Man entkleidet sie beim Verhör, um untrügliche Malzeichen zu suchen."

Praetorius: "Es gibt keine Zeichen der Bündnisse mit dem Teufel am Leib. Sie sind unnötig.[382] Der Teufel wird auch die Seinen kennen ohne leibliche Malzeichen.[383] Man muss die Taten der Zauberer unserer Zeit unterscheiden." [384]

Schulmeister: "Und welche sind das?"

Praetorius: "Da sind die Wahrsager. Sie meinen, sie könnten den Vogelflug deuten, das Schicksal aus den Sternen oder den Träumen sehen.[385] Diese Rotte schadet Land und Leute am meisten, denn sie werden vom Teufel getäuscht, dass sie Falsches vorhersagen.[386] Die Zukunft liegt nur in Gottes Hand.

Dann gibt es die Gaukler, Dunstmacher, Possenreißer.

Als nächstes die Beschwerer[387], Segner, Teufelsbanner, Schwerttänzer, Rattenführer und Lieblocker.[388]

Und da sind die Beschädiger, die Unholde, Loßleger,[389] Giftköche, Schmierköche, Hexen, Besenreiter, Nachtwanderer, Wettermacher, Teufelsbuhlen. Die Giftköche zaubern zur Liebe oder zu Krankheit und Tod."

Schulmeister: "Gott bewahre uns vor den Anschlägen des Teufels und der Zauberer und Hexen. Hoffentlich ist bald alles vorbei, wenn wir uns im Gebet bemühen."

Anscheinend vollzieht sich zu dieser Zeit ein tiefgreifender religiöser Wandel: Dem Teufel wird immer mehr Einfluss und Macht zugeschrieben. Überall werden neue Anhänger einer Teufelssekte vermutet. Man kann von einer immer mehr um sich greifenden Satansfurcht sprechen, der Praetorius hier entschieden entgegentritt. Praetorius setzt sich hier überwiegend auf der Basis des Alten Testaments mit Zauberei und Hexerei auseinander. Andere zeitgenössische Autoren wie Witekind stützen sich vor allem auf das Neue Testament.

Im Gegensatz zum Hexenhammer und zur Hexenliteratur seiner Zeit spricht Praetorius vorwiegend in der männlichen Form von "Zauberern". In seinem historisch-biblischen Überblick führt er auf, dass die weiblichen Zauberer erst wesentlich später als die männlichen Zauberer aufgetreten sind. Im Unterschied zum Hexenhammer behauptet er nirgendwo, dass das weibliche Geschlecht anfälliger sei für Hexerei.

Zugleich findet sich der Hinweis auf eine Veränderung im Sprachgebrauch. War bislang von "Zauberei" geredet worden, so beginnt sich zu Zeiten von Praetorius immer mehr der Ausdruck "Hexerei" durchzusetzen.[390]

Bild 47 Grafik aus Praetorius Bericht 1598

Die versteckte Botschaft: "mit großem jammergeschrey"

Rätselhaft klingen die folgenden Sätze von Praetorius in der Vorrede seines Buches von 1613.[391] Handelt es sich um eine geheime Textbotschaft in verschlüsselter Form? Könnten diese Angaben nach dem ersten Lesen so gedeutet werden, wie in der Anmerkung aufgeführt[392]?

*An dem **ort, da viel gevogels an hohem Berge** ist*
*ich bey einem Herren war, der wol **auff der Christen gang kommen***
*und **ernst** in seinen Sachen sehen liess, so gehertzet,*
*als wenn von Stal / und **Eisenbergen** sein wohnung weren.*
*Da trug sichs zu, dass auff bekantnuss **zweyer** Weiber,*
*die um umbgewanten **Negnidub** gefangen waren, (...)*
*auss einem Dorffe vier arme Bawrweiber, die nur **mit Rinderbiegen sich ernehreten***
gefenglich eingezogen worden:
nur darumb, dass sie auff dem Kesslertantz gesehen seyn solten.

*Sie worden in **Boserstein** gesetzt*
und also gehalten, dass es ihnen allen das leben kostet.
Doch nicht nach Urtheil unnd Recht.
*Dann im **Aprili** worden sie bey eiteler Nacht gefangen,*
*wie mir durch **M. Mennahoi Murensic und andere mehr angesagt ward,***
und jetzt auch mit grossem jammergeschrey...

Zuerst überliest man diese Sätze. Dann fallen sie ins Auge. Man liest diese Sätze noch einmal, nimmt einen Stift und überlegt, was der Autor in diesen Zeilen und zwischen den Zeilen sagen will. Welche verschlüsselte Botschaft will Praetorius hier andeuten? Was meint der Verfasser mit **"NEGNIDUB"**? Ist dies ein lateinisches Wort? Aber im lateinischen Lexikon ist nichts hierzu zu finden.

Und was soll das bedeuten: "*wie mir durch **M. Mennahoi Murensic und andere mehr angesagt ward**"?* Anscheinend ist eine Person gemeint, die etwas ansagt. Aber die Namen klingen sehr fremdartig.

Erst nach einigen Tagen, vielleicht nach Wochen kommst Du auf die Idee, diese Worte von hinten zu lesen. Und du überlegst: wer ist diese Person? Wie kann ich nach 400 Jahren etwas über diesen geheimen Unbekannten herausfinden? Du beginnst, in Archiven zu suchen. Welchen Beruf mag er oder sie gehabt haben? An welchem Ort gelebt? Und du merkst, wie schnell unsere Spuren verwehen und nichts mehr davon Kunde gibt, dass Du überhaupt existiert hast. Aber Du gibst die Hoffnung nicht auf, dass Du doch noch eine Spur findest. Und eines Tages ...

Peinliche Vernehmung von "Eulen Anna"

Februar - April 1597: Im benachbarten Büdingen[393] werden in diesem kalten Frühjahr[394] vier Frauen als Hexen angeklagt und hingerichtet. Bei der peinlichen Vernehmung werden von "Eulen Anna", einer der Angeklagten, vier Frauen aus dem Nachbarort Rinderbügen beschuldigt, ebenfalls beim Hexentanz gewesen zu sein. Sie gibt zu Protokoll, dass sie in Rinderbügen vier "gute Freundinnen" habe, die mit ihr "uffm Dantz" (Hexentanz) gewesen seien. Die Namen dieser Frauen lauten: "Margreth", Hans Fausten fraw (Frau), Anna, Hanß Datten fraw, Anna, Fritz Dietrichs fraw, Crein, Lips Hoffmanns fraw", sämtlich zu Rinderbügen.
Der verfolgungseifrige Schultheiß Wilhelm Fissler aus Rinderbügen stellt sofort Nachforschungen an und vernimmt die Frauen. Sie werden nach Büdingen beordert[395] und der "Eulen-Anna" gegenübergestellt. Die "Eulen-Anna" wiederholt ihre Aussagen und bezichtigt die vier Frauen (die, wie sie selbst in einem späteren Protokoll angeben, so erschrocken sind, dass sie nichts reden können) der fortgesetzten Hexerei an Menschen, Vieh und Wetter.[396]

Walpurgisnacht im Büdinger Land

2.5.1597: Der kalte Wind fegt über das nasse Land. Die Bauern zittern um die Saat, denn die Winterfrucht auf den Feldern ist "ser aussenblieben".[397] Anton Praetorius unterhält sich in dieser Nacht nach der Walpurgisnacht, mit Petrus Pediander, dem Amtmann zu Birstein.[398] Seit alters gilt die Nacht vom 30. April, die Walpurgisnacht, als Treffpunkt der Hexen zur Feier des Hexensabbats.[399]
(Dieses Gespräch wird in Praetorius Buch wiedergegeben, ist aber hier geringfügig erweitert).

Pediander: "Es scheint, Herr Hofprediger, dass das Hexengeschmeiß überall überhand nimmt. Ein Jahr ist´s nun her, dass 16 Weiber in Gelnhausen verbrannt worden sind.[400] Nun die Hexen in Büdingen."

Praetorius: "Was ist der Stand der Untersuchung?"

Pediander: "Nicht nur angeklagt, sondern gestanden haben sie´s: Sie sind in der Sankt Walpurgisnacht am 1. Mai ´alle beisammen gewesen, Reif, Frost, Ungewitter, Geschmeiß und Ungeziefer zu machen, und alle Früchte zu verderben sich vorgenommen, aber wurden verhindert`".[401]

Praetorius: "So ist doch gar kein Schaden passiert."

Pediander: "Nun ist wieder die Zeit der Walpurgisnacht, und alle waren voller Angst, die Hexen möchten wiederum wie im vorigen Jahr sich versammeln, um Obst und Früchte zu verderben. Deswegen haben etliche Bürger zu Büdingen sich unterstanden, mit äußerlicher Gewalt dem Unglück zu wehren".

Praetorius: "Wie kann man sich gegen solch vermutetes Vorhaben der Hexen wehren?"

Pediander: "Sie sind abends, wie die Walpurgisnacht anging, mit Haufen hinausgegangen, haben mit Büchsen über die Äcker geschossen, die Bäume bestiegen, geschüttelt, gerüttelt, geschlagen, dass die Zauberinnen mit ihrem Geschmeiß dahin nicht kommen, oder je nicht haften und also alles wohl geraten sollte."

Praetorius: "Doctor Petrus Pediander: Ihr seid doch Ysenburgischer Kanzler: Glaubt Ihr denn solches abergläubisches Getue?"

Pediander lacht: "Ich habe es schon im Beisein vieler vornehmer Leute erzählt: Wenn sie in die Hölle hinab führen und bänden den Teufel an, das möchte mehr zur Sachen tun!"

Praetorius: "Ich habe schon von vielen Leuten gehört, die bei Wahrsagern und Segnerin mit sonderbaren Zeremonien und Worten vor Pest und anderer Krankheit, vor Unglück und Tod sich und auch ihre Kinder, Vieh, Bäume, Äcker und Wiesen beschwören und segnen ließen."

Pediander: "Ja, wer kann allen Aberglauben und Teufelsdienst erzählen? Dies sind die köstlichen Dinge, damit sie der Zauberei sich so kräftiglich erwehren können, wie sie meinen."

Praetorius: "Ach, der elenden Leut, mit ihrer vergeblichen Rüstung! Wie kann es doch den abwesenden Hexen weh tun, wenn sie Säcke und Kübel schlagen, Wachs und Milch stechen und Besen sengen oder brennen? Was ist doch für natürliche Wirkung darin? Was find man doch in der Heiligen Schrift, das um's allergeringste damit zu vergleichen wäre?" [402]

Dieser abergläubische Abwehrzauber aus Furcht vor Hexen, um einen etwaigen Ernteschaden abzuwenden, hat in den Augen des Praetorius in diesem Moment noch eher lächerliche Züge. Doch ändert sich seine Einstellung beträchtlich, als in seiner Gegend eine geradezu hysterische Hexenverfolgung beginnt aus Angst vor der Pest und neuen Missernten.

Was bedeutet "Hexe"?

Gespräch von Praetorius mit dem Schulmeister[403]

Vorbemerkung: Dieses Gespräch ist Fiktion, könnte aber mit vergleichbarem Inhalt stattgefunden haben. Hier dient die fiktive Darstellung dieses Gespräches dazu, den Inhalt des Berichtes von Zauberey und Zauberern darzulegen und mit der persönlichen Lebenssituation von Praetorius zu verbinden (vgl. dazu die Vorbemerkung auf Seite 61).

Die Birsteiner Schule findet sich gleich neben dem Pfarrhaus. Der Hofprediger sucht häufiger den Austausch mit dem Schulmeister.

Schulmeister: "Gelehrter Hofprediger! Viele schätzen Eure gelehrte Meinung. Könnt Ihr mir sagen: Was bedeutet eigentlich dieses Wort "Hexe", was heute vermehrt benutzt wird?"

Praetorius: "Was das Wort Hex heißt, weiß ich nicht.[404] Man findet in biblischer Schrift keine Zauberer also genennet. Ich setze es nach gemeiner Rede und versteh dadurch die Personen, von welchen man sagt, dass sie nachts hinfahren und mit dem Teufel Wolleben und Buhlschaft[405] pflegen. Sind etliche unter diesen auch mit Gift umgegangen und haben Menschen oder Viehe damit beleidigt. Oder können sie auch wahrsagen und beschweren, sollen sie droben den anderen gleichgestellt werden." [406]

Bild 48 Teufelsbuhlschaft[407]

Schulmeister: "Richten alle Hexen Schaden an?"

Praetorius: "Ich hab etliche hinrichten sehen, die weder Menschen noch Vieh bezaubert hatten, sondern nur in des Teufels Gehorsam sich begeben. Diese tue ich mit dem gemeinen Wörtlein Hexe von allen anderen unterscheiden.[408] Und das sind nun diejenigen, welche heutzutags gemeiniglich für Zauberer gehalten und schmählich genannt werden. In Gottes Wort findet sich aber noch eine andere Art Zauberei, nämlich alle, die Gottes Wort ungehorsam sind." [409]

Schulmeister: "Also könnt Ihr doch nicht Christen damit meinen?"

Praetorius: "Doch, gerade die, denn sie kennen Gottes Wort, aber tun etwas anderes: Das sind die Maulchristen, die Gottes Wort mit ihren Werken verleugnen: Um solcher willen kommen große Plagen über die Welt in Gottes Zorn." [410]

Schulmeister: "Aber die großen Plagen kommen doch wegen der Hexen über die Welt und nicht wegen der Maulchristen, wie Ihr sie nennt."

Praetorius: "Was sind denn die Maulchristen besser als die Zauberer?[411] Gott wird sie alle samt den Zauberern in eine Grube werfen."

Bild 49 Hexenflug

Schulmeister: "Von den Hexen sagt man, sie fahren hin und essen und buhlen mit dem Teufel." [412]

Praetorius: "Ich halte es für schlechthin nicht möglich." [413]

Schulmeister: "Das könnt Ihr nicht ernst meinen. Alle sagen es. Wenn Ihr so sprecht, werdet Ihr Euch um Kopf und Kragen reden."

Praetorius: "Ich sage Euch: Hat jemand Lust zu zänken, der wisse, dass wir solche Weise nicht halten.[414] Also hört mir zu:

Erste Ursache, warum ich nicht glauben kann, dass die Hexen hinfahren oder fliegen, ist ihre natürliche Eigenschaft. Sie sind ja Menschen mit schweren Leibern, haben aber keine Flügel." [415]

Schulmeister: "Aber hat nicht sogar Calvin versichert, der Teufel habe einen Menschen durch die Luft entführt?"

Praetorius: "Ich sage noch mehr Gründe. Zweitens: Auch keine Salbe kann sie fliegen machen. Sie haben nur Fantasien gehabt.

Drittens: Durch Schornsteine passen sie wegen ihrer Größe nicht.

Viertens: Andere sehen sie, während sie woanders gewesen sein sollen."

Schulmeister: "Aber überall heißt es, dass sie Wolleben oder Essen und Trinken mit dem Satan pflegen?"

Praetorius: "Warum sollten reiche Hexen, die Keller oder Speicher daheim voll haben, in Regen, Wind, Schnee und Finsternis um des Essens halber mit Schrecken und Gefahr hinaus fahren?[416] Und gute und böse Engel gehen nicht auf Freiersfüßen. Derhalben ist es falsch, was von des Satans Buhlschaft mit den Hexen vorgebracht wird. In der Bibel findet man davon überhaupt keine Erwähnung." [417]

Schulmeister: "O, Mann, schweigt, oder man wird Euch gar für einen Hexen Advokat[418] halten. Ihr sagt, dass sind alles falsche Vorwürfe von der Hexenbuhlschaft? Es gibt doch sogar Gesetze, dass Zauberer verurteilt werden müssen, die solches tun."

Praetorius: "Ich werde noch viel deutlicher sprechen: Die Bibel hält alle, die Gott ungehorsam sind, den Zauberern gleich. Deswegen sollen sich die Richter und Obrigkeit selber prüfen, wenn sie über Hexen richten wollen. Vielleicht sind sie ärger als die Hexen![419] Es kommt oft vor, dass eine Hexe verbrannt wird, die weder Hund noch Katze getötet hat. Der Richter aber, der sie zum Tode verdammt, ist selbst zehnmal ärger. Er ist ein Lästerer der Wahrheit Gottes. Er ist ein Götzendiener, ein Vollsäuffer, ein Hurer und Ehebrecher[420] und in allen Stücken ungehorsam gegen Gott." [421]

Schulmeister: "Wie könnt Ihr wagen, so über die Richtersherren zu denken?"

Praetorius: "Was geschieht denn anderes in solchem Gericht, als dass die großen Fische die kleinen fressen? Als dass die großen Diebe die kleinen henken? Als dass die Reichen unrecht tun? Ihnen sollte ich zuschreien: Tut Buße, o ihr Richter und Amtsleute des Herrn und straft Euch zuvor selbst! Oder gedenkt Ihr, dass Ihr dem Urteil Gottes entrinnen werdet?[422] O nein, o nein, liebe Herren, das wird euch nicht angehen. Der euch das Amt gegeben hat, wird fragen, wie ihr gehandelt habt. Der Herr wird euch in Kürze gewaltig strafen."

Schulmeister: "O Mann, Ihr vergesst, was Ihr sagt. Ich habe Angst, denn ich möchte Euch nicht auf dem Scheiterhaufen brennen sehen. Ihr scheint zu vergessen: Ihr sprecht von Gottes Obrigkeit, die der Herr eingesetzt hat, um seine Feinde zu bekämpfen. Wie könnt Ihr diese Herren mit den Zauberern und Hexen gleichsetzen? Dabei sind es doch die Zauberhexen, denen alles Schändliches vorgeworfen wird!"

Bild 50 Hexenmahl

Praetorius: "Viele Dinge werden den Zauberhexen gemeinhin vorgeworfen.[423] Nun wollen wir uns eins nach dem anderen vornehmen und besehen. Der Pöbel meint, dass sie sich verwandeln können in Wölfe, Hasen, Raben, Esel, Säue, Geißböcke, Katzen, Hunde und dergleichen Tiere.[424] Warum verwandeln sie sich nur in so schlimme, verächtliche und abscheuliche Tiere und nicht auch in schöne Lämmer, Tauben oder Gänse?"

Schulmeister: "Dieser Tiere Gestalt nehmen sie nicht an, darum, dass etliche zu heilig sind, wie die Taube, die ein Symbol ist für den Heiligen Geist. Etliche sind auch zu dumm oder vergesslich, wie die Gans."

Praetorius: "Ha ha he, hätte schier gelacht der schönen Antwort. Mich wundert aber, dass du nicht auch sagest, die Hexen seien keine wahren Menschen mehr und dessen auch nicht wert, derweil Gottes Sohn selbst wahrer Mensch geworden.[425] Ist darum eine Taube so heilig, dass ihre Gestalt keine Hexe annehmen darf, weil der Heilige Geist in solcher Gestalt einmal ist erschienen?"

Schulmeister: "Was sagt Ihr dann vom Esel?"

Praetorius: "Hat nicht Gott den Esel in viel Wegen hoch geehret? Hat nicht der Sohn Gottes selbst den Esel vor allen anderen Tieren erwählt und gebraucht zu seinem Königlichen Einritt zu Jerusalem?[426] Alle Geschöpfe Gottes sind sehr gut. Die Sache ist solcher Antwort nicht wert: Habe sie doch nicht unterlassen wollen. Man muss bisweilen den Narren antworten nach seiner Narrheit, damit er sich nicht weise lasse dünken. Von jedem Tier weiter zu reden, wäre verdrießlich."[427]

Bild 51 Hexe betet einen Dämon an

Schulmeister: "Aber man sagt doch, dass sich die Hexen in einiges Getier verwandeln können."

Praetorius: "Vermögen es nun heilige fromme Leute voll heiligen Geistes nicht, ein Wesen durch ihre Macht mächtiger und stärker zu machen - wie sollten böse Menschen, ob sie gleich voll Teufel wären, ein ganzes Wesen ändern in fremdes Wesen und Gestalt?"

Schulmeister: "Aber man sagt, dass Hexen es können."

Praetorius: "Das ist nur durch göttliche Macht zu schaffen. Hexen sind aber nicht Götter, sondern unflätige, kraft- und heillose Menschen. Wie sollten sie sich in Wölfe, Bären, Säue usw. verändern und ganz widerwärtige Naturen annehmen können? Sie können es nicht. Dass Menschen solche Verwandlung durch ihre Kraft zuwege bringen, leugne ich, so hart ich kann." [428]

Schulmeister: "So verneint Ihr auch diesen Vorwurf gegen Hexen? Aber man sagt, dass sie zaubern können."

Praetorius: "Hört. Dann könnten sie auch verhindern, dass die Haare auf ihrem Kopf grau werden. Warum verwandeln sie dann ihre scheußlichen Haare nicht in schöne Seide?[429] Und ihre zerrissenen Lumpen in schöne neue Kleider? und ihre baufälligen Hütten in stattliche Häuser? Und ihre kleinen Ferkel in große fette Säue? Davon hätten sie ja mehr Freud und Nutzen, denn da sie sich selbst zu Hunden und Katzen machten."

Schulmeister: "Ihr meint, sie können nichts zaubern?"

Praetorius: "Die alten Weiber wären freilich gern jung und hübsch, sie hätten gern gute Häuser, Rinder, Kleider. Sie haben´s aber nicht. Deswegen können sie solches auch nicht schaffen. Ist deshalb gewisser denn gewiss, dass sie sich in kein Tier verändern können, es sei, was es wolle.[430] Und der Teufel kann es auch nicht, denn solche Veränderung ist ein göttlich Werk. Der Teufel kann die Hexen nur blauen Dunst für die Augen machen und sie im Verstand verwirren, dass sie selbst meinen, sei seien nicht Menschen, sondern Tiere."[431]

Schulmeister: "Doch immer wieder hört man vom Hexenwerk in ihren Versammlungen, wenn sie leiblich und wahrhaftig zusammenkommen an Stätten außerhalb von Dörfern oder Städten, dass es wunder-seltsam zugeht, dass ihnen der Teufel, ihr Meister, bisweilen sichtbarlich in dieser oder jener Gestalt erscheint, sie lehrt oder verführt."

Praetorius: "Die Hexen mögen auch wohl Gespräch untereinander halten, essen, trinken, spielen, fröhlich sein und tanzen, denn das können auch und tun fast alle Weltkinder, so oft sie wollen." [432]

Schulmeister: "Aber sie mögen wohl Hurerei und Ehebruch bei Tag und Nacht untereinander treiben, wie bei anderen Gottlosen. Wollte Gott, dass solche Laster unter uns nicht geschehen! Sie mögen wohl auch beratschlagen und sich vornehmen, Menschen und Vieh zu kränken und zu töten oder Bäume und Weinstöcke zu beschädigen, auszurupfen oder zu zertreten!"

Praetorius: "...wie andere Diebe und Buben auch. So können sie mit Messern oder heimlichem Gift auch Mensch und Tier umbringen, wenn es ihnen gelingt. All dies Menschliche bringe ich nicht in Abrede. Dass aber der Teufel mit ihnen und sie mit ihm essen, trinken, tanzen oder buhlen, das glaube ich nicht." [433]

Schulmeister: "Aber wie viele Hexen sind schon verurteilt worden, weil sie Winde, Wolken, Regen, Hagel, Schnee, Donner, Blitz, Frost, Raupen, Käfer und anderes Ungeziefer zum Schaden der Ernte, Unfruchtbarkeit und Teuerung zuwege gebracht haben![434] Und die Menschen hier aus der Gegend des Vogelberges - wie viel haben sie auch in diesem Sommer wieder durch ungestümes Wetter, Ungewitter, Kisselschlag erleiden müssen." [435]

Praetorius: "Ich antworte auf alles und jedes: Nein! Nein! Nein![436] Und bekräftige solche Antwort mit folgenden Gründen. Es ist Menschen unmöglich und allein Gott dem Herrn in Heiliger Schrift zugeeignet. David spricht:[437] Gott wird regnen lassen über die Gottlosen Blitz und Feuer und Schwefel und wird ihnen ein Wetter zum Lohne geben. Und der Prophet Joel sagt:[438] Raupen, Heuschrecken, Käfer und Geschmeiß samt aller Verwüstung der Bäume, der Äcker und des Weinstocks komme wie ein Verderben von dem Allmächtigen." [439]

Bild 52 Schadenszauber: Zwei Hexen zaubern ein Unwetter

Schulmeister: "Ihr meint, von Hexen kommt gar kein Wetterschaden, wie alle Welt fürchtet?"

Praetorius: "Nein. Alles Wetter kommt von Gott zum Segen oder zur Strafe nach seiner Gerechtigkeit und mag den Hexen nichts davon zugeschrieben werden. Außerdem sind die Mittel, welche Hexen gebrauchen, zum Wettermachen ganz und gar kraftlos." [440]

Schulmeister: "Behauptet Ihr etwa, dass alle Richtersprüche gegen den Wetterschaden durch Hexen unsinnig sind? Man sagt, sie nehmen Haare, Saubürsten und Sand und kochen es, gießen es in die Höhe aus und werfen Sand und kleine Bachsteinlein über sich in die Höhe, schöpfen Wasser aus dem Bach und sprengen es in die Luft."

Praetorius: "Und daraus soll Wind, Regen, Hagel, Ungeziefer, ja auch Krankheit am Menschen und Vieh werden? Ei - wie kindische Anschläge sind das? Sie können und sie tun es gar nicht. Versuche es, wer da will.[441] Ja, wenn sie Regen machen könnten, warum verdursten ihre Gärten? Sie können nicht einmal das Unkraut in ihren eigenen Gärten vertreiben! Der Satan selbst kann solche Dinge nicht verrichten."

Schulmeister: "Trachtet er uns nicht nach dem Leben, frage ich Euch? Ist er nicht unser abgesagter Feind und hat großen Zorn wider uns, wie der Wolf den Schafen? Trachtet er uns nicht so nach dem Leben und sucht, wen er fällen und verschlingen möge?"

Praetorius: "Ja, wenn er uns selbst gerne wollte verderben, warum verdirbt er dann nicht all unsere Nahrungsmittel? Er tut es aber nicht, weil er es nicht kann.[442] Er kann es nur dann, wenn Gott es ihm erlaubt." [443]

Schulmeister: "Was bleibt denn dann von allen Vorwürfen gegen die Hexen? Seid Ihr denn der Auffassung, dass die Hexen gar keinen Schaden tun?"

Praetorius: "Die Hexen sind wohl rechte Zauberer und Zauberinnen und können Mensch und Vieh schaden." [444]

Schulmeister: "Nun verstehe ich gar nichts mehr. Eben habt Ihr noch völlig anders gesprochen."

Praetorius: "In Gottes Wort ist dafür zwar kein augenscheinliches Exempel zu finden. Von unsern Zauberern zeugt die Erfahrung,[445] dass sie anderen Leuten schädlich zu sein begehren und auch sind, wenn es ihnen gelingt. Solches ist auch nicht zu verwundern, als wäre das etwas Neues, sintemal auch andere Menschen sich befleißigen, sowohl Freunden wie auch Feinden an Leib und Gut Schaden zu tun. Aber es gelingt den Zauberern oder auch dem Teufel nur, wenn Gott es zulässt.[446] Wie wir aus der Bibel von Hiob erfahren, gibt Gott zuweilen dem Teufel nicht nur Macht über die Bösesten, sondern auch über die Frömmsten." [447]

Schulmeister: "Aber warum gibt Gott dem Teufel Macht über die Frommen?"

Praetorius: "Es dünkt unserer Vernunft, es sollte allein über die Gottlosen das Unglück ergehen und die Frommen nicht treffen. Aber Gott tut dies aus sonderlicher Liebe gegen seine Kinder, dass sie nicht stolz werden, dass sie sich vor Sünden hüten, dass sie nicht mit der Welt verdammt werden."

Schulmeister: "Dann werden die Frommen genauso bestraft wie die Gottlosen?"

Praetorius: "Nein, denn die Gottlosen haben zehnmal mehr zu erwarten. Und was Gott beschlossen hat, das soll geschehen." [448]

Schulmeister: "Ihr habt vorhin gesagt, dass die Hexen doch Schaden tun."

Praetorius: "Nun, da werden gemeinhin zwei Wege genannt: ein erdichteter und ein wahrer. Erdichtet ist, dass die Hexen allein durch Ansehen, Anhauchen, Reden oder geheime Gedanken Schaden bewirken. Dies ist der Natur zuwider. Selbst der Satan kann das nicht."[449]

Schulmeister: "Was können sie denn dann für Schaden tun?"

Praetorius: "Der andere Weg, dadurch die Hexen wahrhaft beleidigen können (natürlich nur, wenn Gott es zulässt), ist das Gift. Gott hat Kräuter, Metalle usw. geschaffen, die blenden, lähmen, krank machen und töten können.[450] Diese schädliche Eigenschaft haben diese Stoffe von Natur aus, und sie werden auch nicht nur von Zauberern benutzt."

Schulmeister: "Wie können freilich die Hexen mit solchen Mitteln unter Menschen und Vieh großen Jammer anstellen?" [451]

Praetorius: "Den Menschen geben sie es in Speise und Trank. Und wem sie so Leid tun wollen, mit dem müssen sie Freundschaft haben und viel umgehen oder je zur Küche oder Tisch dienen. Dem Vieh streuen sie es wohl auf die Weide oder ins Futter oder in die Tränke oder auf den Leib, legen es in die Krippen, vergraben es in die Ställe. Sie werfen es auch wohl in die Brunnen, da sie vielen Menschen und Hausvieh zugleich schaden, oder in die Teiche, dass die Fische sterben: Welche Brunnen und Teiche dann müssen sauber und von Grund aus ausgefegt werden. Auf diese Weise (und welche sie mehr haben) bringen sie oft ihr Gift zum Markt, das Vieh aus dem Stall, den Menschen ins Bett und ins Grab - aber alles nach der gerechten Vorsehung Gottes."

Schulmeister: "Wie soll man sich dagegen hüten?"

Praetorius: "Erstlich soll sich ein jeder mit Ernst und Fleiß in wahrer Buße und Gehorsam dahin bemühen, dass er Gottes Zorn nicht gegen sich erregt, sondern ihm gefällig, lieb und angenehm sein.[452] Denen, die seine Stimme oder Gebote nicht gehorchen wollen, muss dann an ihrem Leib, an ihren Kindern, an ihrem Vieh und an allem, was sie haben, immerdar und täglich Übel abgehen laut der Drohung des Gesetzes. Sie müssen dem Arzt in die Hände fallen." [453]

Schulmeister: "Dann behauptet Ihr also, dass die Hexen und ihr schändliches Treiben ein Werkzeug Gottes sind?"

Praetorius: "Ja. Gott braucht dazu unter anderen auch die Hexen und dergleichen Teufels Gesindel. Wenn Zauberer den Frommen nachstellen zu Unglück, Krankheit und Tod, so wendet der Herr solches in Glück, Gesundheit und langes Leben: Wie er Bileams Fluch seinem Volk in Segen wandelt.[454]

Unter Gottes Schirm sind die Frommen wie in einer festen Burg bewahret."

Schulmeister: "Wie kann sich der Fromme gegen die Anschläge der Hexen schützen?"

Praetorius: "Man soll sich in die Hand des Herrn befehlen im Gebet ohn Unterlass. Denn Gott kommt nahe allen, die ihn anrufen mit Ernst. Er stehet ihnen bei in der Not und reißet sie heraus. Da ist dann des Satans Bleiben nicht und ist der Hexen Tun verloren. Dies sind die rechten Mittel, diesem und auch anderem Übel zu entweichen. Sie helfen gewiss, doch mit Bedingung der Züchtigung des Herrn zu unserem Heil." [455]

Schulmeister: "Können die Zauberer oder Hexen Menschen und Vieh durch Gift kränken und töten?"

Praetorius: "Ob ich wohl glaube und schreibe, die Hexen können auf mancherlei Weise durch Gift kränken und töten, will ich doch nicht, dass darum jemand alles für Bezauberung halten solle."

Schulmeister: "Aber viele denken, welche Hex das getan?"

Praetorius: "Leichthin tun sie diese oder jene Person in Verdacht ziehen, verunglimpfen, verklagen und sich selbst samt ihr in Mühe, Not und Gefahr bringen und zuschanden machen. Es ist leider dahin gekommen, so bald einem die Augen verdunkeln, der Bauch grimmet, die Finger schweren, die Füße geschwellen, das Herz zerschmilzt, die Seel ausführet oder das Vieh verdorrt, verlahmt, verfällt und stirbt."

Schulmeister: "Da rufet jedermann, das gehet nicht recht zu, er hat´s am Apfel gessen, er hat es vom Trunk bekommen. Da gedenkt man weit umher, wo man gewesen, wer zu essen gegeben und zugetrunken habe, wer bei einem gesessen, wer einen angegriffen und was mehr. Bald verdenkt einer diesen, der andere jenen. Hier redet man heimlich, da rufet man laut: der und der hat´s getan."

Praetorius: "Also wird Leid mit Leid gesalzen und Jammer über Jammer angerichtet. Ach, das ist zuviel unrecht und leichtfertig gehandelt.[456] Ist das alles Zauberei? Keineswegs. Eins hat natürliche Ursachen, das andere ist eine sonderliche Strafe von Gott, der nicht an die Natur gebunden. Was nun hier geschehen, mag sich auch anderswo zutragen bei den Menschen." [457]

Schulmeister: "Und wenn das Vieh stirbt, wie neulich bei unserem Nachbarn geschehen? Alle Leute schreiben es der Hexerei zu."

Praetorius: "Mit dem Vieh hat es gleiche Wege: Vielleicht frisst es ein giftiges Kraut im Feld. Da soll keiner bald an Zauberei denken und sein Unheil den Hexen zuschreiben. Gott ist es, der da schlägt." [458]

Schulmeister: "Ihr lasst gar keine Vorwürfe gegen die Hexen gelten und begründet alles aus der Bibel. Ich dachte, ich wüsste, was alle denken von dieser Materie. Ihr sprecht geschliffene Worte. Nun aber weiß ich gar nichts

mehr. So, wie Ihr alles beleuchtet von Gottes Wort in der Heiligen Schrift, klingt die Hexenmaterie ganz anders.
Ich bitte Euch, seid vorsichtig, wenn Ihr so sprecht. Man könnte Euch missverstehen!"

Praetorius setzt sich hier mit den wesentlichen Elementen der Hexerei auseinander, die in den Hexenprozessen jahrhundertelang die Hauptanklagepunkte darstellen: Buhlschaft mit dem Teufel, Hexenflug, Teilnahme am Hexentanz, Verwandlung in Tiere und Schadenszauber (Wetterschäden, Schaden gegen Personen und Tiere). Diese Anklagepunkte werden durch die beigefügten zeitgenössischen Abbildungen illustriert.

Es fällt auf, dass sich Praetorius hier nicht nur einer biblischen, sondern einer rationalen, empirischen Argumentation bedient. Somit bleibt nach Praetorius vom Delikt der Zauberei der spirituelle Kern übrig: der Abfall von Gott und der Pakt mit dem Teufel. Dieser Tat sind alle Zauberer schuldig, ihre Tat ist die schrecklichste Sünde. Dieser Sünde machen sich allerdings auch jene schuldig, die wider Gottes Allmacht an die Möglichkeiten der Magie glauben oder sie selbst betreiben.

Bild 53 Abbildung eines zeitgenössischen Richters in Amtstracht

Der Hexen- Prozess in Birstein beginnt

"Anna, Frieß Ditterichs fraw" aus Rinderbügen, ist der Hexerei sehr verdächtig. "Es gehet ein gemein Geschrei",[459] so lautet das amtliche Protokoll, "dass sie vorrn Jahr mit ihrer Tochter Agnes in die Wiesen gegangen sei, Heu machen.[460] Da habe es angefangen zu regnen. Sie hätten sich dann unter eine Hecke gestellt. aber nicht gesehen, dass des Säuhirten Buben auf der anderen Seite der Hecke gestanden habe. Da habe die Tochter zur Mutter gesagt: "Wenn ich gewusst hätte, dass man also mit den Zauberischen umgehen würde, ich wollt es von euch nit gelernt haben." Es sei um die Zeit gewesen, als man in Gelnhausen eine Hexe verbrannt habe. Die Mutter hätte darauf geantwortet: "Ich hätte es selbst nit gemeinet; wenn es ja sein sollt, so were es genug mit mir gewesen." Dies ist freilich ein stark belastendes Zeugnis gegen Anna Dieterich.[461]

An einem schönen Frühlingssonntag, es ist der 8. Mai des Jahres 1597,[462] werden die vier Frauen verhaftet und in Birstein in den "Turm" gelegt. Außerdem wird dem Schultheißen Fissler aufgegeben, sofort vier handfeste Männer zu bestimmen, welche die vier inhaftierten Hexen bei Tag und Nacht "umb die gebür" zu bewachen haben.[463]

"Sie wurden in unterschiedliche Kammern und Gewölbe gesetzt mit beiden Armen hinter den Händen an eiserne Stangen angefesselt und an Ketten, so in der Mauer eingegossen, besten Fleißes verschlossen. In solchen Banden lagen sie ohne tägliche und nächtliche Ruhe, allein, in Sorg und Angst, Läusen, Mäusen und Gestank. Wurden daneben von der jungen Hofbursch und Soldaten, welche vor den Türen liefen ohne Unterlaß, mit Pfeiffen, Geigen, Schimpf- und spöttlichen Reden gequälet und schwermütig gemacht bis zum 31. Mai, an welchem Tage der Henker berufen ward, die Weiber peinlich zu verhören." [464]

Dem Gericht in Birstein gehören an: Hofmeister Johann von Grafenrodt; Reinhart von Bobenhausen; Kilian Immels, Schultheiß zu Birstein; Hans Koch; Hermann Neun; der Pfarrer **Praetorius** von Birstein; Wilhelm Fissler, Schultheiß in Rinderbügen; Margarethe, dessen eheliche Hausfrau.

Dazu die vier Wächter am Gefängnis in Birstein; die Ehemänner der vier Angeklagten; Dorfbewohner von Rinderbügen als Zeugen; Crein, die Tochter des Fritz Dieterich; Einwohner des Dorfes.[465]

Bild Turm des Birsteiner Schlosses - s. Farbfotos S. 5

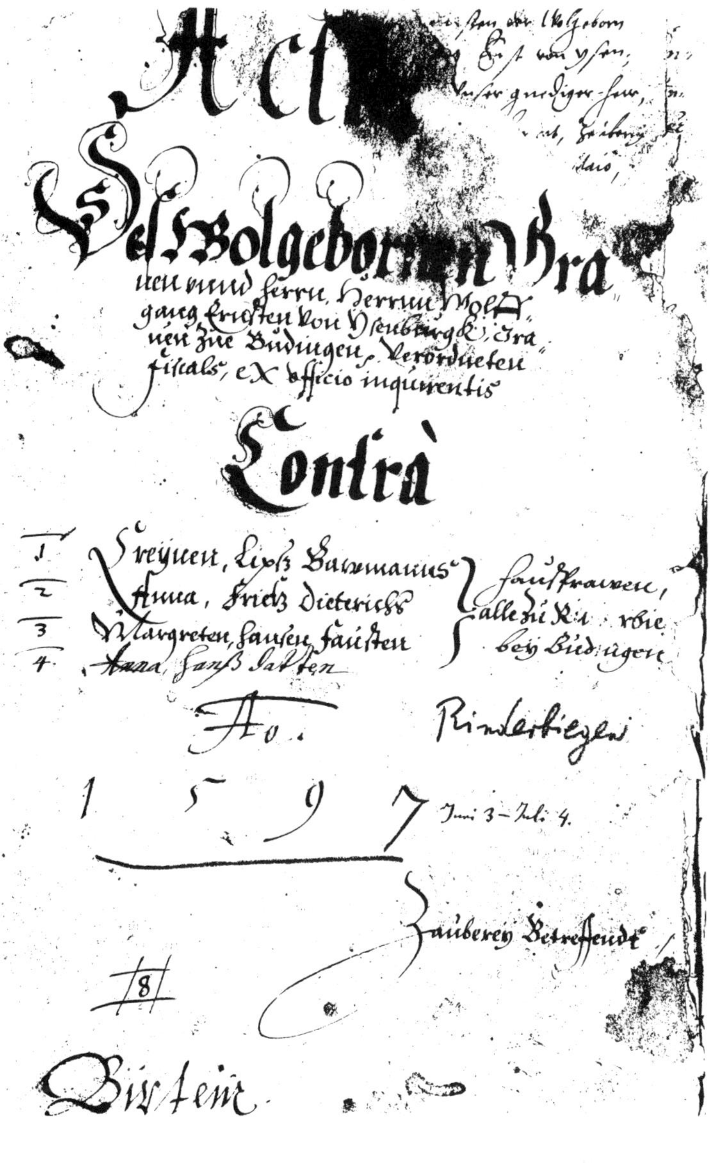
Acta
Deß Wolgebornen Gra-
ven unnd Herrn, Herrn Wolff-
gang Ernsten von Ysenburgk, Gra-
ven zue Büdingen, verordneten
fiscals, ex officio inquirentis
Contra
1 Creynen, Lips Baumanns
2 Anna, Frietz Dieterichs
3 Margreten, Hansen Fausten
4 Anna, Hanß Latten
Haußfrauen, alle zu R... wie bei Büdingen
Ao. Rinderbiegen
1597 Juni 3 – Juli 4.
Zauberey betreffendt
8
Birstein

Bild 54 Akte Hexenprozess Birstein Titelseite

dich/ du wöllest vns vergeben all vnser Sünde: Vnnd auch diese Nacht vns bewaren vnbefleckt an Leib vnd Seel/ vnnd behüten für bösen Träumen/ Schrecken/ vnd aller Gefahr: Daß auch vnser Schlaff zu deiner Ehre gereichen möge. Gib auch Ruhe vnd Trost allen armen/ krancken/ betrübten vnd angefochtenen Hertzen: Durch vnsern HErrn Jesum Christum. Amen.

Vnser Vatter ꝛc. Ich glaub in Gott ꝛc.

Gebet vor Essens.

HErr Allmächtiger Gott/ der du alles erschaffen hast/ vnd noch durch deine Göttliche Krafft erhältest/ auch alles/ was da lebt/ zu seiner zeit speisest vnd sättigest mit wolgefallen: Wir bitten dich/ wöllest vns/ deinen armen Dienern/ deinen Segen vnd benedeyung geben/ vnnd Heiligen diese deine Gaben/ die wir von deiner milden Hand empfangen/ daß wir sie messig vnd heilig gebrauchen/ nach deinem Willen: Vnd durch solche mittel dich erkennen einen Vatter vnd Vrsprung alles guten/ vnd fürnemlich suchen das geistliche Brot deines Worts/ mit welchem vnsere Seelen gespeiset werden zum ewigen Leben/ daß du vns bereitet hast/ durch das heilige Blut deines lieben Sohns/ vnsers HErrn Jesu Christi.

Vnser Vatter ꝛc.

Gebet nach Essens.

HErr Gott Himmlischer Vatter/ wir sagen dir lob vnd danck für alle deine Gaben vnd Wolthaten/ die wir ohn vnterlaß von deiner milden Hand empfangen: daß dein Göttlicher Will ist/ vns zuerhalten in diesem zeitlichen Leben/ vnnd vns versorgest mit aller Notturfft: Insonderheit aber/ daß du vns new geborn hast zur Hoffnung eines besseren Lebens/ welchs vns dein heiliges Evangelion offenbaret. Wir bitten dich auch Barmhertziger Gott vnnd Vatter/ wöllest nicht zulassen/ daß vnsere Hertzen hie eingewurtzelt seyn in diesen irrdischen vnd vergenglichen Dingen/ sondern allezeit hinauff gedencken gen Himmel/ erwartende vnsern Heiland Jesum Christum/ biß daß er in den Wolcken erscheinen wird zu vnser endlichen Erlösung.

Vnser Vatter ꝛc.

Frage vnnd Antwort

Christlicher Lehr für das Gemeine Volck.

Die Erste Frag.

Wer ist ein rechter Christ zunennen?

Antwort.

Der sich in leben vnd sterben deß HERRN Christi eigen/ vnnd in seinen Wegen zu wandeln schüldig bekennet.

Die Ander Frage.

Was ist einem Christen nötig zuwissen/ der in Christo selig Leben vnd Sterben wil?

Antwort.

Drey Stück. Erstlich/ wie groß sein Elendt sey. 2. Wie er von seinem Elendt erlöset wirdt. 3. Wie er Gott für die Erlösung sol danckbar seyn.

A v Vom

Die drey vnd dreyssigste Frag.

Warumb muß man denn gute Werck thun?

Antwort.

Weil sie Gott gebotten/ vnd wir den Gehorsam schüldig seyn.

Die vier vnd dreyssigste Frag.

Was nutzen vns dann die guten Wercke?

Antwort.

Sie zeugen daß vnser Glaub warhafftig sey/ vnd versichern vns darmit der Seligkeit.

Die fünff vnd dreyssigste Frag.

Wie ist man mit dem Gebet danckbar gegen Gott?

Antwort.

Wenn man jhn allein in allen Nöhten anruffet/ vnd für seine Wolthaten lobet vnd preiset.

Quomodo id fieri debeat, ostendatur [illegible] Oratione Dominica.

Hauptstück Christlicher Religion sampt den gemeinesten Gebetlein/ vnd etlichen Fragen/ Jungen vnd Alten vom wege der Seligkeit zu wissen nötig vnd gnug: Vor Kirchen vnd Schulen der Ober vnd Vnder Graff vnd Herrschafft Isenburg/ gebessert vnd vermehret.

Getruckt zu Lich in der Graffschafft Solms/ Durch Nicolaum Erbenium.

M. D. XCVII.

Bild 55 Praetorius Katechismus

(Es handelt sich um das einzige Fragment des Druckbogens)

Praetorius verfasst einen Katechismus

Während im Mai 1597 der Hexenprozess seinen Lauf nimmt, ist Anton Praetorius mit einem wichtigen Vorhaben zur Umsetzung der neuen calvinistischen, der reinen Lehre beschäftigt. Für die "Kirchen und Schulen der Ober und Under Graff und Herrschafft Isenburg" schreibt Anton Praetorius einen kurzgefaßten Katechismus.[466] Er nennt es "Hauptstück Christlicher Religion sampt den gemeinesten Gebetlein/ und etlichen Fragen/ Jungen und Alten vom wege der Seligkeit zu wissen nötig und gnug". Es wird gedruckt zu Lich durch Nicolaus Erbenius. In kurzer, knapper Form will er dem gemeinen Volk in 35 Fragen und Antworten präsentieren, "wer ist ein rechter Christ zunennen", "der in Christo selig Leben und Sterben will". Er beginnt seine "Christlicher Lehr für das Gemeine Volck" mit Antworten, "wie der Mensch von seinem Elend erlöset wird und wie er Gott für die Erlösung soll dankbar sein." Von dem Katechismus ist nur das Fragment dieses einen Druckbogens erhalten. Eine Besonderheit ist die handschriftliche Signierung des Blattes durch Praetorius ("präsentiert durch den Autor Anton Praetorius, Pastor zu Birstein") mit Datumsangabe "1. Mai 1597".[467]

Der Kurz-Katechismus schließt mit der (33.) Frage: "Warum muss man denn gute Werck thun?" Antwort: "Weil sie Gott gebotten/ und wir den Gehorsam schuldig sein." Die vier und dreyssigste Frag. "Was nutzen uns dann die guten Wercke?" Antwort: "Sie zeugen, dass unser Glaube wahrhaftig sei und versichern uns damit der Seligkeit." Die fünff und dreyssigste Frag: Wie ist man mit dem Gebet danckbar gegen Gott? Antwort. Quomode id fieri debeat, ostendatur hienc oratione Dominica. ("Auf welche Weise dies zu geschehen hat, soll gezeigt werden allhier durch ein Gebet/ Wort des Herrn.")[468]

Weiter sind in dem Katechismus enthalten: Teil eines Gebetes für die Nacht, Gebet vor Essens, Gebet nach Essens. Noch ahnt Anton Praetorius nicht, wie schnell die Stunde kommt, dass er sich selber vor Entscheidungen gestellt sieht und sich in Taten bewähren muss, um seinen eigenen Worten und seiner christlichen Überzeugung treu zu bleiben.

Beim Grafen ist Praetorius wohlgeschätzt. Graf Wolfgang Ernst hat in seinem Land die heimliche Einführung des reformierten Glaubens eingeleitet. Dabei ist er auf der Suche nach Pfarrern und Lehrern, die mit Einsatz und Überzeugung die neue Lehre durchsetzen. An dem gebildeten und bibelkundigen Pfarrer Praetorius gefällt ihm, wie er sich fließend auf Latein und Deutsch ausdrücken kann. Dabei lässt er sich immer von dem schlichten Wort der Bibel leiten: "sola scriptura" [469] - das ist sein einziger Maßstab. Keine Traditionen der Kirche, kein Wort der Obrigkeit zählt so viel für ihn.

Anton Praetorius schafft es, in einer verständlichen Sprache das Wichtige des neuen Glaubens für Gebildete und für das einfache Volk aufs Papier zu bringen. Das schätzt der Graf an ihm, deswegen hat er ihn geholt. Von keinem anderen Theologen sind so viel Schriften in dieser Region verlegt worden, wie man leicht aus den Druckverzeichnissen von Erbenius aus Lich erkennen kann. Einen solchen Kopf braucht der Graf für seine calvinistische Reformation im Büdinger Land.

Wahrscheinlich ist Praetorius schon bald an einer anderen Aufgabe beteiligt: eine neue Kirchenordnung für die Grafschaft ist in Arbeit, ein Herzensanliegen von Graf Wolfgang Ernst. Auch eine Kirchendisziplinordnung wird vorbereitet für alle Amtsleute, Befehlshaber, Schultheiße, Schöffen, Geschworene, Bürger, Gemeinden und alle Untertanen. Beide umfangreichen Ordnungen werden im Jahr 1598 erlassen.[470] Wer über die Auseinandersetzungen zwischen Lutheranern und Reformierten aus dieser Zeit liest, erfährt, wie unversöhnlich, ja wie erbittert der Streit um die rechte und reine Lehre geführt wird. Anton Praetorius repräsentiert die Avantgarde des Calvinismus, von missionarischem Eifer erfüllt. Von Natur aus ein lebhafter und manchmal aufbrausender Mann, wird er zu mehreren Einsätzen in Gemeinden als erster reformierter Pfarrer gerufen.

Die Menschen leiden seit mehreren Jahrzehnten unter den schlechten Ernten. Dazu passt die Devise des Calvinismus: "indem er sich und die seinigen ermahnet, auf den großen tag des herrn sich recht zu schicken, alle verhindernusse als fressen, saufen[471] und sorge der nahrung aus dem wege zu räumen, damit sie mögen würdig sein, zu stehen für des menschen sohn, dieweil der tag des herren plötzlich kommen werde wie ein fallstrick." Bei Hochzeiten, Begräbnissen und Kindtaufen soll es mäßiger zugehen.[472] Tanzen wird verboten, die Zahl der kirchlichen Feiertage halbiert:[473] Die Menschen sollen nicht abgelenkt werden, sondern sich ernst und geziemend auf die Wiederkunft Christi vorbereiten.

Die Lutheraner werden mit heftigen Schmähungen kritisiert, weil sie mit vielen äußeren Formen der katholischen Kirche nicht radikal genug gebrochen haben. Es gilt die Welt von allem zu reinigen, was die Menschen von der reinen Lehre und von Gott abhält. Der Einfluss des Teufels ist groß, er will die Menschen ablenken und verführen. In diesem Punkt sind sich Lutheraner und Reformierten im Büdinger Land einig: Der Teufel und seine Verbündeten, wie Zauberer, Wahrsager und Hexen, müssen energisch bekämpft und ausgerottet werden.

Der Hexenprozess in Birstein nimmt seinen Verlauf

In Birstein diskutieren Männer und Frauen erregt den Hexenprozess.

Am 10.5. und 19.5. wird der Prozess in Birstein fortgesetzt: die Frauen werden verhört, streiten jedoch alle Vorwürfe ab. Die eine Frau wird gefangen gehalten in einem Lager, "welches unter der Brucken am Wassergraben in sehr kaltem Ort war".[474] Der Schultheiß vernimmt in Rinderbügen mehr als 20 Zeugen, deren Namen überliefert sind.[475]

31.5.: Der Henker aus Büdingen, Stephan Fuchs, wird zur peinlichen Befragung geholt.[476] Meister Stephan Fuchs bekommt den Auftrag, den Angeklagten seine Folterinstrumente zu zeigen und die peinliche Befragung in Aussicht zu stellen. Die Vorführung der Marterwerkzeuge gelingt ihm vorzüglich, denn die Wirkung der Mahnung ist furchtbar.

31.5.: Eine der Frauen, Anna Datt, erhängt sich aus Furcht vor der Folter in der Nacht an einem Strick im Gewölbe (so heißt es im Protokoll). Am

1.6. wird sie hernach durch Meister Stephan, den Scharfrichter, hinausgeführt und unter dem Galgen begraben.

Was Gott uns zum rechten Umgang mit Hexenprozessen gelehrt hat

Gespräch von Praetorius mit dem Schulmeister am 1.6.1597

Vorbemerkung: Dies ist ein fiktives Gespräch. Vergleiche Seite 61.

Schulmeister: "Ihr seht voller Kummer aus!"
Die Luft ist kühl geworden, Praetorius erschaudert unwillkürlich:
"Habt Ihr noch nicht gehört, was mit der Anna Datt passiert ist?"
Schulmeister: "Sagt, was ist geschehen?"
Praetorius: "Stephan Fuchs, der Henker, hat ihr gestern die Folter angedroht. Wie der Henker hinweg und nach wenig Stunden der Stockmeister dem Weibe zu essen bringet, eine Hand los lässt und wieder hinaus gehet, bringet das Weib die andere Hand auch mit Gewalt auß den Fesseln und erhencket sich selbst an den Leinen eines Gezeltes, welchs im selbigen Gewölbe über einer Stangen hing. Also kam dies Weib durch des Henkers Schrecken und Furcht der Folter in Verzweiflung um ihr Leben.[477]
Ich frage Euch: warum müssen vier Weiber ohne rechtmäßige Anklage angegriffen werden? und ihre armen Männer, Kinder und ganzer Freundeskreis geschändet und in Herzeleid gesetzt?" [478]
Schulmeister: "Aber das kann kein Mensch ändern."

Praetorius: "Ich bitt; seid still und höret mich: es geht doch darum: wie können christliche Obrigkeiten das Werk der Zauberer auf christliche Weise hindern und strafen?" [479]

Schulmeister: "Das kann Euch viel Ungemach und Ärger einbringen, wenn Ihr Euch in die Angelegenheiten der Obrigkeit einmischt."

Praetorius: "Wer auf die Dörfer zeucht hinaus, der Hund´ anbellen leide´ muß.[480] Drum lass uns nehmen Gottes Wort und daraus lernen immer fort. Was Recht oder auch Unrecht sei, so bleiben wir von Irrtum frei. Solchs ist versucht in allem Ding, in Hexensach, die nicht gering, sollt es sich auch nun fangen an, zu dem End komm ich auf den Plan.[481] Ich werde aus der Heiligen Schrift zeigen, was Gott uns zum rechten Umgang mit den Hexenprozessen und allen Prozessen gelehrt hat."

Schulmeister: "Ihr werdet verlacht werden!"

Praetorius: "Das bin ich gewohnt, hab es nie geacht. Es geht hier um Wahrheit und Recht! Mich empört, wie der Kanzler von der Folter spricht: ´dass ein Braten nach dem anderen bereitet wird.` [482] Es muss ein Ende sein mit der Tyrannei, die bisher viele unterdrücket, denn Gott fordert Gerechtigkeit." [483]

Schulmeister: "Aber so viele Bürger fordern Ausrottung der Hexen!"

Praetorius: "Die Menschen versündigen sich schwer, ja, sie vergreifen sich lästerlich an der Majestät Gottes, wenn sie es für wahr halten, dass Hexen Wetter machen können. Damit verleugnen sie die großen Taten Gottes und wollen den Teufel an seine Statt erheben.[484] Solche Leute sind selber bezaubert und heidnisch geworden."

Schulmeister: "Beschuldigt Ihr die christliche Obrigkeit, dass sie sich an unserem Gott versündigen, wenn sie die Hexen unter dieser Anklage hinrichten lassen?"

Praetorius: "Ja, und ich sage ihnen und allen Christen, die solches denken: Lernt, liebe Christen, denn Ihr irrt sehr, weil ihr weder die Heilige Schrift kennt noch die Kraft und die Werke Gottes. Lernet, wisset, glaubet, dass er allein alle Dinge, also auch Wind und Blitz, Sonnenschein und Regen regiert und nach seinem Willen Glück und Unglück sendet. Ursache des Unglücks ist allein unsere Sünde.[485] Ich kann dazu nicht länger schweigen. Ich muss Gottes Wort sagen!"

Schulmeister: "Ich bin völlig durcheinander. Ihr verkehrt alles, was über die Hexen gesagt wird, ins Gegenteil. Ihr beschuldigt die Richter und die christliche Obrigkeit, sie richteten sich nicht nach dem Zeugnis der Heiligen Schrift. Ihr verdächtigt sie, sie wären die eigentlichen Teufelsanhänger. Ihr stellt euch gegen die Gesetze, gegen die Justiz, gegen die Meinung aller Leute. Ich habe so etwas noch nie sagen gehört."

16.6. Die Akten des Rinderbügener Hexenprozesses werden zur Entscheidung an die juristische Fakultät in Marburg gegeben. Am 30. Juni ist bereits eine Entscheidung in Büdingen: "Umb mehrerer Erkundigung der Warheit willen mit ziemlicher peinlicher Frag anzugreifen sein, ab wir sie dazu hiermit verdammen, von Rechts wegen..." Damit ergeht als juristisches Gutachten: die Verhängung der Folter ist rechtmäßig.[486]

Damit ist jeweils das Urteil gesprochen, denn unter der Folter gestehen die Frauen allen Unsinn, den man ihnen vorsagt. Nur um von den furchtbaren Qualen der Tortur befreit zu werden, nehmen sie lieber den Tod auf sich.[487]

1.7. Margret Faust und Anna Dietrich werden gefoltert. Zuerst kommt Margret, des Hans Fausten Frau, dran. Eine letztmalige vorherige Mahnung, endlich ihre "Untaten" einzugestehen, fruchtet nichts. Sie leugnet nach wie vor alles ab.

2.7. Ein stürmischer Wind zerrt an den Blättern der Bäume und treibt immer neue schwarze Wolken heran.[488] Eiterfarben ist der Himmel, die Sonne nur ein verschorftes Auge.
Anna Dietrich, Mutter von 9 Kindern, wird nochmals gefoltert.

Anna, Fritz Dietrichs Frau, ist bereits 20 Jahre in Rinderbügen. Auf alle Fragen erklärt sie, dass sie unschuldig sei. Diese Eulen-Anna habe Zorn auf sie gehabt und deshalb diese Anklage ausgesprochen. Das Auge (das sie verloren hat) hat ihr Mann ihr "ausgeschmissen", weil sie nicht genug Milch gemacht habe. Sie habe aber nicht genug Milch von der Kuh bekommen. Da habe sie gesagt, ob sie denn hexen solle? Ihr Mann habe dann gerufen, sie möge dies und jenes tun. Am 1. Juli hat man sie bereits mit Beinschrauben am rechten Schenkel angegriffen und "ufgezogen", d.h. in die Höhe gezogen. Die arme gequälte Frau aber bleibt standhaft und beteuert nach wie vor ihre Unschuld.

Anwesend sind Hofmeister Johann von Grafenrodt, Reinhard von Bobenhausen, Chilian Immels, Schultheiß zu Birstein, und die beiden Schöffen: Hans Koch und Hermann Neun.[489]

Die Rohheit, mit der diese Prozeduren vorgenommen werden, spricht sich oft schon in der Kürze der Protokolle aus, die über die entsetzlichsten Gräuel wie über die einfachsten Sachen nur mit drei Worten berichten. So z.B. ein Protokoll:

> Weib wird gebunden; winselt, "könne's nicht sagen"; "Soll ich lügen? O weh, o weh, liebe Herrn!" Bleibt auf der Verstockung. Der Stiefel wird angetan und etwas zugeschraubt. Schreit: "Soll ich denn lügen, mein Gewissen beschweren? Kann hernach nimmer recht beten!" Stellt sich weinend, übergeht ihr aber kein Auge. "Kann wahrlich nicht, und wenn der Fuß herab müsste!" Schreit sehr:
>
> "Soll ich lügen, kann's nicht sagen!" Ob zwar stark angezogen, bleibt sie doch auf einerlei. "O Ihr zwingt einen!" Schreit jämmerlich: "O lieber Herr Gott! - wollt's bekennen, wenn sie es nur wüsste; man sage ja, sie solle nicht lügen!" Wird weiter zugeschraubt. Heult jämmerlich. - "Ach, liebe Herrn, tut mir nicht so weh. Wenn man Euch aber eins sagt, wollt Ihr gleich wieder ein anderes wissen" [490] usw.

Bild 56 **Folterszene**

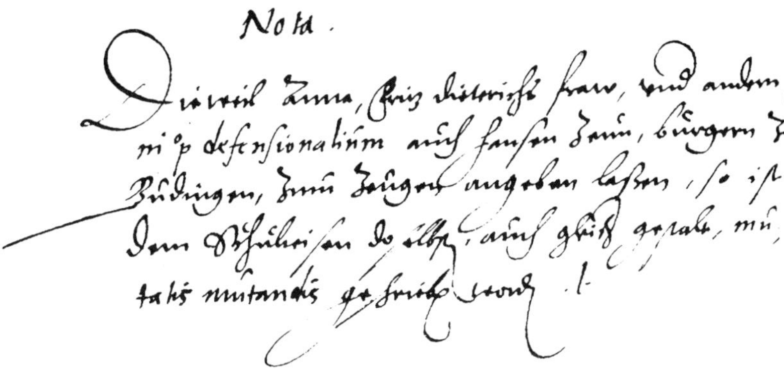

Auszug aus der Hexenprozessakte
betreffend Anna Dietrich, Fritz Dietrichs Frau

Am folgenden Tag wird Frau Anna Dietrich nochmals peinlich gefragt. Diesmal setzt ihr Meister Steffen Fuchs zwei Beinschrauben an und martert die Angeklagte auf die schrecklichste Weise, wiederum ohne Erfolg, denn die Angeklagte gesteht nichts.[491]

Im gleichen Moment aber erlebt Birstein eine Revolution, wie sie dort selten vorgekommen sein dürfte. Die fürchterlichen Schreie der gemarterten Frau jagen die Einwohner aus ihren Häusern. Männer, Weiber und Kinder rotten sich zusammen, stürmen zum Pfarrhaus.

Geschrei vor der Tür, schnelle Schritte, ein Pochen, das gar nicht aufhören will. Die Leute holen den Pfarrer Praetorius, der als entschiedener Gegner der kaiserlichen Halsgerichtsordnung bekannt ist, und ziehen vor die Marterkammer.[492] Anton Praetorius, der in den letzten 12 Monaten dreimal eine Ehefrau durch Schicksalsschläge hat zu Grabe tragen müssen, kann nicht länger mit ansehen, wie das Leben dieser Frauen durch die Folter so willkürlich und unsinnig zerstört wird. Erregt eilt er aus dem Pfarrhaus ins Schloss zu der Kammer, wo das Verhör geschieht. Ungestüm klopft er an und verschafft sich Einlass.[493]

Auseinandersetzung auf Leben und Tod
"O Ihr unrichtigen Richter!"

Vorbemerkung: Es handelt sich hier um eine fiktive Ausgestaltung (vgl. Seite 61) der Auseinandersetzung von Praetorius mit dem Gericht in Birstein. In seinem Bericht von 1598 redet Praetorius in den Kapiteln X - XIII die Obrigkeiten, Richter und Amtsleute direkt an. Ausführlich argumentiert er mit (nicht namentlich genannten) Gesprächspartnern über die Legitimation eines Hexengerichts aus christlicher Sicht.[494]
Schon wenn man den Bericht aufschlägt, erfährt der Leser sofort, an wen sich sein Bericht eigentlich richtet: "Ihr Richter auff der Erden weit/ Gerechtigkeit habt lieb allzeit". "Richtet nach dem Ansehen nicht/ Sondern richtet ein recht Gericht."[495]
Manchmal klagt er in seinem Bericht seine Kontrahenten direkt an, wenn er sagt: "Thut Buß o ihr Richter unnd Amptleute des Herrn/ und strafft euch zuvor selbst/ ehe ihr andere verurtheilt/ so werdet ihr Gnade finden/ wenn andere gestraffet werden für Gott. Oder gedencket ihr/ o Menschen Kinder/ die ihr richtet die/ so solches thun/ unnd thut auch dasselbige/ daß ihr dem Urtheil Gottes entrinnen werdet? O nein/ o nein liebe Herren/ das wird euch nicht angehen."[496]
Man spürt seine Erregung, wenn er bestimmte Juristen vor Augen hat, denen er hier die Leviten liest. Ist das nicht die Sprache der Propheten, die unter Einsatz ihres eigenen Lebens verkünden: "Lasst euch warnen, ihr Richter auf Erden", (Psalm 2,10) "die ihr das Recht in Wermut verkehrt und die Gerechtigkeit zu Boden stoßt"? (Amos 5,7)

In der Erinnerung ist sich Praetorius später nicht sicher, was er in seiner Empörung dem fürstlichen Hofrat und Kanzler[497] und den anderen Mitgliedern des Gerichtes genau gesagt hat. Zu aufgewühlt ist er, wenn er sich dieser Auseinandersetzung auf Leben und Tod erinnert. Immer wieder geht er im Geist den Wortwechsel mit seinen Kontrahenten durch. Es frisst sich richtig ins Gehirn ein wie glühender Schmerz. Manchmal ärgert er sich, weil ihm dieses oder jenes Argument erst im Nachhinein in den Sinn kommt. So führt man im Kopf dieses Streitgespräch noch lange fort. Manchmal möchte man am liebsten laut aufschreien und dem Gegner noch diesen oder jenen Streitpunkt an den Kopf werfen. So hilft nur, sich seine Wut von der Seele zu schreiben.

Wenn wir die Aufzeichnungen von Praetorius lesen, so spüren wir noch seine leidenschaftliche Empörung, die aus der hitzigen Auseinandersetzung in Birstein herrührt, in der es um Leben und Tod der Angeklagten geht. Vieles wird er so gesagt haben, denn schon bald wechseln seine späteren Aufzeichnungen aus einer sachlichen Darlegung in einen hitzigen literarischen Schlagabtausch mit den Juristen. Deshalb erscheint es gerechtfertigt, den Inhalt seiner Aufzeichnungen als Gesprächsduell wiederzugeben.

Praetorius: "Ihr Richter, gebietet dem Prozess gegen diese Zauberer Einhalt! Tut Buße, Ihr Richter und Amtsleute des Herrn!" [498]

Richter: "Was kommt Euch in den Sinn, Hofprediger, hier auf diese ungebührliche Weise so lautstark Einlass zu verlangen?" [499]

Ungestüm tritt Praetorius direkt vor den Richter und fürstlichen Hofrat:
"Gebietet der peinlichen Befragung dieses Weibes sofort Einhalt! Wer hat Euch zu Richtern gesetzt? Wer hat Euch ein solch streng Gericht befohlen zu fällen?" [500]

Überrascht tritt der Richter einen Schritt zurück: "Ihr wisst doch genauso wie wir, dass wir hier im Auftrag Unseres Wohlgeborenen Herren zu Gericht sitzen!"

Praetorius: "Ich habe Euch Gottes Botschaft zu verkünden: Gott hat **Christus** verordnet zum **Richter** und beschlossen, durch ihn an bestimmtem Tage die Welt zu richten! Wartet, bis der Herr komme, der das Verborgene wird offenbaren. Dominus,[501] unser Herr, wird recht richten und einem jeglichen vergelten nach Billigkeit." [502]

Richter: "Aber Ihr wisst, Hofprediger, dass unser Herr auf Reisen ist.[503] Er hat uns eingesetzt als Gericht, damit wir befinden, was die Obrigkeit gegen die Zauberei zu unternehmen hat."

Praetorius: "Es geht hier nicht um eine Frage der weltlichen Obrigkeit. Weltliche Richter dürfen Gott nicht vorgreifen. Nur er kann selig machen und verdammen.[504] Deswegen müsst Ihr die Angeklagte loslassen!"

Der Schultheiß, der Henker Stephan Fuchs und seine Folterknechte stellen sich um die Streitenden.

Schultheiß: "Aber **weltliche Obrigkeit** muss von Amts wegen gegen Zauberei einschreiten![505] So lautet der Befehl unseres gräflichen Herren."

Die Dunkelheit der Folterkammer und der beißende Geruch nehmen Praetorius den Atem. Die Instrumente des Henkers warten griffbereit - gut im Sichtfeld.

Praetorius: "Zauberei ist vom Teufel, daher kann der schuldige Lohn der Zauberei nichts anderes sein als große Strafe von Gott, dem gerechten Richter." [506]

Richter: "Strafe aber ist eine leibliche und eine geistliche!" [507]

Praetorius: "Wer mit dem Teufel buhlt, für den ist die **geistliche Strafe** Hölle und ewige Verdammnis, wie Paulus sagt. Davon heißt es in dem Buch der Offenbarung ausdrücklich: Ihr Teil werde sein in dem Pfuhl, der mit Feuer und Schwefel brennt, welches ist der ewige Tod." [508]

Wütend geht er auf den Richter zu.

Praetorius: "Ihr dürft Gott nicht vorgreifen. Deshalb verlange ich: Lasst dieses Weib frei! Nur Gott kann über sie richten." [509]

Erschrocken weicht der Richter einen Schritt zurück.

Richter: "Halt, Hofprediger! Unser Auftrag ist die **leibliche Strafe**."

Praetorius: "Leibliche Strafe - das ist, dass die Zauberer mit ihrem Tun zum Spott werden. Dahin gehört, dass Gott durch die Propheten sagt: Ich bin der Herr, der alles tut und die Wahrsager und ihre Kunst zur Torheit macht." [510]

Richter: "Aber hier geht es nicht um Spott! Wer sich mit dem Teufel einlässt, verdient seine Strafe! Der Leib muss Pein und Schmerzen leiden! Wir wollen sie brennen sehen. Im Gesetz befiehlt der Herr, man soll sie töten.[511] Moses sagt: ′Du sollst die Zauberin nicht leben lassen`." [512]

Vor den Augen von Praetorius taucht das beißende Prasseln des Scheiterhaufens auf, wie er es hat in seinen Kindertagen ansehen müssen, als in seiner Heimat eine Hexe verbrannt wurde.

Praetorius: "Aber mit solchen Strafen pflegt Gott nach der Heiligen Schrift heimzusuchen nicht allein die Zauberer, sondern auch die, die sich an die Zauberer und Wahrsager wenden.[513] Dann muss das Gericht auch all diese verurteilen!"

Richter: "Wir haben uns um der Hexen Sache zu kümmern. Da die Zauberei eine schändliche Unordnung und Abbruch des Reiches Gottes ist, muss sich die Obrigkeit als Gottes Verwalterin deren annehmen und heftig dagegen setzen. Zauberei ist wider das erste und dritte Gebot,[514] denn Zauberer verlassen Gott und missbrauchen schändlich seinen Namen und dienen dem Teufel an seiner Statt.[515] Sie verdienen den Tod!"

Praetorius: "Halt! Die Bibel berichtet nicht, dass Zauberer jemals hingerichtet worden sind.[516] Wie der Apostel Paulus sagt: Wir sind nicht unter dem Gesetz, sondern unter der Gnade." [517]

Kommentar zum Bibelverständnis von Praetorius:
Praetorius gründet seine Argumente fast vollständig auf die Bibel. An den Seitenrändern seines "Berichtes" führt der Autor gewissenhaft alle behandelten Bibelstellen auf. Kein anderer Autor der Hexenliteratur diskutiert alle diesbezüglichen Belegstellen der Bibel so vollständig wie Praetorius. Dabei gründet er sich naturgemäß häufig auf das Alte Testament mit dessen ausführlichen Auseinandersetzung mit Zauberei und versteht die Heilige Schrift in einem wortwörtlichen Sinn.
Auf dem Höhepunkt der Auseinandersetzung mit den Richtern, an der Stelle der höchsten Not, geht er vom Neuen Testaments aus und stellt den Sinn des Vergebungshandelns Christi in den Mittelpunkt seiner Argumentation.

Richter: "Diese Worte des Paulus gehören nicht hierher, denn sie betreffen die Missetäter nicht, welche Gottes Gebot verachten und dagegen handeln." [518]

Praetorius: "Doch soll fromme Obrigkeit nicht vergessen: sie nimmt sich zu wenig der **anderen schrecklichen Laster** an wie Fresser, Säufer, Hurer, Wahrsager, Lügenkrämer, die aus Rat und Befehl des Teufels so viel Schaden und Mord zuwege bringen." [519]

Richter: "Meint Ihr, sie sind viel ärger? und müssten mit dem Tod bestraft werden?" [520]

Praetorius: "Entweder man muss alle Unkräuter ausrotten, aber nicht nur die Hexen![521] Wie lang wollt ihr im Finstern tappen? Ach kaufet Augensalbe und salbet eure Augen, dass Ihr besser sehen möget. Die Obrigkeit muss einschreiten! Doch sie tut nichts gegen Mann und Weib, die mit abgöttischem verfluchten Segen umgehen, um Mensch und Vieh damit zu heilen und dabei den heiligen Namen Gottes missbrauchen. Auch lassen sie Träum- und Planetenbücher nicht allein feil tragen, sondern erlauben auch, dass etliche Müßiggänger in den Häusern einem jeglichen gegen Geld solche Träume deuten und Planeten lesen und damit das arme unverständige Völklein von dem ewigen allmächtigen Gott abwenden und verführen und gefährliche Stricke des Verderbens legen! Wie lang wollt Ihr hierzu schweigen!" [522]

Richter: "Sollen all diese gleichermaßen bestraft werden?"

Praetorius: "Was fragt Ihr das? Wie lang habt ihr die Lügen so gerne? Es sollten solche und dergleichen zur Zauberei gehörige Dinge so wenig als das andere Hexenwerk geduldet werden! Sind doch die Hexen keineswegs so schädlich als jene. Jene aber schaden oft und vielen und dazu an Gut, Leib und Seele mit ihrer Verführung.[523] Tut Ihr das nicht, so lasst dies Weib frei!"

Richter: "Aber wir müssen dem teuflischen Treiben Einhalt gebieten!"

Praetorius: "Auf der einen Seite kümmert Ihr Euch gar nicht, auf der anderen Seite lauft ihr gar zu weit hinaus und tut zuviel. - Und nun befehlt Euren Todesknechten, von der Frau abzulassen!"

Praetorius wendet sich zu den Folterknechten und zeigt mit dem Finger auf sie: "Und wollte Gott, dass Ihr nicht aus Eurem blinden Eifer und blutdürstigen Affekten in tyrannischer Weise unschuldig Blut vergießt! Denn die Zauberer können bekehrt werden und bei Gott wiederum zu Gnade kommen."

Der Richter zuckt zusammen. Er fragt die anderen: "Habt Ihr solches schon einmal gehört? Die **Hexen können sich nimmermehr wiederum bekehren**. Ihnen ist alle Hoffnung der Seligkeit abgeschnitten. Sie sind ewiglich verdammt und müssen es bleiben." [524]

Praetorius: "Lasset aber hören, was habt Ihr für Gründe, darauf Euer Urteil so fest steht?"

Der Richter schweigt einen Moment und sagt dann: "Sie sind von Gott abgefallen. Selbst der Apostel sagt: Es ist unmöglich, dass die da abfallen, wiederum sollten zur Buß erneuert werden." [525]

Praetorius: "Dieser Grund hat gar keine Kraft. Die Hexen müssen erforscht werden, wie ihr Herz jetzo gesinnet, ob sie Christus als ihren Heiland wiederum begehren.[526] Man soll ihnen mit Unterweisung aus der Schrift helfen, dass sie nicht verzweifeln, sondern zu Christus ihre Zuflucht nehmen." [527]

Richter: "Aber die Hexen haben Gott, den Brunnen der Barmherzigkeit, verleugnet. Darum soll ihnen keine Gnade zu der Buße widerfahren." [528]

Praetorius: "Wenn man einen anderen Menschen fragt: Glaubst du an Gott und Gottes Barmherzigkeit? Und er antwortet: Nein. So hat er nicht Gott verleugnet, sondern seine Unwissenheit bekannt. So sind nicht allein Hexen, sondern auch viel, ja unverzeihlich viel andere Leute, die nie recht unterwiesen oder nie etwas recht verstanden."

Mit erhobener Stimme fährt er fort: "Wie viele aber gehen mit Hexen um, die selbst nicht wissen, wer Gott und seine Barmherzigkeit, was daran glauben heißt?" [529]

Düsteres Murren erhebt sich unter den Anwesenden.

Einer der Knechte sagt: "Wollt Ihr uns beleidigen, Herr?"

Praetorius beachtet ihn nicht. Er will zu der gefolterten Frau gehen, doch der Knecht tritt dazwischen.

Praetorius: "Lasst ab von ihr! Denn auch an den Abtrünnigen ist Bekehrung möglich. Eva hat sich ebenfalls wieder zu Gott bekehrt.[530] Nein, die Güte und Barmherzigkeit Gottes bleibt für und für. Sie ist alle Morgen neu und hat kein Ende. Denkt an Petrus, der ja hart den Herrn verleugnet und dazu sich selbst verfluchend schwur, er kenne den Herrn nicht und kannte ihn doch. Und er hat sich bekehrt und hat Gottes Barmherzigkeit erhalten.[531]

Deswegen fordere ich Euch auf: Lasst diese Frau leben! Drei unschuldige Weiber habt Ihr schon zu Tode gebracht. Gott will, dass diese am Leben bleibt. Nur Gott ist Herr über Leben und Tod."

Der Richter verwehrt mit seinem Arm Praetorius das Weitergehen: "**Hexen sind Gottes Feinde**, darum ist er ihnen auch feind und gibt keine Gnade zur Buße." [532]

Praetorius: "Nun bezeugt die Schrift, dass Huren, Diebe und Mörder bekehrt und selig geworden sind. Deswegen können auch Zauberer bekehrt und selig werden. Manche sind aus Einfalt oder Zorn, durch Bekümmerung oder Trübsal durch den Teufel verführt worden[533] und bereuten alsbald, tun auch weder Menschen noch Vieh das geringste Leid. Wer sollte mit solchen armen Leuten nicht Mitleidens tragen? Warum sollte Gott unversöhnlich sein? Wie sollte sich das reimen mit der unendlichen Güte Gottes?[534] Wenn er das nicht täte: o weh uns! o weh uns allen! Wir alle sündigen!" [535]

Richter: "Wir tun es aber aus Schwachheit, jene aber vorsätzlich!"

Praetorius hebt seine Stimme: "Wie? Wenn du zu deines Nächsten Weib gehest oder ihn betrüglich um das Seine bringst? Ist das kein Vorsatz? Und ist das eine Entschuldigung: Schwachheit? Warum urteilst Du dann so unbarmherzig wider das Zaubergeschlecht?" [536]

Richter: "Sie haben **mit dem Teufel einen Bund** gemacht und sich ihm ergeben. Solches kann ihnen nie vergeben werden." [537]

Kommentar zur Argumentation von Praetorius: Ist Christus zur Erlösung aller Menschen gestorben?

"Der vielverdiente 72-jährige Oldenbarneveld wurde von calvinischer Seite hingerichtet, weil er behauptete, Christus sei zur Erlösung aller Menschen, nicht nur der Erwählten, gestorben, und ein ähnliches Los drohte dem Zürcher Pfarrer Michael Zingg, der sich nur durch die Flucht retten konnte."[538]
Jene Zeit globaler Katastrophen wurde allgemein als Strafe Gottes für das Verhalten der sündigen Menschen angesehen. Dieses Gottesverständnis unterscheidet sich krass von der heute landläufig vermittelten Glaubensüberzeugung vom "lieben Gott".
Es hat den Anschein, dass sich in dieser Auseinandersetzung das Gottesverständnis von Praetorius verändert. Plötzlich wird ihm bewusst, wie weit das zeitgenössische Christentum von der zentralen Überzeugung Christi entfernt ist. War die Argumentation von Praetorius bisher davon ausgegangen, dass alles auf Gottes Vorhersehung und Schöpfungshandeln zurückzuführen ist, wendet er sich hier gegen das Verständnis Gottes als eines nur strafenden und rächenden Gottes. Praetorius betont das Vergebungshandeln Christi und die Liebe Gottes zu den reuigen Sündern: "Daran wird jedermann erkennen, dass ihr meine Jünger seid, so ihr Liebe untereinander habt".

Bild 57 Satan, der junge Zauberer wiedertauft

In der düsteren Folterkammer steigt immer wieder diese Frage in Praetorius hoch: Warum lässt Gott diese Weiber leiden, wenn sie doch unschuldig sind? Oder sind sie doch schuldig? Sind es nicht nur das gequälte Gehirn und der Schmerz ihres geschundenen Körpers gewesen, als die Eulen-Anna diese Frauen besagte?[539] als sie antwortete, was ihre Peiniger hören wollten: andere vermeintliche Mitgenossinnen des Teufels? Und wenn die Frauen unschuldig sind - warum hat der allmächtige Herr nicht eingegriffen? Und plötzlich, als wenn ihm ein Schleier vor seinen Augen weggezogen wird, begreift Praetorius, dass Gott nun an der Reihe ist.

Praetorius: "Hier ist meine Widersprechung.[540] Christus, der stärker ist denn der Teufel, überwältigt ihn wiederum und löset die Gefangenen.[541] Ihrer viele haben sich bekehrt und bekennen Gott mit Tränen, Hoffnung und Geduld beständiglich in höchster Marter.[542] Ihrer viele rufen Gott an und bitten um Gnade. Ich glaube, sie möge ihnen widerfahren.[543] Deswegen müsst Ihr diese Gefangene lösen."

Richter: "Aber der Bund mit dem Teufel ist bestätigt durch Zeichen an ihrem Leib und durch gehabte Gemeinschaft so fest, dass er unauflöslich ist." [544]

Praetorius: "Wenn Gott dem Menschen Buße und Besserung aus seiner Gnade schenkt, so hat er den höllischen Bund umgestoßen, dass er so wenig gilt, als wäre er nie gemacht. Außerdem hat der Teufel den Bund nicht gehalten, wenn er die Hexen in Not stecken lässt wider seine Zusage.[545] Soll deswegen niemand den armen gefangenen Leuten die Seligkeit so liederlich absprechen und zur Verzweiflung treiben." [546]

Schrill schreit Praetorius den Richter an: "Nein, das Gericht sollte die betrübten Herzen trösten, die Kleinmütigen stärken, die Zerschlagenen verbinden und dahin brüderlich arbeiten, dass sie ihre Sünden recht erkennen und auf die Barmherzigkeit Gottes vertrauen!" [547]

Der Richter bekreuzigt sich: "Wir Richter sollen die Hexen trösten? Seid Ihr völlig verrückt geworden?"

Praetorius: "So steht es geschrieben bei Hesekiel:[548] Ich habe keinen Gefallen am Tod des Gottlosen, sondern an seiner Bekehrung. Christus ist gekommen, die Sünder selig zu machen.[549] Und ich könnte Euch viele Beispiele aus der Heiligen Schrift sagen,[550] wo Gott Zauberer bekehrt hat.[551] Waren nicht die Drei Heiligen auch Magier, die Jesus als erste überhaupt im Stall besucht haben?" [552]

Richter: "Meint Ihr im Ernst, Hexen sollten nicht der **peinlichen Befragung** unterzogen werden? Sondern wir sollten sie bekehren? Gott bewahre uns."

Im Hintergrund wimmert die gefolterte Frau. Praetorius sieht vor sich das Haus dieses armen Weibes, das Gesicht ihres Mannes ist von Kummer und Fassungslosigkeit zerfurcht. Ihre neun Kinder weinen nach der Mutter. Elf Kilometer Weg sind es von Rinderbügen nach Birstein: grüne Wiesen und reife Felder. Auf der Strasse das Rattern des Karrens, der diese Frau gebunden in diesen Kerker bringt - ihr letzter Weg. Fast versagen ihm die Worte, als er in das dumpfe Gesicht des Henkerknechtes blickt, der die Beinschraube am Marterinstrument justiert. Ihm ist, als trüge ihn ein schwarzer Fluss der Kümmernis davon. Er wischt sich den Schweiß von der Stirn.

Praetorius: "Ich fordere Euch im Herrn des Herrn auf, diese Frau nicht länger zu quälen. Hexen sollen vielmehr in wahrem Glauben zu Gott fleißig unterwiesen und mit Ernst und Treu getrieben werden.[553] Wer sich aber auf Gottes Gnade und Barmherzigkeit mutwillig versündigt, der hat nichts denn Ungnade und ein schreckliches Urteil zu erwarten. Dann werdet Ihr selber zur Hölle fahren!" [554]

Der Richter bekreuzigt sich und wendet sich an den Folterknecht: "Haltet ein mit der peinlichen Befragung des Weibes!"

Der Knecht lockert die Beinschrauben, setzt sich und schaut mit leeren Augen auf die Streitenden.

Der Richter wendet sich an Praetorius: "Soll dann christlicher Obrigkeit Eurer Meinung nach gar keine **Hexenprozesse durchführen**?"

Praetorius: "Weltliche Obrigkeit muss sowohl Zauberer als auch andere Übeltäter strafen. Es muss nicht nur vor der Welt ordentlich, sondern auch an den Übertretern erbaulich sein und vor Gott, dem Oberkönig und letzten Richter recht und zu verantworten." [555]

Richter: "Wie meinet Ihr das?"

Praetorius: "Du sollst **falscher Anklage** nicht glauben, spricht Gott[556] zu allen Richtern und Obrigkeiten.[557] Wenn in Zauberei-Sachen (welche schwerer sind zu richten denn alle anderen Sachen) Klage, Geschrei[558] oder Bekenntnis gegen jemand vor die Oberherren eines Ortes kommt, sollen sie vorsichtig handeln und wohl umforschen, ehe sie einen Prozess wider ihn anstellen." [559]

Richter: "Aber das Gericht muss jeder Verdächtigung nachgehen, um das Hexengeschmeiß aufzuspüren."

Praetorius: "Nein! Wenn Kinder oder Narren oder zornige Leute ein Geschrei und Gerücht ausstreuen, soll man nichts damit anfangen - auch, wenn man den Ursprung nicht herausbekommt.[560] Oft beschuldigen die rechten Missetäter unschuldige Leute, um ihnen Marter und Pein zuzufügen.[561] Noch weniger soll gelten einer Zauberin Bekenntnis." [562]

Richter: "Aber deswegen doch die peinliche Befragung! Wenn eine Hexe ihre Teufelsgenossen offenbart, muss der Richter die Beschuldigte in Eisen legen und überall forschen, ob sie eine Zauberin ist."

Praetorius: "Das ist Unrecht, und das duldet unser Herr nicht, denn er ist gerecht. Der gerichtliche Prozess soll angefangen werden mit einem ordentlichen Verhör der beklagten Person.[563] Die Oberherren sollen nicht vorschnell jemanden **Unschuldigen gefangen setzen**, ihnen Traurigkeit, Krankheit und Unehre bringen. Denn nach kaiserlichem

Recht müssten wegen Missbrauch ihres Amtes solche Tyrannen vor Gott Rechenschaft tun und der unschuldig angegriffenen Person für solche Schmach Genugtuung leisten." [564]

Richter: "Aber es ist rechtens, verdächtige Personen gefangen zu nehmen."

Praetorius: "Unschuldige Leute gefangen legen ist ebenso wohl Unrecht als sie peinigen.[565] Auch befiehlt die Carolina,[566] dass in allen peinlichen Sachen dem Recht schleunig nachgegangen werden soll.[567] Und nur gottesfürchtige Richter sollen die Verhöre durchführen und nicht Henker oder lasterhafte und blutdürstige Leute." [568]

Richter: "Ihr wollt doch nicht ohne Folter die Wahrheit erforschen?"

Praetorius: "In Gottes Wort findet man nichts von **Folterung**, peinlichem Verhör und Bekenntnis durch Gewalt und Schmerzen.[569] Wie oft nehmen sich Menschen nach der Folter das Leben?[570] Ihr habt es selbst bewirkt. Drei unschuldige Weiber sind schon gestorben. Dafür werdet Ihr zur Rechenschaft gezogen werden. Nichts, aber auch gar nichts hattet Ihr gegen sie in der Hand! Weh Euch, wenn dies Dominus, unser Herr, erfährt, wenn er von seiner Reise zurück ist!"

Zur Argumentation von Praetorius zur Folter:
Praetorius wendet sich hier entschieden gegen Calvin. Es ist "eine mit Calvins Siegel versehene Eingabe von 1546 vorhanden, in der Calvin die Folter anwendbar erklärt im Untersuchungsverfahren bei Falschmünzern, Räubern, Zauberern und Wahrsager, und zwar soll die Tortur sogar auf angeblich Mitschuldige und Zeugen ausgedehnt werden. Zur Tötung aller Zauberer und Wahrsager hat Calvin auch auf der Kanzel aufgefordert." 1545 wandte sich Calvin ausdrücklich gegen das mildere Vorgehen des Rates gegen nicht geständige Angeklagte in dem Hexenprozess von Peney und fordert die harten Richter zu noch strengeren Maßregeln auf.[571]

Richter: "Aber auf peinliches Verhör kann man nicht verzichten!"

Praetorius erwidert in scharfem Ton: "Peinliches Verhör und Folter sind schändlich und tyrannisch, weil sie vieler und großer Lügen Mutter ist, weil sie so oft den Menschen am Leib beschädigt und sie umkommen: Heute gefoltert, morgen tot." [572]

Richter: "Jeder Richter darf die Folter gebrauchen."

Praetorius: "Ihr seid im Unrecht. So befiehlt die Kaiserliche Halsgerichtsordnung nicht, dass jeder Richter die Folter brauchen sollte, sondern warnt vor zuviel Gebrauch.[573] Ihr steht in des Kaisers Strafe, denn Ihr seid für mutwillige und öffentliche Totschläger und Blutrichter[574] zu halten! Ihr seid des richterlichen Namens und Amtes nicht wert." [575]

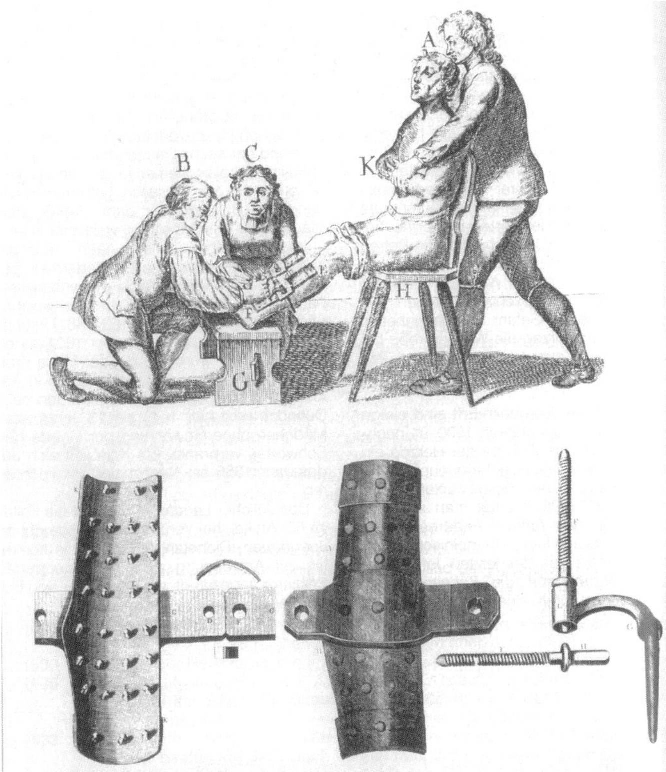

Bild 58 Anlegung der Schraubstiefel

Der Richter will protestieren, doch Praetorius schreit ihn an:

> "Hört, ihr Richter, was kaiserliche Ordnung ist! Wie stimmt Euer Prozess damit überein? So viel Wort hierin sind, so viel übertretet Ihr. Der Kaiser sagt: 'Einsperren' - so sperrt Ihr ein und fesselt. Der Kaiser spricht vom Bischof - Ihr nehmt den Henker! Der Kaiser sagt, sie sollen zum Bekenntnis beredet werden -- so foltert und zwingt Ihr.
> Und nach der Karolinga soll die Folter nur mit Stricken verrichtet werden und das vernünftig, bescheiden und mit Maßen, dass keine Gefährlichkeit entstehe. Und Ihr? Ihr braucht viel Eisen und Schrauben, damit Ihr Finger, Arm und Schienenbein zerquetscht. Ihr zieht und brecht des Leibes Glieder auseinander! Ihr schneidet die Fersen, Ihr sperrt die Mäuler auf und gießt heiß Wasser und Oel hinein.[576]
> Gnade Euch Gott, wenn dies Dominus, unser Herr, erfährt." [577]

Bild 59 Folter durch Ansetzen von Beinschrauben

Solchermaßen angegriffen, wischt sich der Richter den Schweiß von der Stirn: "Wir tun nur das Nötigste, um die Wahrheit zu erforschen."

Praetorius schaut die Henker mit drohendem Blick an: "Unsere christliche Obrigkeit darf solche unchristliche peinliche Verhörung nicht gestatten".[578]

Praetorius winkt den Knecht heran: "Hier nehmt diesen! Ihr solltet die Henker diese Methoden selbst versuchen lassen, so würden sie lernen, was andere erleiden könnten".[579]

Erschrocken weicht der Knecht zurück.

Praetorius: "Aber höret weiter zu, Ihr Herren, was Ihr mehr an ganz viehischen Dingen gebraucht, dadurch Ihr die Leute ihrer Vernunft beraubt mit Euren Foltermethoden.[580] Bei solcher Marter haben die Henker einen starken Teufel bei sich. Teuflisch und nicht menschlich ist es. Ihr Richter begeht selber Zauberei - Euch sollte man verhören!" [581]

Richter: "Nennt Ihr uns teuflisch, wenn wir martern? Das ist unerhört, wie Ihr uns beleidigt. Wie sollten wir es sonst tun?"

Praetorius: "Gute **Verhöre** sind besser als Folter.[582] Aber vor dem Verhör soll ein Richter beten."[583]

Richter: "Und wenn nichts herauszubekommen ist?"

Praetorius: "So ist die Person unschuldig, denn Gott wird allen Richtern helfen, die recht zu tun begehren. Oder Gott will noch nicht, dass sie gestraft wird.[584] Dann ist die Obrigkeit unschuldig daran, und es geht sie nichts an. Sie soll nicht über das Ziel ihres Amtes hinausgehen und Gott vor die Finger greifen." [585]

Richter: "Und wenn Hexen ein **Bekenntnis** ablegen?"

Praetorius: "Wenn sie nun Dinge bekennen, die weder dem Menschen noch dem Satan möglich sind (als sein Wesen verändern, Wettermachen oder mit Worten Schaden zufügen) - dann hat man sich an diesem Bekenntnis so wenig zu kehren, als hätten sie es nicht geredet. Solche armen Leute geraten leicht in Phantasien und werden vom Teufel jämmerlich betört. Dann soll man Mitleid mit ihnen haben und sorgen, dass sie wieder zurecht gebracht werden durch Gebet und Gottes Wort.[586] Ein Richter glaube nur das, was er mit Augen gewiss sehen und mit Händen wahrhaftig greifen, tasten und fühlen kann."

Richter: "Und wenn eine Hexe bekennt, sie habe Kinder ausgegraben und gekocht?"

Praetorius: "Dann lass das Grab öffnen und besieh es selbst.[587] Etliche Obrigkeit, Räte, Amtsleute, Richter und Schöffen verlieren bei diesem Hexengericht ihr menschlich Herz und Verstand oder legen es selbst ab, dass sie einen verkehrten und ungerechten Prozess halten.[588] Im Hexenhändel macht euch der böse Geist so unruhig, dass eure Füße zum Bösen laufen. Es ist kein Recht in Euren Gängen. Es geht bei Euch Gewalt über Recht. Unter dunklem Schein des Rechtes treibt Ihr öffentliche Gewalt. Ihr legt unbescholtene Leute erst gefangen und wollt nachher erst erforschen, ob sie es verdient haben.[589] Ihr folgt hierin des Teufels Fußstapfen." [590]

Nun kann der Schulheiß nicht länger schweigen. Er tritt nach vorn: "Vielleicht spricht aus Eurem Munde auch jemand anderes als Gott? Wann hat man je solche Worte gehört? Ihr möget ein Freund der Hexen sein!"

Richter: "Und allerorts macht man die Hexenprüfungen!"

Praetorius: "In Gottes Wort findet Ihr nichts von der **Wasserprobe** für Hexen.[591] Der Teufel hat sie erfunden. Wie seid Ihr so keck, dass Ihr Eures Nächsten Gut, Ehr, Leib und Leben, Kinder und Ehegatten so liederlich in Gefahr setzt?"

Richter: "Es ist eine alte Gewohnheit, dass man besagte Leute also auf das Wasser werfe, sie zu versuchen." [592]

Praetorius: "Heidnisch, tyrannisch, verführerisch und teuflisch ist solche Wasserprüfung. Die Gründe dieser Prüfung widerstreben aller Vernunft.[593] Ich zeige Euch alle natürlichen Gründe dafür."

Richter: "Und doch ist es seit Urzeiten gemacht worden."

Bild 60 Wasserprobe

Praetorius: "Welche Richter zu der Ungerechtigkeit Lust haben und unschuldiges Blut vergießen, werden in Gottes Hand zur Rache verfallen und sich selbst in die unterste Hölle hinabstürzen.[594] Wartet, bis unser christlich Herr wiederkommt und erfährt, was hier geschehen!"

In ihren Gesichtern erkennt Praetorius, dass Zweifel sie beschleichen, wenn sie an die Wiederkunft ihres Herrn denken. Und Gottvater im Himmel - wird er ihnen die Rechnung präsentieren? Werden sie in den Flammen der Hölle verbrennen? Unsicher sehen sie sich an. Sie sind nicht mehr so erfüllt von dem erhebenden Gefühl, dem Teufel eins auszuwischen und den Widerstand dieser Frau zu brechen.

Richter: "Seht Euch vor, uns weiter so zu beschimpfen! Meint Ihr denn, Gott lässt auch unschuldige Leute durch die Wasserprobe umkommen?"

Praetorius: "Es mag so scheinen, doch haben sie dann wohl mit anderen Sünden solch Leiden wohl verdient. Gott führt seine Heiligen wunderbarlich.[595] Doch bei den Richtern und Amtsleuten und Bürgermeistern findet sich viel zu große **Härte in den Gefängnissen**.[596] Wenn solche

Gefangene in langer Einzelhaft ganz verzagt werden, macht sich der Teufel herzu, dass sie ganz verzweifelt werden und sich das Leben nehmen." [597]

Richter: "Wollt Ihr uns die Schuld daran geben? Uns - dem Gericht?"

Draußen hört man laute Stimmen. Praetorius hält einen Moment inne. Wieder taucht das Bild des Dorfes dieser Frau vor seinem inneren Auge auf. Hinter dem Dorf geht man den Hügel hinauf. Plötzlich ist ihm, als sähe er ein helles Licht, das bis in sein Innerstes leuchtet. Mochte es so Moses erlebt haben, als ihm der Herr glühende Worte ins Herz goss? Und fast wie im Fieber beginnt er, seine Sätze herauszuschleudern.

Praetorius: "O Ihr Richter, was macht Ihr doch? dass Ihr schuldig seid an dem schrecklichen Tod Eurer Gefangenen?[598] Ihr seid Totschläger![599] O Ihr unrichtigen Richter, Ihr solltet Unbilligkeit verhüten - und tut sie selbst. Gott schreibt es auf einen Denkzettel!" [600]

Und es verändert sich etwas in dem düsteren Raum, als wenn der Boden des steinernen Turmes sich zu einer Seite neigt. Henker und Juristen spüren, wie dieser äußerlich so unscheinbare Mann sich verwandelt. Es ist, als ducken sie sich unter den Hammerschlägen seiner Stimme.

Schultheiß: "Wollt Ihr Euch beim gräflichen Herrn beschweren, dass die Weiber gestorben sind? Das war der Teufel, nicht wir."

Richter: "Und soll man mit Zauberern etwa gelinde handeln?" [601]

Praetorius: "Ich sage es Euch: Erst Beweise und ein gerechtes Urteil, dann die Strafe.[602] Einige der von Euch Verfolgten nehmen Gott zum Zeugen ihrer Unschuld und beten unaufhörlich zu ihm.[603] Das eine Weib hier in dieser Kammer hat mir allzeit gar vernünftig geantwortet und ihres Glaubens Rechenschaft gegeben." [604]

Der Richter zeigt auf die gemarterte Frau: "Seht sie an. Die verstellen sich." [605]

Praetorius: "Wie dürft Ihr das sagen? Eure Gedanken sind Teufelsgifte. Ich sage, man soll verdächtige Personen nach der Verhaftung erst mit Gottes Wort unterrichten." [606]

Richter: "Gottes Wort ist nicht genug, die Zauberer zu bewegen." [607]

Praetorius: "Ihr seid selbst so verstockt, dass Gottes Wort nichts an Euch verfangen mag. Ihr meint, es sei bei anderen auch so.[608] Wenn sie nichts bekennen, warum lasst Ihr sie nicht los? Ist es bei Euch Recht, unschuldige Leute gefangen zu halten und zu plagen?" [609]

Praetorius spürt es, wie ihre Gesichter unsicherer werden. Sie hatten gehofft, sich nachher an dem wollüstigen Schaudern ihrer Zuhörer weiden zu können, die atemlos lauschen, mit welchen Martern sie den Satan in diesem Weib besiegt haben. So wollten sie sich für höhere Aufgaben empfehlen, wenn sie mit einem

Ein erschröckliche geschicht/so zu Dernebürg in der Graffschafft Reinsteyn/am Hartz gelegen/von dreyen Zauberin/vnnd zwayen Mañen/In etlichen tagen des Monats Octobris Im 1 5 5 5. Jare ergangen ist.

Die alte Schlang der Teüffel/dieweyl er Got/vnd zůvoran den Sun Gottes/vnsern Herrn Jesum Christum/vnd das gantze menschliche geschlecht/fürnemlich vmb vnsers Haylands Christi willen hasset/hat er sich bald im anfang/vnd kürtzlich nach der erschaffung vmb dz weibsbild/als vmb die/welcher same seinen kopff zertretten solt/angenomen/dieselbigen durch sein hinderlist vnd lugen/zů dem jämerlichen fal/deß vnglaubens vñ vngehorsams wider Got gebracht/Darauß das gantz menschlich geschlecht/in ewige verdamnuß vñ verderben komen were/so Christus vnser Hayland/den zorn des Vatters nicht weck genomen/vnd das gericht wider vns auffgehaben hett. Nu behelt der alte Feind gleichwol alten haß wider Christum/vnd vns/für vñ für/vnd helt auch sein alte weyse/er setzet sonderlich dem weiblichen gschlecht hart zů/als dem schwecheren werckzeug/damit er sie von Christo wegreysse/vñ in ewige verdamnuß füre/vñ wie er zů Eua sprach/sie wurden werde wie die Götter/Also bläßt er noch das gifft in der weyber hertzen/lernet sie zaubern/auff das er sie klůg mache/das sie mehr wissen dann andere leüt/vnd also den Göttern gleich werden/damit macht er sie jm anhengig/vnd zů Teüffels dienerin/ja auch zů Teuffels breüten/wie dise jämerliche geschicht/welche warhafftigklich also wie vnden angezaiget/am Hartz ergangen ist/Die derhalben also gemalet vñ geschriben/im druck auß gangen. Auff das doch die rohe lose welt/zů Gottes forcht erwecket/vnd von dem Gottlosen wesen abgeschreckt werden/ Dann Gott der allmächtige derhalben solche Exempel vns sehen laßt/das er damit vnsere harten hertzen durch dise erschröckliche exempel / zur forcht Göttliches gerichts/vnd straffe erwecke/man mag es malen/predigen/singen vnd sagen/vñ wie man jmer kan den leüten einbilden/damit der laydige hauffe ein wenig zů Gottes forcht/gehorsam/vnd zucht gezogen werde/besonder zů disen letsten zeyten/in welchē der listige Sathan/dieweyl er mercket/das der tag des gerichts sich nahet/gar rassend toll vnd vnsinnig ist/vnd bede durch sich vnd seine gelider/ grewlicher weyse/wider Christum vnd sein armes heüfflein wüttet/Die ellende welt aber dargegē so frey sicher in allem můtwillen dahin lebet/als ob der Teüffel vor langst gestorben sey/vnd kain Got/kain gericht oder straff/verhanden were/Der Almächtig Got vnd vatter/vnsers Herrn Jesu Christi/wölle dem grimigen feinde wehren/sein armes heüfflein vor jm vnd seinen glidern schützen vnd handthaben/seinem vnd der seinen wütten vnd toben/einmal ein ende machen/durch Jesum Christum Amen.

¶ Folget die geschichte / so zů Derneburg in der Graffschafft Reynstein am Hartz gelegen/ergangen ist/ Im October des 1 5 5 5. Jars.

Bild 61 Verbrennung von Hexen

gewissen Stolz die schaurigen Geständnisse verkünden, die sie aus diesem Teufelsweib herauszupressen dachten.

Richter: "Der Teufel hält ihnen die Zunge."

Praetorius: "Es steht Euch zu beweisen, dass dies so ist. Habt Ihr einen Teufel, der Euch dies sagt?[610] Der Teufel hat Euch die Nächstenliebe aus dem Herz genommen.[611] Die Strafe soll nicht größer sein als die Schuld.[612] Karl der Große sagte: Zauberer soll man so behandeln, dass sie ihre Sünden bekennen und fromm werden, aber nicht umkommen.[613] Ich frage Euch, warum gibt es in Deutschen Polizeiordnungen so große Unterschiede in der Behandlung von Zauberern?" [614]

Richter: "Wollt Ihr jetzt die Gesetze machen und unserem gräflichen Herrn vorgreifen?"

Praetorius erwidert aufgebracht: "Nein, ich mache hier keine Gesetze und greife unserem Herrn nicht vor - im Gegensatz zu Euch. Ich vergleiche nur, damit das Böse nicht ungestraft bleibt und doch nicht zuviel Blut vergossen wird. Zwar gibt es in der Bibel die Todesstrafe,[615] aber die christliche Obrigkeit soll eher Barmherzigkeit üben." [616]

Heftig schüttelt Praetorius seine Faust: "Warum freut man sich nicht und dankt Gott, wenn sich eine verblendete Hexe ändern will?[617] Ihr wollt das Unkraut verbrennen. Christus will, dass es um des Weizens willen bleibe bis zur Ernte des Jüngsten Tages.[618] Die Hexen soll man bekehren und zurecht bringen, dass sie besser werden, aber nicht verbrennen. Christlicher Obrigkeit ist es besser, zwei böse Menschen fromm zu machen als zwanzig zu vertilgen und zu Asche zu machen."

Richter: "Und wer sich nicht bekehren will?"

Praetorius: "Den soll man ausweisen." [619]

Der Richter zeigt wieder auf die Angeklagte: "Seht sie Euch doch an. Sie sind nicht wert, dass sie wieder angenommen werden."

Praetorius: "Die sich bekehren, sind nicht mehr Unkraut, sondern werden guter Weizen. Aus Zauberern können gute Christen werden.[620] Außer im Fall von Giftmördern haben Gott und die Kirche immer reuige Sünder aufgenommen. So führe Gott auch unsere Obrigkeit auf bessere Bahnen." [621]

Richter: "Ich ermahne Euch, hört auf! Mir wird ganz übel von dem, was alles aus Eurem Munde kommt. Wenn das unserem fürstlichen Herrn zu Ohren kommt, dass ich solche Reden zugelassen habe in diesem Gericht! Sagt Ihr etwa, dass die Herren und Herrschaften ihren Untertanen selbst den Weg zur Zauberei und anderen Untaten weisen?[622] Nehmt Euch in acht, Ihr redet Euch um Kopf und Kragen! Ich werde unserem Dominus[623] Bericht erstatten über jedes Eurer Worte!"

Erregt erwidert Praetorius dem Richter: "Ihr gebt dem Satan Raum, sein Unkraut auf den Acker Gottes zu säen.[624] Weil dieser Prozess unrecht ist vor allen Herren, vor Gott, vor dem Kaiser und vor unserem Herrn: Haltet ein! Versündigt Euch nicht länger! Drei unschuldige Weiber sind nun schon gestorben. Ich fordere im Namen des Herrn: Lasst diese Frau los. Sie ist nur verwirrt, aber nicht des Teufels."

Ist das noch der äußerlich unscheinbare Hofprediger, der sonntags von der Kanzel predigt? Dieser hier tobt und lärmt wie ein Besessener. Waren sie nicht eben noch die Ankläger gewesen? die Guten? Eben noch Richter - und jetzt die Gerichteten?

Richter: "Hofprediger, Ihr macht mir Angst mit Eurem Wüten. Wie kann ein Richter seine Arbeit tun, wenn der Hofprediger ihn des Satanswerkes verdächtigt. Nun haben die Marburger Juristen diesen Fall beurteilt.[625] Schon manches Gutachten ist abgegeben worden von geistlichen Herren in Hexenprozessen. Aber ein solches wie Eures ist mir noch nicht zu Ohren gekommen. Ihr beschuldigt uns, das Gericht, ein Werkzeug des Teufels zu sein! Darüber muss der Herr urteilen, wenn er zurückkommt. Ich weiß nicht, was ich denken soll. Ich will mich nicht versündigen und nichts falsch machen."

Mit dem Leben davonkommen

Die Szenen, die sich hier abgespielt haben, können wir nur ahnen. Der Schreiber der gräflichen Kanzlei vermerkt: *(Text des 5. Absatzes der "Aktennotiz")*

"weil der Pfarrer alhie hefftig dawieder gewesen, das man die Weiber peinigte, alß ist es dißmahl deßhalben underlaßen worden. Dan er mit großem Gestüm und Unbescheidenheit vor der Tür angepucht den Herrn D. außgefürdert und heftig CONTRA TORTURAM geredet. Sontags, am 3. Juli ist zu Birstein im Gefengknus ciriciter (ungefähr) hora (Stunde) 3 pomeridianam (Nachmittags) gesturben

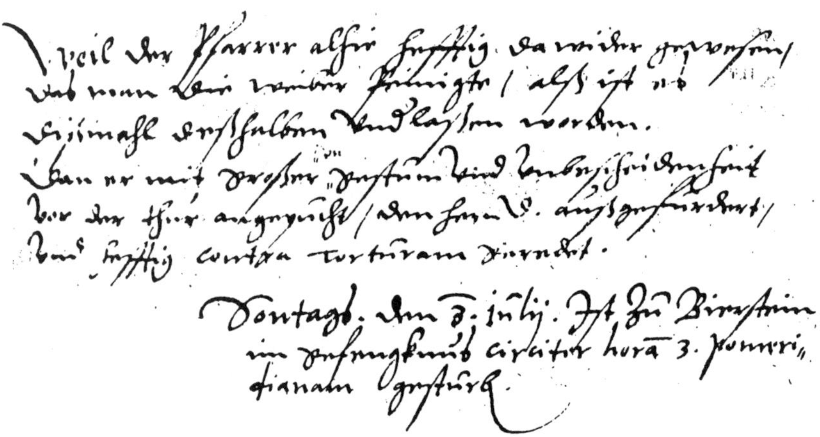

Bild 62 Auszug aus der Hexenakte Birstein 1597

(Die vollständige Abbildung findet sich übernächste Seite)

Dieser Vorgang hat einen bezeichnenden Niederschlag in den Akten gefunden.[626] Der Pfarrer hat wohl nach dem Grafen gerufen, nach Herrn D. (= Dominum), der sich die Folterungen ansehen soll, um ihnen Einhalt zu gebieten. Aber der Pfarrer wettert derart gegen die Folter, dass der Prozess beendet und die Gefangene freigelassen wird. Doch der wackere Mann kann das Leben der beklagenswerten Frau nicht retten. "Also blieb dies Weib bey Leben, bis der Herr wieder zu Land nach Hause käme. Und ward nach etlichen Wochen wider los gelassen. Denn man hatte auf der Folter nichts an einigem Weibe gefunden. Doch war auch dies Weib in der Gefangenschaft und Tortur also zugerichtet und vermattet, dass sie auch bald hernach in ihrem Hause starb," berichtet Praetorius.[627]

Nieß[628] gibt den weiteren Verlauf nach den Protokollen des fürstlichen Archivs anders wieder. Danach bittet Frau Dietrich ihren Wächter Heinrich Henkel aus Rinderbügen, er möge doch ´umb Gottes und des Jüngst Gerichts willen` nach Rinderbügen laufen und ihre Tochter Creyn warnen, dass sie nach Frankfurt fliehen solle, denn sie werde am Montag gewiss auch heraufgeführt werden. Er möge ihren Schwager Peter Bopp bitten, mit ihrer Tochter bis nach Frankfurt zu gehen. Henkel aber gibt dem Gericht diesen Auftrag sofort zu Protokoll. Als Frau Dietrich dies erfährt, dass Henkel ihre mütterliche Sorge als Waffe gegen sie benutzt hat, erdrosselt sich die Ärmste in ihrer Zelle. Sie legt sich eine Schnur von ihrem Kleid um den Hals und dreht diese mit einem kurzen Hölzchen so lange zu, bis sie erstickt.

Es ist schwer zu entscheiden, welcher Darstellung zu folgen ist. Zu den Motiven von Praetorius Beschreibung der Ereignisse wird weiter unten ausführlicher Stellung genommen.

Beide Darlegungen sind sich einig: Das ist ein unerhörtes und einmaliges Aufbegehren eines Geistlichen gegen die Folter einer als Hexe angeklagten Frau.[629] Gerade der Reformator Calvin hat immer sehr nachdrücklich die konsequente Verfolgung der Hexen gefordert. Umso erstaunlicher ist es, dass Praetorius sich als reformierter Pfarrer sowohl gegen die Grundlage des Hexenglaubens wendet als auch gegen die von Calvin befürwortete Folter und Hinrichtung von Zauberern.[630]

Praetorius hat Glück, mit dem Leben davon zu kommen, zumal er selbst Mitglied des Gerichts ist. Schon mancher ist nur durch verbales Eintreten für beschuldigte Frauen als “Hexenbuhle”, als Verteidiger von Hexen zum Tode verurteilt und verbrannt worden. So wird der Bürgermeister und Rektor der Trierer Universität Flade, Kritiker des Hexenwahns, 1589 nach einem erfolterten Geständnis als Hexenmeister hingerichtet.[631] Es ist gefährlich, sich kritisch zu dem Thema Hexenwahn zu äußern - und alle Welt weiß das.

Die Hexenprozesse in der Grafschaft werden in unverminderter Härte mit den Torturen auch noch unter den Nachkommen des Grafen Wolfgang Ernst fortgeführt.[632] Der Graf folgt nicht der christlich-biblischen Argumentation seines Hofpredigers. Praetorius hat die Einstellung seines Landesherrn falsch eingeschätzt.

Am 27.9.1598 kommt es zu einem Gerichtstermin gegen neue "besagte" Frauen. Graf Wolfgang Ernst beordert seinen Birsteiner Amtmann Peter Pediander nach Dreieich. Der schrieb jedoch: "Dann ob ich gerne meine Einfalt in solche sehr und hochwichtige Sache erkenne, so hat man doch einer ganzen juristischen Fakultät ungeteilt Bedenken an der Hand, dem man **praetorischen** Tückischen und bubischen Mißtrauens und patrocinii (des Patronats) ohnverachtet nachgehen kann."

Dämonologie — Nr. 14

ACTVM Bierstein Freitags
Den I. IVLII hora 5. matutina.
In beisein des herrn Hofmeisters Johan
von Grafenrodt / Reinharts von Boin-
hausen. D. Petri Pediandri. ~~Mgri~~
Chilian Zinnerts / Schultheißen
zu Bierstein / und 2. Schöffen / Hans
Vogts und Herman Uruchs.

in spe.
Annen Fritz
Dieterichs frau
vom berg:

Ist zuforderst ante torturam ermant ~~und~~ die
warheit anzuzeigen / hat nichts gestanden.
Hernacher ist sie mit den beinschrauben am
rechten Schenckel angegriffen / ~~hat~~ und geschro-
ben worden / Hat aber nichts gestehen noch
bekennen wollen.

Actum Bierstein Sambstags
den 2. Julij. In beisein
D. Petri Pediandri / Mgri Eberhardt
Ulosseri / Chilian Zinnerts / Schultheißen und Hans Vogts und Herman Uruchs. Schöffen zu Bierstein.
Mane circiter septimam.

Ist ante torturam / die warheit anzuzeigen / ermahnet /
hat aber nichts bekennen wollen.
Ist hernacher an beide schenckel mit Beinschrauben
angegriffen. Hat abermahl nichts gestehen / noch bekennen wollen.

Weil der Pfarrer alhie heftig darwider gewesen /
das man sie weiter peinigte / also ist es
diesmahl desshalben underlassen worden.
Dan er mit grosser ungestüm und unbescheidenheit
vor der thür angeregt / den herrn D. außgefordert /
und heftig contra torturam geredet.

Montags den 3. Julij. Ist zu Bierstein
im gefengknus circiter hora 3. pomeridianam gestorben.

meister / Der hüter hat angezeigt / sie hab im gefengknus gesagt.
Die, die 4. gefangenen / wolten nichts dann anders
bekennen / damit sie ihnen nicht unrecht theten.

Bild 63 Aktennotiz Hexenprozess Birstein, Dämonologie Nr. 14

Hier wird das Verhalten des Anton Praetorius schon als Adjektiv verwendet, so hat es die Menschen beeindruckt![633] Man könnte es als "Antonomasie" bezeichnen (Bezeichnung einer Gattung durch einen herausragenden Vertreter, Ergänzung des Eigennamens durch eine herausragende Eigenschaft). Bemerkenswert ist die Korrelation des Wortspiels des Fremdwortes "Antonomasie" mit Praetorius Vornamen Anton!

Damit ist der Prozess gegen die Frauen von Rinderbügen zunächst zu Ende. Keine der Frauen hat gestanden, damit sind sie allesamt unschuldig gestorben. Was nun noch kommt, ist das rein rechnerische Kapitel. Scharfrichter Fuchs meldet sich zuerst. Er hat "diey Übeltheterin so mit Zauberey und Hexenwerk berüchtigten alyte[634] In U. g.[635] Herrn Haften gelegen, Und In der custodt (Haft) sich selbsten Umbbracht Und erhenkt, hinauß geschleift Und under das Gericht (wie breuchlich) begraben".[636] Fuchs verlangt pro Person 6 Alb.[637] Lohn, wie solches auch in jeder anderen Grafschaft und Herrschaft Brauch sei. Er bittet, auf die Erben der erhenkten Personen einzuwirken, dass ihm sein Lohn bald ausgezahlt werde. Präsentiert wird diese Rechnung am 29. Juli 1597 in Birstein.

Nach diesem Prozess beantragen die Bürgerschaft und die Stadtverwaltung bei Graf Heinrich zu Ysenburg und Büdingen die Fortsetzung der Hexenprozesse, weil die hingerichteten Frauen nicht die einzigen Zauberinnen gewesen seien. Man habe die "flehentliche Bitte", die anderen Hexen, bevor sie Schaden anrichten könnten, auch zu beseitigen![638]

Das Schicksal dieser unschuldig gestorbenen Frauen ist völlig in Vergessenheit geraten. Es gibt keine Tafel, kein Denkmal, dass an ihr Schicksal erinnert. Sie haben sich eher das Leben genommen, als den Glauben an ihren Herrgott zu verraten.

Bild 64 Rinderbügen Kreuzung – s. Farbfotos S. 3

Bild 65 Rinderbügen: Altes Haus – s. Farbfotos S. 3

Bild 66 Auf einer Wiese bei Rinderbügen wurde der Hexentanzplatz Kesslersdanz vermutet Farbfoto S.3

Eine verschlüsselte Botschaft und ihre Lösung

(Vgl. den Deutungsversuch eines Lesers in der Anmerkung Seite 242)

Anton Praetorius beschreibt in der Vorrede seines Buches von 1613[639] aus der Rückschau diese Ereignisse anders als in den Gerichtsakten im Büdinger Schloss vermerkt. Ist diese abweichende Darstellung durch den zeitlichen Abstand von 16 Jahren zu erklären? Beim genauen Lesen seiner Angaben fällt auf, dass er viele Details in verschlüsselter Form bringt.[640]
So werden die Orts- und Personennamen verschlüsselt durch Buchstabenveränderungen, Silbenaufsprengungen, Rückwärtsschreibung und lyrische Umschreibungen. Manche Sachinformation verändert er in gleicher Intention, z.B., dass nur eine der gefolterten Frauen Selbstmord beging, die anderen zwei kurz darauf aber an der Folter gestorben sind. Abweichend sind auch die Angaben darüber, welche der Frauen durch sein Eingreifen freigelassen wurde und nachher starb. Wegen der ungewöhnlichen literarischen Verschlüsselungen, die bisher nie in Veröffentlichungen bemerkt wurden, sollen hier das entsprechende verschlüsselte Textzitat (**fett**) und die Deutung in Klartext (*kursiv*) nebeneinander gestellt werden.[641]

An dem **Ort, da viel Gevogels an hohem Berge** ist
(= *Vogelsberg*)
bei einem Herren war, der wol **auff der Christen gang kommen**
(= *Als in der Grafschaft Ysenburg-Birstein 1596 Graf Wolfgang Ernst zur Regierung kam, begann er alsbald eine calvinistische Reformation, die in kurzer Zeit die meisten Pfarreien von dem lutherischen zum reformierten Bekenntnis brachte.*)[642]
und **ernst**
(= *Graf Wolfgang Ernst*)[643]
in seinen Sachen sehen ließ, so gehertzet, als wenn von Stal/ und **Eisenbergen**
(= *Ysenburg*)
sein wohnung weren. Da trug sichs zu, dass auff bekantnuss **zweyer** Weiber,
(= *Besagung in den Akten allerdings nur durch Eulen-Anna*)
die um umbgewanten **Negnidub**
(= *Büdingen / umgewendet = rückwärts gelesen!*)
(...) auss einem Dorffe vier arme Bawrweiber, die nur **mit Rinderbiegen sich ernehreten**
(= *Frauen aus Rinderbügen*)
gefenglich eingezogen worden: nur darumb, dass sie auff dem **Kesslertantz**
(= Kesselersdanz als Name eines Hexentanzplatzes im Walde bei Büdingen im 16. Jahrhundert).[644] *Bis heute existiert der Flurname Kesslertantz zwischen dem Dorf Rinderbügen und dem Büdinger Wald. Dr. Nieß fand bei seinen Forschungen mehrfach den Hinweis, dass angeklagte Frauen verdächtigt wurden, auf dem "Kesslers Danz" gewesen zu sein.)*[645]

gesehen seyn solten. Sie worden in **Boserstein**

(= *Birstein*)

gesetzt und also gehalten, dass es ihnen allen das leben kostet. Doch nicht nach Urtheil unnd Recht.

Dann im **Aprili** worden sie bey eiteler Nacht gefangen

(= *Inhaftierung aber am 8. Mai*)

(...) Wie mir durch **M. Mennahoi Murensic**, und andere mehr angesagt ward, dass nur das letzte Weib noch bey leben ...

M. = kann das ein Lehrer (M. = Magister) sein? Und wenn man diese beiden seltsamen Worte von hinten liest, ergibt sich: Johannes Cisnerus.

Und tatsächlich findet sich in alten Urkunden ein Schulmeister dieses Namens! Johannes Cisnerus stammt von Mosbach am Neckar. Er immatrikuliert sich in Heidelberg 1591: "Johannes Cisnerus, Mosbacensis, 2. Octobris 1591; bacc.art.28.11.1594; Matr.stud.theol.1595; Alb.mag.art. 18. Martii 1596".

Von 1598 - 1599 ist Cisnerus Diakonus und Schulmeister in Sprendlingen (bei Alzey), wo eine Lateinschule schon seit ca. 1560 besteht.[646]

In der ausführlichen Vita von Johannes Cisnerus sind demnach nur 1-2 Jahre nicht belegt, u.z. zwischen dem 18. März 1596, dem Studienende, bis zum Jahr 1598, als er in Sprendlingen seine Tätigkeit als Diakonus beginnt. Genau in diesen fraglichen Jahren klafft im Lehrerverzeichnis für Birstein in den Akten des Fürstlichen Archivs in Büdingen eine Lücke zwischen dem Ludimoderator[647] Melchior Colerus 1595 und Sebastian Cornicius 1597. Danach folgt Godfried Nobisius nach 1600.[648]

Es spricht vieles dafür, dass es dieser Johannes Cisnerus ist, der in dieser fraglichen Zeit als Schulmeister in Birstein wirkt. Er scheint auf der Seite von Praetorius zu stehen, als dieser gegen Folter einschreitet - ja er scheint ihn dazu sogar aufzufordern. Möglicherweise muss er aufgrund seines Eintretens gegen die Folter Birstein verlassen.

Später ist Johannes Cisnerus als Pfarrer in Würrich 1599- 1602, in Käferthal 1602- 1609,[649] Kistner in Eppelheim 1609- 1617 [hier werden Kinder des Pfarrers erwähnt] und Spitalprediger in Heidelberg 1617- 1620.[650]

Cisnerus stammt aus einer berühmten Familie, die sowohl persönliche Kontakte zum Reformator Calvin hatte wie auch bekannte Juristen und engagierte Kritiker der Anwendung der Folter aufwies. Weitere Informationen dazu siehe Anhang Seite 200.

Wie wollt Ihr aber die Zauberei ausrotten?

Gespräch des Schulmeisters mit Anton Praetorius[651]

Vorbemerkung: Es handelt sich hier um eine fiktive Ausgestaltung eines Gespräches (vgl. Seite 61) mit der Annahme, dass Praetorius mit dem Schulmeister (Johannes Cisnerus?) einen gebildeten Gesprächspartner hat, der große Anteilnahme an den Vorbehalten des Praetorius gegen Hexenprozesse zeigt und Partei ergreift für seine Auffassungen.
Diesem Gespräch liegen die Gedanken des Praetorius aus seinem Bericht von 1598 zugrunde, wo er in Kapitel XIII Vorschläge zur Beseitigung der Hexerei unterbreitet.

Ein nasser, windiger, grauer Tag. Es regnet fast ohne Unterlass. Von August bis Dezember 1597 ist es anomal feucht. Die Menschen fürchten schon die Kälte, die sie bald überfallen wird.[652]
Tief bewegt hat der Schulmeister die Nachricht vom Kampf um Leben oder Tod der Angeklagten aufgenommen. Immer wieder spricht er mit Praetorius über die Auseinandersetzung vor Gericht.

Schulmeister: "Eurer Kritik an den unmenschlichen Foltern kann ich von Herzen zustimmen. Wie aber stellt Ihr Euch einen gerechten Prozess vor?"

Praetorius: "Für die Prozesse fordere ich: Ein Verteidiger muss zugelassen werden und erfahren, was dem Angeklagten vorgeworfen wird.[653] Und es braucht immer mehrere Zeugen, nicht nur einer.[654] Alle Angeklagten müssen gleich behandelt werden.[655] Es soll gelinde gestraft werden, denn Gott züchtigt uns auch in Gnaden."

Schulmeister: "Wer hat solche Sachen für Hexenprozesse je gehört? Verteidiger, Zeugen, gelinde Strafen!"

Praetorius: "Gnade ist bei dem Recht.[656] Und wenn man Menschen in Gefängnisse einschließt, so steht schon in der Bibel: es sollen anständige Räumlichkeiten sein zur Verwahrung, aber nicht zur Peinigung. Ich habe viele solche Gefängnisse gesehen in Besuchung der Gefangenen.[657] Die Gefangenen sollen eingeschlossen werden, aber nicht mit Anfesselung der Arme und Beine. Und Besucher sollten zu ihnen kommen können, damit sie nicht kleinmütig, matt und krank werden und in Bangen umkommen oder der Teufel sie versucht oder überwunden werden." [658]

Schulmeister: "Wie wollt Ihr aber die Zauberei ausrotten?"

Praetorius: "Wenn Unkräuter in den Küchengärten aufgehen, müssen die Wurzeln ausgerupft sein, so man sie vertreiben will."

Schulmeister: "Aber Ihr sagtet, man soll Zauberer nicht töten!"

Praetorius: "Hier will ich allein reden von gemeiner Verhütung dieses Lasters durch die Obrigkeit als Oberwächterin des Volkes und Aufseherin aller Ämter.[659] Es gilt, den christlichen Wandel zu fördern.[660] Allzu große Freiheit des Lebens führt die Menschen zu aller Untugend und zur Zauberei." [661]

Schulmeister: "Was sollte die Obrigkeit tun?"

Praetorius: "Es sollten die obersten Herren gelehrt sein in Gott, fromm und ein Vorbild.[662] Sie sollen sich nach frommen Amtsleuten und Richtern umsehen, damit nicht, was sie mit einer Hand gebaut, jene mit beiden niederreißen und verderben.[663] Sie sollen alle öffentliche Abgötterei abschaffen. Dieser Sauerteig verdirbt alles." [664]

Schulmeister: "Nun gibt es doch eitel gute Mittel, mit welchen die Menschen sich der Zauberei erwehren wollen." [665]

Praetorius: "Das sind die Toren, die nicht an Gott glauben. Wehe den Christen, die also alle in Aberglauben übertreffen. Sie begehen damit selber Zauberer und sind Zauberer.[666] In Gottes Augen sind solche Amulette mit Kreuzen und Zeichen mit Salz, Brot und Worten ein Gräuel." [667]

Schulmeister: "Aber das Kreuz ist doch das Zeichen Christi!"

Praetorius: "Selbst das Kreuz ist an sich nicht heilig oder kräftig, und der Teufel weicht vor ihm keinen Daumen breit zurück.[668] Nur Gottes Wort hilft denen, die daran glauben - aber nicht auf Zettel geschriebene Worte Gottes, die man herumträgt. Das Evangelium ist kräftig, es wirkt den Glauben, mit welchem wir Christus annehmen. Und Gott wirkt den Glauben durch das Wort, in welchem er will." [669]

Schulmeister: "Wie kann man alle Abgötterei abschaffen?"

Praetorius: "Dazu braucht es tüchtige Mitarbeiter für Kirchen und Schulen, die Gottes Wort geneigt sind. Und daran sollen sie keine Kosten sparen, denn Gottes Wort ist es wert, dass es teuer gekauft werde, weil es besser ist als das beste Gold." [670]

Schulmeister: "Meint Ihr, damit könntet Ihr das Irrige abschaffen und Gutes an die Statt stellen?"

Praetorius: "Es sollen die Schulen geordnet und bestellt werden, dass Junge und Alte an allen Orten recht gelehrt werden nach der Schrift zu glauben und zu leben. Das ist der rechte Weg, die Menschen von Zauberei und allen Lastern abzuhalten und zu Gott zu führen. Wo es hieran mangelt, werden eher alle Menschen zum Tode gebracht denn fromm gemacht. Versuch es, wer da will." [671]

Schulmeister: "Ihr seht das Menschengeschlecht als zu gut an. Wenn nun die Menschen gar nicht hören oder lernen wollen?"

Praetorius: "Die Leute müssen dann zur Kirche und die Jugend zur Schule getrieben werden, dass sie hören und lernen und also zum Glauben kommen und Gottes Willen tun.[672] Vermahnet die Ungezogenen. Die Widerspenstigen und wilden Weltkinder sollen zur Kirchen ernstlich angetrieben werden. Wenn sie nicht wollen, sollen sie gestraft werden.[673] Dadurch werden harte Herzen gläubig und gehorsam. Und die Obrigkeit soll in den Gemeinden die Ordnung der Ältesten bestellen, damit diese im Namen der Gemeinde ermahnen, lehren, strafen aus Gottes Wort." [674]

Schulmeister: "Worte allein bringen doch keine Besserung!"

Praetorius: "Allerdings soll die Obrigkeit Fremde und Einheimische, die frech sind, Abgötterei usw. treiben, bändigen und züchtigen.[675] Eine gute

Polizeiordnung soll gemacht werden gegen Müßiggang, Fressen, Saufen, Fechten, Spielen, Tanzen, Gaukeln.[676] Wein bringt Unglück und Zank.[677] Müßiggang ist die Wurzel, Trunkenheit der Stamm, böse Gesellschaft die Zweige allen Lasters.[678] Wahrsager müssen verboten werden, [679] Teufelsbücher und verführerische Bücher verboten werden." [680]

Schulmeister: "Ihr glaubt, dass das Hexenwerk verschwinden würde, wenn man so alle vom Bösen abhält und aller zauberischen Mittel beraubt?[681] Dann wäre alles an Verhaftungen und Verbrennen umsonst! Wird dann nicht die Zauberei leicht die Oberhand gewinnen?" [682]

Praetorius wird immer erregter: "Wer sich in verkehrter Weise bemüht, die Zauberei zu tilgen, ist schuld.[683] Etliche Herren sind die Unverständigsten in Gottes Recht, sind Säufer, Hurer, Flucher und Gottes Verächter. Sie sind nicht Führer des Landes, sondern Verführer. Ihre Amtsleute und Richter sündigen gegen Gott und sein Wort.[684] Wenn die Obrigkeit kein Vorbild ist und bös Regiment führt, bereiten sie dem Samen den Weg zur Zauberei."

Schulmeister: "So habe ich noch keinen reden hören. Ihr wollt nicht strafen, sondern vorbeugen. Ich wünschte, die Obrigkeit würde Euch anhören. Ihr habt recht: Man muss die Leute aufklären - die Obrigkeit und das Volk. Bildung tut not: Bildung des Kopfes und Bildung des Herzens. Wie recht Ihr habt! Ich fürchte nur, Ihr seid Eurer Zeit weit voraus!"

Brief des Praetorius an den Grafen

Der nebenstehende Brief von Praetorius an den Grafen hat folgenden Wortlaut:
Alle Wohlfahrt undt Willen in Gott zuvor.
Wohlgeborner Graff, Gnediger Herr, von E.G. gnedigs
hierher verordneter Schulmeister, Cornicius, ist mit
weib und kindt auff dem wege, in wenig stunden
sich einzustellen. Weil nun der Schlösser noch im
Hause ist, darin Schulmeister sich halten soll, were
nötig, E.G., ime raum zu geben, gnedig befehlen
wolten. Auch ist Arcularius[685] zugegen, klagt,
seine mittbürger Ihnen nit mehr dulden wollen, er
neme den alle bürgerliche beschwerung auff sich
gleich wie andere. Bittet undertenig E.G. ihn,
bis er gen Kirchpracht[686] gelassen werden kondt, anders
wo gnedig gebrauchen wollen. Welches E.G. in
diesen gescheﬀten durch die fedder underthenig an,
zuschreipen ich gebetten, und nicht umbgehen kommen,
dieselb E.G. Gott befehlend, und gnediger resolution
erwartend. E.G. unterthenig & Ant. Praet.

Alle wolfart undt willen in Gott zuvor.

Wolgeborner Graff, Gnediger Herr, Von E. G. gnedig hieher verordneter Schulmeister, Cornicius, ist mit weib und kindt auff dem wege, in wenig stunden sich einzustellen. Weil nun der Schlösser noch im hause ist, darin Schulmeister sich halten soll, were nötig, E. G., ime raum zu geben, gnedig befehlen wolten. Auch ist Arcularius zugegen, klagt, seine mittbürger Ihnen nit mehr dulden wollen, er neme den alles bürgerliche beschwerung auff sich gleich wie andere. Bittet underthenig E. G. ihn, bis er gen Kirchpracht gelassen werden kondt, anders wo gnedig gebrauchen wöllen. Welchs E. G. in diesen geschefften durch die fedder underthenig an-zuzeigen ich gebetten, und nicht umbgehen konen. Dieselb E. G. Gott befehlend, und gnediger resolution erwartend.

E. G.

underthenig &c.

Ant. Praet.

Bild 67 Brief von Praetorius betreffs Cornicius

Ein neuer Schulmeister für Birstein

1597 wird ein neuer Schulmeister nach Birstein geholt von Graf Wolfgang Ernst. In dieser Zeit entlässt der Graf häufig Pfarrer und Lehrer, die nicht seinen Vorstellungen entsprechen. Bedeutet das, dass Johannes Cisnerus abgelöst wird - möglicherweise weil seine Beteiligung an dem Vorfall am 3. Juli bekannt geworden ist?

Von Anton Praetorius ist ein handschriftlicher Brief an den Grafen Wolfgang Ernst gefunden worden, der einen neuen Schulmeister in Birstein ankündigt. Dieser Brief trägt kein Datum, findet sich aber in der Ablage des Fürstlichen Archivs vom Jahr 1597.[687]

So wird Sebastian Cornicius aus Griedel neuer Schulmeister in der Birsteiner Lateinschule. Cornicius hat sich anscheinend in den Augen des Grafen bewährt, denn er wird vier Jahre später Pfarrer in Hain -Gründau.[688]

Von diesem Cornicius ist im fürstlichen Archiv ein Brief erhalten mit einer Nachfrage, wann er mit seiner Tätigkeit in Birstein beginnen kann.[689]

Bild 68 Pfarrer, Teufel und Narr

Der Pfarrer in Lebensgefahr

Warum verbirgt Praetorius in seiner Darstellung des Hexenprozesses in Birstein viele Details in verschlüsselter Form? Mehrfach betont er, dass der gräfliche Herr außer Landes war zu der Zeit, als die Folter angewendet wurde.[690] Graf Wolfgang Ernst bemüht sich auf diplomatischer Ebene um eine engere politische Zusammenarbeit mit anderen Fürsten und ist daher oft unterwegs. Es gelingt ihm, im März 1599 im Offenbacher Schloss als Gastgeber sieben deutsche evangelische Fürsten (darunter Kurfürst Friedrich von der Pfalz, Markgraf Georg Friedrich von Brandenburg-Ansbach und Landgraf Moritz von Hessen-Kassel) sowie 13 Grafen sowie fünf Freiherren und einen Gesandten des Königs von Frankreich zwei Wochen lang an den Verhandlungstisch zu bringen über einen möglichen engeren politischen Zusammenschluss.[691]

Dass Anton Praetorius die Abwesenheit von Graf Wolfgang Ernst so betont, geschieht sicherlich, um sich selbst und die Betroffenen zu schützen, denn sein eigenes Eintreten in Wort und Tat für die Angeklagten brachte vor allem ihn selbst in Lebensgefahr. Deswegen wartet er auch 15 Jahre bis unmittelbar vor seinem eigenen Tod, bis er sich weitab im sicheren Laudenbach literarisch dazu zu äußern wagt. Er kennt genügend Beispiele, wie es Männern ergeht, die als "Hexenbuhle"[692]" beschuldigt werden. In Trier tritt der aus den Niederlanden stammende katholische Priester und Professor Cornelius Loos (1546-1595) als Gegner der Hexenlehre auf, nachdem er Weyers Schrift gelesen hat.[693] Seine Schrift "Tractatus de vera et falsa magia" wird von dem Kölner Nuntius beschlagnahmt und Loos zum Widerruf gezwungen.[694] Es ist also gefährlich, sich kritisch zu dem Thema Hexenwahn zu äußern - und Praetorius weiß das genau wie jeder andere auch.

Die Pfarrlaufbahn als Hofprediger in Birstein muss Anton Praetorius kurz nach diesem Vorfall aufgeben. Die Aktivität von Pfarrer Praetorius gegen die Folterungen in dem Hexenprozess vom 3. Juli 1597 führt zu einer Auseinandersetzung mit dem Grafen Wolfgang Ernst zu Ysenburg und Büdingen in Birstein. Es kommt zur Entlassung[695] des Pfarrers durch den Grafen.[696] Der Graf erwähnt die Entlassung sogar in einem Brief an die Kirchenbehörde.[697] Conrad Schardium wird neuer Hofprediger zu Birstein.

Zuflucht in Laudenbach a.d. Bergstrasse

1598 Frankreich: König Heinrich IV. von Frankreich gewährt im Edikt von Nantes den Protestanten Religionsfreiheit.

Dieser Winter 1597/98 ist schrecklich. Die Menschen haben das Gefühl, noch nie eine Kälte mit so extrem viel Schnee[698] erlebt zu haben. Bürger aus der Gegend des Vogelbergs bitten im Februar die Landesherrschaft wegen großem Brotmangel um Korn, da ihnen die vergangene Ernte kein Korn gebracht hätte: "wie das wir Arme grossen Mangel ausstehen und leiden ahn dem lieben Brot".[699] Alle atmen auf, als nach einem total verregneten April im Mai die Sonne herauskommt und langsam alles trocknet.[700] In der Grafschaft Ysenburg bricht die Pest wieder aus.[701]

23. Mai 1598: Praetorius hat Glück und findet gleich eine neue Pfarrerstelle im Weinort[702] Laudenbach an der Bergstrasse.[703] Manche nennen es auch eine "Strafversetzung" ins "stille, winzige" Laudenbach (auch Lutenbach). Laudenbach[704] liegt 20 km nördlich von Heidelberg und ist ursprünglich pfälzischer Besitz gewesen. Als Teil der Kellerei Hemsbach ist es 1449/1486 an das Bistum Worms verkauft worden. Die Landeshoheit über die Kellerei bleibt bis 1705 zwischen Worms und der Kurpfalz umstritten. Im Zuge dieser Streitigkeiten führt die Kurpfalz 1573 gewaltsam das reformierte Bekenntnis in der Kellerei ein.[705]

In Laudenbach gehört Praetorius zur 2. Generation reformierter Pfarrer. Hier ist 1575 das reformierte Bekenntnis eingeführt worden.[706]
Für Anton Praetorius ist zunächst einmal wichtig, dass er einem Prozess als Hexenbuhle (Hexenfreund) entkommt[707] und dass er weiter seinen Lebensunterhalt als Diener des Wortes Gottes verdienen kann. In der Kurpfalz hat es keine Hexenprozesse gegeben.[708] Praetorius kann sich hier also sicherer fühlen. Die Familie wohnt im Pfarrhaus, das in der Regierungszeit des kurpfälzischen Kurfürsten Friedrich III. (1569 - 1576) bzw. dessen Sohnes Ludwig (1576 - 1583) errichtet wird und noch heute existiert.[709]

Laut der Urkunde über den Regensburger Rezess aus dem Jahr 1653 gehört "dem reformierten Pfarrer und Schulmeister aber das Pfarr- und Schul-Haus zu Laudenbach". Das alte Pfarrhaus ist Dienstsitz und Wohnung aller künftigen evangelischen Pfarrer bis einschließlich Familie Betz im Jahr 1981. Seit Pfarrer Apiarius (1653 - 1657) erlebt es somit 33 Pfarrergenerationen, die vor dem Regensburger Rezess hier untergebrachten Geistlichen nicht mitgerechnet. Der bauliche Zustand des Pfarrhauses macht immer wieder Sorgen (schon seit dem Jahr 1747 wird darüber geklagt), sodass es jetzt seit ca. 20 Jahren an eine Privatperson verkauft ist.[710]

Über die Lage der Äcker, Felder und Wiesen des Pfarrers gibt es keine authentischen Überlieferungen. Sie dürften jedoch in unmittelbarer Nähe des Ortszentrums - und damit leicht erreichbar - gelegen haben. Ein sog. Pfarrgarten existierte bis zu seinem Verkauf an eine Privatperson vor etwa 20 Jahren. Er lag an der heutigen Bundesstrasse B 3 gebirgsseitig etwa 300 m vom Ortsende entfernt in Richtung Hemsbach. Diesen Weg am Garten vorbei musste jeder Pfarrer öfters gehen, wenn er in Hemsbach Gottesdienst hielt. Es kann angenommen werden, dass dieser Pfarrgarten im Gewann Laasen ob seiner relativ günstigen Lage innerhalb der Gemarkung schon in früher Zeit von den jeweiligen Pfarrern bewirtschaftet wurde.
Anton Praetorius führt genau Buch über seine Ernteergebnisse aus der Landwirtschaft. Ein Freund schreibt: "wie er mir selbsten in seinen Registern gewiesen in einem jar einundsibentzig Malterfrucht seynd auffgangen." [711]

"Der Laudenbacher Wein hat eine lange Geschichte und der Weinbau eine alte Tradition", der über die Jahrhunderte das Leben dieses Dorfes an der Bergstrasse geprägt hat. Der 'Laudenbacher Sonnberg` wird "als ein gehaltvoller Wein geschätzt, der mit seiner angenehmen Fruchtsäure eine herzhafte Frische vorweist."[712]

Hinter der Kirche erstreckt sich nach Osten die Anhöhe mit ihren Möglichkeiten zum Weinanbau. Der Weg, der hinter dem Pfarrhaus und der Kirche ins Gebirge führt, wird seit eh und je 'die Houl' genannt, schriftdeutsch= 'Hohl' (Hohlweg). Die dort angrenzenden Gewanne haben so schöne Namen wie 'Hühnerdieb' und 'Fuchsen', was ja auf den 'wild'-romantischen Hintergrund hinweist. [713]

Bild 69 Pfarrhaus in Laudenbach – s. Farbfotos S. 7

Streit zwischen Anton Praetorius und seiner Frau Sibylle

Vorbemerkung: Dieses Gespräch ist Fiktion. Es dient dazu, den Inhalt des Berichtes von Zauberey und Zauberern mit der persönlichen Lebenssituation von Praetorius und seiner Frau zu verbinden.[714]

"Ein jeder Mann hab lieb sein Weib / Als seinen selbst eigenen Leib.
Das Weib aber fürchte den Mann / Und sey ihm trew und unterthan." [715]

Sibylle: "Wir leben jetzt hier in diesem kleinen stillen Ort Laudenbach mit seinen Weinbergen und beschaulichen Häusern. Wie bin ich froh, dass wir hier in Sicherheit sind. Ihr aber scheint des Nachts schlecht zu schlafen. Was bedrückt Euch?"

Anton: "Ich muss immer wieder an die Ereignisse in Birstein denken."

Sibylle: "Dass Ihr Eure Stelle als Hofprediger verloren habt?"

Anton: "Nein, immer wieder höre ich die Schreie der gefolterten Frauen im Traum, sehe die aufgebrachte Menge und die Gesichter des Henkers und Richters."

Sibylle: "Ich bin so erleichtert, dass Ihr ohne Prozess davongekommen seid!"

Anton: "Mir will nicht aus dem Kopf, was mit den Frauen geschehen ist. Warum mussten nun an einem Ort vier Weiber ohne rechtmäßige Anklage angegriffen und allesamt ohne klaren Beweis irgendeines Lasters, auch ohne billigen Prozess und Rechtsurteil, so ganz gegen alle Gesetze, umgebracht werden? und ihre armen Männer, Kinder und ganzer Freundeskreis geschändet und in Herzeleid gesetzt?" [716]

Sibylle: "Daran kann kein Mensch mehr etwas ändern."

Anton: "Doch, ich werde ein Buch darüber schreiben, damit solchen unchristlichen Prozessen gewehrt wird." [717]

Sibylle: "Das ist doch nicht Euer Ernst! Ich danke Gott jeden Tag, dass Euch von der Obrigkeit nicht selber der Prozess als Hexenbuhle[718] bereitet worden ist. Denkt an Euren Sohn! Denkt an mich! Ihr möchtet uns alle in Gefahr bringen."

Anton: "Ich bitt; seid still und höret mich. Gottes Ehr und Lieb des Nächsten rein mich treibt, dass es geredt muss sein.[719] Dieser Bericht geht an alle Stände der Welt im allgemeinen und besonders den hohen und niedrigen Obrigkeiten, damit sie wissen, wie die christlichen Obrigkeiten das Werk der Zauberer auf christliche Weise hindern und strafen sollen. Und es ist nicht nur in Birstein, sondern auch in meinem Vaterland und in anderen Landen." [720]

Sibylle: "Aber Euch wird das viel Ungemach und Ärger einbringen, wenn Ihr Euch in die Angelegenheiten der Obrigkeit einmischt. Denkt nur, was Euch in Birstein passiert ist!"

Anton: "Wer auf die Dörfer zeucht hinaus, der Hund′ anbellen leide′ muß.[721] Ich werde aus der Heiligen Schrift zeigen, was Gott uns zum rechten Umgang mit den Hexenprozessen und allen Prozessen gelehrt hat."

Sibylle: "Schon jetzt tuscheln die Leute hinter meinem Rücken. Alle zerreißen sich ihr Mundwerk. Ihr werdet verlacht werden oder noch Schlimmeres wird passieren! Ich bitte Euch, oh Mann, schweigt, oder man wird Euch gar für einen Hexen Advokat halten." [722]

Anton: "Anfeindungen bin ich gewohnt, hab es nie geacht. Es geht um Wahrheit und Recht! Es muss ein Ende sein mit der Tyrannei, die bisher viele unterdrücket, denn Gott fordert Gerechtigkeit." [723]

Sibylle: "Gott hatte in seiner Güte noch einmal ein Nachsehen mit uns. Ihr macht mir Angst! Was soll daraus nur werden?"

Anton: "Es ist an der Zeit, dass endlich jemand deutlich macht, was Zauberei ist."

Sibylle: "Es ist doch allgemein bekannt, was Zauberern und Hexen vorgeworfen wird. Glaubt Ihr, Ihr wisst mehr als die Richter, was Zauberei ist?"

Praetorius: „Hört zu. Ich sage Euch: Zauberei ist eine abergläubische, boshafte Wissenschaft. Es ist eine gottlose Handlung der Menschen aus heimlicher Eingebung des Teufels, Gott zur Schmach und den Menschen zum Verderben. Deshalb ist sie von Gott ernstlich verboten und von der Obrigkeit jederzeit rechtmäßig zu verhüten und zu strafen.[724] Aber Zauberei ist keine Verleugnung Gottes."[725]

Sibylle: "Ich bitte Euch, sprecht leise! Es könnte Euch jemand hören! Wie könnt Ihr wagen, so etwas zu sagen!"

Anton: "Was Gott beschlossen hat, das soll geschehen." [726]

Sibylle: "O Mann, Ihr vergesst, was Ihr sagt. Ich habe Angst, denn ich möchte Euch nicht auf dem Scheiterhaufen brennen sehen. Ich könnte vor Unverständnis laut schreien, wenn ich Euch reden höre. Ihr werdet den Zorn Gottes auf uns lenken!"

Anton: "Ich muss für Gottes Ruf nach Gerechtigkeit kämpfen. Denen, die seine Stimme oder Gebote nicht gehorchen wollen, muss dann an ihrem Leib, an ihren Kindern, an ihrem Vieh und an allem, was sie haben, immerdar und täglich Übel abgehen laut der Drohung des Gesetzes. Sie müssen dem Arzt in die Hände fallen."

Sibylle: "Sagt Ihr, dass ich gesündigt habe, weil die Frucht meines Leibes abgegangen ist? Dass mein Kind nicht lebt, sondern tot zur Welt kam, weil ich Gottes Stimme und Gebot nicht hören wollte? Darüber könnte ich ja ganz verrückt werden, wie Ihr da sprecht. Gott hat Hexenwerk an meinem Leibe zugelassen, dass ich mein Kind nicht durfte lebendig zur Welt bringen? Habt Ihr bedacht, was Ihr damit vor aller Welt kundtut? Dass alle denken werden, dass ich es bin, die Gott züchtigen wollte?"

Anton: "Ein jeder soll sich mit Ernst und Fleiß in wahrer Buße und Gehorsam dahin bemühen, dass er Gottes Zorn nicht gegen sich erregt, sondern ihm gefällig, lieb und angenehm sein."[727]

Sibylle: "Werft Ihr mir vor, ich bemühte mich nicht in wahrer Buße und Gehorsam? Sagt Ihr, ich errege Gottes Zorn, sodass er mich durch der Hexen Schadenszauber straft? Ich bin ganz verzweifelt. Was sollte ich denn noch tun?"

Anton: "Man soll klug und vorsichtig sein und sich von gottlosen und verdächtigen Personen fernhalten, von ihnen kein Brot, Trank, Obst und andere Geschenke annehmen, ihnen nicht gestatten, in Keller, Küchen, Kammer zu gehen und in alle Winkel zu kriechen: alle Zimmer des ganzen Hauses immer wohl putzen und sauber halten. Dunst und Gestank mit gutem Rauchwerk dämpfen, und dem Vieh die Krippe fegen und was dazu gehört." [728]

Sibylle: "Das lehren die weisesten Männer nun gemeinhin!"

Anton: "Wem es nicht gefällt, der lache und gehe vorüber. Und schließlich soll man sich in die Hand des Herrn befehlen im Gebet ohn Unterlass. Denn Gott kommt nahe allen, die ihn anrufen mit Ernst. Er stehet ihnen bei in der Not und reißet sie heraus. Da ist dann des Satans Bleiben nicht und ist der Hexen Tun verloren. Dies sind die rechten Mittel, diesem und auch anderem Übel zu entweichen. Sie helfen gewiss, doch mit Bedingung der Züchtigung des Herrn zu unserem Heil." [729]

Sibylle: "Wollt Ihr gleichsam mir die ganze Verantwortung aufbürden mit Euren Worten - in meinem Herzen und vor aller Welt? Dass meiner Leibesfrucht das Unglück passieren konnte, weil ich nicht genug gebetet hätte, andern zu viel vertraut, die Lebensmittel vom Markt nicht genügend geprüft, der Magd nicht hätte erlauben sollen, in die Küche zu gehen, dass ich das Haus und den Stall nicht genug geputzt hätte - und deshalb Gott mich straft? Dass deswegen mein Kind abgegangen ist aus diesem Leben? Soll denn nun mein Herz vollends zerspringen und mein Verstand ganz aussetzen?"

Anton: "Gottes Wort hilft denen, die daran glauben." [730]

Sibylle: "Wisst Ihr denn, ob Gott durch Euer Wort wirkt? Wollte der Herr nicht vielleicht Euch strafen und züchtigen? Weil Ihr solche niegehörten Worte zu sprechen und niederzuschreiben Euch anmaßt? Vielleicht bin gar nicht ich es, die unser Herrgott zur Vernunft rufen will, sondern Ihr allein? Habt Ihr diese Möglichkeit auch bedacht?"

Anton: "Weib, was redet Ihr? Ihr versteht gar nichts von dieser Materie."

Sibylle: "Ich habe Todesangst ausgestanden: um Euch und um uns. Euer unbedachtes Handeln in Birstein war schon schlimm genug. Ihr seid nun nicht mehr der bekannte und wohlgeachtete Hofprediger des Grafen, mit dem ich mich damals vermählt habe. Ihr dürft froh sein, dass Ihr mit dem Leben davongekommen seid!"

Anton: "Wollt Ihr mir Vorwürfe machen, dass ich contra torturam geredet und dies unschuldig Weib gerettet habe?"

Sibylle: "Ich flehe Euch nur an, dass Ihr zur Vernunft kommen möget! Bitte lasst die Finger von diesem Euren Buch. Wo ich jetzt wieder schwanger bin, könnt Ihr nicht wenigstens jetzt Ruhe bewahren und nicht weiter solche unerhörten Reden führen? War Euch unser totes Kind nicht genug Fingerzeig Gottes? Wenn Ihr weiter so sprecht, werdet Ihr Euch und uns um Kopf und Kragen reden. Ich habe Angst!"

Die Formulierungen der späteren Bestattungspredigt legen nahe, dass es in dieser Ehe kein harmonisches Eheleben, sondern viele Auseinandersetzungen und Meinungsverschiedenheiten gab. Da Praetorius so engagiert gegen den Hexenwahn kämpft, liegt es nahe, dass die vielen Fehlgeburten seiner Frauen von vielen Mitmenschen als deutlicher Fingerzeig interpretiert wurden, dass Praetorius als "Hexenbuhle/Hexenadvokat, Hexenfreund" von Gott gewarnt oder abgestraft wurde. Vermutlich hat auch seine 4. Ehefrau darunter gelitten und möglicherweise diese Ansicht geteilt.[731]

Zur untenstehenden Abbildung: Die Titelseite von Praetorius Bericht von 1598 findet sich bereits auf Seite 13 mit den handschriftlichen Bemerkungen von Grevel. Damit der Leser wenigstens an einer Stelle einige Textpassagen von Praetorius lesen kann, sind nebenstehend zwei Seiten aus seinem Buch abgedruckt. Nach kurzer Eingewöhnung kann man das Schriftbild entziffern. Auch Satzbau und Wortwahl sind nach 400 Jahren überraschend gut zu verstehen. Am breiten Rand hat Praetorius die biblischen Bezugstexte vermerkt, sodass man sie in der Heiligen Schrift nachlesen kann. Manche Seiten sind voller solcher biblischen Bezüge, sodass Praetorius seine Ankündigung[732] wahrgemacht hat, die ganze Bibel auf ihre Aussagen über Zauberei/ Hexerei zu untersuchen.

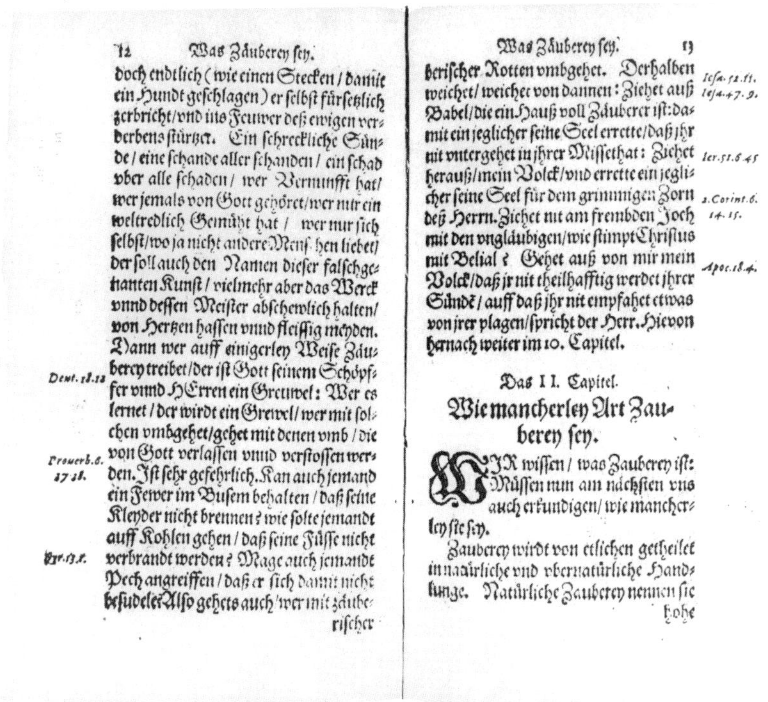
12 Was Zäuberey sey.

doch endtlich (wie einen Stecken / damit ein Hundt geschlagen) er selbst fürsetzlich zerbricht/vnd ins Feuwer deß ewigen verderbens stürtzet. Ein schreckliche Sünde / eine schande aller schanden / ein schad vber alle schaden / wer Vernunfft hat/ wer jemals von Gott gehöret/wer nur ein weltredlich Gemüht hat / wer nur sich selbst/wo ja nicht andere Menschen liebet/ der soll auch den Namen dieser falschgenanten Kunst / vielmehr aber das Werck vnnd dessen Meister abschewlich halten/ von Hertzen hassen vnnd fleissig meyden. Dann wer auff einigerley Weise Zäuberey treibet/der ist Gott seinem Schöpffer vnnd HErren ein Greuwel: Wer es lernet / der wirdt ein Grewel/ wer mit solchen vmbgehet/gehet mit denen vmb / die von Gott verlassen vnnd verstossen werden. Ist sehr gefehrlich. Kan auch jemand ein Fewer im Busem behalten / daß seine Kleyder nicht brennen? wie solte jemandt auff Kohlen gehen / daß seine Füsse nicht verbrandt werden? Mage auch jemandt Pech angreiffen / daß er sich damit nicht besudele? Also gehets auch/ wer mit zäube-

Deut. 18.12 — Prouerb. 6. 27. 28. — Syr. 13. 1.

rischer

Was Zäuberey sey. 13

berischer Rotten vmbgehet. Derhalben weichet/ weichet von dannen: Ziehet auß Babel/die ein Hauß voll Zäuberer ist: damit ein jeglicher seine Seel errette/daß jhr nit vntergehet in jhrer Missethat: Ziehet herauß/mein Volck/vnd errette ein jeglicher seine Seel für dem grimmigen Zorn deß Herrn. Ziehet nit am frembden Joch mit den vngläubigen/wie stimpt Christus mit Belial? Gehet auß von mir mein Volck/daß jr nit theilhafftig werdet jhrer Sünde / auff daß jhr nit empfahet etwas von jrer plagen/spricht der Herr. Hievon hernach weiter im 10. Capitel.

Iesa. 52. 11. — Iesa. 47. 9. — Ier. 51. 6. 45 — 2. Corint. 6. 14. 15. — Apoc. 18. 4.

Das II. Capitel.

Wie mancherley Art Zauberey sey.

WJR wissen / was Zauberey ist: Müssen nun am nächsten vns auch erkundigen/ wie mancherley sie sey.

Zauberey wirdt von etlichen getheilet in natürliche vnd vbernatürliche Handlunge. Natürliche Zauberey nennen sie

hohe

Bild 70 Seiten aus Praetorius, Bericht von der Zauberey 1598

1598: "Bericht von der Zauberey"

Der Sommer ist so kühl wie in den Jahren zuvor. Schon im Oktober überfallen Kälte und Schnee Mensch, Vieh und Pflanzen.[733] In dem kleinen stillen Ort Laudenbach an der Bergstrasse mit seinen Weinbergen und beschaulichen Häusern bringt Anton Praetorius den "Gründlichen Bericht von Zauberey und Zauberern" aufs Papier. Von hier eröffnet er seinen literarischen Kampf gegen Hexenwahn und unmenschliche Foltermethoden. Auf jeder Seite des Buches spürt man, wie der Verfasser unter dem Erlebten leidet. Dies Buch drückt das aus, was er in tiefster Seele empfindet. Er schreibt auf Deutsch, damit viele, möglichst viele dieses Buch lesen können.[734]
Immer noch steht Anton Praetorius unter dem Schock des Hexenprozesses in Birstein. Auf welch unmenschlich Art unschuldige Frauen durch die Folter zu Geständnissen gezwungen werden! Von seiner Wut kann er sich nur durch Schreiben befreien. Irgendwie muss er die Menschen doch aufrütteln können, hier und anderswo. Warum sind die Menschen so blind und sehen nicht, was in den Hexenprozessen geschieht?

Im "Bericht von der Zauberei" behandelt Praetorius zwei Themenbereiche: In den Kapiteln 1-9 wird das Zauberwesen und in den Kapiteln 10-13 die Rolle der Obrigkeit im Hexenprozess und ihre Aufgabe bei der Verhütung der Zauberei beschrieben. Die ersten Kapitel sind kurz, die letzten erstrecken sich über 40-60 Seiten. Jedes Kapitel beinhaltet eine "Erinnerung", die in Form einer direkten Ansprache an die Obrigkeit und die Gerichtsbarkeit erfolgt. Im Stil einer Predigt werden hier Ermahnungen, Trost und Strafe ausgesprochen.

Die Kapitelüberschriften des Buches "Gründlicher Bericht über Zauberei" von 1598 von Praetorius lauten:

I. Was Zauberei und Zauberer sein (siehe Bild 98 auf Seite 263)
II. Wie mancherlei Art Zauberei sei
III. Woher und durch was Gelegenheit die Zauberei aufkommen und fortgepflanzt
IV. Durch wen und auf was Weise die Zauberei verrichtet werde
V. Welches die ersten Zauberer gewesen und was sie gehandelt und ausgerichtet
VI. Das zu allen Zeiten und in allen Ständen allwegen Zauberer gewesen und also noch
VII. Welche und wie mancherlei Zauberer heutigen Tags sind und wie sie mit Namen und Taten zu unterscheiden
VIII. Was die Zauberer tun können: und ob sie können, was ihnen der gemeine Pöbel zuschreibt
IX. Ob, wenn und wie die Hexen verletzen: und wie man vor ihnen sicher sein und bleiben könne

X. Von Strafe der Zauberey in gemein: Und ob die weltliche Obrigkeit hiermit auch zu tun
XI. Von dem Prozess und Wege, welchen christliche Obrigkeit wider die Zauberer recht zu gehen und mässig zu gebrauchen
XII. Wie die bekannten Zauberer zu strafen
XIII. Wie die verfluchte Zauberey samt anderen gemeinen Greueln glücklich, leicht und bald auszurotten und hinfort zu hindern.

Auffallend ist, dass Praetorius in der späteren Ausgabe von 1613 lateinische Zitate übersetzt (Ausnahme: das lateinische Gedicht von Johann Adam). Diese Übersetzungen weisen darauf hin, dass Anton Praetorius als Zielgruppe seines Buches nicht nur Gelehrte ansprechen will. Sein Buch möchte allgemein verständlich sein. Seine Argumentationsweise ähnelt häufig dem scholastischen Disputationsstil, auf fingierte Fragen werden Antworten gegeben. Dabei versucht er, mögliche Einwände und Ängste seiner Leser aufzunehmen. Praetorius Buch ist geprägt von seiner fundierten Bibelkenntnis, fast jedes Argument wird mit einem Zitat aus der Bibel untermauert. Auf jeder Seite sind die Bibelstellen als Randanmerkungen aufgeführt. Die Leser sollen also die Möglichkeit haben, alles nachzuprüfen. Praetorius besitzt gute Bibelkenntnisse, große Sicherheit in der Analyse von Texten und klare theologische Linien.[735]

Doch in diesen Zeiten muss man vorsichtig und klug vorgehen, sonst landet man selbst schnell auf dem Scheiterhaufen.[736] Formuliert Praetorius den Titel auf der Umschlagseite absichtlich so, dass die Intention des Verfassers nicht sofort deutlich wird? Er nennt sein Werk: "Gründlicher Bericht von Zauberey und Zauberern / und darin, was diese grausamen Menschen sich feindtseliges und schändliches vorgenommen haben / und wie die christliche Obrigkeit ihnen begegnen soll, ihr Werk zu hindern, aufzuheben und zu strafen." Er richtet es an alle Stände der Welt im allgemeinen und besonders an die hohen und niederen Obrigkeiten zu notwendiger Benachrichtigung und rechter Amtsausübung dienlich und nützlich zu lesen. Dabei beruft er sich auf göttliche und kaiserliche Rechte. Wohl weil er keine Möglichkeit fand, Zugang zu dem Buch zu bekommen, räsonierte der Kamener Heimatforscher Grevel wegen dieser Titelformulierung: "*Dem Wortlaut des Titels nach war der Westphalo-Camensis ein wütiger Hexenjäger. Sollte er doch das Gegenteil gewesen sein, so wäre es wohlgethan, den Inhalt des Buches der Nachwelt jetzt bekannt zu geben*" (vgl. Anhang Seite 191). Nichts im Titel verrät, dass Praetorius der Obrigkeit ins Gewissen reden will, dass er sie auf die Einhaltung von Menschenrechten hinweist, dass er Amtsmissbrauch den Inhaftierten gegenüber anprangert und letztlich beweist, dass es gar keine Zauberei und damit keine Hexen gibt.

Der Titel legt nahe, dass Praetorius sein Buch vielleicht als direkte Antwort versteht auf die Schrift "Gründtlicher Bericht ob Zauberey" von Pfarrer Agricola aus Sittard. Dieser ist ein strenger Verfechter der Hexenverfolgung und gibt ein Jahr zuvor sein Buch in Köln heraus.[737]

Praetorius trifft eine weitere Vorsichtsmassnahme, indem das Buch unter einem anderen Namen herausgegeben wird. "Dass ich meinen Namen nicht genannt habe, ist wohlweislich geschehen, dieweil es in unseren trübseligen Zeiten mehr denn gefährlich ist, die Obrigkeiten und Richter anzutasten und den Fürsprecher für Hexen und Unholden zu machen, wie solches durch viele Exempel offen und am Tage", heißt es in einem späteren Werk eines unbekannten Autors.[738] Mit engsten Freunden und einigen Gelehrten berät Praetorius sein Vorgehen. "Aus sonderlichem Bedenken und ansehnlicher Leute Rat"[739] wählt Praetorius als Pseudonym den Namen seines dreizehnjährigen Sohnes Johannes Scultetum aus Kamen in Westphalen. Johannes Scultetum, das ist Johannes Schultze, und Schultze - das ist der frühere Namen von Anton Praetorius. Dieses Pseudonym hat lange Zeit dazu geführt, dass selbst gelehrte Forscher über Jahrhunderte hinweg dieses Werk[740] überhaupt nicht mit Praetorius in Verbindung gebracht haben.

Ein eigenartiger und seltener Zufall wollte es, dass 100 Jahre nach dem Tod von Anton Praetorius, der 1598 das Pseudonym "Johannes Scultetus" verwendete, in den Jahren 1720 - 1743 tatsächlich ein Johannes Scultetus als Pfarrer in Laudenbach wirkte![741] Oder ist eine Gottesfügung? Es erstaunt, dass heute mit Hermann Wind aus Laudenbach ein direkter Nachkomme dieses Pfarrers zu der Entschlüsselung der damaligen Geschehnisse beiträgt.

Praetorius findet einen Drucker in Lich

Endlich stellt Praetorius den Bericht fertig. Nun gilt es, einen Drucker zu finden, der wagt, ein solches Werk zu verlegen. Nach einer Bestimmung des Speyerer Reichtagsabschied 1570 müssen Druckereien und ihre Druckerzeugnisse von der zuständigen Obrigkeit genehmigt werden.[742]

110 km von Laudenbach entfernt hat sich zwei Jahre zuvor ganz in der Nähe seines Schwiegervaters ein Drucker in Lich niedergelassen. Es ist Nikolaus Erbenius. "Erbenius verlegt zum Großteil Werke von Autoren calvinistischen oder zwinglianischen Bekenntnisses, u.a. Bulinger und Peucer".[743] Er ist aus Frankfurt angeworben worden, ein Pfarrersohn aus Erfurt.[744] Erbenius sagt später: er sei, "um seine Haushaltung zu verbessern, von anderen mit guten glatten Worten aufgeschwätzt" zum Druckergeschäft nach Lich gegangen. Mit seinem Erfolg ist er also hinterher sehr wenig zufrieden gewesen; woran das liegt, ist aus Mangel an Nachrichten heute nicht mehr auszumachen. Der Standort der Druckerei in Lich soll sich in der noch heute sogenannten "Stiftsschule" des 1317 gegründeten "Marienstifts" befunden haben.[745] Die abgebildete "alte Dechanei" (1582-1867) stand in unmittelbarer Nähe des Schulhauses in Lich, der sog. Stiftsschu-

le, erbaut 1579, in welchem auch Druckerei und Münze untergebracht war. Bei dieser räumlichen Nähe zum Sitz des Grafen muss ein Drucker damals wohl viel Mut gehabt haben, ein Werk gegen Hexenverfolgung zu drucken.[746] Das könnte auch sein wirtschaftlicher Ruin gewesen sein! Da Erbenius schon im Jahr zuvor das Buch "Haußgespräch" von Anton Praetorius veröffentlicht hat, lässt er sich überreden, dieses brisanteste Werk seiner Laufbahn zu drucken.
Es ist überliefert, dass Erbenius im Folgejahr 1599 seine Licher Tätigkeit aufgibt und nach Frankfurt zurückkehrt. Ob die Obrigkeiten mit seinem Vorgehen nicht einverstanden waren, sein Weggang also mit dem Druck dieses Buches zusammenhängt? Eigentlich ist der Drucker nämlich gut beschäftigt gewesen.[747]

1598 erscheint der "Gründliche Bericht über Zauberey und Zauberer".[748] Auffällig ist die Aufteilung des Buches in 13 Kapitel. Warum wählt Anton Praetorius bei der Aufteilung der äußeren Form just jene allgemein als Unglückszahl betrachtete Zahl "13"? Man mag an einen Zufall bei der Gliederung nicht recht glauben, bemüht sich Praetorius doch auf jeder Seite, ein Signal gegen den unmäßigen Aberglauben seiner Zeit zu setzen.

Bild 71 Alte Dechanei Lich (1582-1867)

Pferdesterben in Laudenbach

Anton Praetorius verrichtet als Gemeindepfarrer seinen Dienst in dem kleinen Ort Laudenbach. Es heißt von ihm, er "ist allezeit fröhlich im Herren dabei gewesen, freiwillig und reichlich den Armen gegeben, keinen ohne Almosen von sich gelassen und ihnen sein Brot also gebrochen." [749] "Hat auch sonsten, welche seines Raths und Hilff begehret, treulich geholfen".[750] Aber manchmal packt ihn der Zorn und übermannt ihn, besonders wenn seine Gemeindeglieder schlimmste Formen von Aberglauben zeigen und er erkennen muss, wie fest dieser Glaube verwurzelt ist. Dabei scheut er wie in Birstein nicht öffentlichen Protest.[751]

1599 folgt nach einem strengen Winter ein milder Frühling. Der Sommer erfüllt alle Erwartungen: er ist sogar äußerst heiß. Nur der Erntemonat August bringt viel Regen. Der Herbst ist sehr trocken.[752] Am 13. August 1599,[753] also ein Jahr nach dem Amtsantritt des Pfarrers, ereignet sich ein großes Pferdesterben im Ort, dem 15 Tiere zum Opfer fallen.[754] Sofort entsteht das Gerücht, dies könne keine natürlichen Ursachen haben, es sei das Werk der Hexen. Der Schultheiß und das Gericht des Ortes konsultieren einen Wahrsager. Dieser erklärt die ganze Weide für vergiftet. Anton Praetorius bezweifelt die Diagnose, da alle anderen Tiere unbeschadet auf der Wiese weiden. Der Wahrsager verspricht, für Geld zu helfen. So beschließt das Gericht des Ortes, die Hilfe dieses Mannes anzunehmen.

Der Wahrsager verordnet eine aufwendige magische Zeremonie, nach der am Sonntagabend, vor Sonnenuntergang, alle Pferde in die Ställe getrieben werden sollen. Am Montagmorgen soll jeder Dorfbewohner mit seinen Pferden, die zusammengekoppelt werden müssen, vor das Rathaus reiten. Dann solle man die Kirchenglocken läuten, danach aber in einer genau vorgeschriebenen Prozession zur Weide ziehen und an deren Grenzen entlang die Pferde führen. Vor den Pferden dürfe nur der Bürgermeister vorwegmarschieren. Ihm hat der Wahrsager eine Mischung aus Samen und Erde gegeben, die er auf dem Weg und um die Weide "Creutzweiß" säen solle: das werde das Pferdesterben beenden. Der Schultheiß ordnet die Durchführung dieser Prozedur an.

Praetorius erfährt davon. Er versucht, diesen Akt, den er als abergläubisches Teufelswerk betrachtet, mit aller Macht zu verhindern. Aber der Schultheiß hat es geahnt und die ganze Aktion bereits von Anfang an vorsichtshalber unter die Schirmherrschaft des Bischofs von Worms als Landesherren gestellt. Wie zu erwarten, stößt Praetorius mit seinem Protest bei den Verantwortlichen auf taube Ohren. Der Schultheiß beruft sich auf den Gerichtsbeschluss und rechtfertigt diesen: "Das Gemeinwohl verlangt diese Maßnahme."

Einigen der "besten" Gemeindemitglieder kann Praetorius offensichtlich ein schlechtes Gewissen einreden. Sie berufen sich auf den Befehl des Schultheißen. Am Montagmorgen werden die Pferde auf dem Rathausplatz zusammengeführt. Da tritt Praetorius vor die Gemeinde und warnt nachdrücklich, dass das, was sie

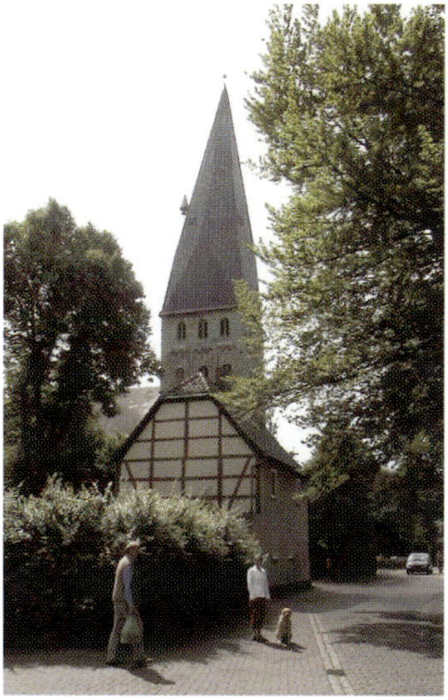

Kamener Pauluskirche:
Schiefer Turm - im Vordergrund
die alte Schule

Das älteste Haus in Kamen von 1570,
Kämerstrasse 5

Kamen

Altes Kamener Gymnasium (neben dem Neubau)

Wormser Dom

Worms - Dalberger Schloss

Worms

Oppenheim

Gebeinhaus an der Katharinenkirche in Oppenheim

Altes Pfarrhaus in Oppenheim

Oppenheimer Katharinenkirche

In Rinderbügen auf einer Wiese
wurde der Hexentanzplatz
Kesslersdanz vermutet

Rinderbügen

Rinderbügen:
Altes Haus

Rinderbügen Kreuzung

Muschenheim

bei Lich

Muschenheim: Altes Pfarrhaus

Muschenheim:
Evangelische
Kirche

Birsteiner Schloss früher und heute

Birstein

Lateinschule in Birstein

Lateinschule in Birstein
Tür mit Schild

Pfarrhaus in Birstein

Ev. Kirche in Birstein

Turm
des Schlosses
in Birstein

Dittelsheim

Pfarrhaus Dittelsheim

Evangelische Kirche von Dittelsheim

Offenbach

Turm der alten Schlosskirche in Offenbach

Pfarrhaus in Laudenbach

Laudenbach

Kirche in Laudenbach

Kirche in Laudenbach
Protestantische Tür

Unna

Unna: Haus von 1577 in der Gürtelstrasse 19

Unna: Evangelische Stadtkirche

da vorhaben, den Abfall von Gott bedeute und eine Wallfahrt des Teufels sei. Praetorius droht der Gemeinde, wenn sie diese magische Handlung wirklich durchführe, werde er als ihr Pfarrer zu Gott beten, dieser möge sie hart für ihre Sünde bestrafen. Dem Schulmeister, der wohl ebenfalls der Kurpfalz untersteht und den Glöcknerdienst versieht, verbietet Praetorius, die Glocken entsprechend den Anweisungen des Wahrsagers zu läuten. Tatsächlich glauben die calvinistischen Untertanen aber mehr an den Wahrsager als an die Drohungen ihres Pfarrers. Sie führen den magischen Akt durch, und der Schultheiß befiehlt dem Büttel, die Glocken zu läuten. Mit Genugtuung stellt Praetorius fest, dass sich seine Gemeinde aber gründlich irrt: Immer mehr Pferde sterben. Am Ende sind fünfzig der besten Tiere tot.

"Diese Begebenheit zeigt recht drastisch, welchen Einfluss der Pfarrer in dieser wirtschaftlichen Notsituation auf das abergläubische Verhalten seiner Gemeinde hatte: nämlich gar keinen. Auch solche Beispiele müssen angeführt werden, wenn es um die Frage nach der Verantwortung der Kirchenvertreter in der Hexenverfolgung geht." [755]

Ein Jahr später, am 26. August 1600, kommt ein neuer Schulmeister nach Laudenbach: Johan Reichart.[756] Der Hafer hat "wegen des viel nassen Wetters noch draussen gelegen." [757]

1600 Giordano Bruno (52) wird in Rom als Ketzer verbrannt.
William Shakespeare (36) schreibt "Hamlet".
William Gilbert entdeckt den Erdmagnetismus. In Holland wird das Fernrohr erfunden.

1600 Der extrem kalte Winter dauert bis in den Frühling hinein. Noch im Mai fällt Schnee. Der kühle Sommer und Herbst ergeben insgesamt ein schneereiches und sehr kaltes Jahr. Zum Jahreswechsel 1600/1601 versinkt das Land unter dem Schnee.[758]

1601 Rekord in Schneefalltagen. Viele Frosttage. Vierter kalter und extremer Winter in Folge. Verregnete Blüte, das Sommergetreide erfror, frühe Winterkälte. Der Wein wurde sauer. [759] Das Getreide hat 1601 "wegen des großen Schnees, aber auch durch Kieselschlege und ander Ungewitter großen Schaden genommen." [760]

Bild 72 Grafik der Titelseite von Praetorius, de sacrosanctis 1602

Die Inschrift der Grafik lautet:
Patris soboles religio Des Vaters Spross (Sohn) ist die
vera religio summi wahre Verehrung des Höchsten
Die Formulierung erinnert an das Johannes Evangelium Kapitel 14 mit dem Höhepunkt in Johannes 17 (Übersetzung B. Schmanck)

Gründlicher Bericht

Von Zauberey

vnd Zauberern: Darinn der
grawsamen Menschen feindseliges
vnd schändliches Vornemen/ vnd wie Christlicher Obrigkeit/jhnen zubegegnen/jhr Werck
zu straffen/auffzuheben/vnd zuhindern
gebühre/vnd wol mög-
lich sey.

Allen Ständen der Welt in
Gemein/ vnd sonderlich den hohen
vnd nidern Obrigkeiten/ Vorsprechern/ vnd
Amptsdienern/ zu nothwendiger Nachrichtung vnd rechter Amptspflege dienlich
vnd nützlich zu lesen.

Auß Göttlichen vnd Keyserlichen
Rechten/kurtz vnd ordentlich erkläret etc.

durch
ANTONIUM PRAETORIUM,
Matthes Schültzen Weiland Bürgers zur
Lippe nachgelassenen Sohn/deß Worts
Gottes Predigern.

Sampt einem volkommenen zu End
angehängtem Register.

Getruckt zu Lich/ *M. D C I I.*

Bild 73 Titelseite Praetorius, Bericht von der Zauberey 1602

1602 - das Buch unter dem eigenen Namen

1602: Wieder leiden die Menschen unter einem nassen Jahr.[761] Anton Praetorius erhält Nachricht, dass sein Vater Matthes Schultze in Lippstadt gestorben ist. Zugleich erreichen ihn immer mehr Anfragen nach einer Neuauflage seines Buches. Weil er sich in Laudenbach in der Kurpfalz befindet, fühlt er sich sicher genug, die Neuauflage seines Buches im Februar 1602[762] unter seinem eigenen Namen herauszugeben: Antonius Praetorius, des Worts Gottes Prediger.[763] Die Nachricht vom Tode seines Vaters erschüttert Praetorius sehr. Sie ist ihm so wichtig, dass er sie auf der Titelseite seines Buches aufführt. Er widmet das Buch der Regierung und seinen Landsleuten in der Grafschaft Lippe in der Hoffnung, als Sohn des Landes zur Förderung des Wohles beitragen zu können[764] (Bild 99 Seite 264). Ausdrücklich bezieht er sich auf andere Westfalen, die hierzu geschrieben haben: Jodocus Höckerius Osnaburgensis und Prediger zu Lemgo, M. Hermannus Witekindus (in Roden bei Iserlohn geboren).[765]

Die Titelseite von 1602 gleicht im oberen Teil von der Schrift und der Textanordnung her völlig dem Titelblatt von 1598. Möglicherweise waren die Druckstöcke noch in der Druckerei vorhanden. Der Name des Druckers allerdings wird im Gegensatz zu allen anderen Werken von Praetorius auf der Titelseite nicht aufgeführt (aus Versehen? aus Vorsicht?). Das Druckereigeschäft in dem kleinen Städtchen Lich, einem der Mittelpunkte der Grafschaft Solms, haben 1600 zwei andere Drucker übernommen: Wolgangus Ketzelius aus Meißen und Conradus Nebenius, ein Pfarrersohn aus Nieder-Weisel.[766] Sie übernehmen auch den Kredit für Erbenius und das Material aus der alten gräflichen Druckerei. Insgesamt fertigen sie nochmals etwa 45 Drucke an. Trotzdem kommt sieben Jahre später die Druckerei zum Erliegen, obwohl die Presse die ganzen Jahre über gut beschäftigt war.

Theologische Streitschrift "de sacrosanctis"

In Laudenbach findet Anton Praetorius Gelegenheit zur Auseinandersetzung mit den theologischen Hauptthemen seiner Zeit. 1602 veröffentlicht er ein weiteres Buch: "de sacrosanctis Jesu Christi sacramentis in genere et in specie tractatus". Diese Streitschrift gehört zu den insgesamt sieben Veröffentlichungen von Praetorius.[767] Es wird gedruckt in Lich bei den Druckern Wolgangus Kezelius und Conradus Nebenius. Er widmet es Graf Simon von Lippe. Die Themenwahl dieses auf Latein geschriebenen Werkes ist nicht verwunderlich, ist doch die Sakramentenlehre eine der größten Zankäpfel zwischen Reformierten und Lutheranern.

Der Titel seines Buches "de sacrosanctis" lautet auf Deutsch:
Über die hochheiligen Sakramente Jesu Christi des Neuen Bundes,
eine im allgemeinen und im speziellen sehr nützliche Abhandlung,
in elf Homilien gediegen, methodisch und klar verständlich dargestellt,
und jetzt erstmalig zum Ruhme des Besten und Größten Gottes, und zur Erbauung der Heiligen, veröffentlicht von
ANTONIUS PRAETORIUS,
SOHN DER KIRCHE IN LIPPSTADT, JESU DIENER IN LAUDENBACH.
Mit einem reichhaltigen Sach- und Stichwortverzeichnis einer jeden Homilie, als Nachschlagwerk zu lesen. 1602[768]

Die kunstvolle Gestaltung der Schriftzüge der Titelseite erinnert an einen Abendmahlskelch. Sein Schwiegervater verfasst für dieses Buch eine Widmung[769] an den Autor und unterschreibt: "Herm. Pistor. Altenkirch. Soc.p.g.f." [770] Die Dedicatio (Widmung) des Buches an Jesus Christus[771] schließt mit den Worten: "Vor langer Zeit und immer wieder ist angekündigt worden, dass Du zu uns zurückkehren und uns in Deinen Festsaal hineinführen wirst, damit wir bei Dir sind und Deinen Ruhm sehen. Komm wieder, nochmals, Herr Jesus. Amen. Es gibt auf meinem Weg in der Fremde eine Zuflucht vor der Angst, Beruhigung auf dem wüsten Meer und eine Insel frei von Versuchungen, wo alle Feinde von mir und Dir in ein Gefängnis eingeschlossen und fortgejagt werden. Im Jahr 1568 Deiner Welt seit Deinem Scheiden aus dieser Welt und im 42. Jahr meiner gefährlichen Wanderschaft in der Ferne. Dein Diener Anton Praetorius."

Als Motto steht am Beginn des Buches das Gedicht "*Gegen Zoilus*". Es ist ein Schmähgedicht gegen einen destruktiven Kritiker, der unter einem Pseudonym angeredet wird.[772] Sein Name wird uns nicht genannt.

> *Richtiges billigen kannst du nicht, Verkehrtes zu korrigieren weigerst du dich, Zoilus; überall verrätst du deine Unfähigkeit. Wenn du andere schonen könntest, wenn du lernen wolltest, dann würde dir doch wenigstens eines von vielen Werken gefallen. Aber weil dir keines gefällt, weil die größten dir nichtig erscheinen, wirst auch du, glaube mir, in Ewigkeit ein Nichts sein. - Gegen denselben: - Es gibt vier Menschen, für die ich das folgende nicht geschrieben habe; die sollen die Finger davon lassen; die übrigen werden es nicht ohne Nutzen lesen. Der Gelehrte bedarf seiner nicht; der Ungebildete fasst es nicht; der Unbekümmerte kümmert sich nicht darum; du Hochmütiger zerreißt alles.*

Es verwundert nicht, dass Praetorius mit seinem streitbaren Buch über Zauberei viele Kritiker findet, die ihn wüst attackieren. Zugleich findet er viele Befürworter, die froh sind, wie endlich einer es gewagt hat, so offen seine Meinung zu der Praxis der Hexenprozesse zu schreiben. Anton Praetorius fügt ein lateinisches Gedicht[773] des wohl bedeutendsten Marburger Professors dieser Zeit, Rudolph Goclenius,[774] ein, welches er auf den folgenden Seiten auf deutsch übersetzt: "Ungescheiden unterscheiden" mit sieben Punkten: 1. Gott, 2. Erschaffung,

3. Mensch, 4. Christi Person, 5. Christi Leben und Tod, 6. Glaub und Werck, 7. Kirchendinst.
Das Buch schließt mit den Worten: "Hastus gethon, so lass davon, wirst sonst empfangen bösen Lohn. A.P."

Wahrscheinlich ist mit dieser Widmung der berühmte Marburger Professor Rudolph Goclenius gemeint. Zeitweise galt er als bedeutendster Lehrer der Marburger Universität. Er wurde als "Lehrer Deutschlands" und als "Licht Europas" in Huldigungsgedichten gefeiert. Ihm galt das Recht auf freie Meinungsäußerung als unverzichtbares Gut der Wissenschaft. Die verbreitete Neigung zur Verketzerung von Gegnern lehnte er ab. (Es findet sich in den Jahren 1601-1603 allerdings auch ein Rudolph Goclenius als Rektor der Lateinschule in Büdingen, also ganz in der Nähe des Wirkungsbereiches von Praetorius.)

Dieses Werk auf Latein mit 312 Seiten ist bisher noch nie übersetzt worden. Nur durch die Bemühungen von Herrn Schmanck 2001 liegen einige biographisch interessante Seiten auf Deutsch vor. Deshalb kann noch keine Würdigung dieses theologischen Hauptwerkes von Praetorius vorgenommen werden.

DE SACROSANCTIS
NOVI FOEDERIS
IESV CHRISTI
SACRAMENTIS IN
GENERE ET IN SPECIE TRA-
CTATUS PERUTILIS, UNDECIM HO-
MILIIS SOLIDE, METHODICE, PER-
ſpicuè abſolutus, & nunc primùm in lucem, ad Dei
Opt. Max. gloriam, & Sanctorum ædifi-
cationem, prodiens
AB
*ANTONIO PRÆTORIO, ECCLE-
SIÆ LIPPIANÆ FILIO, JE-
SV SERVO LAV-
tenbaci.*
*Cum Indice tum rerum tum argumentorum cujusvis Homiliæ
copioſo, compendii vice perlegendo.*

1 6  0 2.

LICHÆ SOLMENSIUM
Excudebat Wolgangus Kezelius in conſortio
CONRADI NEBENII.

Bild 74 **Titelseite Praetorius, de sacrosanctis**

"Widerwärtigkeiten in der Ehe"

Das Eheleben mit seiner Frau Sibylle wird von traurigen Ereignissen überschattet. "Mit der vierten Frau hat Anton Praetorius bis ins siebzehnte Jahr gelebt, doch keinen Monat ohne Widerwärtigkeit".[775] Besonders schwierig ist für die Eheleute der Verlauf der Schwangerschaften, denn die Frau hat Totgeburten bzw. das Kind stirbt bald nach der Geburt.[776] Ihrer beider Liebe ist wie eine geknickte Blume, die noch eine Weile ihre Blüte behält, die Blätter aber schon hängen lässt und unaufhaltsam abstirbt.

Nach den Ostergottesdiensten reist Anton Praetorius im April 1602 nach Muschenheim. Es regnet, als sie aufbrechen, wie es schon den ganzen April beständig vom Himmel schüttet. An zahlreichen Orten herrscht Hochwasser.[777] Muschenheim ist die Heimat seiner Frau Sibylle. Dort wird Praetorius sicherlich die Schwiegereltern besuchen. Vielleicht begleitet ihn auch seine Frau, um nach den unglücklichen Schwangerschaften Trost und Rat bei der Mutter zu suchen. Von Laudenbach sind es 115 km bis Lich, eine Strecke, die man sicherlich nicht oft zurücklegt, vor allem, wenn man nicht viel Geld hat. Vielleicht will Praetorius anlässlich dieser Reise Kontakt zur Druckerei im benachbarten Lich aufnehmen betreffs seines neuen Buches. Welchen Erlös Praetorius aus dem Verkauf seiner Bücher erzielt, ist nicht bekannt.

Während seines Aufenthaltes in Muschenheim wendet sich Anton Praetorius zwei Wochen nach Ostern als Bittsteller mit einem Brief an den Grafen. Dieser unveröffentlichte Brief wird im fürstlichen Archiv im Schloss Büdingen aufbewahrt. Sein Gesuch an den Grafen hat folgenden Wortlaut:

Bittbrief an den Grafen

Wohlgeborener Grave, Gnediger Herr, E.G. sezen meine underthänige und nach vermogen willige Dienste, neben embsigem gebett zu Gott, jeder Zeitt zuvor. Gnediger Herr, als für etlichen Jaren elende wittibschafft [Witwenschaft] und stette todsgefahr mich troffen hatte, und E.G. ich in höchster angst supplicando meinen Son Joannem commendieret, haben E.G. gnedigst sich erkleret, Sie, im fall ich todsgefallen, solve, meinen Son ihr angelegen seien lassen, und zur Schulen gnedig erziehen wollen.
Ob nun noch der liebe Gott das mahl mich erhalten, bin ich doch desgleichen falls teglig wartend, finde auch nochmals die nottürftzige comendation meines Sons, welcher jetzt ins Siebenzehnde jar getretten, und seiner studien zimblichen grunde geleget. So machet auch E.G. bestendiger gemüte mir diese Zuversicht, ihrer Gn. gnedige Zuneigung gegen mich und die meinen sei noch nicht erloschen. Haben dan E.Gn. jederzeit etliche Stipendiarios gefahren, und deren Zahl sich nun gemehret; als bitt ich underthänigst, E.G. unter solche meinen Son (an welchem ich keine kosten gelassen habe,) gnedig zehlen und auffnemen wollen, damit er seinen lauff in Philosophia und dan vornemblich in Theologia, dahin er

inclinieret, glücklich vollenden, und Gott und seiner Kirchen zu dienen desto ehe nütz und tüchtig werden möge.
Hierinne thun E.G. barmhertzigkeit zu Gottes ehren, und bin ichs sampt meinem Son in anderm zuvordienen jederzeit geflissen, erhörung und getröstend.
Der Gott alles trostes und friedes, stercke und erfahre E.G. wider alle ihre feinde; und erfülle E.G. hertz mit freuden ewiglig.
Dat. Muschenheim, den 22.April anno 1602.
E.Gn. underthenig Antonius Praetorius Pfarrer zu Lautenbach[778]

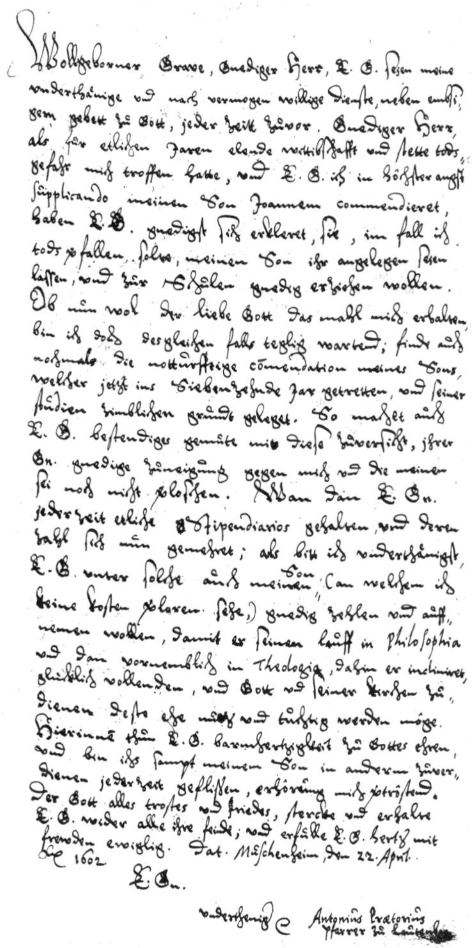

Wolgeborner Grave, Gnediger Herr, E.G. seien meine
vnderthänige vnd nach vermogen willige dienste, neben emsi-
gem gebett zu Gott, jeder zeitt zuvor. Gnediger Herr,
als für etlichen Jaren elende [illegible] vnd stette todsgefahr mich troffen hatte, vnd E.G. ich in höchster angst
supplicando meinen Son Joannem commendieret,
haben E.G. gnedigst sich erkleret, sie, im fall ich
tods verfallen, solte, meinen Son ihr angelegen sein
lassen, vnd zur Schulen gnedig erziehen wollen.
Ob nun wol der liebe Gott das mahl mich erhalten,
bin ich doch desgleichen falls teglich wartend; finde auch
nochmals die notturfftige comendation meines Sons,
welcher jetzt ins siebenzehende Jar getretten, vnd seiner
studien zimblichen grundt geleget. So machet auch
E.G. bestendiges gemütt mir diese zuversicht, ihrer
Gn. gnedige zuneigung gegen mich vnd die meinen
sei noch nicht geschlossen. Wan dan E.Gn.
jederzeit etliche Stipendiarios gehalten, vnd deren
zahl sich nun gemehret; als bitt ich vnderthänigst,
E.G. unter solche auch meinen Son (an welchem ich
keine kosten gesparet sehe,) gnedig zehlen vnd auffnemen wollen, damit er seinen lauff in Philosophia
vnd dan vornemblich in Theologia, dahin er incliniret,
glücklich vollenden, vnd Gott vnd seiner Kirchen zu
dienen desto ehe nütz vnd tüchtig werden möge.
Hierinne thun E.G. barmhertzigkeit zu Gottes ehren,
vnd bin ichs sampt meinem Son in anderm zuver-
dienen jederzeit geflissen, erhörung mich getröstend.
Der Gott alles trostes vnd friedes, stercke vnd erhalte
E.G. wider alle ihre feinde; vnd erfülle E.G. hertz mit
freuden ewiglig. Dat. Muschenheim, den 22. April
[illegible] 1602
E.Gn.
vnderthenig C Antonius Praetorius
Pfarrer zu Lautenbach

Bild 75 Brief des Anton Praetorius vom 22. April 1602

Kommentar zu dem Brief des Anton Praetorius

Wohlgeborener Grave (Graf), Gnediger Herr, E.G. sezen meine underthänige und nach vermogen willige Dienste, neben embsigem gebett zu Gott, jeder Zeitt zuvor.

Dies ist die Formel der Ehrerbietung. E.G. = Euer Gnaden als Anrede an den Grafen.

Gnediger Herr, als für etlichen Jaren elende wittibschafft

Mit wittibschafft (= Witwenschaft) *meint er die Jahre vor seiner 4. Heirat. Es ist ihm augenscheinlich schwergefallen, ohne Frau und als alleinerziehender Vater zu leben.*

und stette todsgefahr mich troffen hatte

Damals wütet in der Gegend die Pest, an der auch seine 2. Frau 12 Tage nach der Hochzeit stirbt.[779] *Viele Leute packt die Todesangst, als sie die Menschen haufenweise um sich herum sterben sehen.*

Zudem ist Praetorius häufig krank gewesen "mit harten und schweren Lägern und Kranckheiten, also dass er sich viel an die Ärzte gewendet, auch viel von ihnen erlitten, dennoch ihm nicht hat können geholfen werden".[780]

Vielleicht ist dieser Winter auch besonders hart gewesen.

und E.G. ich in höchster angst supplicando (*demütig bitten*) meinen Son Joannem commendieret (*empfehlen),* haben E.G. gnedigst sich erkleret, Sie, im fall ich todsgefallen, solve (*auflösen, schlaffmachen, beenden*), meinen Son ihr angelegen seien lassen, und zur Schulen gnedig erziehen wollen.

Also hat Praetorius dem Fürsten diese seine größte Sorge schon einmal vorgetragen und erneuert hier seine Bitte. Anscheinend hatte er damals schon eine Zusage bekommen.

Ob nun noch der liebe Gott das mahl mich erhalten, bin ich doch desgleichen falls teglig wartend, finde auch nochmals die nottürftzige comendation (*Erziehung*) meines Sons, welcher jetzt ins Siebenzehnde jar getretten,

Praetorius fühlt sich in steter Todesgefahr und kann seinen Sohn gerade so ernähren.

Der Sohn hat kurz vorher Geburtstag gehabt. Das Geburtsdatum muss also im ersten Quartal liegen.

und seiner studien zimblichen grunde geleget.

Dies erinnert an sein Buch "Haußgespräch". Darin geht Anton Praetorius im Gespräch mit seinem Sohn die Hauptstücke des christlichen Glaubens durch, wobei das Buch den Sohn sehr firm in theologischen Fragen zeigt. Da Praetorius dieses Buch den Kindern des Grafen widmet, wird hier die literarische Gestalt des "Sohnes" auch in pädagogischer Absicht als Vorbild gezeichnet.

So machet auch E.G. bestendiger gemüte mir diese Zuversicht, ihrer Gn. (*Gnaden*) gnedige Zuneigung gegen mich und die meinen sei noch nicht erloschen. Haben dan E.Gn. (*Eurer Gnaden*) jederzeit etliche Stipendiarios (*Stipendien*) gefahren, und deren Zahl sich nun gemehret;

Bemerkenswert ist die Information, dass der Fürst anscheinend mehrere Stipendien verteilte. Obwohl Anton Praetorius schon einige Zeit vom Hof weg ist, zeigt er sich über diese Angelegenheiten gut informiert - wohl durch den Schwiegervater?

als bitt ich underthänigst, E.G. unter solche meinen Son (an welchem ich keine kosten gelassen habe,) gnedig zehlen und auffnemen wollen, damit er seinen lauff in Philosophia und dan vornemblich in Theologia, dahin er inclinieret (*dahin neigen*),

auch dieser Satz erinnert sofort an das Buch Haußgespräch mit der theologischen Unterhaltung zwischen Vater und Sohn...

glücklich vollenden, und Gott und seiner Kirchen zu dienen desto ehe (nütz?) und tüchtig werden möge.

Hierinne thun E.G. (*Eurer Gnaden*) barmhertzigkeit zu Gottes ehren, und bin ichs sampt meinem Son in anderm zuvordienen jederzeit geflissen, erhörung und getröstend.

Der Gott alles trostes und friedes, (*eine bekannte theologische Ausdrucksweise)* stercke und erfahre E.G. wider alle ihre feinde; und erfülle E.G. hertz mit freuden ewiglig.

dass Praetorius hier bekannte Auseinandersetzungen des Grafen mit Feinden so anspricht, verwundert den heutigen Leser...

Dat. Muschenheim, (Montag) den 22. April 1602 (zwei Wochen nach Ostern).[781]

Erstaunlich ist, dass Anton Praetorius ein Buch gegen Hexenverfolgung in die 2. Auflage gibt und sich zugleich mit der Bitte um finanzielle Unterstützung an den Fürsten wendet, der diese Hexenverfolgungen durchführen ließ und ihn entlassen hatte. Dieser Brief wird wohl von einem Boten an den Fürsten geschickt worden sein.

Aufgrund seines Briefes gewinnt der Leser als Gesamteindruck, dass der Verfasser in einer wirtschaftlich äußerst prekären Lage ist und sich täglich von Krankheit und Tod bedroht sieht. Er schreibt an seinen ehemaligen Landesherren, der ihn aus dem Dienst entlassen hatte wegen seines Verhaltens während des Hexenprozesses. Unterwürfig, so hört es sich an, bittet Praetorius den Grafen um Unterstützung für die Ausbildung seines Sohnes, weil er sonst keinen anderen Ausweg im Falle seines Todes sieht. Dass sich Anton Praetorius nun doch wieder an seinen vorherigen Landesherren wendet, ist sicherlich ein Hinweis auf seine verzweifelte Situation. Gleichzeitig wird deutlich, dass Anton Praetorius auch seinen Schwiegervater nicht um Unterstützung bitten kann.

Pfarrerberuf: Hinter dem alten Pfarrhaus in Muschenheim findet sich die Strasse "Am Pfarrgarten", die zu den Feldern der Pfarrer damals führte. Die Pfarrergehälter waren nicht hoch. Die Pfarrer mussten damals nebenbei Landwirtschaft betreiben, um sich zu ernähren. Praetorius schreibt, wie etliche Pfarrer, die 12

Dörfer zu versorgen haben, sich von ihren Wiesen und Ackerbau ernähren müssen. "Da wird wenig studiert, übel gepredigt, langsam gehört, nichts gelernt. Andere werden aus Not gedrungen, der Haus- und Feldarbeit nachzugehen, damit sie und die Ihren Brot zu essen haben."[782] Auch in anderer Hinsicht unterscheiden sich Stellung und Aufgaben der damaligen Pfarrer erheblich von denen heutiger Pfarrer, wurde doch damals der Pfarrer als verlängerter Arm des Landesherren respektiert und gefürchtet. Demnach wird auch Seelsorge eher im Verständnis der Rolle des "Kirchenrügers" gesehen worden sein.

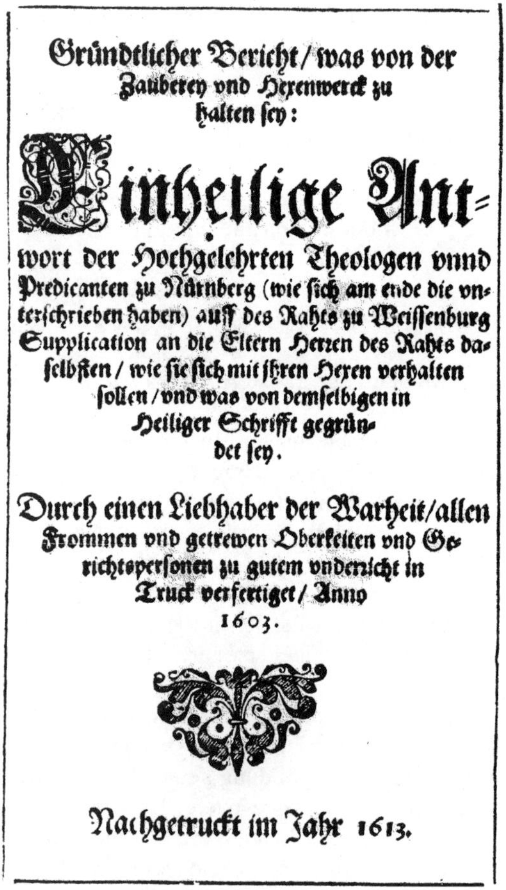

Gründtlicher Bericht / was von der Zauberey vnd Hexenwerck zu halten sey:

Einhellige Antwort der Hochgelehrten Theologen vnnd Predicanten zu Nürnberg (wie sich am ende die vnterschrieben haben) auff des Rahts zu Weissenburg Supplication an die Eltern Herren des Rahts daselbsten / wie sie sich mit jhren Hexen verhalten sollen / vnd was von demselbigen in Heiliger Schrifft gegründet sey.

Durch einen Liebhaber der Warheit / allen Frommen vnd getrewen Oberkeiten vnd Gerichtspersonen zu gutem vnderricht in Truck verfertiget / Anno 1603.

Nachgetruckt im Jahr 1613.

Bild 76 Titelseite des Gutachtens lutherischer Theologen zur Zauberey

1602: Lutherische Theologen schreiben ein Gutachten zur Zauberey

Anfang Mai 1602 schädigt Spätfrost die Pflanzen.[783] Die Menschen haben Angst, dass die Ernte wieder beeinträchtigt wird. Doch plötzlich ändert sich das Wetter.[784]

Am 26. Mai 1602 verfassen auf Verlangen des Rates zu Weissenberg "hochgelehrte Theologen und Prädikanten" zu Nürnberg ein Gutachten, "was von der Zauberey und Hexenwerk zu halten sei".[785] Praetorius fügt dieses Gutachten lutherischer (!) Theologen, welches 1603 gedruckt wird, zur Bekräftigung seiner Auffassung später seinem Buch an - erstaunlich in einer Zeit erbitterter Auseinandersetzung zwischen reformierter und lutherischer Theologie (vgl. Abbildung auf Seite 138). Unter Bezug auf die Bibel schreiben die Gutachter: Es hat immer Hexerei gegeben. Die Menschen sollen sich von Zauberei fernhalten, denn der Teufel will die Menschen verführen. Gottes Macht aber ist größer. Deshalb kann der Teufel auch den Hexen keine übernatürlichen Fähigkeiten übertragen, sondern dies ist nur Blendwerk. So können Teufel und Hexen keinen Wetterschaden verüben, sondern nur Gott hat Gewalt über das Wetter. Deswegen muss man mit diesen verblendeten Leuten, die sich einbilden, es stände in ihrer Macht, solches zu tun, "Mitleid tragen anstatt mit scharfer Strafe verfahren". Sie warnen vor unzeitigen Bezichtigungen und fordern rechtmässige Verhöre und angemessene Bestrafung.

Die Entscheidung des Grafen - der Sohn studiert

1603 herrscht extreme Trockenheit. Es gibt überhaupt keine Niederschläge im Winter und einen sehr heißen Sommer. Die Weinqualität ist gut. Der Winter 1603/1604 wird kälter. Auf dem Rhein gibt es mehrfach Wechsel von Eisaufgang und Wiedergefrieren.[786] Auf den trockenen Februar 1604 folgt ein milder, warmer Frühling.

Die Entscheidung des Grafen über den Stipendienantrag ist nicht überliefert. In den Büdinger Akten über Stipendiaten im Fürstlichen Archiv[787] ist ein Johannes Praetorius nicht verzeichnet. Trotzdem scheint Praetorius sein Ziel erreicht zu haben, denn am 1.3.1604 kann sein Sohn Johannes sein Studium in Heidelberg mit Hilfe eines Stipendiums beginnen.[788] Es findet sich folgende Notiz:
Johannes Praetorius Camensus Westphalus; al. Westphalus Lippensis, rec. ad stipendium philosophicum in collegio Casimirano, 29. Februar 1604; bacc. art. 27. Junij 1605.[789]

Während Johannes studiert, überzieht ein nasser, milder Winter das Land, doch die Ernte verregnet.[790] Am 2. Mai 1605 wird im Gebiet des Vogelsbergs "durch Gewitter und Hagelschlag einiges von der Frucht gantz und gar in Grondt und Boden geschlagen", "das nicht über 20 Halm ... stenplieben".[791] 27.6.1605: Johannes promoviert zum Baccalaureus Artium,[792] "damit er seinen lauff in Philosophia und dan vornemblich in Theologia, dahin er inclinieret".[793]

Anton Praetorius ist erleichtert, glücklich und stolz, dass sein einziger Sohn nach all den vorhergehenden Schwierigkeiten das Studium beendet. Diese Sorge ist von seiner Seele. Ist es nicht die größte Freude für Eltern, wenn das Leben der Kinder gelingt? Gerade weil in der Folgezeit Anton Praetorius und seine vierte Frau Sibylle miterleben müssen, wie weitere gemeinsame Kinder tot zur Welt kommen oder bald nach der Geburt versterben,[794] ruhen nun all seine Hoffnungen als Vater auf diesem, seinem einzigen lebenden Sohn Johannes.

Praetorius: "*Gebet eines frommen Studenten.*

Ewiger, Barmherziger Gott, Himmlischer Vater.

Ich dancke dir für alle Wolthat, die du mir von Mutterleibe an so gnädig erzeiget hast, und sonderlich, dass du mich durch deine Güte und Barmherzigkeit zur selige Erkenntnuß deines H. Evangelii berufen und Gotfürchtige Eltern und Schulmeister gegeben, die mich in deiner Furcht, guter Zucht und Lehr getrewlich unterweisen, und von allem Bösen abhalten. O Herr, laß mich solche deine Gnad und Wolthat recht erkennen, auff dass ich dir allezeit von Herzen dafür dancke, und mich desto mehr befleisse, diese meine Zeit und schöne Gelegenheit zugewinnen. Gib mir, Herr Gott, deinen H. Geist, der mein Herz unnd Verstandt erleuchte, damit ich das gute, so mir zu lernen auffgegeben wird, recht und glücklich fassen, behalten, widergeben und gebrauchen könne: auff das meine und meiner Lehrmeister Arbeit nicht verloren, noch meiner Eltern thewre Hoffnung betrogen werden. Bewahre mich, lieber Herre, vor böser Gesellschaft, Undanckbarkeit, Ungehorsam, Müssiggang unnd allen Stricken deß Teuffels deines und unsern Feindes.

Laß mich dein gutes Schäflein seyn in deiner Erkenntnuß, Furcht und Liebe warem Glauben, guten Künsten und Lehr, Weißheit, Zucht unnd Erbarkeit, auch in Gnade bey Dir und frommen Leuten täglich zunemen: auff dass ich auch dermal eins, wozu du mich beruffen wirst, dir zu dienen tüchtig und nütze erfunden werde. Beschirme auch mich, meine lieben Eltern, Schulmeistere, Prediger, Oberkeit und alle Christgläubige Mitbrüder, diesen Tag und folgende Zeit unsers Lebens für zu grossen Sünden, Kranckheit, Schaden und Gefahr: Unnd gib uns allen alles, was uns heilsam ist an Leib und Seelen. Durch deinen lieben Sohn, unsern Herrn Jesum Christum." [795]

Was ist aus Johannes geworden?

Was ist aus Johannes geworden? Den Leser wird es freuen, wenn er im kurpfälzischen Pfarrer- und Lehrerverzeichnis aus dem Ausgang des XVI. Jahrhunderts liest, dass Johannes Praetorius am 7. Juli 1608 Pfarrer in Kettenheim und Walheim geworden ist.[796] Und in der Fußnote kann man lesen: "Johannes Praetorius, Camensus Westphalus, studierte in Heidelberg 1604."

Geschafft! Ein gutes Ende? Hat es also Johannes trotz aller Schwierigkeiten geschafft, Pfarrer zu werden? Doch der Leser blättert weiter und findet folgende Eintragungen:
Ein Joes Praetor war am 6.7.1603 praeceptor IV.classis an der Fürstenschule in Neuhaussen,[797]
ein Johannes Praetorius am 23.4.1604 Diakon in Sprendlingen (bei Alzey) als Nachfolger von Pfr. Wimarus Stipelius aus Westfalen und Nachfolger von Franciscus Copius[798] aus Hamm in Westfalen.[799]

Dann finden sich:
ein Johannes Praetorius am 16.10.1605 als Pfarrer in Rodtselberg,[800]
ein Johannes Praetorius am 9.5.1607 als Schulmeister und Gl.[801] in Undenheim,[802]
ein Johannes Praetorius 1608-1613 als Pfarrer in Kettenheim[803] und
ein Johannes Praetorius als Pfarrer zu Münster-Dreisen am 30.6.1613,[804] "wo er vor 1628 stirbt".[805]

Da Johannes, der Sohn von Anton Praetorius, erst am 29. Februar 1604 mit dem Studium beginnt, es am 27. Juni 1605 beendet[806] und am 27.6.1605 promoviert, wird in dem alten Pfarrerverzeichnis die Vermutung geäußert, dass es sich bei diesem genannten Pfarrer Johannes Praetorius um einen Praetorius aus Ogersheim[807] handelt, der schon am 16.5.1600 das Studium in Heidelberg absolviert.[808] Er ist Sapientist[809] und heiratet im Jahr 1605 Frau A. Elis. Heberling, Tochter des Pfarrers in Steeg.[810]

Das bedeutet, dass wir über das weitere berufliche Schicksal von Johannes nichts Sicheres in Erfahrung bringen können. Diese Informationen bleiben leider im Dunkel der Vergangenheit verborgen, und wir werden im Ungewissen gelassen.

Am 14. Februar 1606 kommt Johan Wolff Göder als Schulmeister nach Laudenbach,[811] und am 7. November 1607 folgt ihm Ludwig Guntheimer Heidelbergensis als Schulmeister. Dieser hat zeitgleich mit Johannes, dem Sohn von Praetorius, in Heidelberg studiert.[812]

1606 Nach einem trockenen Frühling versinkt das Land in einem nassen und kalten Sommer. Ende September erfriert der Wein.[813]

1607 Solch einen Winter haben die Menschen noch nie erlebt: er ist extrem warm und trocken- ein Rekordwinter ("kein Winter"). Aussaat im Februar. Im Herbst länger anhaltendes Regenwetter. Dann folgt ein kalter Winter mit äußerst starken Schneefällen.[814]

1607 Gründung der hessen-darmstädtischen Universität Gießen.[815]

1608 Der heftige, lange, sehr strenge Winter will gar nicht weichen. Danach katastrophale Überschwemmungen und ein kalter Sommer und Herbstregen. Schlechte Ernte.[816]

1608 Deutschland: Süddeutsche Reichsfürsten unter Kurfürst Friedrich IV. von der Pfalz schließen sich zur protestantischen Union zusammen.

1608 Ein Protestant wird zum Präsidenten des Reichskammergerichts gewählt. Die katholischen Stände weigern sich ihn anzuerkennen. Das Oberste Reichsgericht hört damit auf zu funktionieren.[817]
Ein Reichstag, der über die Restituierung geistlicher Besitztümer verhandeln soll, scheitert 1608, weil die am schärfsten denkenden protestantischen Stände ihn nach Übergabe einer Beschwerdeschrift verlassen. Die Pfalz ist dabei führend.

Die Windel und das kranke Kind in Laudenbach

Ein nasser, windiger, grauer Tag. Ein Sturm hat in der Nacht zuvor die letzten Blätter von den Bäumen gezerrt und treibt seit dem Morgen immer neue schwarze Wolken heran. Heu hat "wegen stettigeß Regenwetterß nicht können gemacht werden, sondern sei ... außgeweydet worden, hätte am 24. Oktober noch ungemehet gestanden und wegen des bösen Wetters nicht gemacht werden können oder sei durch das Gewässer weggeführet, durchs Wasser verschleumbt und deshalb nicht gemehet worden. Vom 1. September bis zum 20. Oktober hätte die Wintergetreideaussaat bey unstetem Wetter gedauert".[818] Der Bevölkerung vieler Orte wird angesichts drohender Hungersnot von der Landesherrschaft Getreide vorgestreckt.[819]

Am 14. Oktober 1608 beschreibt Anton Praetorius eine weitere Erfahrung mit dem Aberglauben der Dorfbewohner.[820] In Laudenbach sind Leute, die haben ein krankes Kind, welches schon lange Zeit liegt, sich sehr quält und stockmager geworden ist. Sie wähnen in ihrem Aberglauben, es wäre dem Kind durch böse Leute angetan worden, und suchen Rat bei einer verfluchten "Segnerin" (Zauberin). Auf Rat der alten Vettel [Frau] nehmen sie eine Leinenwindel von dem Kind und legen sie Freitag morgens, vor dem Sonnenaufgang und ehe die Glocken geläutet werden, bei dem Kirchhof auf einen Kreuzweg fein aufs Pflaster ausgebreitet in der Hoffnung, wenn jemand daher ginge und die Windel aufhöbe, derselbige Mensch alsbald des Kindes Plage an seinen Leib bekommen, erlahmen und verdorren solle, das Kind aber solle zur Stunde genesen. Eine Nachbarin gehet vor Tage Wasser zu holen über die Gassen, siehet das Tuch da liegen und ahnt sofort, von wem und wozu es da liegt. Sie erzürnet und flucht darüber. Eine andere hört es, fragt, wer ihr getan, dass sie so frühe auf der Gassen fluche und sei doch allein. Der sagt sie, was da liege und wer und warum es hingelegt. Die fluchet auch. Und machen die beide Weiber ein solches Geplärr auf der Gasse, dass ich es in meiner Stube, da ich studieret, hörte. Ich laufe eilends zum Fenster, um zu vernehmen, was doch wäre. Wie ich nun auch das Tuch (weiß scheinend) sehe und begreife, warum es dahin geleget, bitte ich, sie sollen fleißig acht haben, dass es bliebe, bis es vollend Tag würde. Es kommt aber bald hinweg, und keiner von uns wird es gewahr.

Ich forsche nach und erfahre, dass ein armer alter Mann daher gegangen wäre. Ich lasse fragen, ob er das Tuch vom Pflaster aufgehoben? Und so er es habe, solle er es mir bringen oder schicken, denn es wäre in böser Absicht dahin geleget. Er hat es. Sein Weib bringt mirs und fürchtet sich sehr vor Unglück. Ich tröste sie, er würde keine Not haben, sie sollten nur Gott vertrauen. Da nun um den Mittag am meisten Volk auf der Gassen und bei dem Rathaus ist, rufe ich meine Nachbarn, mein Gesinde und andere, die das Tuch gesehen haben, zusammen: nehme Feuer und Stroh und verbrenne das Tuch auf der Stätte, da es gelegen hat. Und sage dazu diese Worte: "Also wird Gott dem Menschen, der die Zauberin besucht und nach ihrem Rat diese Windel hierher gelegt oder hat legen lassen und gehofft hatte, seinem Kind solle hierdurch und dazu mit anderer Leute Schaden geholfen werden, auch mit Feuer in der Hölle verbrennen, wenn er sich nicht bekehrt." So gings mit dem Tuch. Das kranke Kind aber bleibt krank, und es wird je länger je ärger mit ihm, bis es endlich nach dreißig Wochen stirbt. Und dem alten Mann, der das Tuch aufgehoben, widerfährt gar kein Leid, ja, er wird nach der Zeit viel frischer, als er in etlichen Jahren zuvor gewesen ist.

Am 25. März 1609[821] kommt ein neuer Schulmeister nach Laudenbach: Joan Conrad Körber.[822] Der bisherige Schulmeister Guntheimer wird 1611 Pfarrer in Caub und in der Folge in Weißel und kehrt am 19.12.1614 in die Gegend zurück als Schulmeister und Glöckner[823] von Hemsbach.[824]

Besuch aus Unna/ Westfalen - Freunde in Kamen

1609 schreibt Kepler, dass sich die Planeten um die Sonne bewegen.
1610 Galileo Galilei veröffentlicht seine astronomischen Untersuchungen mit einem selbstgebauten Fernrohr.
1610 Kalter Winter. Frühling sehr kalt und feucht, Dauerregenperiode im Mai. Sommer und Herbst sehr heiß. Weinqualität sehr gut.[825]

Praetorius widmet die folgende Auflage seines Berichtes 21 Personen aus ganz Deutschland (siehe Seite 147). Wer waren diese Menschen? Was können wir nach 400 Jahren über sie noch in Erfahrung bringen? Woher kannte sie Praetorius? Als ich die Seite mit den Widmungen zum ersten Mal sah, war besonders erstaunlich für mich, dass auch Bürger meiner eigenen Heimatstadt Unna genannt werden - 290 km entfernt von Laudenbach.

Vorbemerkung: Datum und Szene des folgenden Gesprächs sind erfunden, um die Angaben der Widmungen des Buches von 1613 anschaulicher darzulegen. Ein Gespräch zwischen Anton Praetorius und Schulmeister wird häufig stattgefunden haben, zumal die Rede vom "Pfarr- und Schulhaus" ist: "Kirche und Schule verhalten sich zueinander wie 'Mutter und Tochter'".[826] In der Beerdigungspredigt wird auch vom letzten Lebenstag von Anton Praetorius von solch einer Begegnung berichtet mit einem Nachtmahl und gemeinsamem Kirchenlieder - Singen.[827] Wir können also davon ausgehen, dass der Schulmeister ein Vertrauter des Pfarrers war. Als einer der wenigen im Ort, die damals des Lesens und Schreibens kundig war, können wir ein Interesse seinerseits an den Veröffentlichungen des Pfarrers annehmen.

Jahresanfang 1610:[828] Den Januar über wüten ungewöhnlich lange Stürme und überziehen das Land mit Hagelschauern, Gewittern und Hochwasser.[829]

Der Schulmeister besucht den Pfarrer: "Im Dorf wird erzählt, Ihr habt schon wieder Nachrichten erhalten?"

Anton Praetorius lacht: "Die Leute wissen es schon, bevor ich überhaupt den Brief aufgemacht habe. Aber Ihr habt recht, werter Praezeptor.[830] Es sind frohe Nachrichten aus meiner alten Heimat. Der Sohn eines alten Freundes wird in Heidelberg studieren."

"Wer ist es?"

"Christophorus Gephyrander Unnensis Westphalus. Er soll im April sein Studium beginnen.[831] Das wird eine Freude sein, wenn er hier auf dem Weg in Laudenbach vorbeikommt und Kunde von allen alten Freunden und den Verwandten mitbringt. Kurz bevor ich hier anfing, da war schon einmal ein Sohn eines alten Freundes und Gönners zum Studium in Heidelberg, nämlich Hermannus Reinermann aus Kamen."[832]

"Wieso sagt Ihr, sein Vater sei Euer Gönner gewesen?"

"Sein Vater **Hermann Reinermann,** Legum Licentiatus[833] zu Kamen und der Richter **Johann Bodde**[834] haben 1586 eine größere Summe Geldes für Zwecke der besseren Schulausbildung in Kamen gestiftet, als ich dort Rektor war. Von der Rente wurde die Besoldung für mich als Rektor bezahlt (vgl. Seite 26). Sollte mein Bericht über Zauberei noch einmal gedruckt werden, will ich ihnen das Buch widmen, weil sie soviel für die Bildung der Menschen und für mich getan haben.

Auch den **Pastor zu Camen, Wilhelmus Schulenius**[835] will ich erwähnen. Er hat zusammen mit anderen 1611 die reformierte Konfession in Kamen eingeführt.[836] Wilhelm Schules Eltern waren Jurgen Schule, der "Burgermeister zu Camen" und Sophia Pröbsting, der "Burgermeister Jurgen Schule" aber ist sein Bruder." [837]

Schulmeister: "Hattet Ihr auch viele Beziehungen nach Unna? Ihr sagtet neulich, dort hättet Ihr Verwandte."

Praetorius: "Kamen und Unna liegen nahe beieinander in der Grafschaft Mark im Herzogtum Kleve. Die Menschen dort haben viel zu leiden.[838] Ich habe immer wieder Nachrichten darüber erhalten. 1588[839] fingen die katholischen Nonnen an, ihren Orden in Unna zu verlassen, und nahmen die lutherische Lehre an.[840] Dann war 1596 Kersting als Prediger in Unna, und es gab großen Streit zwischen Lutherischen und Reformierten.[841] Als dieser Prediger auf die Kanzel wollte, haben sie ihm die Hose ausgezogen, um ihn zu hindern." [842]

Schulmeister: "Das ist ja unglaublich!"

Man kann vermutlich schlussfolgern, dass weiterhin rege Verbindungen in die alte Heimat bestanden. Wir wissen, dass Praetorius folgende Familien aus seiner Kamener Zeit kannte: Hermannus Reinermann Camensis Westphalus, Student 1595, und Christophorus Gephyrander, Unnensis Westphalus, Student 1610 - wohl beides Söhne von Personen, denen Anton Praetorius 1613 sein Buch widmete. Daher sind hier persönliche Verbindungen mit Sicherheit anzunehmen. So fanden wohl auch manche Besucher aus Westfalen den Weg in das Pfarrhaus in Laudenbach, dass auf dem Weg 20 km vor Heidelberg lag. Möglicherweise sind auch Briefe mitgegeben worden und Nachrichten übermittelt worden über das Wohlergehen der Familie, Freunde und über besondere Lebensumstände. Es gab etliche Studenten aus der Gegend von Kamen, Unna und Hamm, die in Heidelberg studierten.[843]
(Zur Auseinandersetzung zwischen Reformierten und Lutheranern in Unna siehe Anhang Seite 202)

Praetorius fährt fort: "1597 hat die Pest in Unna 1400 Menschen weggenommen.[844] Damals war der lutherische Prediger Philip Nicolai,[845] einer unserer größten Widersacher, in Unna, als die Pest am schlimmsten wütete.[846] Im Volksmund haben sie das Gerücht ausgestreut: "Es sey der Teufel zu Unna in Gestalt eines Calvinischen Prädicanten mit großem Geräusch im Beisein und Zusehen vieles Volks, von der Orgel auf die Kanzel geflogen, und daselbst, nachdem er etliche Worte im Munde gemurmelt, verschwunden."[847] Und es wurde in der Gegend sogar verfügt: "Wer "calvinischer oder anderer verdammter Sekten anhangen, oder deswegen in Verdacht ständt", solle enteignet und seiner Fürstlichen Gnaden angezeigt werden.[848] In Kamen sind die Menschen erst um 1600 calvinistisch geworden."[849]

Schulmeister: "Das ist ja teuflisch, welcher Drangsal unsere reformierten Glaubensbrüder dort ausgesetzt werden!"

Praetorius: "Meine Freunde und Verwandten haben noch viel mehr leiden müssen. Im nächsten Jahr haben sich die "Spanischen Kriegsvölker[850] dort einquartieret, und der Bürgerey und den Bewohnern des platten Landes viel Schaden gethan. Aber als sie von der Pest hörten, sind sie wieder weg."[851] Fünf Jahr später haben sie den Leuten in Kamen viel Schlimmes getan. Ich bin froh, dass meine Verwandten und Freunde noch leben. Es ist eine böse Zeit."

Denn Ehrwürdigen/ Ehrnvesten/ Ehrsamen/ Hoch- vnd Wol-gelehrten/ Achtbaren vnd Fürnehmen:

H. Jacobo Adamo, Predigern
H. Reinholdo Kleinfeldio, Secret. } zu Dantzig.
H. Andres Stephan/ Kauffherrn

H. Johanni Hulsmanno, } Inspectori zu { Creutznach.
H. Valentino Laupæo } Inspectori zu { Oppenheim.

H. Wimaro Stipelio,
H. Abelo à Creutzaw/
H. Philippo Phildio,
H. Johanni Althusio } Pfarrern zu { Sprendling. Elsfferszheim. Nierstein. Wachenheim.

H. Johanni Meiero, Predigern zu Bensheim.
H. Jan. Fabiano Beringero, Cantori zu Creutznach.

H. Casparo Fabricio, Richtern
H. Thomę Gephyrandro altē Rectori } zu Vnna.
H. Wilhelmo Keltzero, J. U. D.

H. Wilhelmo Schulenio, Pastori,
H. Johanni Badio, Richtern/ } zu Camen.
H. Hermanno Reineman. L L L.

Heinrich Schultzen/ Burgern zu Vnna.
Iodoco Prætorio, Studioso Heidelbergensi.
Balthasar Schultzen/ zu Anclam, in Pommern.

Meinen Großgünstigen vnd günstigen Herren/ lieben freunden/ Gevatteren/ Bruder/ vnd Vetteren/

Wünsche ich die besten Gottes gaben auff Erden/ vnd alle schätze des Himmels/ durch vnsern einigen Heiland/ Christum den Herrn/ Amen:

)(ij.

Bild 77 Widmungsseite von Praetorius, Bericht von der Zauberey 1613

Die Widmungen des Berichtes von Praetorius von 1613[852]

In den Widmungen für die Ausgabe seines Berichtes von 1613 nimmt Praetorius eine geographische und eine beziehungsmäßige Unterteilung der Personen vor.

In der **ersten** Abteilung der Widmungen nennt er Personen in Danzig (Nr. 1–3):
Einen Amtsbruder,
einen Sekretär der Stadt und
einen Kaufmann.

In der **zweiten** Abteilung der Widmungen finden sich Inspektoren und Pastoren aus der Gegend südwestlich von Wiesbaden (Nr. 4 – 12):
Zwei Inspektoren,
vier Pfarrer,
ein Prediger und
ein Kantor,
allesamt Amtsbrüder und "Freunde im Denken".
(Ein Inspektor war vergleichbar mit einem heutigen Superintendenten, also ein Vorgesetzter (daher "Meinen Großgünstigen und günstigen Herren...")

In der **dritten** Abteilung Personen in Unna (Nr. 13 – 15):
ein Richter,
ein alter Rektor und
ein Doktor des römisch- katholischen Kirchenrechts,
vermutlich Bekannte aus seiner Kamener Zeit.

In der **vierten** Abteilung Personen in Kamen (Nr. 16 – 18):
ein Pfarrer,
ein Richter und
ein Jurist,
allesamt Bekannte aus seiner Kamener Zeit: die Namen tauchen auch in der Schenkungsurkunde für die Lateinschule 1585 auf.

In der **fünften** Abteilung Personen in Unna, Heidelberg und Anklam) (Nr. 19 – 21)
ein Bürger aus Unna
ein Student aus Heidelberg,
eine Person ohne Berufsangabe in Anklam/ Pommern
allesamt mit Namen Schultze (lat.: Scultetus und Praetorius

Gemeinsamkeit der Städte Danzig und Anklam, Kamen, Unna und Lippstadt: Sie waren Hansestädte (wirtschaftlicher Höhepunkt im 16. Jh. überschritten; süddeutsche Städte waren nicht in der Hanse).[853]

In der Nennungsfolge der Namen könnte man auch eine gewisse Hierarchie (Bedeutung und persönliche Nähe) sehen:

1. "Meinen Großgünstigen und günstigen Herren / (darauf beziehen sich die ersten drei Zeilen zu Beginn der Widmung)
2. lieben freunden /
3. Gevattern = Pate / Bruder / und Vetteren" (Wer was war, kann man nicht eindeutig entnehmen).

Nach der Namensauflistung wünscht Praetorius den Genannten "die besten Gottesgaben auf Erden" und "allen Schutz des Himmels" durch unseren einigen Heiland Christus, den Herren. Amen

Schulmeister: "Und gibt es noch andere in Unna, an die Ihr denkt?"

Praetorius: "Da ist in Unna vor allem **Casparus Fabricius,** Richter zu Unna.[854] In den Urkunden wird er nur Casper Schmitz[855] genannt. Er stammt wohl aus Soest.[856] Mir gefallen aber diese lateinischen Namen viel besser. Er hat am 28. Mai 1593 seinen Bürger- und Richtereid vor dem Rat der Stadt Unna abgelegt, *"dass er treu sein will dem Hern Johann Wilhelmen, Hertzoge zue Cleve (...), Graffen zue der Mark."*[857] Es hat damals viel Staub aufgewirbelt, als er sich gleich im ersten Jahr mit Bürgermeister und Rat der Stadt Unna anlegte und einen Rechtsstreit führte."

Schulmeister: "Worum ging es?"

Praetorius: "Ach, das war ein Streit über Haussuchungsrechte. Wer Ausweisungen und Pfändungen anordnen und durchführen darf. Ein Machtkampf. Daran war auch **Johansen Baden**, der Richter zu Kamen, beteiligt, von dem ich eben erzählte."[858]

Schulmeister: "Und wie ging es aus?"

Praetorius: "Ja, der Richter hat sich nichts gefallen lassen. Er sagte, Recht sei Recht und dürfe nicht gebeugt werden. Er hat das voll durchgezogen. Das fand ich gut. Mit ihm stehe ich immer noch in Kontakt. Es wird gut sein, wieder etwas von ihm zu hören.

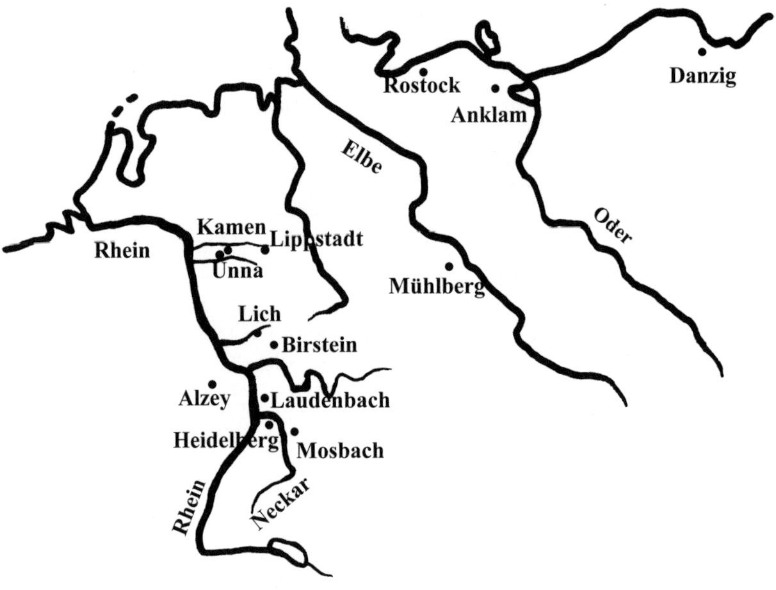

Bild 78 Karte der Widmungen Deutschland

"Thomas Gephyrander Salicetus "apus Unnenses hodie degens,
variis in studiis sese exercuit, & in primis de Geometrica Circuli quadratura,
multis seculis exposita, ac a se demum solertissime tentata,
foelicissime inventa,
demonstrationes perspicues & expeditas edidit,
scripto nuper typis vulgato,
in gratiam Ernesti Archi- Ep."[859]

(Thomas Gephyrander Salicetus lebt heute bei den Unnaern. In verschiedenen Wissenschaften hat er sich betätigt. Insbesondere hat er auch über die in vielen Jahrhunderten erörterte, von ihm jedoch erstmals sehr kunstfertig versuchte und auf das Glücklichste entdeckte geometrische Quadratur des Kreises klar verständliche Darstellungen veröffentlicht. Die Schrift wurde kürzlich im Druck verbreitet und ist dem Markgrafen Ernst gewidmet.)[860]

Praetorius: "Ach, ja, nicht zu vergessen den Juristen **Wilhelmus Keltzerus,**[861] J.U.D. zu Unna."

Schulmeister: "Was ist das: J.U.D.?"

Praetorius: "J.U.D bedeutet: Juris utriusque doctor. Das heißt, er ist Doktor des römisch- katholischen Kirchenrechts.[862] Mit Juristen habe ich viel geredet und kenne daher die Halsgerichtsordnung Karls V. (Carolina) für die Durchführung von Prozessen, und wie die Obrigkeiten immer wieder dagegen verstoßen. Es ist siebzig Jahre her, dass der Kaiser das erste reichsgesetzliche Strafrechtsbuch, die "Peinliche Halsgerichtsordnung" im Jahr 1532 erlassen hat. Das war auch das Jahr, als im Nürnberger Religionsfrieden uns Protestanten vorläufig das Recht der freien Religionsausübung gewährt worden ist." (vgl. Abbildung der Titelseite der Carolina S. 190)

Schulmeister: "Ihr habt hier bei den Unnaer Briefen noch einen anderen liegen. Wer ist das?"

Praetorius: "Das ist der Brief von **Thomas Gephyrander Salicetus aus Unna**. Sein Sohn ist der Christoph Gephyrander, der jetzt im April kommt,..."[863]

"... um dann in Heidelberg zu studieren," ergänzt der Schulmeister.

Praetorius: "Richtig. Sein Vater ist berühmt. Er ist der Weltweisheit Doktor, und ein Mann von besonderen Wissenschaften. In der lateinischen Dichtkunst hat Thomas Gephyrander Salicetus große Fertigkeit. Es gibt mehrere Texte von ihm. Diese Menschen sind wenigstens nicht engstirnig und bemühen sich um wahres Recht und wahre Weisheit. So gibt es auch keine Hexenprozesse in Unna oder Kamen."

Schulmeister: "Zum Glück!"

Praetorius: "All diesen Richtern und Juristen habe ich geschrieben über die schrecklichen Zustände in den Gefängnissen, wie die als Hexen angeklagten Weiber in dunkle Kammern und Gewölbe in Einzelhaft gesetzt werden, manchmal im Verließ am Wassergraben in sehr kaltem Ort, mit beiden Armen hinten an eiserne Stangen angefesselt und an Ketten, die in Mauern eingegossen sind, verschlossen. Wie sie in solchen Banden ohne tägliche und nächtliche Ruhe liegen, allein, in Sorge und Angst, inmitten von Läusen, Ratten und Gestank, wie sie von den Wärtern verspottet und gequält werden, dass sie ganz schwermütig werden und lange Zeit im Ungewissen bleiben müssen und nicht wissen, wann sie den Richter oder den Henker zur peinlichen Befragung sehen.[864] Und all dies sind doch Menschen, zwar verdächtigt, aber ´kann noch niemand sagen, wie/wem/was sie Böses getan`".[865]

Schulmeister: "Habt Ihr nicht auch einen Bruder zu Unna?"
Praetorius: "Ja, es ist **Heinrich Schultzen, ´Burgern zu Unna`.[866]** Er kann sehr gut mit Geld umgehen. Ich bin sicher, dass er noch einmal Schatzmeister wird oder Kämmerer."

Heinrich Schultze, Kämmerer und Ratsverwandter in Unna und Eberhardt Dordt, Rentmeister zu Heeren, als Bevollmächtigte des Ludger v. Ascheberg-Bynck und Johann Joachim v. Ascheberg zur Heyden übertragen an die Eheleute Küster Johann Drohtmann und Margarete Meyerinck zu Heeren das Drodts im Kirchspiel Unna und Kamen und das Haus Heyde. Die Eheleute Drohtmann geben dafür bis spätestens Pfingsten den Pfandschilling von 600 Rthlr.[867] zurück.

Zeugen: Arnold Keimann, Rentmeister zu Heeren, Arnold Hevissbrock (?), Bürger in Unna.
Heinrich Schultze, Eberhard Droth, Johann Drotmann, Coster zu Herne (= Heeren).
Kamen 5.3.1629[868]

Praetorius: "Eigentlich sind die Scultetus eine alte eingesessene Familie, die schon 1331 urkundlich erwähnt werden.[869] Wie Ihr wisst, kommt das deutsche Wort Scultetus oder Schuldheiß vom Wort Schuld (debitum). "Schulteten oder Schuldheißen hatten die Macht in ihrem Kreise den Schuldnern zu befehlen, und wenn solches nicht geschahe, selbige zu pfänden."[870] Leider habe ich nicht soviel Geld, sondern bin bettelarm. Da aber "vielerley Schulteten in Teutschland sind",[871] habe ich meinen Namen ins Lateinische gesetzt und nenne mich Praetorius."

Bild 79 Schultheiss

Wenn dieses Gespräch auch erfunden ist, so wissen wir doch, dass Anton Praetorius mit diesen Personen in Kontakt steht. Den hier in **Fettdruck** aufgeführten Honoratioren aus Kamen und Unna widmet Praetorius die nächste Auflage seines Buches.[872] Anton Praetorius schreibt aber nicht nur selber, sondern verfolgt aufmerksam die theologische Diskussion und Publikationen. Er führt mehrere Autoren seiner Zeit namentlich auf, die sich zur Bekämpfung des Hexenwahns geäußert haben: Witekind (der sich Augustin Lerchheimer genannt), Melandrum, Gödelmann[873] und Pererium.[874]

Am 10. Dezember 1610 beginnt Henrich Plier, Ascendiensis Westphalus seinen Dienst als Schulmeister in Laudenbach.[875] Er hat Philosophie im Collegium Casimiranum in Heidelberg bis zum 1.7.1607 studiert,[876] also kurz nach Anton Praetorius Sohn Johannes.

> "Zur Krankheit spare nicht dein Buß, bekehre dich auf frischem Fuß." [877]
> "Heyle all mein Gebrechen, dass meine Seele gesund unnd freudig sey." [878]

Immer wieder muss Praetorius seiner Gesundheit und seinem Alter Tribut zollen. Bei der andauernden Nässe und der nicht-enden-wollenden Kälte quält ihn immer wieder die Gicht und andere Krankheiten. "Hat ihn gott der herr auch an seinem leib angegriffen mit harten und schweren lägern und krankheiten, also dass er viel an die ärzte gewendet, auch viel von ihnen erlitten. dennoch ihm nicht hat können geholfen werden." [879]

Almosen für die Armen, Umbau der Kirche, ein Friedhof für Laudenbach[880]

"Beschere mir auch hinfort, lieber Gott und Himmlischer Vater, alle leibliche Notdurft zu meiner und der Meinen Erhaltung gehörig. Erwecke fromme Leut, die mir Barmherzigkeit erzeigen und meine Bürde tragen helfen: Dass ich dir fröhlich in meinem Beruf diene und nicht durch unnütze Sorge und Gedanken aus Armut deiner vergesse oder deine Gebote übertrete. Wöllest auch allen, so mir und den Meinen Gutes tun, reichlich wiederum vergelten, und verzeihen denen, die mich ohn Ursachen hassen und beleidigen. Endlich wöllest dich, Herr, erbarmen deiner ganzen Christenheit, deine Kirch erhalten und mehren mit treuen Dienern in Geistlichem und Weltlichen Regiment reichlich versorgen und ihnen allen, jedem nach seinem Stande, auch widerfahren lassen, was ich mir gebeten habe, auf dass wir an allen Seiten der Heiligen wahre Gemeinschaft empfinde und dich samt und sonders hier zeitlich und hernach ewig preisen." Gebet von Praetorius[881]

Die literarische Arbeit ist ein wichtiger Teil der Tätigkeit von Praetorius in seiner Laudenbacher Zeit. Insbesondere aber widmet er sich der Gemeindearbeit: also dass Praetorius "das ihme von GOTT vertrawte Pfund wol angelegt viel guter Ordnunge angestellet," dass es "zum nutzen der Kirchen kommen sey".[882]

Trotzdem wird es mancherlei Vorbehalte gegen Praetorius gegeben haben und besonders viel Gerede über die Totgeburten seiner Frau. Alle auffälligen Vorgänge um Schwangerschaft, Geburt, Unfruchtbarkeit oder Kindssterben werden in dieser abergläubischen Zeit als eine Warnung oder sogar Bestrafung Gottes angesehen.[883] "Mir ist wohl vorgeworfen worden, ich sei der Hexen Advocat[884] und wolle das Böse ungestraft haben." [885] Es ist bestimmt etlichen Dorfbewohnern unheimlich, einen solchen "Advocatus Diaboli" (Anwalt des Teufels) im Ort zu haben, der Bücher schreibt zur Bekämpfung des Hexenwahns, und dass es sich dabei um ihren Gemeindepfarrer handelt. Viele meinen wohl, dass er "bisweilen" zuviel hat seine "affecten schiessen lassen" und vom "Zorn sich bald überwinden lassen und der Sachen etwas zuviel getan".[886] Schon in der Auseinandersetzung über die rechte Bekämpfung des Pferdesterbens im Anfang seiner Dienstzeit stellt sich Anton Praetorius kompromisslos gegen die Meinung der Dorfbewohner und bekämpft radikal deren Aberglauben. Diese Wutausbrüche des Pfarrers werden im Dorf gefürchtet gewesen sein, und man wird Wahrsager oder Segner nur im Geheimen konsultiert haben.

Im Gegensatz zu den Jahren zuvor schreibt Praetorius (soweit uns bekannt ist) ab 1602 kein neues Buch mehr. Seinen ganzen Einsatz widmet er der pastoralen Arbeit in seiner Parochie.[887] Dieser engagierte Einsatz für die Gemeinde wird auch gewürdigt. In Laudenbach hat Praetorius "das almosen an diesem ort angefangen, daran gewesen, dass die kirche und der gottesacker ist gebauet worden".[888] Anton Praetorius hat also eine Armenkasse eingerichtet, was besonders hervorgehoben wird. Dann hat er für die Errichtung eines kirchlichen Friedhofs gesorgt. Die Errichtung eines Friedhofs hat ihn möglicherweise besonders beschäftigt, nachdem insgesamt 16 Menschen aus seiner engsten Familie gestorben sind (vgl. Seite 175) und er selber mehrfach am Rande des Sterbens stand. Ironie des Schicksals ist, dass heutzutage auf dem Friedhof in Laudenbach kein Grab- oder Gedenkstein an ihn erinnert.

Am Jahresanfang 1612 fällt außergewöhnlich viel Schnee, wodurch es zu Schäden am Wintergetreide kommt. Der Frühling ist kalt und trocken. Während der Rebenblüte ist Regenwetter eingefallen, so dass die Blüten abfallen. Und danach folgt Hitze: ein heißer Sommer. Wegen der Trockenheit gibt es bei Hafer und Gerste Probleme. Die Herbststürme im Oktober und November führen zu schweren Schäden. Zu Weihnachten erlebt Mitteleuropa ein Sturmszenario, das mehrere Tage dauert. Die Menschen fürchten sich: starke Gewitter lassen die Stürme zu einem wahren Inferno anwachsen.[889]

In diesem Jahr 1612 hat Anton Praetorius den Umbau der Kirche veranlasst und durchgeführt. Die Kirche, um 1500 im spätgotischen Stil gestaltet, baut er zu ihrer heutigen Form um. Davon zeugt die Jahreszahl 1612, die heute noch über dem südlichen Seitenportal mit seiner Renaissance-Umrahmung (zwar schwach) zu erkennen ist. Durch diese Tür (während des Simultaneums die 'protestantische Tür' genannt) kann Praetorius den Weg über den Friedhof zum 30 m gegenüberliegenden Pfarrhaus gehen.

Während der heftigen Auseinandersetzungen zwischen Katholiken und Reformierten weigern sich die Katholischen zeitweise, die Reformierten die Kirche betreten zu lassen. Sie werden dabei sogar von den Mainzischen Burggrafen von der Heppenheimer Starkenburg mit Waffengewalt unterstützt. Aber mit Hilfe pfälzischer Reiterei und Musketiere gelingt es den Reformierten, ihre Gottesdienste hier durchzuführen. "So wurde im Nachbarort Hemsbach die Kirche für die Reformierten gewaltsam geöffnet, indem die Haupttür einfach aus den Angeln gerissen wurde, und in Laudenbach wurde mehrfach das Türschloss beseitigt. Hier setzten die Katholiken schließlich durch, dass der Turmeingang ihnen allein als Zugang zur Kirche vorbehalten war, während die Reformierten die südliche Seitentür mit der Jahreszahl 1612 zu benutzen hatten, die im Volksmund mit der Zeit die Bezeichnung ´protestantische Tür` erhielt." [890] Das Pfarrhaus (heutzutage in Privatbesitz) hat bis heute seinen Platz behauptet. Es gibt also wenigstens noch bauliche Zeugen des Wirkens von Praetorius.[891]

Einen Raum im Pfarrhaus bezeichnet Anton Praetorius als sein "Musäum". Hier verfasst er das Vorwort für die Ausgabe seines Berichtes von 1613. Von hier aus schaut er auf die Gasse und sieht, wie "der April-Schein mit stillem hellen Wetter eintritt".[892] Ende April bedrohen Spätfröste die Blüten der Pflanzen.[893]

Der Schulmeister Henrich Plier wechselt von Laudenbach nach Heidelberg ins Pädagogium, wird dort aber schon am 12. Februar wieder abgesetzt, weil "ihme eine Magd ein Sohn geboren, und er sich am nächsten Tag davon mit einer anderen proklamieren (verlobt) hat".[894] Schließlich beginnt Plier am 16. Dezember 1612 den Dienst als Rektor in Weinheim.[895]

Bild 80 **Kirche in Laudenbach – s. Farbfotos S. 7**

Bild 81 **Kirche in Laudenbach – Protestantische Tür – s. Farbfotos S. 7**

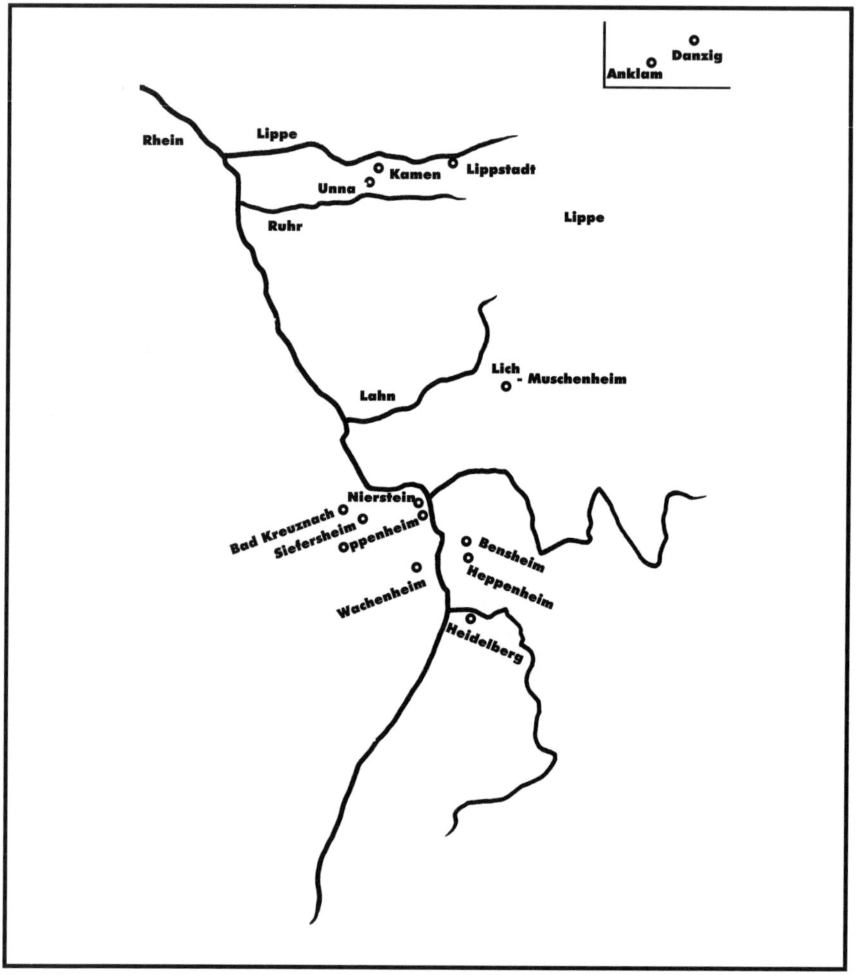

Bild 82 **Karte zu den Widmungen**

1613: ein Schicksalsjahr

"Über die Widmungen muss ich noch einmal nachdenken": Die Hilfe der kurpfälzischen Pfarrer

Vorbemerkung: Datum und Szene des Gesprächs sind erfunden, um die Angaben der Widmungen[896] anschaulicher darbringen zu können. Gespräche zwischen Anton Praetorius und Schulmeister werden allerdings häufig stattgefunden haben.

Am 4. Februar 1613 kommt Herman Spieß aus Berleburg als neuer Schulmeister nach Laudenbach.[897] Einige Tage später spricht der Schulmeister mit dem Pfarrer Anton Praetorius im Pfarrhaus.

Schulmeister: "Hat man solch Wetter schon gesehen? Wo sonst die Kälte bis ins Mark dringt, beschert uns dieser Winter Regen, Regen, Regen. Wie kann es zu dieser Jahreszeit so mild sein?"

Praetorius: "Überall leiden die Menschen unter Stürmen und Hochwasser." [898]

Schulmeister: "War in Eurer Jugend auch so böses Wetter?"

Praetorius: "Die Alten erzählten von milden Frühlingszeiten und warmen trockenen Sommern, in denen das Getreide und Heu gut wuchs. Ich habe es allerdings nur selten in meinem Leben erfahren dürfen. Seit der Zeit meiner Geburt ächzen die Menschen unter der erbarmungslosen Kälte der Winter und der kalten Nässe der Sommer. Diese lässt das Korn verfaulen. Und mir schmerzen die Glieder. Die Gicht piesackt mich, wo sie kann.[899] Trotzdem muss ich noch einmal versuchen, etwas gegen die Willkür der Obrigkeiten auszurichten."

Schulmeister: "Was meint Ihr mit der Willkür der Obrigkeiten?"

Praetorius: "daß nun solche ... tyrannische/ leib und seelen gefährliche händel die armen unterthanen hinforter nicht erfahren möchten: auch die Oberkeite solchen schimpf/ als Herzog Erichen von Braunschweig an seiner Gemahlin nicht mehr erleiden durfften." [900]

Schulmeister: "Sprecht Ihr nicht in rätselhaften Andeutungen?" [901]

Praetorius: "Alle Welt sprach immer wieder davon, allerdings hinter vorgehaltener Hand: Ich meine die Grausamkeiten, die der Herzog Erich von Braunschweig beging, um seine Ehegattin Sidonie aus dem Weg zu räumen. Er brach Gottes Gebot und beging vielfach Ehebruch, weil er sagte, dass er ihrer überdrüssig wäre. Zehn Jahre war sie älter als er. Schon nach kurzem wollte er seine Gattin loswerden. Er ließ unschuldige Frauen grausam foltern..."

Schulmeister: "...bis sie alles gestanden hatten, was er hören wollte."

Praetorius: "Ja, sie gestanden, dass seine Gattin angeblich geplant hätte, an ihm einen Giftmord zu begehen." [902]

(Ausführliche zeitgeschichtliche Hinweise im Anhang Seite 200).

Schulmeister: "Aber die fürstlichen Herren können sich alles erlauben und gehen immer ohne Strafe aus."

Praetorius: "und weiter meine ich, dass nun solche ... tyrannische/ leib und seelen gefährliche händel die armen unterthanen hinforter nicht erfahren möchten: auch die Oberkeite solchen schimpf/ als Anno 1603 dem Bischoff von Meinz [Mainz] zu Dipurg durch den Drachen begegnete/ nicht mehr erleiden durfften." [903]

Schulmeister: "Wer war das - der "Drache zu Dieburg""?

Praetorius: "Es war der Glöckner und Kupferschmied Lorenz Drach aus Dieburg.[904] Er wurde am 18. April 1603 im kurmainzischen Aschaffenburg zusammen mit anderen Männern durch Vierteilung hingerichtet. Wegen der Verfolgung ihrer Frauen hatten die Männer eine Schmähschrift verfasst, in der die Hexenprozesse des Erzbischofs angeprangert wurden. Angeblich hätten sie die Ermordung des Erzbischofs geplant. Alles Tyrannei und Willkür der Obrigkeiten!"

Schulmeister: "Aber keiner konnte dem wehren!"

Praetorius: "Immerhin hab ich das auch mit diesem Büchlein/ wens gelesen würde/ zuverhüten verhoffet." [905]

Schulmeister: "Wollt Ihr Euch bei Eurem schlechten Gesundheitszustand wirklich die Mühe machen, Euer Buch noch einmal herauszugeben?"

Praetorius: "Doch sind die Exemplare[906] in kurzer Zeit alle distrahieret,[907] und schon in etlichen Jahren keine mehr zu bekommen gewesen. Ist aber viel Nachfragens. Und bin ich von vornehmen Leuten, hohen und niedrigen, zu einer neuen Auflage so viel und lange ermahnet und getrieben, dass ich endlich willfahren müssen. Es treffen eben immer neue Anfragen ein, dass nach einer neuen Auflage des Buches verlangt wird.[908] Ich muss nur einen anderen Drucker suchen. Die Drucker in Lich haben ihr Geschäft aufgehört."

Schulmeister: "Wollt Ihr denn das Buch ganz umschreiben?"

Praetorius: "Nein. Hab demnach im Namen Gottes das erste Exemplar wieder an die Hand genommen, fleissig durchgelesen, hier gebessert, da gemehret, mit schönen Sprüchen, wunderbaren Historien und Exemplen aus Heiliger Schrift und neuen Geschichten gezieret, und ihm gar ein andern Rock angelegt in solcher Form, für die Augen. Damit auch alle der Augsburgischen Konfession zugetane, vorab Kirchen und Schulen Diener, dies Büchlein lieber lesen und meiner Meinung zustimmen, hab ich die Bedenken der im ganzen Römischen Reich weit und breit hochberühmten Stadt Nürnberg Theologen und Prediger von Zauberei und Hexenwerk eingefügt, welches sie auf Erforderung der Stadt Rat schriftlich übergeben im Jahr 1603." [909]

Schulmeister: "Aber Ihr habt auch andere Bücher dazu gelesen?"

Praetorius: "Im Vorwort werde ich die Autoren aller Werke über Hexenverfolgung nennen, die ich gelesen habe:[910] Ludwig Milichius, Jodocus Hocker, Nicolas Jacquier, Lambert Daneau, Georg Sohn, Benedikt Pererius, Johann Georg Godelmann, Otto Melander, Jean Bodin, Johannes Weyer,

Thomas Erast, Johannes Pincineus, Hermann Witekind, Wilhelm Adolf Scribonius, Rudolph Goclenius, König Jakob von Schottland, Jakob Freiherr von Liechtenberg und Dietrich Graminaeus sowie den Hexenhammer.[911] Unter allen obgemeldten/ die von Zauberey geschrieben/ lasse ich mir Wittekindum (der sich Augustin Lercheimern genennet),[912] Melandrum, Godelmannum und Pererium, am besten gefallen." [913]

Schulmeister: "Ihr seid wirklich belesen über alle Gelehrten dieser Zeit, die sich mit dem Hexenwahn beschäftigt haben. Dabei habt Ihr sowohl Bücher von Gegnern wie auch Befürwortern der Hexenverfolgung gelesen. Dass Ihr sogar wisst, wer sich hinter dem Verfassernamen Lerchheimer verbirgt!"

Praetorius: "Meine höchste Autorität aber ist die Bibel, allein das göttliche Wort zählt. Daran muss sich jede andere Tradition messen. Allerdings werde ich die Bedenken der lutherischen Theologen aus der Stadt Nürnberg über Zauberei und Hexenwerk einfügen. Dieses schriftliche Gutachten haben sie auf Anforderung des Nürnberger Stadtrates im Jahr 1603 erstellt. Ich habe es mit Lust gelesen und wieder gelesen und mich herzlich gefreut, dass der Stadt Nürnberg hochgelehrte Theologen in dieser Sachen mit mir gleich gesinnt sind." [914]

Schulmeister: "Ihr erstaunt mich. Ihr habt die Lutheraner oft als Anti-Christen bekämpft und gegen sie gestritten - wie auch alle Eure Amtsbrüder. Und jetzt wollt Ihr ein lutherisches Gutachten in Euer Werk aufnehmen?"

Praetorius: "Ja. Hier geht es nicht mehr um Konfession, sondern darum, dass alle, die der Augsburger Konfession zugetan sind, besonders die Kirchen und die Lehrer, dies Büchlein desto lieber lesen und es eine größere Verbreitung finden möge." [915]

> Dies ist eine erstaunliche theologische Entwicklung eines Pfarrers, der zur Avantgarde der calvinistischen Reformation zählt. Zugleich distanziert er sich damit von den radikalen Aufrufen zur Hexenverfolgung von Calvin.

Praetorius: "Es muss etwas gegen diese unrechtmäßigen Zustände getan werden, diese bloße Willkür der Obrigkeiten. Und ich füge einiges über meine Erfahrungen in der Pfarrei hier in Laudenbach ein. Sonst bleibt alles so. Aber über die Widmungen muss ich noch einmal nachdenken." [916]

Schulmeister: "Warum denn das?"

Praetorius: "1602 habe ich das Buch meinen Landsleuten in der Grafschaft Lippe dediciert[917]. Aber ein Prophet gilt nirgends weniger als in seinem Vaterland.[918] In Lippe haben sie mit Folter und Wasserprobe fortgefahren. Nein, ich möchte es allen Gottesfürchtigen widmen, denn sie sind mächtiger als alle weltlichen Potentaten.[919] Ich will es an meine Verwandten, Freunde, alte und neue Bekannten richten, die sich weder das teuflische Zauberwerk noch die unchristliche, ungerechte Art gefallen lassen, wie mit den verdächtigen und oft unschuldigen Personen umgegangen wird.[920] Mit einigen habe ich mein Leben im gleichen Vaterland empfangen oder im gleichen Land gelebt. Zum Teil habe ich mit ihnen in Schulen und Kirchen zusammen gearbeitet, zum Teil habe ich mit ihnen zusammen gewohnt oder mit ihnen Freundschaft geschlossen und dieselbe mit Gevatterschaft vermehrt und versiegelt, zum Teil ist durch Geburt in diese Welt nahe Verwandtschaft unter uns von Gott gekommen. Auf diese Weise sind wir mit besonderer Liebe einander entzündet und verbunden worden. Für sie soll mein Buch ein Siegel und ein öffentlich bekanntes Zeugnis der herzlichen Liebe und der treuen Freundschaft sein." [921]

Schulmeister: "Ihr wollt die Leute ehren, die immer hinter Euch gestanden und Euch unterstützt haben."

Praetorius: "Ja, ich habe schon überlegt, wen ich in die Widmung hineinnehmen soll."

Schulmeister: "Bestimmt doch die vielen Pfarrersleut aus der ganzen Umgebung. Man hört, wie Sie Euch bestärkt und ermutigt haben!"

Der Schulmeister geht zum Schreibpult, nimmt einen Packen Briefe hoch, blättert darin. "Seht, Herr Pfarrer, Ihr habt mir doch die Briefe gezeigt, die Ihr gesammelt habt. Hier ist ein Schreiben von **Johannus Althusius, Pfarrer zu Wachenheim**".[922]

Praetorius: "Er stammt aus Diedenshausen in Wittgenstein, studierte Theologie in Heidelberg, war Diakonus in Neustadt, bis 1610 Hofdiakon in Heidelberg, dann Diakon und seit 1611 Pfarrer in Wachenheim. Seine beiden Brüder, der eine Pfarrer, der andere Arzt, leben in Holland."

Schulmeister: "Dies ist ein Brief von **Johannus Meierus, Prediger zu Bensheim**." [923]

Praetorius: "Er stammt aus Kreuznach und ist seit 1610 Diakon in Bensheim."

Schulmeister: "Und hier: **Wimarus Stipelius, Pfarrer zu Sprendlingen** (bei Alzey),[924] der aus Westfalen stammt wie Ihr." [925]

Praetorius: "Er ist jetzt 40 Jahre alt. Er hat in Düsseldorf studiert und war Hauslehrer der Edlen von Bodelschwingh. Als Schulmeister ist bei ihm der getreue Johannes Cisnerus, der mir so beistand im Hexenprozess in Birstein."

Schulmeister: "Und denkt an **Abelus à Creutzanus**."

Praetorius: "Er wurde **Pfarrer zu Sieffersheim**[926] im gleichen Jahr, wie ich den Hexenprozess miterlebte in Birstein. Wie sein Name sagt, kam er aus Kreuzau bei Düren. Er schrieb, dass die Jülicher Synode 1585 ihm nach seinem Abschied auf seine Bitte Empfehlungsschreiben an den Heidelberger Kirchenrat mitgegeben hatte."

Der Schulmeister nimmt ein anderes Schriftstück hoch und entziffert es: "Dies ist von **Philippus Phildius, Pfarrer zu Nierstein**".[927]

Praetorius: "Er ist aus Friedburg und kam 1604. Er ist noch jung: 39 Jahre."

Schulmeister: "Und hier: Der Brief von **Valentinus Laupaeus** Ingelheimensis, **Pfr. und Inspektor zu Oppenheim**".[928]

Praetorius: "Ihn kenne ich schon seit 1589. Er war dort schon vier Jahre Pfarrer, als ich meinen Dienst an der Katharinenkirche begann als Diakonus. Nun ist er seit 1597 zugleich Inspektor."

Der Schulmeister blättert weiter in den Briefen.

"Und hier Briefe von dem **Inspektor zu Creuznach**, Pfarrer **Johannes Hulsmannus**."

Praetorius**: "**Das ist mein früherer Kollege. Seit 1586 war er Pfarrer an St. Peter in Heidelberg, dadurch also der landesherrlichen Familie aus nächster Nähe bekannt. So hat er sich der Kirchenbehörde für diesen wichtigen Posten empfohlen.[929] Er ist geborener Langenberger und hat verschiedene theologische Diskurse herausgegeben.[930] Wie Ihr wisst, wurde Kreuznach 1577 lutherisch und 1587 endlich calvinistisch."

Schulmeister: "Hier liegt ein Schreiben von **Jan. Fabianus Betingerus, Cantor zu Creutznach**".[931]

Praetorius: "Man nennt ihn auch Johann Beringer. Er ist dort dritter Lehrer. Ich habe erfahren, dass er 80 Gulden bekommt, dazu 1 Fuder Wein und 15 Malter Korn. Wenn ich das mit meinem Gehalt damals in Kamen vergleiche, dann ist das ganz in Ordnung."

Schulmeister: "Die Kompetenz (Besoldung) des Lehrers und Glöckners in Hemsbach besteht aus 34 fl. 22 albus.[932] Dazu an Frucht 16 Malter Korn und als Beinutzung 6 Pfund Öl."

Praetorius: "Und dann noch die Wiese, die zum Glöckneramt gehört, den Allmendgarten, 1 Schlag Holz wie jeder Bürger und die Wohnung in dem von der Gemeinde erbauten Schulhaus".[933]

Bild 83 Wappen aus Bericht 1598

Ein Gedicht vom Heppenheimer Pfarrer

Auszugsweise Übersetzung des Gedichtes des Heppenheimer Pfarrers Johannes Adam

Ernste Widmung (Elegie) an den Leser. Insgesamt ist dieses eine empfehlenswerte Schrift. Wenn einer wissen will, was er von den verschiedenen Lehren(den) über die Hexen sicher glauben kann, möge er dieses Buch lesen, und, wenn er es gelesen hat, jubeln als einer, der gelernt hat, die vielfältigen Blendwerke des schlauen Satans spielend zu durchschauen. Er teilt die "Künste" der "Magier" unter ihrer genauen Abgrenzung, die der Magier im Namen und im Interesse des "Bösen" (wörtlich: Ruchlosen) ausübt, genau ein. Der Beginn und Fortschritt des Bösen wird gelehrt, es wird auch von Dingen gesprochen, die an sich nichts bewirken, wobei (aber) der Dämon durch schlaue Versprechungen täuscht"...
Der Heppenheimer Pfarrer schließt mit einer Aufforderung an den Lehrer: "Du lies ohne Sorge; lerne beim Lesen Wahres dazu: ... Glücklich bist du, der du nicht in jene Streitigkeiten verwickelt wirst, soweit möglich, fern vom lauten (?) Forum! Wenn aber nicht, und du durch dein Schicksal dorthin getrieben wirst, bist du der Nächste, die Wahrheit zu sagen, wann du kannst." Worin aber soll der Dank für unseren Verfasser bestehen, der einen Weg durch rauhes Gelände zeigt? "Auf sag: Dass ich Fälle von Zauberei beurteilen kann, verdank ich deinen Schriften, gelehrter Praetorius! Heppenheim am Gebirge, 16. Febr. 1613 (Übers. Schenck)[934]

Schulmeister. "War im reformierten Kreuznach um 1600 nicht auch **Johannes Adam**, nun Pfarrer in unserer Nachbargemeinde in Heppenheim?"[935]

Praetorius: "Ja. Johannes Adam stammt aus **Rugenwalda Pommerani** im hohen Norden. Damals war er vorübergehend in Kreuznach am Gymnasium tätig und wurde dann an das Gymnasium nach Heidelberg berufen. Er heiratete Sarah, die Tochter des berühmten ´Lambertus Helmius Pithopoei`."

Schulmeister: "Neulich zeigtet Ihr mir die Verse des **Heppenheimer Pfarrers Johannes Adam** vom 16. Februar dieses Jahres,[936] die er Euch zukommen ließ. Diese Elegie auf Euren Bericht, die sollte mit abgedruckt werden. So wissen die Leser gleich, dass sie Euren Ausführungen vertrauen können." [937]

Praetorius: "Ihr habt recht, Schulmeister von Laudenbach. Das ist ein guter Rat. Das wird den Leuten hier doch zu denken geben, wenn sich ein Pfarrer aus dem Nachbarort dazu bekennt. Eigentlich gelten die Propheten ja nichts in Ihrer Heimat. Dabei können Nachbarorte auch in verschiedenen Welten liegen." [938]

Schulmeister: "Wenn auch viele Euch nicht verstehen, so habt Ihr auf jeden Fall all diesen Euren calvinistischen Amtsbrüdern Mut gemacht, selber zu denken und zu reden. Ihr habt Ihnen Hilfen zum Argumentieren gegeben, darauf sie sich berufen können."

Praetorius: "Ach, übertreibt nicht, Herr Präzeptor!" [939]

Schulmeister: "Es ist erstaunlich, wie viele Pfarrer aus der Kurpfalz Eure Haltung in der Hexenfrage unterstützen und wie viel Zustimmung Ihr erhaltet! Das ist doch ermutigend, dass in unserer Kirche eine starke Fraktion sich öffentlich gegen die Praxis der Hexenprozesse ausspricht. Es ist schlimm genug, dass so viele Christenmenschen auf derart unchristliche Art zur Vernichtung der Hexen aufrufen."

M. JOHANNIS ADAMI
RUGENWALDENSIS, POMERANI:
PASTORIS HEPPENHEIMENSIS,

Elegia, ad Lectorem:

Commendationem huius libelli complectens.

SI quis de Lamiis, inter diversa docentes,
Credere quod certò possit, habere velit:
Hunc legat, & Satanæ varias illudere docti
Præstigias, lecto codice, doctus ovet.
Principio iustis describit finibus artes,
Quas edit infami nomine req; Magus.
In verasq; secat, specie multiplice, partes,
Progressumq; mali, principiumq;, docet.
Et media, in sese nil proficientia, tradit,
Dæmone pollicitis decipiente vafris.
Hinc numerat primosq; Patres, fructusq; malignos,
Cultori variis qui nocuere modis.
Et genus hoc omni famosum monstrat ab ævo,
Dispersumq; hominum per genus omne probat.
Nominibusq; suis, & re discriminat ipsa;
Et negat, in multis vera putata locis,
Sive novas Sagæ dicantur sumere formas,
Se pluvias libitu præcipitare suo.
Protinus exequitur viresq; modumq; nocendi,
Quoq; modo tutus, quo minus, esse queas.
Diversasq; refert, pœnas, nec non, quis in illis
Iudicibus finis debeat esse piis.
Infringitq; fidem. Strigibus quod nulla supersit
Antè recantatis gratia flagitiis.

)( )( )(iij.

Quid verò memorem, quàm scita salubria dictet:
Dum vetat in fluidas mittere corpus aquas?
Nescit & in Sacris exempla recondita libris,
Divini pœnam quòd subiere necis?
Qua tamen hoc nostri lolio purgentur agelli,
Et Subolem possis arte cavere novam,
Pluraq;, pro vero multùm factura, sinistris
Si præjudiciis non capiaris, habet.
Omnia quæ diæ fulcit stabilimine legis,
Hactenus & sana cum ratione facit.
Sæpè, nec immeritò, nugas deridet aniles,
Quas admirari credula turba solet.
Turba Papistarum spissis immersa tenebris,
Servat ubi summum fœda Magia locum.
Sæpè jocos miscet veris: nam dulce jocari
Quid vetat, & terso dicere vera joco?
Attamen Auctorem quæ condere prima libellum,
Impulit, haudquaquam caussa jocosa fuit.
Verbis ipse tibi tectis res dicet apertas,
Difficilisq; dabit pondera magna rei.
Tu lege securus; verumq; addisce legendo:
Nomine gratatus, Lector, utroq; tibi.
Felix, in lites qui non devolveris illas,
Quà licet, à crepero dissitus usq; foro!
Sin minus; atq; tuis istuc impellere fatis,
Proximus es, Verum dicere quando potes.
At, sua quò constet Scriptori gratia nostro,
Qui monstrat planam per loca senta viam:
Dic, age: Quòd magicas possum discernere caussas,
PRAETORI, Scriptis debeo, docte, tuis.

Heppenhemii, ad montes,
16. Febr. 1613. F.

Bild 84 Widmungsgedicht des Heppenheimer Pfarrers für Praetorius 1613

Freunde und Gesinnungsgenossen selbst in Danzig[940]

In Oppenheim und Kreuznach leben/ arbeiten mehrere Pfarrer mit Danziger/ pommerscher Herkunft. Dies könnte dazu beitragen, dass Anton Praetorius sein Buch mehreren Danziger Personen widmet, von deren Existenz er auf diesem Wege erfahren oder die er vielleicht durch deren Besuche in Oppenheim/ Kreuznach persönlich kennengelernt hat. Eine weitere Verbindung könnte durch die Mitgliedschaft von Unna, Kamen und Danzig in der Hanse bestehen, wodurch mannigfaltige Handelsbeziehungen und Kontakte existieren.[941]
(Vergleiche zu Danzig Seite 161)

Schulmeister: "Ich wundere mich immer, wie Ihr Briefe aus der ganzen Welt erhaltet. Habt Ihr nicht durch Eure Kontakte zu Oppenheim und Kreuznach Verbindungen bis in den hohen Norden, bis nach Pommern und Danzig? Selbst hier in der Nähe findet Ihr Amtspersonen, die aus Danzig gebürtig sind, wie den Diakonus aus Oppenheim: M. Martinus Remus Dantiscanus.[942] Er wird auch "Martinus Remus Gedanensis Borussus" genannt."

Praetorius: "Ja, er kam vor zwei Monaten nach Oppenheim. Und seit 1605 gibt es in Clein Umbstatt[943] noch einen anderen Pfarrer, der aus Danzig gebürtig ist: Daniel Holstius Dantiscanus Borussus.[944] Ich habe einige Verbindungen nach Danzig[945] in den hohen Norden." [946]

Schulmeister: "Erzählt mir von den Menschen aus Danzig, Herr Pfarrer, die Ihr in die Widmungen aufnehmen wollt."

Praetorius nimmt einige Briefe von einem anderen Stapel und liest die Namen: "Da ist **Jacob Adam**, der berühmte **reformierte Prediger in Danzig**." [947]

Schulmeister: "War er nicht Pfarrer hier in Bensheim?"

Praetorius: "Ja. Er arbeitete hier acht Jahre. Er stammt aus Rügenwalde und wurde 1603 Pfarrer zu St. Elisabeth in Danzig.[948] Er ist ein verständiger Mann, der sich über den Aberglauben der Menschen aufregt."

Schulmeister: "Ist er ein Verwandter des Heppenheimer Pfarrers **Johannes Adam**?" [949]

Praetorius scheint nicht zugehört zu haben. Er fährt fort: "Von Jacob Adam muss ich Euch noch etwas erzählen.[950] Nach der Einführung der Reformation entbrennen in Danzig immer wieder Streitigkeiten. Dort haben die Lutherischen 1598 tatsächlich beschlossen, in der Kirche zu Sankt Johann einen Hochaltar zu erbauen mit prunkvollem Aufbau und reichem Bilderwerk![951] Wie die Päpstlichen! Wie kann angesichts solcher Götzenbilder noch unser Herrgott verehrt werden?

Dies erregt natürlich den massiven Protest unserer reformierten Brüder, allen voran Pfarrer Jakob Adam. Gerade haben die Reformierten in der Kirche Sankt Petri und Pauli in Danzig den Hochaltar durch einen schlichten Altar ersetzt, so wie es reformierte Überzeugung ist, da verfasst ein verhasster lutherischer Diakon von Danzig eine Streitschrift gegen unseren Freund und Glaubensbruder Jakob Adam. Er nennt es: "Rettung der rechten Lehre wider die Antwort des Jacobi Adami in S.Elisabeth zu Dantzigk, zwinglo-calvinischen und antichristo-lutherischen Predigers durch Mag. Johannem Waltherum evangelischen Prediger zu St. Johann zu Dantzigk Anno 1613." [952] In dieser Schrift protestiert der lutherische Diakon Walther dagegen, dass der stattlich erbaute steinerne Altar abgerissen und durch einen kleinen hölzernen Tisch ersetzt und also die Kirche ihres schönen Ornaments und Schmucks beraubt werden solle.

Wie kann man in der Kirche stumme Götzen und Bilder dulden, die die Menschen zur Abgötterei führen und hernach selbst angebetet werden? Und dann haben sich die lutherischen Wider-Christen sogar erdreistet, am 13. Januar 1612 eine Inschrift am Altar anzubringen: "sintemal wir in unserer Kirchen keine Götzen, sondern Altar und Bilder haben nicht zur Abgötterei, sondern in christlicher Freiheit zum Gedächtnis und Gebrauch des rechten Gottesdienstes." [953]

(Zum Bau des Hochaltars in Danzig siehe Anhang Seite 203.)

Schulmeister: "Es ist ein Frevel gegen Gott, sich so zu versündigen bei der Einrichtung der Kirche. Es ist gut, dass Pfarrer Jakob Adam gegen alle Ablenkung und Blendwerk des Teufels kämpft für eine schlichte und reine Verehrung Gottes. Habt Ihr noch andere Freunde in Danzig?"

Praetorius sagt: "Da ist **Reinhold Kleinfeld(ius**). Er ist 38 Jahre alt, Calvinist und Sekretär von Gut Hohenwalde.[954] Kleinfeldt hat von der Stadt ein Stipendium für seine Studien erhalten in Höhe von 200 Mark jährlich. Ab 1600 war er Rechtsstudent in Leyden, Italien und Frankreich. 1602 ist er Ratssekretär in Danzig. Die Stadt hatte bei Gewährung dieser Stipendien die Absicht, für ihre Verwaltung brauchbare Beamte heranzuziehen, und nicht wenige dieser Stipendiaten sind später Danziger Sekretäre geworden. Er hat bestimmt noch eine große Laufbahn vor sich." [955]

(Siehe Exkurs in das Jahr 1615 zum bedeutungsvollen Wirken des Reinhold Kleinfeld für die Stadt Danzig Seite 204.)

Praetorius: "Dann ist da **Stephan Andreas** (Andreae, Andres), Kauffherr in Danzig.[956] Danzig ist seit 1361 Mitglied der Hanse (wie auch die Städte Kamen, Lippstadt und Unna) und erlebt eine wirtschaftliche Blüte.[957] Mit ihnen allen habe ich Kontakt, und sie haben mich bestärkt in meinem Wettern gegen die Grausamkeit und Ungesetzlichkeit bei den Hexenprozessen."

Schulmeister: "Hat es in Danzig Hexenprozesse gegeben?" [958]

Praetorius: "Schon etliche. Einige liegen 120 Jahre und mehr zurück. Damals ist 1497 der Prediger Mathias Kykyebosch vor das Bischofsgericht gekommen. Später wurden vor dem Stadsgericht in der Zeit um 1570 - 1594 neun Prozesse geführt, davon einer gegen den Magier Hanss Schrecken. Es war auch ein langwieriger Prozess dabei. Einmal, 1594, gelang es Jacob Jordan, aus dem Gefängnis auszubrechen. Der letzte Prozess fand 1604 statt. Überall scheint es in Europa solches Wüten zu geben. Es ist wie eine Seuche, die sich überallhin ausbreitet."

Schulmeister: "Lebt nicht auch ein Verwandter von Euch dort im Norden?"

Praetorius: "Ja, es ist **Balthasar Schultzen zu Anklam**[959]**/ Pommern.** Anklam[960] ist genauso wie die Städte Kamen und Unna schon 300 Jahre Mitglied der Hanse.[961] Der Handelsbeziehungen zwischen Kamen und Danzig sind so viele, dass in Danzig der Name "Kamen" auch schon als Familienname vorkommt.[962] Aus Anklam hörte ich übrigens die Nachricht, dass dort 1580 eine Frau mutig den Torturen eines Hexenprozesses widerstand. 1605 wütete die Pest und 1400 Opfer waren zu beklagen." [963]

Schulmeister: "Ich bin immer wieder überrascht, wie viele Menschen sich für Eure Worte interessieren. Ihr habt wirklich sehr weitgespannte Beziehungen. Durch Euch ist unser Laudenbach für all diese Menschen in der ganzen Welt so berühmt geworden."

Praetorius: "Diesen Personen möchte ich mein Buch widmen. Ich zweifle nicht, dass sich alle diese Widmung gefallen lassen, und werde sie gar nicht vorher um Zustimmung fragen. Nur um eins möchte ich sie bitten, was ich mir selbst vorgenommen: Schaffet mit Fleiß, weil wir auf Erden durch hohe Berge, tiefe Täler, lange Felder, breite Wasserströme geschieden sind und kaum uns über lang begrüßen können: dass wir dermal einst im Himmel zusammen kommen, in dem fröhlichen Anblick Gottes uns ergötzen und ewiglich beieinander bleiben mögen." [964]

Schulmeister: "Was bedeutet diese Abkürzung hier am Schluss Eures Entwurfes für die Vorrede: "E.E.E.A.G. und L."?[965] Bedeutet es: Ehrwürdigen, Ehrnwersten, Ehrsamen, Achtbaren[966] Gönnern und Lehrern?" [967]

(siehe Abbildung S. 260)

Praetorius: sagt nichts dazu.

Schulmeister: "Haben manche von diesen Personen auch finanziell zur Verlegung des Werkes beigetragen? Ihr seid als Pfarrer arm, und solch eine Auflage kostet Geld für den Drucker." [968]

Praetorius fragt: "Wie kommt Ihr darauf?"

Schulmeister: "Ich sehe Euren Entwurf mit Widmungen für diese Herren. Da schreibt Ihr: "Meinen Großgünstigen und günstigen Herren, lieben Freunden, Gevattern, Bruder und Vettern." [969]

Praetorius lächelt, sagt aber nichts dazu. Dann fügt Praetorius hinzu, wobei sich seine Miene verdüstert: "In der alten Heimat ist man übrigens besorgt, dass meine Frau Sibylle und ich immer noch keine lebenden Kinder haben." Schulmeister: "Ich weiß nicht, ob ich es sagen soll, aber manche Leute munkeln, das könne nicht mit rechten Dingen zugehen, dass jetzt schon sieben Mal Eure Kinder tot geboren werden. Aber gebt nichts drauf, wir müssen es einfach in des Herrgotts Hand lassen. Ihr habt ja den Johannes."

O.H.H.O.H.L.W.G. Mit diesen Abkürzungen schließt Anton Praetorius seine Vorrede zur Neuauflage seines Buches. "O Herr, hilf! O Herr, lass wohlgelingen!" (Psalm 118, 25 nach Luther!)

Jodocus kommt - Johannes stirbt

Der Frühling des Jahres 1613 ist trocken. Die Bauern sorgen sich um das Wachstum der Saat. Am 1. März 1613 immatrikuliert sich ein Verwandter aus Unna, Jodocus[970] Praetorius Unnensis an der Universität Heidelberg,[971] der vorher seit 1611 Studierender des Pädagogiums in Herborn war. Dieser ist nicht ein Sohn von Anton Praetorius.[972]

Am 11. März 1613 stellt Anton Praetorius die Vorrede seines Buches in Laudenbach fertig. Darin findet sich die Notiz,[973] dass sein Sohn Johannes zu diesem Zeitpunkt schon tot ist.[974]

Durch diese eigenhändige Notiz von Anton Praetorius wird zur Gewissheit, was sich bei unseren Überlegungen zum Jahr 1605 schon als Vermutung aufgedrängt hat, dass es sich bei den aufgeführten Pfarrern mit dem Namen Johannes Praetorius nicht um seinen Sohn handeln kann. Jener Johannes Praetorius aus Oggersheim nämlich wird am 30.6.1613 Pfarrer zu Münster-Dreisen.[975] Zu diesem Zeitpunkt ist Antons Sohn Johannes schon tot.[976]

Die letzte Trauung in Weinheim[977]

Ende Mai 1613 toben schwere Gewitter mit Starkregen. Die Flüsse und Bäche schwellen an. Überall leiden die Menschen unter Hochwasser, das mancherorts sintflutartige Züge annimmt. Ein neuer feuchter Sommer bedroht die Ernteerträge.[978] Im Juni fällt sanfter, warmer Regen.

Anton Praetorius hält am 15. Juni 1613 die Trauung des Nicolai Emmelii, Ilvesheimensis, E. F. P.[979] und Lectissimae Urgns Margaretae, R. Et. C. V. D. Johannis Mylaei, Weinheimensis P. Et I. V. Filiae, Spnsrm Nuptias. Die lateinische Hochzeitsrede[980] wird gedruckt von Heidelbergae: Lancellotus.[981]

In Weinheim kennt Praetorius auch Henrich Plier, den Rektor der Schule, der vorher Schulmeister in Laudenbach gewesen ist.

Aus welchen Familien stammen die beiden Hochzeitsleute?
Der Bräutigam ist Nicolaus Emmelius, seit dem 7.12.1612 Pfarrer in Ylveßheim[982].

Er heiratet Margaret, Tochter des Hans Müller (Mylaeus) aus Weinheim. Johannes Mylaeus kommt am 27. März 1611 als Pfarrer und Inspektor (Superintendent) in die Gemeinde Weinheim und bleibt dort bis 1617.[983]

Diese Hochzeitsrede ist die letzte uns bekannte schriftliche Lebensäußerung von Praetorius. Sie wird beherrscht vom lateinischen Wort “nemo” (niemand). Keine Zeile des Gedichtes ohne das Wort "niemand", d.h. keine Zeile ohne diese Negation:

Da bin ich, NIEMAND, seht, Männer: mich hat NIEMAND gerufen.
NIEMAND merkt auf mich. Aus dem Gesagten vermag wohl NIEMAND gelehrter zu sein.
NIEMAND hat Gott gesehen: erkennen konnte ihn NIEMAND.
NIEMAND reize leichtfertig Gott zu gerechtem Zorn: Gottes Zorn wiegt schwer; NIEMAND widersteht ihm.

NIEMAND ist frei von Mühsal, NIEMAND von eigenem Schmerz.
NIEMAND begehrt zu entbehren der ewigen Ruhe.
NIEMAND bewirkt sein eigenes Schicksal, NIEMAND vermag es zu lenken.
Den wahren Ausgang kennt NIEMAND zuvor. Vollkommen glücklich wird NIEMAND sein, bevor er stirbt.

NIEMAND vertreibt tödliche Krankheiten,
NIEMAND wehrt ab die letzten Pfeile: die Toten ruft NIEMAND zurück.
NIEMAND setzt fest sich das Leben, den Tod sich NIEMAND.
NIEMAND lebt lange, NIEMAND stirbt eilig.

NIEMAND ist treu genug, NIEMAND dir ein verlässlicher Freund.
Herbeiruft der Tod, und NIEMAND will dein Begleiter sein.
NIEMAND, der des eigenen Landes Prophet, findet Lob.
Wie Gott ist NIEMAND, der alles gut macht.

NEMO

AD DESIDERATISSIMAS R. ET D. I. V. D.

NICOLAI EMMELII, ILVESHEIMENSIS

E. F. P.

ET

LECTISSIMAE VRGNS MARGARETAE,

R. ET C. V. D. IOHANNIS MYLÆI, VVEINHEIMENSIS P. ET I. V.

FILIÆ, SPNSRM,

Nuptias, 15. Iunij. Anno S. C. D. N. 1613. Lautenbaco venit pedes Eques legatus.

ANTONII PRÆTORII. L.

ANTE NIHIL docui doctum: monui NIHIL anté
Prudentem: diti ter NIHIL ante dedi.
Nunc expectatur NEMO: nunc mittitur ergo
NEMO: cum quodam NEMINE NEMO venit.
Est NIHIL, est NEMO nobis rurisq; domisq;,
Hinc NIHIL & NEMO, NEMO NIHILq; datur.
Cedite, NEMO venit: NEMO pulsauit; abite;
Mox aperite fores: Cedite, NEMO venit.
NEMO venit, quem NEMO videt: Si NEMO recedat,
Si sit NEMO comes; NEMO maneto domi.
Adsum NEMO, videte, viri: me NEMO vocauit;
NEMO vocatus erat; NEMO vocatus adest.
NEMO mihi attendat; NEMO de NEMINE dicam:
Ex dictis NEMO doctior esse queat.
Laudaui NIHIL, (vt fas est:) Laudabile NIL est:
Dignior est NEMO laudibus assiduis.
Ergo NEMINEM ubiq; canam: mihi NEMO canendus:
NEMINEM ad astra veham: NEMO Acheronta petat.
Incipit ore sonos mutus bené condere NEMO:
Surdus NEMO audit: NEMO loquendo silet.
Ergo, quid hic narret NEMO de NEMINE, NEMO
Audiat elusor; NEMO malè accipiat.
Natura NEMO reliquis mihi major habetur;
Nobilior NEMO; NEMO aliisq; minor.
Mundus in hunc mundum NEMO de semine mundo
Nascitur: & NEMO mundificat sobolem.
Ante Deum NEMO terram, vel sidera, vidit:
NEMO fuit quondam; NEMO perennis erit.
NEMO Deo similis, Nemoq; potentior illo:
Ergo Deus solus NEMINEM in orbe timet.
NEMO Deum vidit: potuit cognoscere NEMO:
NEMO Deo auxilio consilioq; fuit.
NEMINI, vt emerito, reddit Deus illa, vel illa:
NEMO quid ante dedit: NEMINIS indiguit.
Viribus altitonum superabit NEMO Iehovam:
Impia, jure Dei, scandala NEMO patrat.
NEMO Deum temere justas irritet ad iras:
Res grauis ira Dei; NEMO resistit ei.
Iræ NEMO Dei poterit restinguere flammas:
Ultricemq; potest frangere NEMO manum.
Perfectè NEMO Superos colit: Infima NEMO
Despicit: & legis NEMO statuta tenet.
Non est NEMO miser: NEMO omni parte beatus:
NEMO labore suo, NEMO dolore vacat.
NEMO non errat: NEMO sine crimine viuit:
Sum sine peccato, dicere NEMO potest.
Inter oves Christi NEMO, NEMO interit unquam:
Æterna requie NEMO carere cupit.
NEMO potest meritis propriis conscendere cœlum:
In cœlum fratres tollere NEMO potest.
Si, nisi qui meritis poterit conscendere cœlum, „
NEMO beatus erit, NEMO beatus erit. „
NEMO solet Dominis pariter seruire duobus:
Divisis pariter NEMO placere solet.
Si bene quid faciat, NEMO mercede carebit:
Atq; impune patrat, quod scio, NEMO malum.
NEMO suis sociis semper bonus esse putatur.
NEMO potest sociis semper abesse malis.
Omnibus in rebus NEMO sapit omnibus horis:
Omnia NEMO potest: omnia NEMO facit.
Quæ sibi vult fieri, NEMO facit ipsa sodali.
Verba satis NEMO pensat ubiq; sua.
NEMO festucam tangit, nisi hypocrita, nostram:
Vult oculi propriam cernere NEMO trabem.
NEMO non mollis, Regum qui viuit in aulis:
Qui calcat Papæ limina, NEMO pius.
Inspido Papæ NEMO, nisi stultus, obedit:
Blasphemum, pingui RE sine, NEMO fouet.
Bombificis bullas NEMO non ridet inanes:
Hunc Patrem sanctus NEMO vocare solet.
NEMO bonus Rex innocuo sua sceptra cruore
Illinit: at nocuum perdere NEMO timet.
NEMO sorte sua contentus cernitur usquam:
NEMO solet varias sortis amare vices.
NEMO suæ sortis faber est, NEMO moderator:
Fortunæ cursum flectere NEMO sciet.
Euentum rerum NEMO prænouerit ante:
Perfecte ante obitum NEMO beatus erit.
NEMO fugat morbos, mortis fugat ultima NEMO
Spicula: defunctos NEMO sibi reuocat.
NEMO sibi vitam statuit; mortem sibi NEMO:
NEMO diu viuit; NEMO citò moritur.
NEMO suas merces spernit mercator aniles:
Nec lac commendat rustica NEMO suum.
NEMO inter fures tutus, NEMO inter auaros:
Ut noceat NEMO, sit tibi NEMO comes.
NEMO simul toto, quæ fiunt, lustrat in orbe:
Quæ loca cunq; patent omnia NEMO replet.
Omnia si iam NEMO videt; si NEMO & ubiq; est:
Ergo solet NEMO, qualibet esse domo.
NEMO facit, quæ clam fiunt; quia NEMO fatetur,
Se fecisse malum: Quæ mala, NEMO facit.
NEMO culinam, NEMO fenestram, NEMO cubile,
Sicubi sunt maculæ, commaculasse patet.
NEMO suam culpam, NEMO sua crimina censet:
Ius iustum hinc iudex dicere NEMO potest.
Omnis homo mendax; Si verum: NEMOnè verax?
NEMOnè perfidus? NEMOnè iustus erit?
NEMO satis fidus, NEMO tibi certus amicus:
Mors citat, & NEMO vulttuus esse comes.
Donec habes, quæ des, NEMO citò præterit ædes:
Post sed ad amissas NEMO redibit opes.
NEMO placet vacuus, NEMO placet omnia nudus:
NEMO sit ære levis, NEMO sit ære gravis.
Vilescit non NEMO suis, qui dignus honore:
Laudatur patriæ NEMO Propheta suæ. „
Munera NEMO fugit: gratis dare NEMO paratus:
Munera sed gratis sumere NEMO piger.
NEMO favet Musis, NEMO dat dona Poëtis:
Musica mendicat: Carmina NEMO probat.
NEMO canit gratis, (casu quod dico dativo,)
Hinc tandem gratis NEMO Poëta canet.

Exhilaraturus convivas arte facetus
NEMO venit: NEMO, sis mihi gratus, ait:
Ergo sedet tristis NEMO; deflet sua NEMO:
Interea parcit NEMO mero ac patinis.
Pocula NEMO ferat; NEMO ter præbibat inde
NEMINI: & ad fundum pocula NEMO bibat.
Sic hilaris, sic potus erit, cum NEMINE NEMO;
Ebrius ut NEMO NEMINE ductus eat.
Iejunus NEMO saltat; NEMO ebrius orat:
NEMO vocat somnos, somnia NEMO fugat.
NEMO videt somnum; NEMO dormitat eundo:
Dum stat, NEMO cadit: NEMO cadendo volat.
NEMO sedet primus; postremus NEMO resurgit:
NEMO libenter abit; NEMO libenter obit.
Hæc NEMO dixit; NEMO percepit: Abite,
In mensa nostra, dicite: NEMO fuit.

* * *

Heus nunc, Margarites; juvenum tibi NEMO placebat?
Emmel, virgineo num tibi NEMO choro?
Emmelium præter, NEMO tibi, Nympha, placebat:
Margaritem præter, NEMO tibi, Emmle, placet.
Arrham, sponse, capis; NEMO tibi sponsa dat arrham:
Das tu, sponsa, fidem; dat tibi NEMO fidem.
Sed, si NEMO placet, cur non vos NEMO jugaret?
Ut Deus, est NEMO, qui bené cuncta facit.
Ergo, age, NEMO tibi placeat, nisi sponsa, marite:
Sponsa, ut sponsus, item NEMO tibi placeat.
NEMO tori socius præter vos sederit ambos:
Non mensæ socius NEMO frequenter erit.
NEMO domum vestram malè sanus lite replebit:
Et vestræ vitæ noxia NEMO ferat.
NEMO secet vestrum, NEMO perturbet, amorem:
Ut malè sit vobis, NEMO precetur: AMEN.

HEIDELBERGAE Typis Johannis Lancelloti, *Academiæ Typogr.*

CIↃ IↃ CXIII.

Bild 85 **Praetorius, Gedicht für eine Trauung in Weinheim**

NEMO

AD DESIDERATISSIMAS R. ET D. I. V. D.

NICOLAI EMMELII, ILVESHEIMENSIS

E. F. P.

ET

LECTISSIMAE VIRGINIS MARGARETAE,

R. ET C. V. D. IOHANNIS MYLAEI, WEINHEIMENSIS P. ET I. V.

FILIAE, SPNSRM,

Nuptias, 15. Iunij. Anno S. C. D. N. 1613. Lautenbaco venit pedes Eques legatus.

ANTONII PRAETORII. L.

NIEMAND

zur heiß ersehnten Vermählung des Brautpaares

von Klaus Emmel aus Ilvesheim

und

der erlesenen Jungfrau Margarete,

des Hans Müller aus Weinheim Tochter,

am 15. Juni des Jahres 1613 kommt aus Laudenbach zu Fuß als Ritter der Gesandte des

Anton Schulze

(Übersetzung B.Schmanck)

Ante NIHIL docui doctum : monui NIHIL ante
Prudentem : diti ter NIHIL ante dedi.
Nunc expectatur NEMO : nunc mittitur ergo
NEMO : cum quodam NEMINE NEMO venit.
Est NIHIL, est NEMO nobis rurique domique,
Hinc NIHIL et NEMO, NEMO NIHILque datur.
Cedite, NEMO venit : NEMO pulsavit; abite;
Mox aperite fores : Cedite, NEMO venit.
NEMO venit, quem NEMO videt : Si NEMO recedat,
Si sit NEMO comes; NEMO maneto domi.
Adsum NEMO, videte, viri : me NEMO vocavit;
NEMO vocatus erat; NEMO vocatus adest.
NEMO mihi attendat; NEMO de NEMINE dicam;
Ex dictis NEMO doctior esse queat.
Laudavi NIHIL, ut fas est : Laudabile NIHIL est :
Dignior est NEMO laudibus assiduis.
Ergo NEMINEM ubique canam: mihi NEMO canendus:
NEMINEM ad astra veham : NEMO Acheronta petat.

Incipit ore sonos mutus bene condere NEMO :
Surdus NEMO audit : NEMO loquendo silet.
Ergo, quid hic narret NEMO de NEMINE, NEMO
Audiat elusor; NEMO male accipiat.
Natura NEMO reliquis mihi maior habetur;
Nobilior NEMO; NEMO aliisque minor.
Mundus in hunc mundum NEMO de semine mundo
Nascitur : et NEMO mundificat sobolem.
Ante Deum NEMO terram vel sidera vidit :
NEMO fuit quondam; NEMO perennis erit.
NEMO Deo similis, NEMOque potentior illo :

Früher lehrte ich NICHTS den Gelehrten, mahnte
NICHTS zuvor den Klugen : dreifach NICHTS gab ich früher dem Reichen.
Jetzt wird NIEMAND erwartet : geschickt wird jetzt also
NIEMAND : mit einem NIEMAND NIEMAND kommt.
NICHTS ist, NIEMAND ist uns auf dem Lande und daheim,
Hier wird NICHTS und NIEMAND, NIEMAND und NICHTS gegeben.
Geht, es kommt NIEMAND : NIEMAND hat angeklopft; geht;
Öffnet die Tore alsdann : Geht, es kommt NIEMAND.
NIEMAND kommt, den NIEMAND sieht : Wenn NIEMAND zurückgeht,
Wenn NIEMAND Begleiter ist; NIEMAND soll bleiben daheim.
Da bin ich, NIEMAND, seht, Männer : mich hat NIEMAND gerufen;
NIEMAND war gerufen worden; NIEMAND, gerufen, ist da.
NIEMAND merkt auf mich; NIEMAND von NIEMANDEM will ich reden
Aus dem Gesagten vermag wohl NIEMAND gelehrter zu sein.
NICHTS hab' ich gelobt, wie es recht ist : NICHTS ist lobenswert :
Würdiger ist beständigen Lobes NIEMAND.
Also werde ich NIEMANDEN überall besingen: NIEMANDEN darf ich besingen:
NIEMAND will ich zu den Sternen erheben : NIEMAND nach der Unterwelt strebe.

NIEMAND, der stumm, beginnt mit dem Munde wohl Töne zu formen :
NIEMAND hört, der da taub : NIEMAND schweigt, wenn er spricht.
Also, was hier erzählt NIEMAND von NIEMAND, als Spötter
Hör's NIEMAND; NIEMAND soll's aufnehmen übel.
NIEMAND gilt mir von Natur aus größer als die übrigen;
Für vornehmer NIEMAND; und NIEMAND als and're geringer.
NIEMAND wird als Reiner geboren von reinem Samen in
Diese Welt : und NIEMAND reinigt die Nachkommenschaft.
NIEMAND sah vor Gott Erd' oder Himmel :
NIEMAND war ehemals; NIEMAND wird ewig sein.
Ähnlich Gott ist NIEMAND, und NIEMAND mächt'ger als jener :

Ergo Deus solus NEMINEM in orbe timet.
NEMO Deum vidit : potuit cognoscere NEMO :
NEMO Deo auxilio consilioque fuit.
Nemini, ut emerito, reddit Deus illa, vel illa :
NEMO quid ante dedit : NEMINIS indiguit.
Viribus altitonum superabit NEMO Jehovam :
Impia, iure Dei, scandala NEMO patrat.
NEMO Deum temere iustas irritet ad iras :
Res gravis ira Dei; NEMO resistit ei.
Irae NEMO Dei poterit restinguere flammas :
Ultricemque potest frangere NEMO manum.
Perfecte NEMO Superos colit : Infima NEMO
Despicit : et legis NEMO statuta tenet.
Non est NEMO miser : NEMO omni parte beatus :
NEMO labore suo, NEMO dolore vacat.
NEMO non errat : NEMO sine crimine vivit :
Sum sine peccato, dicere NEMO potest.
Inter oves Christi NEMO, NEMO interit unquam :
Aeterna requie NEMO carere cupit.
NEMO potest meritis propriis conscendere coelum :
In coelum fratres tollere NEMO potest.
Si, nisi qui meritis poterit conscendere coelum,
NEMO beatus erit, NEMO beatus erit.
NEMO solet dominis pariter servire duobus :
Divisis pariter NEMO placere solet.
Si bene quid faciat, NEMO mercede carebit :
Atque impune patrat, quod scio, NEMO malum.
NEMO suis sociis semper bonus esse putatur.
NEMO potest sociis semper abesse malis.
Omnibus in rebus NEMO sapit omnibus horis :

Also fürchtet NIEMANDEN Gott allein auf dem Erdkreis.
NIEMAND hat Gott gesehen : erkennen konnte ihn NIEMAND.
NIEMAND war Gott Hilfe und gab ihm Rat.
NIEMANDEM gibt Gott dies oder jenes, als hätt' er's verdient :
NIEMAND gab etwas zuor : NIEMANDES hat er bedurft.
NIEMAND wird übertreffen an Kräften den hochtönenden Jehova :
NIEMAND bewirkt ruchlose Taten mit Gottes Recht.
NIEMAND reize leichtfertig Gott zu gerechtem Zorn :
Gottes Zorn wiegt schwer; NIEMAND widersteht ihm.
NIEMAND wird löschen können des göttlichen Zornes Flammen :
NIEMAND vermag die rächende Hand zu brechen.
NIEMAND verehrt vollkommen die himmlischen Götter : NIEMAND
Mißachtet die Unterwelt : auch des Gesetzes Bestimmungen hält NIEMAND.
Nicht elend ist NIEMAND : NIEMAND in jedem Teil glücklich :
NIEMAND ist frei von Mühsal, NIEMAND von eigenem Schmerz.
NIEMAND irrt nicht : NIEMAND lebt ohne Schuld :
NIEMAND kann sagen : „Ich bin ohne Sünde."
Unter den Schafen Christi NIEMAND, NIEMAND geht jemals zugrunde :
NIEMAND begehrt zu entbehren der ewigen Ruhe.
NIEMAND kann aus eig'nen Verdiensten den Himmel ersteigen :
In den Himmel kann NIEMAND die eigenen Brüder erheben.
Wenn nur, wer eigen' Verdienst hat, den Himmel erklimmt,
Wird NIEMAND glücklich sein, NIEMAND wird glücklich sein.
NIEMAND pflegt zwei Herren gleichermaßen zu dienen :
Verschied'nen gleichermaßen NIEMAND gewöhnlich gefällt.
NIEMAND wird des Lohnes entbehren, wenn Gutes er tat :
Doch straflos verübt Böses NIEMAND, das weiß ich.
NIEMAND, so heißt's, ist den eig'nen Genossen jederzeit gut.
NIEMAND vermag fernzubleiben jederzeit bösen Genossen.
In allen Dingen ist NIEMAND weise zu jeder Stunde :

Omnia NEMO potest : omnia NEMO facit.	Alles NIEMAND vermag : NIEMAND macht alles.
Que sibi vult fieri, NEMO facit ipsa sodali.	Was er will, daß es ihm selbst geschieht, dasselbe tut NIEMAND dem Genossen.
Verba satis NEMO pensat ubique sua.	NIEMAND wägt genug überall seine eigenen Worte.
NEMO festucam tangit, nisi hypocrita, nostram :	NIEMAND rührt, nur der Heuchler tut es, an unseren Splitter :
Vult oculi propriam cernere NEMO trabem.	NIEMAND will sehen den eigenen Balken im Auge.
NEMO non mollis, Regum qui vivit in aulis :	NIEMAND, wenn nicht der Schlaffe, der lebt an der Könige Höfen :
Qui calcat Papae limina, NEMO pius.	NIEMAND ist fromm, der die Schwelle des Papstes betritt.
Inspido Papae NEMO, nisi stultus, obedit :	NIEMAND gehorcht einem törichten Papst, nur der Dumme.
Blasphemum pingui RE sine, NEMO fovet.	Den Lästerer ohne reiches Vermögen NIEMAND hofiert.
Bonbificis bullas NEMO non ridet inanes :	NIEMAND lacht nicht über des dumpf Tönenden eitle Bullen.
Hunc Patrem sanctus NEMO vocare solet.	NIEMAND, der heilig, pflegt diesen „Vater“ zu nennen.
NEMO bonus Rex innocuo sua sceptra cruore	NIEMAND als guter König besudelt seine Szepter mit unschuld’gem
Illinet : at nocuum perdere NEMO timet.	Blute. Jedoch den Schuld’gen zu verderben fürchtet sich NIEMAND.
NEMO sorte sua contentus cernitur usquam :	NIEMAND mit seinem Schicksal zufrieden wird irgendwo gesehen.
NEMO solet varias sortis amare vices.	NIEMAND liebt gewöhnlich launische Wechsel seines Geschicks.
NEMO suae sortis faber est, NEMO moderator :	NIEMAND bewirkt sein eigenes Schicksal, NIEMAND vermag es zu lenken.
Fortunae cursum flectere NEMO sciet.	Den Lauf des Schicksals zu wenden wird NIEMAND wissen.
Eventum verum NEMO praenoverit ante :	Den wahren Ausgang kennt NIEMAND vorher.
Perfecte ante obitum NEMO beatus erit.	Vollkommen glücklich wird NIEMAND sein, bevor er stirbt.
NEMO fugat morbos mortis fugat ultima NEMO.	NIEMAND vertreibt tödliche Krankheiten, NIEMAND wehrt ab die letzten
Spicula : defunctos NEMO sibi revocat.	Pfeile : die Toten ruft sich NIEMAND zurück.
NEMO sibi vitam statuit; mortem sibi NEMO.	NIEMAND setzt fest sich das Leben, den Tod sich NIEMAND.
NEMO diu vivit; NEMO cito moritur.	NIEMAND lebt lange, NIEMAND stirbt eilig.
NEMO suas merces spernit mercator aniles :	NIEMAND, der Kaufmann, schätzt seine eigene Ware für greise Frauen gering
Nec lac commendat rustica NEMO suum.	Und nicht empfiehlt NIEMAND als Bäu’rin die eigene Milch.
NEMO inter fures tutus, NEMO inter avaros :	NIEMAND ist unter Dieben sicher, unter den Habsücht’gen NIEMAND.
Ut noceat NEMO, sit tibi NEMO comes.	Damit NIEMAND schade, sei dir NIEMAND Begleiter.
NEMO simul toto, quae fiunt, lustrat in orbe.	NIEMAND sieht zugleich, was auf dem ganzen Erdkreis geschieht.
Quae loca cunque patent, omnia NEMO replet.	NIEMAND füllt alle Orte, alle, die leer stehen.
Omnia si iam NEMO videt; si NEMO et ubique est :	Wenn schon NIEMAND alles sieht, wenn NIEMAND auch überall ist :

Ergo solet NEMO, qualibet esse domo.
NEMO facit, quae clam fiunt; quia nemo fatetur,
Se fecisse malum : Quae mala, NEMO facit.
NEMO culinam, NEMO fenestram, NEMO cubile,
Sicubi sunt maculae, commaculasse patet.
NEMO suam culpam, NEMO sua crimina censet :
ius iustum hinc iudex dicere NEMO potest.
Omnis homo mendax; Si verum : NEMOne verax?
NEMOne perfidus? NEMOne iustus erit?
NEMO satis fidus, NEMO tibi certus amicus :
Mors citat, et NEMO vult tuus esse comes.
Donec habes, quae des, NEMO cito praeterit aedes :
Post sed ad amissas NEMO redibit opes.
NEMO placet vacuus, NEMO placet omnia nudus :
NEMO fit aere levis, NEMO fit aere gravis.

Also pflegt NIEMAND in irgendeinem Hause zu sein.
NIEMAND tut, was geheim geschieht, weil NIEMAND bekennt,
Übles getan zu haben : Dieses Übel tut NIEMAND..
Klar ist, daß NIEMAND die Küche, NIEMAND das Fenster, NIEMAND das Lager
Beschmutzt hat, wenn irgendwo Flecken sind.
NIEMAND zählt seine Schuld, NIEMAND die eig'nen Verbrechen.
Gerechtes Recht kann hier NIEMAND als Richter sagen.
Jeder Mensch ein Lügner; Wenn's wahr ist, ist NIEMAND wahrhaftig?
Ist NIEMAND treulos? Wird NIEMAND gerecht sein?
NIEMAND ist treu genug, NIEMAND dir ein verläßlicher Freund.
Herbeiruft der Tod, und NIEMAND will dein Begleiter sein.
Solange du hast, was du geben magst, NIEMAND rasch geht am Haus vorbei.
Später jedoch, zu verlorenem Reichtum, wird NIEMAND zurückkehren.
NIEMAND gefällt, der nichts hat, NIEMAND, dem alles mangelt, gefällt.
NIEMAND wird gering durch Schulden, NIEMAND wird durch Vermögen bedeutend

Vilescit non NEMO suis, qui dignus honore :
Laudatur patriae NEMO Propheta suae.
Munera NEMO fugit : gratis dare NEMO paratus :
Munera sed gratis sumere NEMO piger.
NEMO favet Musis, NEMO dat dona poetis :
Musica mendicat : carmina NEMO probat.
NEMO canit gratis, (casu quod dico dativo,)
Hinc tandem gratis NEMO Poeta canet.

NIEMAND, der würdig der Ehre, wird bedeutungslos, mangels Besitz.
NIEMAND, der des eigenen Landes Prophet, findet Lob.
Geschenke NIEMAND flieht : umsonst zu geben ist NIEMAND bereit.
Doch Gaben umsonst zu nehmen ist NIEMAND faul.
NIEMAND fördert die Musen, NIEMAND gibt Gaben den Dichtern :
Musica bettelt : Beifall spendet NIEMAND der Dichtung.
NIEMAND singt denen, die ihm gewogen, (das sag ich im Dativ,)
Hier endlich NIEMAND, der Dichter, wird gratis singen.

Exhilaturus convivas arte facetus
NEMO venit : NEMO, sis mihi gratus, ait :
Ergo sedet tristis NEMO; deflet sua NEMO :
Interea parcit NEMO mero ac patinis.
Pocula NEMO ferat; NEMO ter praebibat inde
NEMINI : et ad fundum pocula NEMO bibat.

Aufzuheitern die Gäste witzig an Kunst
kommt NIEMAND : NIEMAND sagt : „Sei mir gewogen!"
Also sitzt da NIEMAND traurig; NIEMAND beweint das Seine :
Inzwischen spart NIEMAND am reinen Wein und Gebrat'nem.
Becher bringt NIEMAND; NIEMAND trinket daher NIEMANDEM
Dreifach zu : und bis zur Neige trinkt NIEMAND die Becher.

Sic hilaris, sic potus erit, cum NEMINE NEMO,
Ebrius ut NEMO NEMINE ductus erat.
Iejunus NEMO saltat; NEMO ebrius orat :
NEMO vocat somnos, somnia NEMO fugat.
NEMO videt somnum; NEMO dormitat eundo :
Dum stat, NEMO cadit : NEMO cadendo volat.
NEMO sedet primus; postremus NEMO resurgit :
NEMO libenter abit; NEMO libenter obit.
Haec NEMO dixit; NEMO percipit : Abite,
In mensa nostra, dicite : NEMO fuit.

* * * *

Heus nunc, Margarites; juvenum tibi NEMO placebat?
Emmel, virgineo num tibi NEMO choro?
Emmelium praeter, NEMO tibi, Nympha, placebat :
Margaritem praeter, NEMO tibi, Emmle, placet.
Arrham, sponse, capis; NEMO tibi sponsa dat arrham :
Das tu, sponsa, fidem; dat tibi NEMO fidem.
Sed, si NEMO placet, cur non vos NEMO jugaret?
Ut Deus, est NEMO, qui bene cuncta facit.
Ergo, age, NEMO tibi placeat, nisi sponsa, marite :
Sponsa, ut sponsus, item NEMO tibi placeat,
NEMO rori socius praeter vos sederit ambos :
Non mensae socius NEMO frequenter erit.
NEMO domum vestram male sanus lite replebit :
Et vestrae vitae noxia NEMO ferat.
NEMO secet vestrum, NEMO perturbet amorem :
Ut male fit vobis, NEMO precetur : AMEN.

So heiter, so der Trank wird sein, mit NIEMANDEM NIEMAND
Trunken, wie NIEMAND von NIEMANDEM geführt worden war.
Nüchtern tanzt NIEMAND, NIEMAND betet im Trunke :
Träume ruft NIEMAND herbei, Traumbilder NIEMAND vertreibt.
NIEMAND sieht den Schlaf, NIEMAND schläft, wenn er geht.
Während er steht, fällt NIEMAND. NIEMAND fliegt, wenn er fällt.
NIEMAND setzt sich als erster, als letzter steht NIEMAND auf :
NIEMAND geht gerne dahin; gerne stirbt NIEMAND.
Dieses hat NIEMAND gesagt; NIEMAND versteht es : Geht weg.
An unserer Tafel, so saget, ist NIEMAND gewesen.

* * * *

Höre nun, Margarete, gefiel NIEMAND der Jünglinge dir?
Emmel, NIEMAND dir aus dem Chore der Jungfrau'n?
Außer Emmel, NIEMAND dir, Braut, gefiel.
Außer Margarete, NIEMAND dir, Emmel, gefällt.
Angeld, Bräutigam, nimmst du; NIEMAND gibt dir, Braut, Angeld.
Du, Braut, gibst Vertrauen; dir gibt NIEMAND Vertrauen.
Wenn aber NIEMAND gefällt, warum nicht sollte euch NIEMAND vermählen?
Wie Gott ist NIEMAND, der alles gut macht.
Also, wohlan, NIEMAND soll dir gefallen außer der Braut, Gatte.
Braut! Wie der Bräutigam, ebenso möge dir NIEMAND gefallen.
NIEMAND außer euch beiden saß wohl als Gefährte dem Tau :
Nicht wird NIEMAND häufig Gast eures Tisches sein.
NIEMAND wird euer Haus, der vernünftig, übel mit Streit erfüllen.
Und Euerm Leben soll NIEMAND Schaden zufügen.
NIEMAND soll eure Liebe trennen, NIEMAND soll sie verwirren.
Daß euch übel geschehe, NIEMAND mög' es erbitten : AMEN.

HEIDELBERGAE TYPIS Johannis Lancelloti, Academia Typogr. MDCXIII (Übersetzung B.Schmanck)

Wenn wir diesen Auszug aus dem "Hochzeitsgedicht" auf dem Hintergrund der Lebensgeschichte von Praetorius lesen, sozusagen als Schlusspunkt seines Lebenslaufes, erst dann erahnt man, welche Einsamkeit, welche Verzweiflung, welcher Schrei an Gott uns entgegenschallt: Fast klingt es, als ob sich das Glaubens- und Gottesverständnis von Praetorius vollkommen verändert hat.

"Ist denn da NIEMAND, der mich hört? NIEMAND, der mir hilft,
NIEMAND, der mir die Toten zurückruft, die ich verloren in diesem Leben?"

Am 5.11.1613 wird der Laudenbacher Schulmeister Hermann Spieß als Pfarrer nach Reutlingen berufen.[984] Es fällt auf, wie häufig die Schulmeister in Laudenbach gewechselt haben: von 1600 bis 1613 sieben verschiedene Lehrer. Ein Grund für diesen Wechsel könnte ihre nachfolgende Berufung auf Pfarrstellen sein, dass also akuter Pfarrermangel besteht. Der Calvinismus ist noch nicht lange eingeführt und (ver-) braucht vielleicht eine Avantgarde von Pfarrern der neuen Konfession. Es scheinen zum Teil jüngere Theologen zu sein, die zunächst als Schulmeister ihr Brot verdienen. Eine Folge dieses Wechsels ist natürlich, dass die Schulmeister die Gedanken von Praetorius in viele Gemeinden mitnehmen, und Praetorius in vielen Landesteilen bekannt wird.

Nicht auszuschließen ist, dass auch der Charakter von Anton Praetorius zu diesem häufigen Wechsel der Schulmeister beigetragen haben könnte. "Und ob er gleich auch als ein Mensch seine große Mengel gehabt, den zorn sich bald uberwinden lassen und der sachen etwan zuviel gethan, hat er solches alles widerumb gemässiget, verbessert unnd dahin gehandelt, dass er seine Gemein nicht ärgern möge," urteilt der Pfarrer der Nachbargemeinde über ihn.[985]

Herbst. Praetorius sitzt im Musäum, seinem Arbeitszimmer. Er hört den Regen auf dem Dach. Die kahlen Bäume, das leere Haus, die Einsamkeit - das alles zusammen verursacht ihm Schmerz. Es regnet fast jeden Tag. Windböen. Dämmerung senkt sich über das Zimmer. Mitte November fällt strenge Kälte ein. Der Regen geht in heftige Schneefälle über.[986]

Am 17. November 1613 kommt Jacobus Daxius aus Halle als neuer Schulmeister. Er wird acht Jahre in Laudenbach bleiben. Später wird er mit seinen 3 Kindern als Lehrer im Nachbarort Hemsbach geführt.[987]

Das Nachtmahl mit dem Schulmeister

Der Winter ist streng und äußerst schneereich wie seit Menschengedenken nicht mehr.[988] Am 1.12.1613 hält Anton Praetorius den Gottesdienst in Laudenbach und predigt über Lukas Kapitel 21, Vers 34. Viele empfinden diese Predigt im Nachhinein als Abschiedspredigt.[989]

Der 5. Dezember 1613[990] ist ein kalter, grauer, windiger Tag. Ein Sturm hat in der Nacht zuvor die letzten Blätter von den Bäumen gezerrt und treibt seit dem Morgen immer neuen Schnee heran. Der Schulmeister kommt an diesem Donnerstag[991] ins Pfarrhaus[992] und spricht mit dem Pfarrer über den Unterricht, über Gemeindeangelegenheiten.

Praetorius: "Lieber Freund, lasst uns zu Nacht essen."
Gemeinsam nehmen sie im Pfarrhaus das Nachtmahl ein.
Schulmeister: "So, das tut gut, dies letzte Essen des Tages."
Unvermittelt sagt Praetorius: "Warum schickt Gott uns in diese Kreuz-Schule? Warum ist unser Leben so eine Last?"
Schulmeister: "Eure Gesundheit ist angegriffen. Ihr seid betrübt. Verdunkeln wieder die Schatten der Vergangenheit Euer Gemüt? Denkt doch lieber daran, dass bald Euer Bericht über die Zauberei neu herausgegeben wird."
Praetorius erwidert: "Ach, warum sollte das Buch noch einmal erscheinen? Es hat mir nur viel Anfeindungen gebracht. Vielen Leuten ist es ein Anstoß. Sie haben Angst, es könnte Unglück und alle in Ungnade bringen, wenn die Obrigkeit Anstoß daran nimmt."
Er reibt sich seine schmerzenden Glieder, wo ihn die Gicht so plagt, denn er hat sehr unter den Folgen von Frost zu leiden.[993]

"Vielleicht wollte Gott es gar nicht. Gab es nicht Zeichen genug? Was war mein Leben denn als eine einzige Kreuz-Schule?"
Schulmeister: "Versündigt Euch nicht, Herr Pfarrer. Heißt es nicht: Der Herr legt uns eine Last auf, aber er hilft uns auch?"
Praetorius: "Aber warum hat er *mich* so gestraft? Meine vier Weiber tot, allesamt gestorben, die Sibylle erst jetzt.[994] In 28 Jahren zehn Kinder tot gezeugt, so dass sie das erste Jahr nicht überlebt haben. (vgl. Seite 153) Und nun noch mein geliebter Sohn, der das Studium der Theologia vollendet, der die Freude meines Lebens war, auch noch gestorben? Was bleibt mir? Und da sollte ich nicht wie Hiob meinen Herrn fragen: Warum? Wie soll ich es ertragen?"
Da hebt der Schulmeister an: "Herr Pfarrer. Ich habe von der Begebenheit gehört, als Ihr gerade gekommen seid, von dem großen Pferdesterben im Jahre 1599. Denkt Ihr noch manchmal daran?"

Praetorius: Ja, natürlich, wie könnte ich das vergessen. Als die Glocken geläutet werden sollten für diesen heidnischen Pferdegang? Der Schulmeister war der einzige im Dorf, der mich unterstützte."

Schulmeister: "Es war gut, dass Ihr den Leuten Eure Meinung gezeigt habt. Man darf nicht tatenlos dabeistehen, man muss für seine Überzeugungen eintreten. Von wem sollen wir sonst lernen, dass man nicht die Hoffnung aufgeben darf? Wenn auch viele Euch für einen Hitzkopf halten, wenn auch viele Euch ablehnen oder gar für einen versteckten Hexenmeister halten - *mir* habt Ihr die Augen geöffnet. Und anderen auch!"

Praetorius: "Ach, das sind doch nur wenige gewesen."

Schulmeister: "Das stimmt nicht! Denkt allein an die vielen Pfarrer und Herren, denen Ihr Euer Buch gewidmet habt und die vielen, die danach verlangt haben, dass es wieder gedruckt wird. Meiner Meinung nach war es Eure Berufung in diesem Leben, uns dies zu sagen. Damals in biblischer Zeit hat Gott die Propheten geschickt. Nun, auch heute braucht es Menschen, die Gottes Wort laut sagen und aufschreiben. Einer muss doch in dieser schweren Zeit reden, wenn die anderen nicht denken können oder wollen. Das ist Euer Lebenswerk.

Wie Ihr uns aufgeklärt habt, da hab auch ich plötzlich Worte dafür gehabt, was ich vorher nicht so denken konnte. Vielleicht werden die meisten Menschen aber erst ein anderes Zeitalter brauchen, bis sie es wagen, nach ihrer Vernunft zu greifen."

Praetorius: "Aber mein Buch hat doch nichts bewirkt. Ich habe den Eindruck, dass aus der Obrigkeit es keiner gelesen hat."

Schulmeister: "Vielleicht ist es gut, dass all die Obrigkeiten so beschäftigt waren mit ihren Streitigkeiten und der Hexenjägerei, dass sie keine Zeit fanden, sich mit Eurem Buch näher zu beschäftigen. Sonst hätte ich Angst um Euer Leben gehabt: Wenn ich an all Eure Vorschläge denke: dass die Obrigkeiten in ihrem Lande "die Kirchen wohl bestellen und Schulen anrichten, dass Junge und Alte an allen Orten recht gelehret werden",[995] "müssen auch die Jugend zur Schule getrieben werden".[996] "Wie viel mehr sollen Christliche Obrigkeiten Gott erkennen, an ihn glauben, ihn fürchten und ehren mit Worten und Werken".[997] Die Obrigkeit soll die Ordnung der Ältesten bestellen, auf dass dieselben im Namen der ganzen Kirche die Gemeinde des Ortes leiten.[998] Solche Ordnung ist von Christus selbst bestätigt. Und dass man recht unterscheiden kann ´gläubige und ungläubige Obrigkeit`?[999]

Wer hat das je gehört: Dass man so die Obrigkeit kritisiert wie Ihr! Dass Ihr den Richtern die Leviten gelesen! Schulen für alle Menschen, dass die Menschen aufgeklärt werden sollen! Dass Presbyterien und Kirchenvorstände die Angelegenheiten der Kirchen regeln sollen! Dass die Gefängnisse menschlicher würden! Wo hat man solche Sachen schon gehört? Nachher möchte noch einer kommen, der gleiche Rechte für alle Menschen einfordert!"

Praetorius: "Es ist spät geworden, und ich bin müde. Lasst uns noch einen Choral singen. Vielleicht den Choral: HErr Christ der Einig Gottes Sohn."

Nach dem Nachtmahl mit dem Schulmeister legt Anton Praetorius sich schlafen und entschläft ruhig in den frühen Morgenstunden am Freitag, den 6.12. 1613[1000] im Pfarrhaus in Laudenbach.[1001]

In der Literatur findet sich bis heute die Notiz, der einige Autoren folgen: "Zuletzt war Anton Praetorius Superintendent in Alzey, wo er 1625 gestorben ist".[1002] Nach den Angaben der gedruckten Leichenpredigt sind dieses Todesjahr und –ort unzutreffend.

Bild 86 Wappen aus Bericht 1598

Beerdigung durch den Hemsbacher[1003] Pfarrer

Am Sonntag, den 8.12.1613 wird die Beerdigung von Anton Praetorius durch den Pfarrer aus der Nachbargemeinde Hemsbach Reinhardum Guolfium Lichensem[1004] gehalten. Pfarrer Reinhard Wolf ist gebürtig aus Lich[1005] und hat am 25.11.1609 in Heidelberg studiert.[1006] Die Ansprache des Pfarrers Reinhard Wolf ist im nächsten Jahr in Heidelberg gedruckt worden, wohl weil so große Nachfrage danach war: Christliche Leichpredigt bey der begräbnuß deß ehrwürdigen wolgelehrten herren antonii praetorii lippiano-westphali, gewesenen pfarrers zu laudenbach an der bergstrassen gehalten durch reinhardum guolfium, gedruckt in Heidelberg von Lancellot 1614.[1007] Das einzig erhaltene Exemplar findet sich heute in der Bayrischen Staatsbibliothek München. Der Vorbesitzer dieser Leichenpredigt läßt sich nicht feststellen; der ursprüngliche Sammelband wurde um 1900 auseinandergenommen und die Leichenpredigten neu geordnet.

Beerdigungspredigt

Bei der Bestattung geht die Gemeinde zunächst zum Grab, danach trifft man sich im "Bet- bzw. Klaghaus" (wohl die Kirche). Die Menschen sind dick vermummt, und trotzdem frösteln sie. Draußen liegt hoher Schnee.[1008] Auswärtige Trauergäste haben kaum den Weg machen können. Vielleicht ist das ein Grund für die starke Nachfrage nach der Leichenpredigt?
Die Beerdigungspredigt[1009] wird am 8.12.1613 über den Bibeltext: 2. Timotheus 4,6 gehalten für Anton Praetorius,[1010] gestorben am 6.12. im 16. Jahr als Pfarrer im Ort: "Ich werde schon geopfert, und die Zeit meines Abscheidens ist fürhanden. Ich hab einen guten Kampf gekämpfet, ich hab den Lauf vollendet, ich hab Glauben gehalten."[1011]

Angesichts der erbitterten Fehde zwischen Lutheranern und Reformierten ist erstaunlich, dass dabei die Bibelausgabe von Martin Luther benutzt wird. Der Wortlaut des Predigttextes ist wortwörtlich aus der letzten zu Luthers Lebzeiten erschienenen Bibelausgabe von 1545 entnommen:

Auszug aus der Beerdigungspredigt:

"Und nun lieben christen, was können wir anders verhehlen und sagen von unserem lieben nunmehr in gott ruhenden mitbruder, welcher ja freilich einen guten kampf gekämpfet und seinen lauf vollendet hat, die 53 jahr aber, welche ihm gott der herr auf dieser mühseligen welt zu leben vergönnet hat.[1012] und solches sowohl in seinem hausstand als in seinem lehramt.

dann was seinen hausstand betreffen tut, so hat er von jugend auf viel zu streiten gehabt mit viel[1013] und mancherlei krankheiten mit frost, mit hunger und kummer und vielen anderen widerwärtigkeiten, vornehmlich aber als er etwas zu jahren kommen und zur ehe gegriffen hat. er vermeinet, das glück würde ihm auf allen gassen begegnen, aber es hat sich weit umgewendet, also dass er erst recht in die kreuzschul geführet alda lernen müssen, wie man mit geduld streiten und überwinden muss, dann er ist in die vierte ehe kommen. in der ersten ehe hat er gelebet 12 jahr und vier kinder gezeuget, welche alle ausgenommen dem ersten sohn das erste jahr nicht erlebt haben. die 2. hausfrau ist den 12. tag nach dem kirchgang an der pest gestorben, also dass sie keine stunde gesund beieinander gewesen sind.

die dritte ist ihm zwar verheissen, aber am dritten tag nach der 1. proklamation[1014] von hinnen geschieden, also dass er sie nicht zur kirchen, sondern zum grab begleitet. mit der 4. hat er gelebt bis ins 17. jahr, doch keinen monat ohne widerwärtigkeit. mit ihr gezeuget 7 kinder welche doch zum teil bald nach der geburt gestorben, zum teil tot geboren sind und neben diesem großen hauskreuz, welches er an seinen weibern und kindern gehabt, hat ihn gott der herr auch an seinem leib angegriffen mit harten und schweren lägern und krankheiten, also dass er viel an die ärzte gewendet, auch viel von ihnen erlitten. dennoch ihm nicht hat können geholfen werden, bis er endlich tot verblichen, welches alles er doch mit solcher geduld ertragen, dass er allezeit fröhlich im herrn dabei gewesen ist. freiwillig[1015] und reichlich den Armen gegeben, keinen ohn Allmusen von sich gelassen und ihnen sein brot also gebrochen das ihm auch, wie er mir selbsten in seinen Registern gewiesen in einem jar einundsibentzig Malterfrucht seynd auffgangen. Hat auch sonsten welche seines Raths und Hilff begehret, trewlich geholfen, wie ihm dessen eine ganze Gemein wird Zeugnuss geben.

Und ob er gleich auch als ein Mensch seine große Mengel gehabt, den zorn sich bald uberwinden lassen und der sachen etwan zuviel gethan, hat er solches alles widerumb gemässiget, verbessert unnd dahin gehandelt, dass er seine Gemein nicht ärgern möge.
In seinem Lehrampt hat er seinem Gott und HERREN glauben gehalten, wie einem trewen Lehrer anstehet mit Lehren, Straffen, Erinnern, und solches zur zeit und zur unzeit mit einem großen erenst und Eyffer, das er auch offtmals in Noth und Gefahr daruber gerahten.

Im einundzweintzigsten jar seines Alters ward er in seinem Vatterland zum Schuldienst befördert.
In der Graffschaft Eissenberg [Ysenburg] hat er vor einen Hofprediger gedienet.
In Churfürstlicher Pfalz hat er im Weinberge des HERREN sechs und zwanztig jar gearbeittet: Erstlich zu Oppenheim, darnach zu Dittelsheim, zu Fach[1016] und dann hier zu Laudenbach. Und ob er auch gleich in diesem Fall bissweilen seine affecten schiessen lassen, so hat doch allezeit der Aussgang bezeuget, das solches auss einem guthertzigen gemüth geschehen und zum nutzen der Kirchen kommen sey.

Christliche Leichpredigt
Bey der Begräb-
nuß deß Ehrwürdigen Wolgelehrten Herren
Antonii Prætorii Lippiano-VVestpha-
li, gewesenen Pfarrers zu Laudenbach an der Berg-
strassen.

Gehalten den 8. Decembris Anno 1613.

Durch

Reinhardum Guolfium Li-
chensem, Pfarrern zu
Hembspach.

Gedruckt in der Churfürstlichen Statt Heydelberg
bey Johann Lancellot Anno 1614.

Bild 87 Titelseite der Leichpredigt für Praetorius

Also dass er das ihme von GOTT vertrawte Pfund wol angelegt viel guter Ordnunge angestellet,[1017] das almosen an diesem ort angefangen, daran gewesen, dass die kirche und der gottesacker ist gebauet worden und also mit lehren das seinig getan, bis er nächst verschienene sonntag ihm gleichsam seine leichpredigt selbst gehalten, indem er sich und die seinigen ermahnet, auf den großen tag des herrn sich recht zu schicken, alle verhindernusse als fressen, saufen[1018] und sorge der nahrung aus dem wege zu räumen, damit sie mögen würdig sein, zu stehen für des menschen sohn, dieweil der tag des herren plötzlich kommen werde wie ein fallstrick, welches er danach zukünftige nacht erfahren. den tag zwar fröhlich gewesen, zu nacht gessen, nach dem nachtessen mit dem schulmeister christgesänge gesungen, sich zu bett geleget, dernach aber plötzlich und gleichsam wie ein licht ausgegangen, daraus wir ja schliessen müssen, dieweil er hier gott treulich gedienet, so hab ihm auch gott seines todes schmerzen verkürzet und alsobald seine seele mit höchster freud und herzlichkeit gekrönet, seinen leib aber werde er an jenem großen tag, wann die allgemeine auferstehung der toten wird anergehen, vollkommlich krönen und neben anderen auserwählten zu der ewigen freud einführen, welches ihm und uns allen gnädiglich verleihen wolle der vater unseres herrn jesu christi amen. ende"

Erstaunlich an dieser Leichenpredigt ist, dass die literarische Arbeit von Praetorius nicht gewürdigt wird, ja, sie wird nicht einmal erwähnt. Kennt der Hemsbacher Pfarrer die Bücher seines verstorbenen Kollegen nicht? Stimmt er mit Praetorius in bezug auf Hexenverfolgung überhaupt nicht überein und schweigt deshalb lieber darüber an seinem Sarg? Oder nimmt er Rücksicht auf die Gemeinde, weil er um die Vorbehalte und Vorurteile der Dorfbewohner gegenüber diesem Advokat der Zauberer weiß und dieses heikle Thema umgehen will? Angesicht der großen Schar der sympathisierenden Pfarrer aus der ganzen Umgebung verblüfft den Leser dieses Totschweigen bei der Beerdigung im Laudenbacher Gotteshaus, das sich in der Kirche bis in unsere Tage fortsetzt.

Wo ist das Grab von Praetorius?

Praetorius dürfte sein Grab in Laudenbach auf dem damaligen Kirchhof um die alte Dorfkirche gefunden haben neben der gotischen Kirche, die in der Bulle des Papstes Gregor IX von 1238 erwähnt ist.[1019] Dieser Friedhof war bis um 1850 (neben einem ab 1800 am Ortsrand gelegenen neuen Friedhof) in Betrieb.[1020] Einen Grabstein gibt es nicht.[1021] Sonstige Spuren von Anton Praetorius findet man in Laudenbach nicht. Nur auf einer Liste mit den Namen aller Pfarrer im Eingang der Kirche ist auch Anton Praetorius verzeichnet.[1022] Der alte Friedhof rund um die Dorfkirche existiert schon lange nicht mehr. Bei der Restauration des Gotteshauses im Jahre 1936 hat man keinerlei Funde gemacht.[1023] Schon bei der Renovierung der Kirche waren nur einige Grabsteine vorhanden (wohl von Adeligen). Eine Gedenktafel für Anton Praetorius gibt es nicht oder irgendwelche schriftlichen Aufzeichnungen über ihn. Alte Kirchbücher sind nicht vorhanden.[1024]

1613: sein Buch gegen den Hexenwahn erscheint zum 3. Mal

Anton Praetorius hat seinen Lauf vollendet und Frieden gefunden.
Die Ereignisse der folgenden Jahre erlebt er nicht mehr mit:

1613 erscheint die Neuauflage seines Buches in Heidelberg[1025] mit Widmungen an viele Freunde mit ähnlicher Gesinnung zur Hexenverfolgung[1026] und an Verwandte. Im Vorwort zur dritten, erweiterten Auflage 1613 gibt der Verfasser zu erkennen, dass das Buch nicht (wie vielfach vermutet) von einem lutherischen Juristen, sondern von einem calvinistischen Prediger stammt. Diese Ausgabe enthält manche Lebenserinnerungen des Verfassers, die in den anderen Auflagen fehlen. Bei dieser Auflage fällt auf, dass sehr sorgfältig alle lateinischen Namen, Bezeichnungen und Zitate in lateinischen Lettern, deutsche aber in deutscher Schrift gesetzt sind.[1027]

Am 28. Februar 1614 wird Johannes Zaun[1028] aus Heppenheim an der Bergstrasse neuer Pfarrer in Laudenbach. Am 10.11.1620 folgt ihm Martinus Hoffmannus nach, "ex dioecesi Zizensi", welcher drei Kinder hat.[1029]
In diesem Rekordwinter wird das Getreide erheblich geschädigt, es verfault unter dem Schnee. Folglich missrät die Ernte, und es kommt zu einer Teuerung. Die Kälte hält den Frühling über derart lange an, dass die Vegetation im Mai noch nicht aufgegangen ist. Das Getreide, das den Winter überstanden hat, wird Mitte Mai vom Frost geschädigt.[1030]

1616 Die katholische Kirche verwirft das Weltsystem des Nikolaus Kopernikus (1473 bis 1543) und setzt sein Hauptwerk auf den Index.
1616 Großbritannien: Der englische Dramatiker William Shakespeare stirbt.
1618 Beim Prager Fenstersturz werden die kaiserlichen Statthalter aus dem Fenster des Prager Schlosses gestürzt. Damit beginnt der Dreißigjährige Krieg (1618 bis 1648).
1620 Der erste englische Sklaventransport von Schwarzafrika nach Nordamerika trifft in Virginia ein.
1620 Die Pilgerväter, wegen ihrer religiösen Anschauungen verfolgte Puritaner, landen mit der "Mayflower" in Nordamerika und gründen die Kolonie Plymouth.
1622 Spanier und kaiserliche Truppen unter Tilly besetzen die Pfalz und Heidelberg.
1623 Herzog Maximilian I. von Bayern erhält die pfälzische Kurwürde. Der kaiserliche Feldherr Tilly marschiert in Westfalen ein.
1633 Galilei wird von der Inquisition zum Widerruf seiner Lehren gezwungen.

Von Zauberey und Zauberern
Gründlicher Bericht.

Darinn der grawsamen Menschen thöriges/ feindseliges/ schändliches vornemmen: Und wie Christliche Oberkeit in rechter Amptspflege jhnen begegnen/ jhr Werck straffen/ auffheben/ und hinderen solle/ und könne.

Kurtz und ordentlich gestellet:
Durch
Antonium Prætorium Lippiano-Westphalum,
Pfarherrn zu Lautenbach in der Bergstraß.

Hiezu ist gesetzet
Der Theologen zu Nürnberg gantz Christlich Bedencken/ und Warhafftig Urtheil von Zauberey und Hexenwerck.

Gedruckt zu Heydelberg/ durch Johann Lancellot/
In verlegung Andreæ Cambier.
Anno 1613.

Bild 88 Titelseite Praetorius Bericht 1613

Gründlicher Bericht
ANTONII PRÆTORII
LIPPIANO-WESTPHALI,
Von
Zauberey vnd Zauberern/
deren Vrsprung/Unterscheid/Vermögen vnd Handlungen/Auch wie einer Christlichen Obrigkeit/solchem schändlichen Laster zu begegnen/dasselbe auffzuheben/zu hindern vnd zu straffen gebühre vnd wol müglich seye.

Auß Göttlichem vnd Kayserlichem Recht kurtzlich vnd ordentlich gestellt vnd zusammen getragen.

Männiglich/sonderlich aber den Hohen vnd Nidern Obrigkeiten/Richtern vnd Gerichten/zu nohtwendiger Nachrichtung sehr dienlich vnd nutzlich zu lesen.

Jetzo zum vierdtenmal in Truck gegeben/sampt einem vollkommenen Register.

Getruckt zu Franckfurt am Mayn/
Durch Johann-Niclas Stoltzenbergern/
In Verlag Johann Carl Vnckels/ Buchhändlers daselbsten.
Anno M. DC. XXIX.

Bild 89 **Titelseite Praetorius, Bericht von Zauberey 1629**

1629: sein Buch erscheint zum 4. Mal

1629 erfolgt in Frankfurt eine Neuauflage des Buches von Anton Praetorius in der Fassung von 1602.[1031] Die Auftraggeber kennt man nicht. Wie alle anderen Auflagen ist auch diese sehr sorgfältig gedruckt, mit breiten Randanmerkungen sowie einem vollständigen Register versehen, was damals, zur Zeit des 30-jährigen Krieges, da auch Mangel an Papier herrscht, auf die Wertschätzung dieses Buches deutet, zumal ein erheblich größerer Arbeitsaufwand erforderlich ist.[1032]

Welche Zeitumstände im Jahr 1629 gibt es, dass eine Neuauflage seines Buches gebraucht wird? Dieser Neudruck "der 2. Auflage im Jahre 1629 erfolgt zu einem Zeitpunkt, als die Hexenverfolgungen in Deutschland ihre punktuelle Spitze erreichen und zahlreiche Bücher gegen den Hexenwahn erscheinen. Daraus geht hervor, dass der Widerstand in der Bevölkerung zusehends wächst und man die Mahnrufe des Praetorius wahrnimmt und erneut verbreitet." [1033]

Im ganzen Jahrzehnt ab 1620 leiden die Menschen unter langen strengen Wintern, spätem Frühjahrsbeginn und kaltnassen Sommern. Folgen sind Missernten und Teuerung. Am 27. Mai 1626 bricht der Winter wieder ein. Seen und Flüsse frieren ein, Bäume und Büsche verlieren das Laub. Die Getreide- und Weinernte wird zerstört - eine Katastrophe, wie es sie seit 500 Jahren nicht mehr gegeben hat. Es folgen Hagelstürme und Epidemien bei Mensch und Vieh.[1034] Allerorten beginnen hysterische Hexenjagden.

Das Jahr 1628 ist ein schlimmes Jahr für die Menschen. "Das Jahr 1628 gilt als das Jahr ohne Sommer und war gleichzeitig das Jahr mit den höchsten Prozess- und Hinrichtungszahlen" der Hexenverfolgung.[1035]

Aufgrund der heftigen Dispute der Theologen aller Konfessionen über die Möglichkeit des Wetterzaubers durch Hexen ist die eindeutige Stellungnahme von Praetorius dagegen sicherlich ein entscheidender Grund, dass sein Bericht im Jahr 1629 neu gedruckt wird:[1036]

**"Ich werde schon geopfert, und die Zeit meines Abscheidens ist fürhanden.
Ich hab einen guten Kampf gekämpfet, ich hab den Lauf vollendet,
ich hab Glauben gehalten."**

(Bibeltext der Beerdigungspredigt aus 2. Timotheus 4,6)[1037]

In den folgenden Jahrhunderten gerät das mutige und fundierte Engagement des vehementen Kämpfers gegen Folter, Hexenprozesse und Aberglauben in Vergessenheit.[1038]

Bild 90 Hexen zaubern Sturm

"Von Hexen kommt kein Wetterschaden, wie alle Welt fürchtet. Nein. Alles Wetter kommt von Gott zum Segen oder zur Strafe nach seiner Gerechtigkeit und mag den Hexen nichts davon zugeschrieben werden. Außerdem sind die Mittel, welche Hexen gebrauchen zum Wettermachen ganz und gar kraftlos." (Praetorius) [1039]

Spätere Stimmen zum Wirken von Praetorius

Paulus:[1040]
"Unter den verdienstvollen Männern, die im 16. und 17. Jahrhundert der damals in Deutschland so schrecklich wütenden Hexenverfolgung mutig entgegentraten, gebührt eine Ehrenstelle dem wackeren Anton Praetorius."

Janssen:[1041]
"Diese Schrift gehört zu den wenigen, welche dem 17.Jahrhundert zur Ehre gereichen." "Da dieser edle Menschenfreund sehr wenig bekannt ist, so dürfte es angebracht sein, die Erinnerung an seine ziemlich vergessenen Verdienste wieder aufzurichten."
"Aufs strengste tadelt er die unmenschliche Grausamkeit, mit welcher man damals gegen die Hexen vorzugehen pflegte. Tief ergreifend und grauenhaft ist die Schilderung, die er aus eigner Anschauung von den Gefängnissen der Hexen und deren Folterqualen entwirft."[1042] "Mit besonderer Schärfe tritt er gegen die Folter auf, die er überhaupt abgeschafft wissen will."

Kneubühler:[1043]
"Eine viel größere Berücksichtigung, als er bisher gefunden, verdient der Gründliche Bericht von Zauberei und Zauberern, welchen der Westfale Anton Praetorius ... herausgab."

Karneth:[1044]
Es würde "selbstverständlich der Stadt Alzey gleichermaßen zur Ehre gereichen, wenn sie eine solche Persönlichkeit als Alzeyer Bürger und Pfarrer zu ihrem historischen Erbbestand zählen dürfte." "Der Name der Stadt würde zudem auch mit einem der engagiertesten und exponiertesten publizistischen Gegner der Hexenverfolgungen in Verbindung gebracht werden dürfen." "Anton Praetorius als Verfechter der Menschenrechte in Zeiten des Hexenwahns... begründet in christlicher Barmherzigkeit und Nächstenliebe, gegen alle Formen staatlich-religiösen Terrors mit den Mitteln der Folter und Haft".[1045]

Vogel:[1046]
"Seine Anklage gegen die rücksichtslosen Folterer und heuchlerischen Tyrannen, die unter dem Vorwand des Kampfes gegen den Teufel und seine Trabanten großes Unrecht begehen, ist leider heute noch aktuell." Praetorius hat "sein Werk als grundsätzliche Auseinandersetzung mit der obrigkeitlichen Rechts- und Strafpraxis seiner Zeit verstanden. Im Mittelpunkt seiner kritischen Überlegungen stehen die Folgen der exzessiven Gewalt der Obrigkeit gegenüber vermuteten und überführten Tätern."
Praetorius "schildert die Lage in den Gefängnissen und die Folterpraxis... und zugleich sein eigenes Entsetzen, betont eindringlich die Folgen für die Gefangenen und Gefolterten und entwickelt Ansätze einer zeitgenössischen Analyse von

Gewaltprozessen. Seine Darstellung bietet einen erschütternden Blick auf das Ausmaß und die Formen der Anwendung von Gewalt in der Praxis der Strafverfolgung seiner Zeit... An ihm wird zugleich erkennbar, wie grundlegend sich jene Wirklichkeit von der heutigen, in ganz anderer Weise von Gewalt geprägten Gegenwart unterscheidet." "Einfühlsam und genau beschreibt Praetorius die seelischen Folgen der gewaltsamen ... Einkerkerung".[1047] "Praetorius verbirgt nicht sein Mitgefühl und sein Entsetzen".[1048] "Die Auseinandersetzung des Praetorius mit der Folterpraxis seiner Zeit ist in ihrer Kombination von präziser Beobachtung, sozialpsychologischer Analyse sowie rechtlicher und moralischer Beurteilung höchst bemerkenswert. Prätorius schildert genau, wie die Praxis der Folter das Maß von menschlicher Gewalt und Zwang überschreitet und den Gefolterten in Selbstmord oder Wahnsinn treiben kann. So werde die Folter zur teuflischen, überaus großen, schändlichen Zauberei."[1049] "In sorgsam entwickelter Gedankenführung gibt das gesamte Werk seiner Überzeugung Ausdruck, dass durch genaue Darstellung der Lage und durch argumentierende Kritik eine Besserung für die Opfer der Gewalt erreichbar sei." "Das Medium des Praetorius ist die von Mitgefühl und Empathie geprägte Sprache." Die
Herrschaft hatte "jedes Mitgefühl mit ihren Opfern verloren. An diesem, ihrem schwächsten Punkt greift Praetorius sie an." "Und er weiß - und spricht es aus-, dass er mit der christlichen Lehre die Moral auf seiner Seite hat."

Schmidt:[1050]
"Mit Anton Praetorius begegnet erstmals" auf der Seite der reformierten Theologen "ein Verfolgungsgegner, der an Radikalität kaum hinter Hermann Witekind zurückstand." "Praetorius ist wie Witekind in seiner Argumentation zu den Skeptikern des Hexenglaubens zu rechnen, die das Delikt in seinem Kern angreifen." Für ihn kann "Zauberei im Grunde gar nicht existieren, weil sie ´über menschlich Vermögen und wider die natürliche Ordnung Gottes ist`".[1051]

Dresen-Coenders:[1052]
"Die Heilige Schrift ist seine Richtschnur, und die Barmherzigkeit Gottes steht dabei im Mittelpunkt." "Mehr als 30 Jahre vor Spee bedient er sich der Parabel von dem Unkraut unter dem Weizen." "Aber er traut sich weiter zu gehen als Spee, wenn er die Möglichkeit einer neuen Art von Bund mit dem Teufel bestreitet. Sein Angriff gegen die verantwortlichen Behörden ist überaus mutig." "Vor allem aber ist es der traurige Aktualitätswert, der eine Neuausgabe - vorzugsweise zugunsten von Amnesty International - wünschenswert macht."

Zu Vermutungen über eine mögliche Verbindung von Praetorius zum "Huis der Lievde" (family of love) siehe Anmerkung.[1053]

Bild 91 Wappen des Titelblattes der Leichpredigt

Lebensdaten von Pfarrer Anton Praetorius

Praetorius (von lat. "*Praetor*" = Vorsteher, Oberrichter, Schulze). Er setzt seinen Namen selber ins Lateinische.

1560 im westfälischen Lippstadt geboren. Als sein Vaterland bezeichnet er die Grafschaft Lippe. Während des Besuchs der Lateinschule in Lippstadt und im Theologiestudium erwirbt er sehr gute Bibelkenntnisse.

1573 erlebt er einen Hexenprozess mit.

1581 Mit 21 Jahren wird Praetorius in den Schuldienst in Lippstadt berufen.

1585 im Frühjahr wird sein Sohn Johannes geboren.

1586 Rektor der Lateinschule in Kamen.

1587 in Worms als lutherischer Diakon für die Verwaltung des Kirchenkastens und für soziale Belange

1589 als Diakon an der Katharinenkirche im kurpfälzischen Oppenheim. Hier scheint er eindeutig dem reformierten Bekenntnis anzugehören.

1592 wird er Pfarrer in der kurpfälzischen Gemeinde Dittelsheim.

1593 wird Praetorius in Worms-Herrnsheim Zeuge des Dalberger (Hesslocher) Hexenprozesses.

1595 Im Oktober editiert er in lateinischer Sprache die älteste Nachricht von dem großen Fass in Heidelberg.

1596 wechselt Praetorius nach Offenbach am Main in die Grafschaft Ysenburg-Büdingen.

1596 stirbt die Frau von Praetorius. Er ist 36 Jahre alt. Die zweite Frau stirbt am 12.Tag nach dem Kirchgang an der Pest. Er verlobt sich zum dritten Mal, doch die dritte Frau stirbt drei Tage nach der Abkündigung der Hochzeit.

1596 bis 1598 als Hofprediger in Isenburg-Birstein. Umbau der kleinen Kapelle in Birstein zu einer Kirche.

1597 Am 18.2. Heirat mit Sibylle, der Tochter des Pfarrers Pistorius aus Muschenheim bei Lich.

1597 Am 6. März Buchveröffentlichung "Haußgespräch: Christliebenden Eltern und Kindern zur Beförderung gottseliger Privatübung."

1597 Mai: Praetorius veröffentlicht einen Katechismus

1597 3. Juli: Praetorius wird Zeuge eines Prozesses gegen vier Frauen aus Rinderbügen. Mit wütendem Protest setzt er sich für diese Frauen ein. In den Akten heißt es:
"weil der Pfarrer alhie hefftig dawieder gewesen, das man die Weiber peinigte, alß ist es dißmahl deßhalben underlaßen worden. Da er mit großem Gestüm und Unbescheidenheit vor der Tür angericht den Herrn D. angefürdert und heftig CONTRA TORTURAM geredet." Praetorius gelingt es, die Frau aus der Folterkammer zu retten. (D. = Dominus / gräflicher Herr)
Entlassung als Hofprediger durch Graf Wolfgang Ernst.

1598 Pfarrer in Laudenbach in der Kurpfalz. Praetorius richtet eine Armenkasse ein und einen kirchlichen Friedhof.

1598 unter dem Pseudonym Johannes Scultetus (Name seines Sohnes) veröffentlicht er das Buch "Von Zauberey und Zauberern Gründlicher Bericht".

1602 veröffentlicht er die 2. Auflage dieses Buches unter seinem eigenen Namen.
1602 erscheint sein theologisches Hauptwerk "de sacrosanctis Jesu Christi sacramentis" auf Latein
1604 1. Mai: Sohn Johannes immatrikuliert sich an der Universität in Heidelberg.
1605 schließt Sohn Johannes das Studium der Philosophie und Theologie mit dem Baccalaureat ab.
1612 Umbau der Kirche in Laudenbach: "protestantische Tür"
1613 stirbt Sohn Johannes im Alter von 28 Jahren.
1613 Am 15. Juni hält Praetorius eine letzte Trauung in Weinheim.
1613 Dritte Auflage seines "Berichtes über Zauberey und Zauberer"
1613 Am 6.12. stirbt Anton Praetorius im Alter von 53 Jahren.
1629 erscheint die vierte und letzte Auflage seines Berichtes über Zauberey und Zauberer posthum.

CORPUS JURIS CRIMINALIS,
CAROLI V. IMPERATORIS,
Nova Methodo, Novisque Notis Theoretico - Practicis,
PER
MEMBRA, ARTICULOS, COMPAGES ET PRÆJUDICIA,
inter lucubrationes hiemales digestum, & in Appendice
Variis, Novisque Consiliis adauctum.
Oder/
Peinliche Halß-
Gerichts-Ordnung/
Kayser Carls deß Fünfften/
In II. Haupt-Theil/
Eine Neue Ordentliche Rechts-Form/
und
Förmliche Rechts- und Gerichts-Ordnung/
eingerichtet;
auch
Mit mancherley Criminal-Consilien/ und Juristischen, in der
Praxi fundirten Anmerckungen erklärt/
und
In einer außführlichen Tabell- und Register vorgestellet/ auch in
einem Anhang/ bey dieser andern Edition, mit mancherley
neuen Consiliis vermehret
Von
Jacob Otto/ J. Doct. Cæs. Pal. Com. Raths-Consiliar. und deß Löbl. Consistor. Matrim. Assess.
ULM/ in Verlag Georg-Wilhelm Kühnen/ gedruckt bey Christian Balthasar Kühnen Sel. Erben/ im Jahr Christi 1696.

Bild 92 Titelseite der Carolina Ausgabe 1696

Anhang

Grevels Recherchen zur Person des Praetorius

(vgl. zu Grevel Seite 12)

Der Heimatforscher Wilhelm Grevel, 1835 geboren, Apotheker aus Essen bemühte sich um 1897 um Aufhellung des Mysteriums um Johannes Scultetus Camensis Westphalo:
"Ende der 90er Jahre hatte Grevel sich mit dem Gedanken getragen, eine Sammelmappe über gelehrte Männer aus dem alten Kamen anzulegen. Dabei war er auf die Person eines gewissen Johannes Scultetus gestossen, über den er Erkundigungen einzuholen begann, weil er ihn als Schöpfer eines aus dem Jahre 1598 stammenden, unter dem Titel *Gründlicher Bericht von Zäuberey und Zauberern* veröffentlichten Werkes identifizieren zu können glaubte. Die Universitätsbibliothek Münster, an die er eine Anfrage richtete, erteilte ihm zunächst allerdings einen abschlägigen Bescheid: *Die Schrift, die* 1598 *unter seinem Namen erschien, ist in Wirklichkeit von seinem Vater verfasst*, hieß es auf einer an *Herren Rentner Grevel* adressierten Karte. Auch der Weyerforscher Binz, zeitweiliger Dekan der juristischen Fakultät der Universität Bonn, konnte Grevel nicht weiterhelfen.

Geehrter Herr, antwortete er Grevel in einem auf den 25.6.1897 datierten Brief, *Es gibt wohl einen Johannes Scultetus jener Zeit, der ein berühmter Arzt und Schriftsteller war, allein er ist 1595 zu Ulm geboren, kann also nicht wohl der Verfasser des Buches von 1598 sein. (...) Dem Wortlaut des Titels nach war der Westphalo-Camensis ein wütiger Hexenjäger. Sollte er doch das Gegenteil gewesen sein, so wäre es wohlgethan, den Inhalt des Buches der Nachwelt jetzt bekannt zu geben.*

Trotz der negativen Auskünfte beschäftigte das Leben des Scultetus den Forscher noch über Jahre hinweg, - vielleicht deshalb, ... weil er hoffte, in dem Westphalo-Camensis einen ähnlich hochformatigen Hexenverfolgungsgegner entdeckt zu haben wie den berühmten, nicht zuletzt durch Binz populär gewordenen Dr. Weyer. In einem Brief an den königlichen Geheimrat Veltmann in Wetzlar aus dem Jahre 1911 rekapitulierte Grevel seine Ermittlungen schließlich wie folgt:

Im Jahre 1899 wandte ich mich an Sie, um über den Verfasser eines ... 1598 gedruckten Werkes über Zauberei und Zaubern, Johannes Scultetus Camensis, mehr zu erfahren. Ich beabsichtigte, Material zu sammeln für eine Arbeit über hervorragende Gelehrte des 16. und 17. Jahrhunderts, welche aus der Stadt Kamen geboren sind. ... Über (Scultetus)... konnte ich nun trotz aller Bemühungen ... nichts erfahren, trotzdem ich auch an alle Gelehrte, welche über Zauberei und Hexenwesen in neuer Zeit geschrieben haben, mich gewandt.

Nun endlich aber sei *das Orakel aufgehellt*, fuhr Grevel fort. (Zweitexemplar eines Briefes vom 10. März 1911). Inzwischen stand nämlich zweifelsfrei fest, dass es der Vater des Scultetus – Pfarrer Anton Praetorius – gewesen war, der die erste Auflage des Buches unter dem latinisierten Namen des Sohnes herausgebracht hatte.[1054]

Luthers Kleiner Katechismus/ Heidelberger Katechismus über Zauberei

Stellung Luthers und Calvins zur Hexenverfolgung

Im Neuen Evangelischen Gesangbuch von 1996 sind die Aussagen der Reformatoren Luther und Calvin gegen Hexen (= Zauberer) und die diesbezüglichen Strafandrohungen wieder aufgenommen worden.

In Luthers Kleinem Katechismus (neues Evangelisches Gesangbuch (EG) von 1996 unter der Nummer RWL 855.1) sagt Luther in der Erklärung zu den Zehn Geboten:

"Das zweite Gebot
Du sollst den Namen des Herrn, deines Gottes, nicht unnütz gebrauchen; denn der Herr wird den nicht ungestraft lassen, der seinen Namen missbraucht.
Was ist das?
Wir sollen Gott fürchten und lieben, dass wir bei seinem Namen nicht fluchen, schwören, **zaubern**, lügen oder trügen, sondern ihn in allen Nöten anrufen, beten, loben und danken."
"Was sagt nun Gott zu diesen Geboten allen?"
"Gott droht zu strafen alle, die diese Gebote übertreten; darum sollen wir uns fürchten vor seinem Zorn und nicht gegen seine Gebote handeln."

Der reformierte **Heidelberger Katechismus** (neues Evangelisches Gesangbuch (EG) von 1996 unter der Nummer RWL 856.4.) nimmt die Aussagen von Calvin auf.

Die Frage 94 lautet:
"Was fordert der Herr im ersten Gebot?
Gott will, dass ich allen Götzendienst, alle **Zauberei** und Wahrsagerei, allen Aberglauben, auch das Anrufen der Heiligen oder anderer Geschöpfe meide und fliehe, damit ich meiner Seele Heil und Seligkeit nicht verliere."

Frage 100:
"Ist es denn eine so schwere Sünde, Gottes Namen mit Schwören und Fluchen zu lästern, dass Gott auch über die zürnt. die nicht alles tun, um es zu verhindern? Ja; denn es gibt keine Sünde, die größer ist und Gott heftiger erzürnt, als die Lästerung seines Namens.
Darum hat er auch befohlen, **sie mit dem Tode zu bestrafen**."

In einer Neuauflage des Evangelischen Gesangbuches (EG) erscheint eine kommentierende Bemerkung oder der Hinweis auf eine heutige Stellungnahme der Evangelischen Kirchen zur Hexerei/ Zauberei überlegenswert, denn der Katechismus ist Grundlage des Unterrichtsinhaltes für den Konfirmandenunterricht.

Calvin und die Todesstrafe für Hexen

Calvin erklärt unter Berufung auf Exodus 12, 18, Gott selbst habe die Todesstrafe für Hexen festgesetzt. Er tadelt darum jene, welche die Verbrennung der Hexen ablehnen, und will sie als Verächter des göttlichen Wortes aus der Gesellschaft ausstoßen.[1055]
Calvins "persönliches und verschärfendes Eingreifen in laufende Hexenprozesse im Genfer Einflussbereich (Peney)" wird von Oskar Pfister ausführlich dargestellt.[1056] Der Hexenwahn führte zu einer Anzahl abscheulicher Hinrichtungen in Genf.[1057] Calvin fordert die Todesstrafe für Zauberinnen wegen des Abfallens von Gott, "wobei er es nicht unterlässt, den Frauen den größeren Aberglauben zu bescheinigen".[1058]
Die Zahl der Hinrichtungen nahm in Calvins Tagen in Genf erheblich zu. "Es herrschte tatsächlich ein Schreckensregiment zu Calvins Lebzeiten und unter seinem furchtbaren Nachfolger Theodor von Beza".[1059] Durch Ausweisung der Hexen andere Orte zu infizieren, genügte ihm nicht,[1060] sondern er fordert "strenge Inquisition und erbarmungslose Massentötungen von Zauberern in Peney".[1061] "Wo ein Mensch Gottes Ehre angreift oder gar Teufelskünste treibt, da hört jedes menschliche Empfinden" bei Calvin auf.[1062]

Weitere Einzelheiten zu Calvins Stellung zur Todesstrafe für Hexen auf Seite 245.

Allgemein zum Heidelberger Katechismus:

Der Heidelberger Katechismus wird in drei Teilen entfaltet: "Von des Menschen Elend" (erkannt durch das Gesetz Gottes, das uns Christus im Doppelgebot der Liebe lehrt), "Von des Menschen Erlösung" (Credo, Taufe, Abendmahl) und "Von der Dankbarkeit" (Dekalog und Unservater). Die reformierten und z.T. auch die lutherischen Gebiete Deutschlands verdanken seinem Erscheinen die Errichtung ihres Dorfschulwesens.[1063]

Zum Katechismus von Praetorius siehe Seite 57.

Der Vorname "Anton" und der Nachname "Praetorius"

Anton

Der Name Anton ist ein römischer Geschlechtername. Bekannte Träger des Namens waren:
Antonius Pius, vollständiger Name Titus Aelius Hadrianus Antonius (86 -161 n.Chr.) war römischer Kaiser von 138- 161 n.Chr. Antonius wurde von Hadrian adoptiert und zu seinem Nachfolger ernannt.
Antonius der Große, gestorben 356 in hohem Alter, ältester bekannter Eremit, ging als Zwanzigjähriger in die Wüste (zuletzt Mons S. Antonii unweit des Roten Meeres). Athanasius schildert in der Vita Antonii den vollkommenen Christen, der als Vorkämpfer der Kirche die Dämonen in ihren eigenen Sitzen aufsucht, siegreich gegen Heidentum und Häresie streitet und die durch ihn begonnene Bewegung in den kirchlichen Zusammenhang einfügt.[1064]
Bekannt geworden ist das Leben des heiligen Antonius durch Hieronymus Bosch (um 1450 bis 1516), im Bild "Versuchung des hl. Antonius" (Lissabon, Nationalmuseum). Dabei hat "die Versuchung des hl. Antonius" mit ihren Hexendarstellungen dem Maler

Gelegenheit gegeben, vielfältige ketzerische Verführungen (sog. "Schwarze Messen") anzubringen.[1065]

Antonius von Padua (geboren ca. 1195 in Lissabon, gestorben 1231 bei Padua), der erste theologische Lehrer der Franziskaner, später mehr Prediger des gelehrten Stils, zugleich aber volkstümlich, moralisch und sozial.[1066]

Praetorius
Praetor: [lat. "der Vorangehende"] in der römischen Frühzeit Titel der Feldherren und Oberbeamten, seit 366 v. Chr. nach dem Konsul der höchste Stadtbeamte (Praetor urbanus), dem 242 v. Chr. ein Fremdenpraetor (Praetor peregrinus) zur Seite gestellt wurde. Der Praetor hatte vornehmlich richterliche Aufgaben. Er war wie der Konsul gewählt, mit dem Recht, während der Dauer seiner Amtszeit rechtskräftige Edikte zu erlassen.

Namensträger: Rademacher berichtet von einem Prediger "**Johannes Praetorius**, zeitiger Predikant der Grafen von Stolberg".[1067] "Ob er ein geborener Soestischer gewesen, kann ich nicht schreiben. Aus der Antwort aber ersehe, dass er sich verbunden erklärt, seinem Vaterland zu dienen, dass er dieser Orten burtig gewesen. Er hatte unter dem Erzbischof zu Coln Hermanno in der Stadt Andernach das Evangelium eine Zeitlang gepredigt". Später ist die Rede von Johannes Praetorius, Pastor in Königstein.[1068]
Es scheint nicht wahrscheinlich, dass es sich um eine verwandtschaftliche Beziehung handelt, denn Anton Praetorius sagt, dass sein Vater Schulze hieß und dass er selber seinen Namen erst latinisiert habe.

Auch eine verwandtschaftliche Beziehung zu dem berühmten zeitgenössischen Komponisten **Michael Praetorius** ist auszuschließen. Michael Praetorius war ein Meister des geistlichen Liedes in vollendet schlichter Satzweise. Er wurde am 15. Februar 1571 in Creuzburg an der Werra in Thüringen geboren. Nach der Kindheit in Torgau kam er an die Lateinschule zu Zerbst, um ab 1585 die Universität in Frankfurt an der Oder zu besuchen. Ab 1589 stand er in Diensten des Bischofs Heinrich Julius von Halberstadt, des späteren Herzogs von Braunschweig und Lüneburg, dem er 1594 nach Wolfenbüttel folgte, wo er es vom Kammerorganisten zum Hofkapellmeister brachte. Er kam in Kontakt mit anderen Großen seiner Zeit wie Hieronymus Praetorius und Heinrich Schütz und starb in Wolfenbüttel am 15. Februar 1621. Michael Praetorius hinterließ ein Werk von riesigem Umfang, z.B. das neunbändige "Musae Sioniae" mit über 1200 Gesängen, darunter das berühmte "Es ist ein Ros entsprungen".

Ein **Johannes Praetorius** wird 1537 in Joachimsthal geboren und stirbt 1616 in Altdorf. Er ist ein bedeutender Mathematiker und Astronom des 16. Jahrhunderts und wirkt in Wittenberg, Nürnberg, Prag und Wien. Es gibt keine Hinweise auf eine Verwandtschaft mit Anton Praetorius.

Einige Jahrzehnte später gibt ein **Johannes Praetorius** ein Buch über Hexen und den Blocksberg heraus (1668). Er ist Lehrer an der Universität in Halle. Er heißt ursprünglich Hans Schulze, wird 1630 im altmärkischen Zehtlingen geboren und stirbt 1680, ist also wohl nicht verwandt mit Anton Praetorius.[1069]

Exkurs zur Pest

Die schwere, ansteckende Infektionskrankheit Pest[1070] wird bei Nagetieren und Menschen von dem kurzen, relativ dicken, gramnegativen Bakterium *Yersina pestis* hervorgerufen. Beim Menschen kommen drei Formen der Pest vor: die Beulenpest, die Lungenpest und die Pestsepsis.
Am bekanntesten ist die *Beulenpest*; sie trägt ihren Namen, weil die Erkrankten an Leistenbeugen, Achselhöhlen oder Hals charakteristische Beulen bekommen - vergrößerte, entzündete Lymphknoten. Übertragen wird die Beulenpest durch den Biss verschiedener Insekten, die gewöhnlich als Parasiten auf Nagetieren (Ratten) leben und sich einen neuen Wirt suchen, wenn der bisherige stirbt. Die Beulenpest verläuft ohne Behandlung in 30 bis 75 Prozent der Fälle tödlich. Für die Lungenpest liegt die Sterblichkeit bei 95 Prozent, und wer an der Pestsepsis erkrankt, stirbt fast immer. Erhalten Pestkranke eine angemessene Therapie, sterben nur fünf bis zehn Prozent.
Die ersten Symptome der Beulenpest sind Kopfschmerzen, Übelkeit, Erbrechen, Gliederschmerzen und ein allgemeines Unwohlsein. Die Lymphknoten in der Leistenbeuge, in den Achselhöhlen und am Hals schwellen plötzlich an und schmerzen. Das Fieber ist von Schüttelfrost begleitet und steigt auf 38,3 bis 40,5° C. Puls und Atmung sind beschleunigt. Der Kranke wirkt erschöpft und teilnahmslos. Die Beulen schwellen bis zur Größe eines Hühnereies an. Falls die Krankheit nicht tödlich verläuft, geht die Temperatur nach etwa fünf Tagen zurück.

Bei der primären Lungenpest tritt mit Blut durchsetzter Auswurf auf. Der Tod tritt in den meisten Fällen zwei bis drei Tage nach dem Auftauchen der ersten Symptome ein. Die dunkelrote Farbe, die bei allen Pestkranken kurz vor dem Tod auftritt, ist Folge des Atemversagens; sie hat der Pest den bekannten Namen "Schwarzer Tod" eingebracht.[1071]

Es soll einen möglichen Zusammenhang zwischen der Pest und der Anfälligkeit von Menschen mit der Blutgruppe B geben. Daraus soll sich durch das flächendeckende Wüten dieser Epidemie in Europa im Unterschied zu anderen Kontinenten die geringere Zahl der Menschen heutzutage mit dieser Blutgruppe begründen.[1072] "Während der Dauer der Epidemien wurden nur sehr wenige Kinder gezeugt: Pesttraktate warnten vor Ansteckungsgefahr und dem ´tödlichen Umgang mit Weibern`".[1073]

Die Pest stellte eine der größten Seuchen der Menschheitsgeschichte dar. Krieg und Pest traten oft gemeinsam auf. Ihr Auftreten beeinflusst das gesamte individuelle, soziale, psychologische und religiöse Weltbild der betroffenen Generationen. Durch die Pflege von kranken Angehörigen wussten viele Menschen, wie ansteckend die todbringende Krankheit ist. Die Folge war ein Verweigern der dringend benötigten Hilfe und ein Zerfall sozialer Bindungen.
Auch auf die Äußerungen des Glaubens zeigten sich Auswirkungen der Pest. Immer häufiger tauchten an den Mauern der Kirchhöfe und Klostern die Totentänze auf: *memento mori*. Viele Menschen suchten eine Erklärung für das Auftreten der Pest. Die Apokalypse nannte unter allen Plagen, die die frühere Welt in Schach hielten, auch die Pest. Man sah in ihr das Strafgericht Gottes (vgl. Seite 52).

Mittel gegen die Pest

In seiner Flugschrift von 1607 klärt Steinman besonders arme Leute auf, dass man sich bei anderen Personen an der Pest ansteckt, deshalb infizierte Häuser meiden und das eigene Haus sauberhalten soll. Pestkranken wird die Ausführung des Giftes "durch den Schweiß" empfohlen. Diese Auffassung kann den verstärkten Gebrauch der Badehäuser, der aus Büdingen berichtet wird, erklären. "Dieweil die geschwinde Seuche der Pestilentz jetziger Zeit fürnemlich aus Ansteckung, dass sie eine Person von der anderen bekompt, herrühret, sol man die angestackten Häuser und Personen, so viel immer möglich und die Christliche Liebe nachlesset, fliehen und meiden." Und jeder soll "seine Wohnung und Haus rein und sauber halten..." "Wenn aber jemand mit der Seuche angegriffen wurde, sol er als bald neben warer Bus (wahrer Busse) und Anrufung des Allmechigen Gottes solche Artznezen für die Hand nemen und gebrauchen, die den Gift durch den Schweis ausführen." Dann werden verschiedene Kräuter genannt, die mit Wasser und Essig eingenommen werden sollen. Zum Schluss heißt es: "Gar arme Leute nemen ein frisch Brun-wasser mit scharfem Essig sauer gemacht und trinckens." "Gott wolle uns gnediglich behüten."[1074]
Auch von Nostradamus, erfahrenem Kämpfer gegen den schwarzen Tod, finden sich Empfehlungen über Desinfektionsmittel gegen die Pest.[1075]

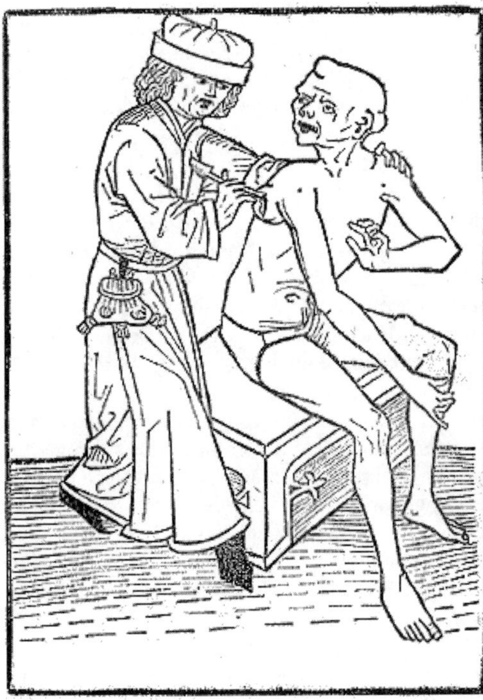

Bild 93 Pestkranker

Exkurs zur Kleinen Eiszeit

Von 1550 bis 1850 traten extrem kalte Winter und feuchte Sommer auf.[1076] Man spricht von der "Kleinen Eiszeit" (ca. 1500 - 1800 AD).[1077] Die Temperaturschwankungen standen in Zusammenhang mit der Sonnenaktivität. Während die mittelalterliche Wärmeperiode durch eine hohe Anzahl von Sonnenflecken charakterisiert ist, belegen die niedrige Anzahl von Sonnenflecken und der Anstieg der in Baumringen festgehaltenen kosmischen Strahlung eine geringere Sonnenaktivität zwischen 1500 und 1700 n.Chr. Die Erde wurde von der kältesten Periode seit der letzten großen Eiszeit vor 10000 Jahren heimgesucht. Die Sonnenleuchtkraft verringerte sich um 0,25 Prozent.[1078] Oft konnte man über das Eis der Ostsee von Lübeck nach Schweden gehen. Auch die Gletscher im Alpenraum reichten weit in die Täler hinein. Das Bodensee-Eis war so dick, dass man es mit beladenem Fuhrwerk befahren konnte.

"Im Zuge der Klimaverschlechterung verkürzte sich die Vegetationsperiode. Zwischen 1584 und 1622 ist in den Quellen häufig von Schnee, Kälte, Spätfrösten und unwetterartigen Starkniederschlägen die Rede. Der jährliche Durchschnittsertrag des Roggens ging merklich zurück..., die Lagerschäden durch Auswuchs nahmen massiv zu, weil das Getreide immer häufiger zu lange auf dem Halm blieb und nass eingebracht wurde (was die Backfähigkeit herabsetzte), und des öfteren konnten die Felder im Herbst wegen langdauernder Regenfälle überhaupt nicht bestellt werden. Als Folge einer Häufung von schlechten Roggenjahren lebten immer größere Teile der Bevölkerung von Getreide, das sie teilweise bei der Landesherrschaft geliehen hatten, dadurch kam es zu permanenter Verschuldung und Pauperisierung.[1079] ... Die Anfälligkeit der Bevölkerung für Epidemien erhöhte" sich.[1080] Diese Studie bezieht sich auf das Gebiet südwestlich des Vogelberges, und die sozio-ökonomischen Bedingungen im Gebiet von Büdingen und Birstein in der Zeit von Praetorius sind detailliert erforscht worden.

Wirtschaftliche Folgen waren Missernten und Hungersnot. Die Pächter konnten wegen schlechter Ernten ihre Abgaben nicht mehr bezahlen. Die Brotpreise stiegen an.
Die Klimaveränderungen scheinen auch eine Beziehung zu dem Auftreten von Epidemien zu haben. Vergleiche über historische Berichte von Sonnenaktivität und Pestepidemien zeigen, dass die Daten der grausamsten Pestepidemien mit den Daten über die Maxima der Sonnenaktivität übereinstimmen. Ob dies mit einer Nagetiervermehrung in diesen Jahren oder mit geschwächter Widerstandskraft und einer größeren Ansteckungsgefahr durch Pestbakterien zusammenhängt, bleibt zu klären. "Die Sonne dirigiert die Pest."[1081]

Aus vorhandenen Statistiken geht hervor, dass die Höchstzahl der Hexenprozesse in den Jahren 1580-1600 und 1620 - 1630 lag.[1082] Dies entspricht den Jahrzehnten mit besonders nassen Sommern und harten Wintern. Die Überlieferungen aus anderen Gebieten Deutschlands decken sich mit diesen Fakten.[1083] Demnach scheint es eine enge Beziehung zwischen dem Auftreten der Klimakatastrophen, Missernten, Hungersnöten, (Pest-) Epidemien und den Hexenverfolgungen zu geben. Man suchte nach den Schuldigen für die Katastrophen, die über die Menschen hereinbrachen. Überall loderten die Scheiterhaufen.

Zum Schloss von Birstein

(Siehe Farbfotos S. 4)

So hat Praetorius das Schloss wohl gesehen. Die Abbildung zeigt die "Hoch Gräfl. Residence Birstein", ein Gemälde, das etwa "um 1700" datiert wird. Um diese Zeit, von 1687 bis 1711, regierte in Birstein Wilhelm Moritz I., Graf zu Ysenburg und Büdingen, welcher folglich mit seiner Familie im Schlosshof zu sehen ist.

Wilhelm Moritz wurde zu Offenbach am 3.8. 1657 geboren und studierte wie seine älteren Brüder in Heidelberg. In den Jahren 1677- 79 war er Hessen-Darmstädtischer Rittmeister. Nach dem Tode seines Vaters regierte er gemeinschaftlich mit seinem Bruder Johann Philipp. In der Brüderteilung vom 4.4. 1687 erhielt er unter anderem das Gericht Reichenbach mit Schloss Birstein, es wurde des Grafen Residenz. Wilhelm Moritz I. starb zu Birstein am 8.3.1711.

Wie allmählich im Lande unter Wilhelm Moritz I. der Wohlstand wieder gedieh, so wurde auch die Birsteiner Verwaltung ausgedehnter und der Hofstaat umfangreicher. In einem Jahr allein wurden 12 neue Kutschpferde für zusammen 1050 Gulden angeschafft. Um diese Zeit setzte sich das Personal wie folgt zusammen: 2 Haushofmeister, Rat, Kammerrat, Kanzlist, Kammersekretär, Keller, **Hofprediger**, Hausvogt, Kammerdiener, Fruchtschreiber, 2 Büchsenspanner, Gärtner, Hofschneider, Koch, Fronverwalter, Bäcker, 2 Schreiber, Metzger, Bender, Lakai, Wagner, Weber, 2 Schmiede, Sattel- und Reitknecht, 3 Kutscher, 3 Vorreiter, Stubenheizer, Brunnenmann, Steindecker, Brandweinbrenner, Fischer; Schornsteinfeger, Kanzleibote, 2 Nachtwächter, eine Reihe von Knechten für verschiedene Dienstleistungen; 2 Oberförster, ein Hofjäger, 2 Jäger, 2 Hühnerfänger und 6 Förster; 7 Jungfern, die Französin, Frau Beschließerin und ihre Gehilfin, 3 Waschmägde, 2 Küchenmägde, eine Gartenmagd und 2 Mädchen. (Aus der unveröffentlichten Arbeit; „Geschichte der Isenburg in Birstein - ein Abriss aus der Geschichte eines alten Geschlechtes" von Wilhelm Karl Prinz von Isenburg (gest. *1956)* entnommen.)

Die im Bild dargestellte Form hat das Schloss wohl erhalten, als in der 1. Hälfte des 16. Jahrhunderts Graf Johann V. damit begann, das „alte verfallene Haus Birstein" zum gräflichen Wohnsitz auszubauen, was von seinem Sohn Reinhard Mitte des 16. - Jahrhunderts fortgesetzt wurde. Größere Umbauten gab es auch unter dem Grafen Wolfgang Ernst 1., in dessen Regierungszeit die Anwesenheit von Anton Praetorius in Birstein fiel. Schloss Birstein befindet sich seit dem Jahre 1438 im Besitz der Isenburger. Die Renaissancefassade wurde im Jahre 1764 niedergelegt, und Schloss Birstein erhielt seine heutige Gestalt durch den in der Zeit von 1765 - 1768 errichteten Neubau nach den Plänen des nassau-usingischen Baumeisters Faber. Es wird heute noch von der Familie bewohnt.

Die Schattenführung des unbekannten Malers entspricht einem Sonnenstand von Vormittags, etwa zwischen 9.00 und 11.00 Uhr, und wenn man die Intensität des Lichts auf dem direkt der Sonne zugewandten Flügel auf der rechten Bildseite mit dem Hauptgebäude vergleichen, ist zu sehen, dass dieses nur vom Licht gestreift wird, da es fast genau nach Norden ausgerichtet ist, was von der genauen Beobachtung des Malers zeugt. An dem links dem Hauptgebäude vorgelagerten, mit dem Giebel zum Betrachter zeigenden Gebäudeteil (hinter dem kleinen runden Turm) ist eine Dachrinne mit Abfallrohr zu erkennen. Auch der Küchenschornstein raucht, was wohl bedeutete, dass das Mittagessen auf dem Herd steht. Der eine Junge im Hintergrund schießt mit dem Gewehr nach den auf dem Dach sitzenden Tauben. Man beachte auch die kleinen Hunde, das sind wohl nicht die gräflichen Jagdhunde. Links vorn unter den Arkaden hängen Pferdegeschirre. Das vorne rechts stehende Fass mit den zwei Schläuchen wurde von einem hiesigen, inzwischen verstorbenen Lehrer und Heimatforscher als Feuerspritze angesprochen. (Übermittelt von Herrn Kauck, Schloss Birstein)

Den Wolge-
bornen Graffen vnnd
Gräffinnen/ Wolauffgang Henrichen/
Georg Hansen/ Philips Ludwigen/ Phi-
lipps Ernsten: Catharinen Elisabethen/
Anna Marien/ vnd Anna Emilien: gebor-
nen Graffen/ Herrn/ vnnd Fräwlein von
Isenburg/ Büdingen/ vnd Birstein/ meinen gnädigen Herrn vnnd Fräwlein sampt vnnd
sonder:

Gottes Gnad vnd Fried in Christo durch ge-
meinschafft deß Heiligen Geistes.

WOlgeborne Graffen vnnd
Gräffinnen / Gnedige
Herrn vnd Fräwlein: In
teglichem lesen der Heiligen Schrifft hab ich vn-
ter anderem wargenommen/ daß allerley
leiblichen vnd geistlichen Segen reichlich *Exod. 23*
zuerlangen/ nicht bessers vnnd gewissers *25.*
auff Erden sey/ dann Gott recht erken-
nen/ lieben vnnd furchten. a Daher Da- *a Psal. 34.*
vid dieser Stücke/ als die jhme einig vnd *8. 10. 11.*
A iij sehr *& 43. 4.*

Bild 94 Praetorius, Haußgespräch: Widmungen an die Kinder des Grafen

Berühmte Mitglieder der Familie Cisnerus (Kistner)

(Zu Johannes Cisnerus vergleiche oben Seite 111)

Johannes Cisnerus aus Mosbach könnte ein Verwandter von Dr. theol. Quirin Reuter aus Mosbach sein, Sohn des Bürgers Joh.R. und Barbara Cisner, welche mit dem berühmten Heidelberger Juristen und Theologen Nikolaus Cisner verwandt ist, Herausgeber vieler Werke.[1084]

Cisnerus Neffe, der 1558 in Mosbach geborene Theologe Quirin Reuter, gab im Jahre 1611 viele der weitverstreuten kleinen Schriften von Nikolaus Kistner heraus. Dieser hatte 1553 im Hause des Schweizer Reformators Johannes Calvin in Genf herzliche Aufnahme gefunden. "Der Gutachter Nicolaus Cisner, ein führender pfälzischer Jurist, kurfürstlicher Rat, Vizehofrichter und Mitarbeiter am Landrecht, fordert deren Freilassung [dreier als Hexen angeklagter Frauen], weil in den Besagungen Schadenzauber nicht erwähnt wird. Niemals dürfe man darum die Folter anwenden." [1085]

Das wohl würdevollste Denkmal für Nicolaus Kistner, der vielfach als der "berühmteste Sohn der Stadt Mosbach" gepriesen wird, war die Benennung des dortigen Realgymnasiums im Jahre 1959 mit seinem Namen.

Cisnerus ist ein seltener Name. Erstaunlicherweise findet sich als Namensvetter von Cisnerus der Erzbischof von Toledo Francisco Jiménez de Cisneros, der 1495 als Beichtvater von Königin Isabella I. von Kastilien als Großinquisitor vermeintliche Ketzer aufspürte, verurteilte und verbrennen ließ. Meistens gingen die Prozesse einher mit barbarischen Folterungen, um Geständnisse zu erpressen. Opfer der Inquisition waren Juden, Muslime und christliche Häretiker.[1086]

Zeitgeschichtliche Anspielungen auf Erich II. von Braunschweig

(vgl. Seite 155)

> "Anstelle der Gattin werden die Töchter ermordet,
> die großen Mordtaten (Justizmorde) geschehen nicht nur aus Aberglauben:
> In dem Brunnen werden die Alten (Hexen) ertränkt,
> die Gattin wird durch einen Gifttrunk aus Eisenhut getötet." Nostradamus[1087]

Prätorius schreibt über eine rätselhaft klingende Begebenheit aus dem Jahr 1603:[1088] " daß nun solche ... tyrannische/ leib und seelen gefährliche händel die armen unterthanen hinforter nicht erfahren möchten: auch die Oberkeite solchen schimpf/ als Herzog Erichen von Braunschweig an seiner Gemahlin/ und Anno 1603 dem Bischoff von Meinz [Mainz?] zu Dipurg durch den Drachen begegnete/ nicht mehr erleiden durfften/ das hab ich auch mit diesem Büchlein/ wens gelesen würde/ zuverhüten verhoffet."[1089] Was verbirgt sich hinter diesen Andeutungen? [1090]

Herzog Erich II von Braunschweig-Kalenberg wollte sich bereits nach einem Ehejahr von seiner zehn Jahre älteren Ehefrau Sidonie trennen. Seit 1546 führte er ein unstetes Krieger- und Hofleben meistens fernab von der Heimat. Besonders gern hielt er sich am Hofe des spanischen Königs Philipp II. auf. Dieser überzeugte Erich - der hoch verschuldet war - schließlich mit einer großzügigen Geldspende, doch wieder zum Katholizismus überzutreten. Als der Herzog von Braunschweig-Kalenberg versuchte, seine Gattin zu überzeugen, ebenfalls zum Katholizismus zu konvertieren, lehnte es diese ab, den Glauben ihrer Väter zu verraten. Er hielt sich nun fast nur noch im Ausland auf, besonders in den Niederlanden, wo seine Geliebten auf ihn warteten, mit denen er bereits mehrere Kinder hatte. Trotz vieler Drohungen willigte Sidonie nicht in eine Scheidung ein. Daraufhin setzte Erich schließlich Sidonie auf Schloss Kalenberg fest.

Während sie 1568 immer noch in ihrem Schloss gefangengehalten wurde, hatte man in Neustadt etliche angebliche Zauberinnen festgenommen und als Hexen auf dem Scheiterhaufen verbrannt. Sidonie schrieb ihrem Bruder August am 3.4.1568, dass drei von diesen Ketzerinnen zudem behauptet hätten, sie hätten durch Teufelskünste bewirkt, dass Erich II. keine Lust und Liebe zu seiner Gattin hätte und auch nicht in seinem Lande bleiben könnte.[1091] Trotz Ermahnungen des Kaisers versuchte der Herzog, seine Gemahlin der Hexerei zu verdächtigen. Er ließ mehrere Frauen foltern, welche schließlich gestanden, dass seine Gemahlin versucht habe ihn umzubringen. Mit dieser Aussage hatte Erich II. endlich sein Ziel erreicht: seine Gattin war des Mordversuches an ihm überführt worden. Sidonie gelang die Flucht und wandte sich an den Kaiser. Erich wurde schließlich nach Wien zitiert, um sich hier vor Kaiser Maximilian II. zu rechtfertigen. Anstatt dessen ließ Erich weitere unschuldige Menschen, die auch nur im entferntesten mit seiner Gattin zu tun hatten, gefangen nehmen und foltern, um Anschuldigungen gegen seine Frau zu erpressen.

In einem anschließenden Gerichtsverfahren wurde festgestellt, dass die vier Frauen, die Sidonie belastet hatten, unschuldig gequält worden waren. Doch für den Verursacher ihrer Leiden, den Herzog Erich II, gab es keine Bestrafung, denn schließlich war er ihr Landesherr und von hohem Adel. So hieß es am 5.1.1574: "die streitenden Parteien sollten sich gegenseitig verzeihen und vergeben, Sidonie möge sich mit der Anerkennung ihrer Unschuld zufrieden erklären, und alles, was in dieser Sache geschehen, solle keinem von ihnen zum Nachtheil gereichen."[1092]

Sidonie wollte, dass Erich nun selbst als Giftmischer und Gattenmörder auf die Anklagebank kam. Auf kaiserlichen Befehl hin wurde ihr Gatte am 13.6.1574 aufgefordert, binnen sechs Monaten am kaiserlichen Hofe zu erscheinen. Leider verhinderte Sidonies zu früher Tod am 4.1.1575, dass dieser Mörder seiner gerechten Strafe überführt wurde, der so viele unschuldige Menschen dem Scheiterhaufen übergeben und so viele seiner Landeskinder durch seine Folterungen zu seelischen und körperlichen Krüppeln gemacht hatte.

Im Rückblick waren für Prätorius Ereignisse wie diese ein wichtiger Anstoß zu einer Neuausgabe seines Buches. Anscheinend handelt es sich um prickelnde Gerüchte, die im Volk noch Jahrzehnte später für Diskussionsstoff sorgten. Er versteckt in seinen gewundenen Andeutungen (aus guten Gründen) seine Obrigkeitskritik. Damit hofft er einen Beitrag zu leisten, dass Untertanen in Zukunft solche Willkür nicht mehr weiter erleiden müssen und die Obrigkeit nicht mehr in solche gemeingefährlichen Händel verstrickt wird.

Streit von Reformierten und Lutheranern in Unna um 1595

(vgl. Seite 143)

Zu den erbitterten Kämpfen zwischen Reformierten und Lutheranern in Unna[1093] gibt anschaulich Bericht von Steinen.[1094] Der calvinistische Unnaer Bürgermeister von Büren versuchte 1595, statt des lutherischen Pfarrers Kerstings den (reformierten) Pfarrer Gosmann zum Predigtamt in Unna zu befördern. Als dieser jedoch von dem Düsseldorfer Hofprediger examiniert wurde, lautete das Ergebnis: "untüchtig, und in der Religions Bekentnis verdächtig". Dieser forderte jedoch ein neues Examinis: "so würde daraus erfindtlich seyn, dass er super Calvinismo oder einiger anderer verdamptet und der Augspurgischer Confession widerwerttiger Meinungh fueglich nicht beschuldiget werden möchte."

"Im Monat Februarius an einem Sonntage, ging Kersting früh zur Kirchen, trat gleich auf die Canzel, um nach geendigtem Gesange die Predigt zu verrichten und sich solcher gestalt in seinem Amt fest zu setzen." Als der regierende Bürgermeister davon Nachricht erhielt, eilte er ungesäumt mit verschiedenen von seinem Anhang zur Kirche, ließ die Türen hinter sich verriegeln und gab dem Pförtner Befehl, dem Pfarrer Kersting die Kanzel zu verbieten. Da dieser nicht weichen wollte, befahl er, ihn mit Gewalt herunter zu ziehen" (welches doch, weil sich Kersting so feste hielt, dass ihm fast alle Kleider vom Leibe gerissen wurden, nicht geschahe); so kam auch des Kersting Anhang immittelst zur Kirchen, fing an mit dem grössesten Eifer die Thüren zu zerschlagen".[1095]

Verbissen und handgreiflich wurde die Auseinandersetzung zwischen der reformierten und lutherischen Konfession geführt. Zu Kerstings Unterstützung berief man dann Philippus Nicolai als Stadtprediger nach Unna, einen "eifrigen Kollegen und strengen Verfechter der Lehrsätze Lutheri", welcher in Pestzeiten die Texte seiner berühmten Kirchenlieder in Unna verfasste: Wie schön leuchtet der Morgenstern (EG 70) und Wachet auf, ruft uns die Stimme (EG 147).

Im Volksmund bildete sich das Gerücht: "Es sey der Teufel zu Unna in Gestalt eines Calvinischen Prädicanten mit grossem Geräusch in Beywesen und Zusehen vieles Volks, von der Orgel auf die Canzel geflogen, und daselbst, nachdem er etliche Worte im Munde gemurmelt, verschwunden."

Bild 95 **Evangelische Stadtkirche in Unna – s. Farbfotos S. 8**

Bild 96 **Unna, Haus von 1577 in der Gürtelstrasse 19 – s. Farbfotos S. 8**

Bau des Hochaltars zu Sankt Johann in Danzig

(vgl. Seite 163)

In Danzig[1096] erhält 1598 der kunstreiche Meister Abraham von Blockh, ein Bildhauer, den Vertrag dazu, zu Sankt Johann den Hochalter zu erbauen. In einer Schrift protestiert der lutherische Diakon Walther im Namen seiner Gemeinde dagegen, dass "unser neulich aufgerichtetes und mit großer Unkostung ganz stattlich erbautes steinern Altar sollte wiederum abgerissen und auf euer ernstes Befehl an dessen statt ein kleiner hölzerner Tisch gesetzt und also die Kirche ihres schönen Ornaments und Schmucks beraubt werden solle." Dieser Gesinnung habe man durch eine Inschrift am Altar Ausdruck gegeben. In diesem Sinne sind folgende Verse am 13.Januar 1612 zur Einweihung des Altars gemalt worden, welcher mit Gottes Hilfe und Gnade neugebaut worden ist:

"Mein Christ, dies Altar nicht ist gemacht,
auch nicht die Bilder, nimm´s in acht,
sie anzubeten und zu ehren,
denn das gehört allein Gott dem Herrn,
wer anders wohl die Hülfe sucht,
der ist verdammet und verflucht.

Merk, wie Cherubim wurd´n gemacht,
die Schlang, Ochsen, Löwen betracht,
zum Gedächtnis und Erinnerung,
also auch all diese Bildung.
Drum ruf Gott an in Christi Namen
Durch Kraft des heiligen Geistes. Amen."

Aus der Schilderung dieser Kontroverse von 1612 kann man deutlich einen der erbittersten Streitpunkte zwischen Lutheranern und Reformierten erkennen: die Einrichtung der Kirchen und Ausgestaltung des Gottesdienstes. Der reformierte Pfarrer Jakob Adam wird sich vehement für die Konzentration des Gottesdienstraumes und Kultus auf die schlichte und reine Verehrung Gottes eingesetzt haben, ohne alle Ablenkung und Blendwerk des Teufels. Deshalb zieht er sich die massive Kritik der Lutheraner zu.

(vgl. Seite 163)

Exkurs ins Jahr 1615 zum Wirken des R. Kleinfeld für die Stadt Danzig

(siehe Seite 163)

1615 Sturmfluten an der Küste. Die Winterkälte hält den Frühling über an. Neuer Kälteeinbruch Anfang Mai: Bäume und Wein erfrieren. Der Sommer ist heiß und extrem trocken. Die Mühlen stehen z.T. bis November wegen Wassermangels still. Mitte August rasen Stürme über Mitteleuropa hinweg. In der ersten Dezemberwoche wütet eine schwere Sturmflut an der Küste.[1097]

1615 Deutschland: Die Fürsten von Thurn und Taxis erhalten das Postwesen als Lehen.

Anton Praetorius widmete die Ausgabe seines Buches von 1613 u.a. Reinhold Kleinfeld aus Danzig, wobei offen bleibt, woher Praetorius ihn kennt. Hier soll das für Danzig so bedeutungsvolle Wirken des Stadtsekretärs Kleinfeld zwei Jahre nach Praetorius Tod ausführlicher dargestellt werden. Man schreibt das Jahr 1615.

In einem Streit der Stadt Elbing mit dem ermländischen Bischof führt der Stadtsekretär Reinhold Kleinfeld 1615 zusammen mit dem Bürgermeister und dem Ratsverwandten die Delegation Danzigs[1098] an. Dabei unterstützen die Schwesternstädte Danzig und Thorn die Elbinger in den offiziellen Verhandlungen gegen die Verkündigung des Bannes, der Reichsacht im Streitfall mit dem Bischof von Ermland und den Marienburger Woywoden.

Wenn "beeidigte pacta und privilegia" hintangesetzt und die Gewissen bedrängt würden, entstünde Religionskrieg, durch den der Bischof und das königliche Haus in äußerste Not geraten würden. Am 16.April 1615 erstattet Kleinfeldt, der Sekretär des Danziger Rates, Bericht nach Hause.[1099] Der Bischof geht schließlich auf die Hauptforderungen der Elbinger ein und lenkt ein.

Hauptstreitpunkt ist die Forderung des Bischofs an die Evangelischen nach Herausgabe der Pfarrkirche. Anstatt dessen bietet der Bischof den Elbingern zwei in den Vorstädten Elbings gelegene Kirchen an. Dieses weisen die Elbinger mit Entrüstung zurück und fordern eine Kirche innerhalb der Stadtmauern. Die Vertreter der Stadt begründen das Eigentumsrecht der Stadt auf diese Kirchen durch die Privilegien der Krone.[1100] Die Schwesternstädte Thorn und Danzig sind entschlossen, in dieser ´causa maxime notabilis`", wie der Kirchenstreit von ihnen genannt wird, dem Entreißen des wichtigsten Privilegiums an der Seite Elbings dem Bischof und dem König mit Waffengewalt entgegenzutreten. Im letzten Moment wird der Bürgerkrieg in den ersten Tagen des Jahres 1616 durch die Mission des Sekretärs Reinhold Kleinfeldt abgewendet, der es durch geschickte Verhandlungen mit dem Bischof schafft, den Frieden und die Ruhe des Landes zu erhalten.[1101]

Abkürzungen

A.P.	Anton Praetorius
Alb.	Albus (Geldmünze) (1 alb. = 24 Pfennig (&))
Anm.	Anmerkung
ao	anno
bacc.art	Baccalaureus Artium (akademischer Abschluss)
Bd./Bde	Band/ Bände
Bl.	Blatt
BSB	Bayrische Staatsbibliothek München
Bürger-geschl.	Bürgergeschlecht
d.	des/ der
Dat.	Datum
Diac.	Diakon
dt.	deutsch
Dzg./ Dzger	Danzig(er)
E.G.	Euer Gnaden (Anrede für Adelige)
E.Gn.	Euer Gnaden (Anrede für Adelige)
ehem.	ehemalig
etc.	und so weiter
ev./ evang.	evangelisch
f / ff	folgende Seite(n)
fam.-gesch.	familiengeschichtlich
Febr.	Februar
FvIA	Fürst von Isenburgisches Archiv Büdingen
geschl.	geschlecht
gest.	gestorben
Gl.	Glöckner
HAB	Herzog August Bibliothek Wolfenbüttel
Jg.	Jahrgang
Joh.	Johannes
kurf.	kurfürstlich
K.W.	Kulturwesen
lat.	lateinisch
LB	Landesbibliothek
LHB	Bibliothek
Libr.	library (Bücherei)
lt.	laut
luth.	lutherisch
N.B.	nota bene= beachte
Nr.	Nummer
o.ä.	oder ähnlich
o.S.	ohne Seite
Oct.	Oktober
p.	page (Seite)
pp.	Seiten
Pap.Urk.	Papier Urkunde
ref.	reformiert
Rthlr	Reichstaler
S.	Seite
s.	siehe
S.D.	Seine Durchlaucht
s.o.	siehe oben
städt.	städtisch
s.u.	siehe unten
ß	Schilling (Währung)
St.	Sankt
St.A.	Staatsarchiv
StB	Stadtbibliothek
UB	Universitätsbibliothek
u.G.	unseres gnädigen (Herrn)
UL	university library (Universitätsbibliothek)
UuStB	Universitäts- und Stadtbücherei
usw.	und so weiter
u.z.	und zwar
v.	von
vgl.	vergleiche
Westpr.	Westpreußisch
z.B.	zum Beispiel
&	Pfennig (Währung)

Manche der lateinischen Abkürzungen in den Werken von Praetorius ließen sich nicht mit Sicherheit ermitteln und bleiben daher hier unberücksichtigt.

Index

1588 29, 146
1597 30, 51, 54, 56, 57, 58, 59, 63, 69, 82, 85, 87, 111, 113, 118, 119, 147, 160
1602 133, 137
1603 202
1613 157
1615 206
1628 143, 187
1629 187
30-jähriger Krieg 16
Abelus 160
Abendmahl 20, 50, 52, 195
Abendmahlslehre 32
Aberglaube 57, 65, 70, 130, 144, 154, 195, 202
Abfall von Gott 81
Abgötterei 115, 164
Abraham von Blockh 205
Abschiedspredigt 177
Adam 64, 162, 164, 205
Adam, Jacob 164
Adam, Jakob 164, 165
Adam, Johann 127
Adam, Johannes 162, 164
Aderlass 40
Advocatus Diaboli 154
Affecten 154, 181
Afrika 21
Agnes 82
Agricola aus Sittard 127
Ägypten 65
Allmacht Gottes 32
Almosen 54, 130, 154, 181, 182
Altar 50, 58, 164, 205
Altenkirchen 58
Altes Testament 94
Älteste 115, 178
Althusius, Johannus 160
Alzey 34, 46, 113, 143, 160, 179, 189
Amerika 21
Amnesty International 190
Amulette 115
Anclam 165 Siehe Anklam
Andernach 196
Andreae 165
Andreas, Stephan 165
Andres 165
Angehörige 197
Anklage 99
Anklam 149, 165
Anna Siehe Eulen- Anna
Anna Datt 87 Siehe Datt
Anna Dietrich 69, 82, 89, 91 Siehe Dietrich
Ansbach 119
Anton 21, 195
Antonius 21, 133, 137, 195, 196
Antonius von Padua 22
Antonomasie 111
Apiarius 120
Apokalypse 197
Arbeitskreis "Hexenverfolgungen in Westfalen" 12
Archive 16
Arcularius 116
Armada 29
Armenkasse 155
Arzneien 40
Ärzte 153
Ascendiensis 153
Ascheberg zur Heyden 152
Ascheberg-Bynck 152
Aufklärung 178
Augsburger Konfession 28, 159, 204
Augsburger Religionsfrieden 22
Augustinerkloster 25
Badehäuser 198
Baden, Johansen 150
Barmherzigkeit 106, 189
Barmherzigkeit Gottes 96, 98, 190
Bartholomäusnacht 24
Basel 35
Bayern 12, 17, 236
Beerdigungspredigt 187
Befürworter der Hexenverfolgung 159
Begräbnisse 55
Behörden 190
Beinhaus 30
Beinschrauben 89, 91, 99
Bekehrung 96, 107
Bensheim 160, 164
Bergstrasse 120, 121, 126, 184
Beringer, Johann 161
Berleburg 157
Bernhard V 23
Berufskolleg 13
Betingerus, Jan. Fabianus 161
Bettenhausen 58
Beulen 40
Beulenpest 197
Beweise 105
Beza Siehe Theodor von Beza
Bibel 25, 64, 71, 73, 77, 78, 80, 85, 94, 106, 114, 125, 127, 159
  1.Petr.2,17 52
  2. Timotheus 4,6 180, 187
  Amos 5,7 92
  Buch der Offenbarung 93
  Exodus 12, 18 31, 195
  Exodus 22,28 52
  Lukas Kapitel 21, Vers 34 177
  Psalm 118, 25 166
  Psalm 2,10 92
  Sapiens. Pron.24,21 52
Bibelausgabe von 1545 180
Bibelkenntnis 25, 127
Bibelverständnis 94
biblisch 81
Bilder 39
Bildersturm 31, 39, 164
Bildung 25, 28, 116, 146, 205
Binz, Carl 14
Birstein 15, 42, 46, 50, 52, 53, 59, 69, 70, 82,

87, 89, 91, 92, 98, 109, 111, 112, 113, 118, 119, 122, 124, 126, 130, 160, 236
Birsteiner Schloß 200
Bischof Heinrich Julius von Halberstadt 196
Bischof von Mainz 202
Bischof von Worms 130
Bistum Worms 120
Blocksberg 196
Blutgruppe B 197
Blutrichter 100
Bobenhausen 89
Bobenhausen, Reinhart von 82
Bodde, Johann 28, 146
Bodelschwingh, von 160
Bodensee 24, 61, 199
Bodin, Jean 158
Bonn 14
Bopp, Peter 109
Borussus 164
Bosch, Hieronymus 195
böse Luft 40
Boserstein 68, 113 Siehe Birstein
Brandenburg 119
Braunschweig-Kalenberg 202
Brenz 61
Brief 16, 50, 118, 136, 138
Brotgetreide 27, 34, 62
Brotmangel 120
Brotpreise 199
Brueghel 55
Brunnen 202
Bruno, Giordano 131
Bücher über Hexenverfolgung 158
Büdingen 16, 34, 42, 50, 52, 53, 54, 56, 62, 64, 69, 86, 87, 89, 111, 112, 113, 119, 135, 136, 141, 198
Buhlschaft 71, 73, 81
Bulinger 128
Buß, Superintendent Unna 16
Buxtorf 27
Calvin 13, 20, 24, 30, 31, 32, 73, 100, 109, 195, 202
calvinisch 97, 147
Calvinisierung 53
Calvinismus 20, 21, 30, 53, 55, 58, 86, 176
Calvinist 20, 50, 53
calvinistisch 20, 30, 35, 41, 52, 59, 61, 85, 86, 112, 128, 131, 147, 161, 162, 184 Siehe kalvinistisch
Camen 28, 146 Siehe Kamen
Camensis 27
Camenus 141
Cantor 161
Caub 145
causa maxime notabilis 206
Christus 98
Churfürstlicher 181
Cisner, Barbara 202
Cisner, Joh. R. 202
Cisner, Nikolaus 202
Cisneros, Francisco de 202
Cisnerus 118, 160
Cisnerus, Johannes 113, 114
Clein Umbstatt 164
Cleve 150
Colerus, Melchior 113
Collegium Casimiranum 141, 153
Copius, Franciscus 143
Cornicius 116, 118
Cornicius, Sebastian 113
Crein 69, 82, 109
Creutzanus, Abelus 160
Creutznach 161, 163 Siehe Kreuznach
Creuzburg 196
Creuznach 161
Dalberger 34
Daneau, Lambert 158
Dantiscanus 164
Dantzigk 164
Danzig 149, 163, 164, 165, 205, 206
Darheim 46, 48
Datten, Anna 69
Daxius, Jacobus 176
de sacrosanctis 18
debitum 152
Deutschland 20, 24, 56, 144, 187, 189, 206
Diakon 29, 58, 143, 160, 164, 205
Diakonus 30, 113, 160, 164
Dieburg 202
Diedenshausen 160
Dieterich, Fritz 82
Dietrich, Anna 82 Siehe Anna Dietrich
Diskussionsforum "Hexenforschung 15
Dittelsheim 32, 34, 35, 41, 42, 46, 48, 181 Siehe Tütelßheim, Tittelsheim Siehe Tütelßheim, Tittelsheim
Dominus 93, 100, 101, 107, 108
Donation 28
Dorfschulwesen 20, 195
Dortmund 25
Drache 202
Drake 29
Drei Heilige 98
Dreieich 109
Dreißigjähriger Krieg 35, 54, 58, 184, 187
dritte Frau 40
Drohtmann 152
Droth, Eberhard 152
Drotmann, Johann 152
Drucker 58, 128, 133, 158, 166
Düren 160
Düsseldorf 160
E.E.E.A.G. und L. 166
Eckartshausen 50, 51
Edikt von Nantes 120
EG Evangelisches Gesangbuch von 1996 13
Eheleben 125
Ehe-Urkunde 59
Einzelhaft 105
Eisenbergen 68, 112
Eisenhut 202

Eissenberg 181
Eiszeit 199
Elbing 206
Elegie 162
Elisabeth I 20, 21
Emmelius 168
Emmelius, Nicolaus 167
Empathie 190
Endor 65
England 21, 27, 29
Epidemie 187, 197, 199
Erast, Thomas 159
Erbenius 85, 86, 133
Erbenius, Nikolaus 128
Erfurt 128
Erich II von Braunschweig 202
Ermland 206
ermländisch 206
Ernte 34, 48, 53, 61, 62, 77, 120, 141, 144, 167, 184
Ernteschäden 25
Erzbischof zu Coln 196
Erziehung 25
Es ist ein Ros entsprungen 196
Essen 73, 76, 236
Essig 40, 198
Eulen-Anna 69, 89, 112
Europa 24
Eva 64
Evang. Lutherische Landeskirche in Bayern 236
evangelisch 22, 25, 27, 53, 120, 164
Evangelisch Lutherische Landeskirche in Bayern 12
Evangelische Kirche von Westfalen 12, 236
Ewald, Kaspar 58
Examensarbeit 17
Faber, Johannes 58
Fabricius Siehe Schmitz
Fabricius, Casparus 150
Fach 181
Fass 34
Faust, Margreth 69
Federbusch 25
Fehlgeburten 125
Feiertage 86
Ferdinand I 24
Fernrohr 131, 145
Fissler 82
Fissler, Margarethe 82
Fissler, Wilhelm 69, 82
Flade 109
fliegen 73
Flugschriften 40
Folter 13, 25, 100, 108, 189, 202
Foltermethoden 102
Folterpraxis 189
Folterqualen 189
Folterszene 90
Folterung 100
Frankfurt 20, 50, 52, 109, 128, 187
Frankfurt an der Oder 196
Frankfurt/ Oder 26
Frankreich 20, 21, 24, 27, 119, 120, 165
Franz II 21
Franz von Guise 20
Fressen 55, 65, 94, 116, 183
Friedburg 160
Friedhof 154, 155, 183
Friedrich III 20, 120
Friedrich IV 144
Friedrich von der Pfalz 119
Fritz Dietrich Siehe Anna Dietrich
Frondienst 48
Fuchs 87, 91, 93, 111
Fuchs, Stephan 87
Galilei 145, 184
Gebet 85, 142
Gebot, zweites 39
Gedanensis 164 Siehe Danzig
Gefangenschaft 108
Gefängnis 34, 82, 104, 114, 134, 152, 165, 178, 189
Gegner der Hexenlehre 119
Gegner der Hexenverfolgung 159
Geheimbotschaft 119
geheime Textbotschaft 68
Gelnhausen 34, 53, 64, 69, 82
Gemeindepfarrer 130
Genf 20, 30, 31, 195, 202
Georg Friedrich von Brandenburg-Ansbach 119
Gephyrander 151
Gephyrander, Christophorus 146
gerechter Prozess 114
gerechtes Urteil 105
Gerechtigkeit 88, 123
Gersmann 236
Gert von Unna 22
Gerücht 99
Gespräch 63, 70, 87, 92, 114, 122, 146, 153, 157
Getreidemissernte 27
Gewalt der Obrigkeit 189
Gewaltprozesse 190
Gewitter 61
Geyer, Hardmann 52
Gicht 177
Gießen 144
Gift 40, 71, 76, 79, 80, 198
Giftköche 66
Giftmittel 65
Giftmord 157
Giftmörder 107
Gifttrunk 202
Gilbert 131
Glaubensbekenntnis 20
Glaubensüberzeugung 97
Glocken 50, 54, 58, 130, 131, 144, 178
Goclenius 135
Goclenius, Rudolph 134, 159
Godelmann 159
Gödelmann 153
Godelmann, Johann Georg 158
Göder, Johan Wolff 143
Gogericht 22
Gomp, Justus 52
Gosmann 204
Gottes Ehre 195
Gottes Gnade 99

Gottes Wille 66, 115
Gottes Wort 115, 124
Gottes Zorn 54, 61, 72, 123, 168
Gottesacker 155, 182
Gottesverständnis 97, 176
Gottlose 79
Götzenbilder 164
Götzendienst 194
Grab 33, 40, 58, 79, 103, 155, 180, 183
Graf Simon 23, 133
Graf Simon VI 23
Graf, Dr. 235
Grafen von Stolberg 196
Grafenrodt 89
Grafenrodt, Johann von 82
Grafschaft Solms 133
Graminaeus, Dietrich 159
Grausamkeit 189
Gregor IX 183
Gregorianischer Kalender 27
Grevel 236
Grevel, Wilhelm 14
Griedel 118
Groll, Pfr. 17
Großbritannien 184
Großinquisitor 202
Gruiter, Gerlach 27
Grynäus, Joh. 35
Guntheimer 145
Guntheimer, Ludwig 143
Guolfius, Reinhardus 180
Gutachten 107, 159
Gymnasium 25, 28, 162
Gymnasium Mosbach 202
Hain -Gründau 118
Halle 176, 196
Halsgerichtsordnung 91, 100, 151
Hamm 25, 143
Hammann, Pfarrer 15
Hanau-Münzenberg 58
Hanse 149, 163, 165
Hansestadt 22
Häretiker, christliche 202
Haußgespräch 59, 129, 138, 139
Hawkins 21
Heberling 143
Hechtsheim 39
Heeren (Kamen) 152
Heidelberg 26, 35, 37, 42, 113, 120, 141, 143, 146, 147, 149, 151, 153, 156, 160, 161, 162, 167, 180, 184, 202
Heidelberger 20, 34, 35, 37, 195
Heidelberger Fass 35, 37
Heidelberger Katechismus 13, 20, 39, 59
Heidelberger Kirchenrat 160
Heilige Schrift 70, 88, 122, 190
Heinrich Henkel 109
Heinrich IV 24, 120
Helmius 162
Hemsbach 120, 121, 145, 155, 176, 180
Henkel, Heinrich 109
Hentzner, Paul 37
Heppenheim 155, 162, 163, 164, 184
Herrnsheim 34
Herzog Erich II von Braunschweig 202
Herzog Erich von Braunschweig 157
Herzog von Braunschweig und Lüneburg 196
hessen-darmstädtische Universität 144
Hessen-Kassel 119
Hessloch 34
Heussi 14
Hevissbrock, Arnold 152
Hex 80
Hexe 70, 71, 73, 75, 82, 99, 103, 107, 109
Hexen 202
Hexen Advokat 73, 123, 154
Hexen- Prozess 82
Hexenbuhle 109, 119, 120, 122, 125
Hexenbuhlschaft 73
Hexenflug 81
Hexengericht 92
Hexengeschmeiß 56, 69, 99
Hexenhammer 67, 159
Hexenhinrichtung 12
Hexenjagd 187
Hexenmeister 109, 178
Hexenprozess 24, 34, 62, 64, 85, 87, 88, 89, 99, 107, 119, 122, 126, 134, 139, 160
Hexenprozesse 12, 13, 25, 56, 64, 109, 111, 114, 120, 151, 162, 165, 195, 199
Hexenprüfungen 103
Hexentanz 69, 81
Hexenverfolgungen 12, 53, 70, 139, 187, 189
Hexenwahn 109, 189, 195
Hexenwerk 76, 95, 111, 116, 123, 159
Heyde 152
Hien 51
Hien, Balthasar 50
Himmelserscheinung 1560 24
Himmelszeichen 24, 61
Hinrichtung von Zauberern 109
Hinrichtungen 34
Hiob 78, 177
Hirsfeld, Volpert 58
Hochaltar 164
Hochzeit 54, 86
Hochzeitsgedicht 176
Hocker, Jodokus 158
Höckerius, Jodokus Osnaburgensis 133
Hofdiakon 160
Hoffmannus, Martinus 184
Hofgericht 22
Hofprediger 42, 50, 51, 52, 58, 64, 69, 70, 71, 92, 93, 107, 119, 122, 124, 181, 204

Hofschulze 22
Hohenwalde 165
Holland 131, 160
Hölle 99, 104
Holstius, Daniel 164
Houl 121
Hugenotten 20, 24, 27
hugenottisch 24
Huis der Lievde 190
Hulsmannus, Johannes 161
Humanismus 28
Hunger 24, 29, 34, 57, 60, 180
Hungersnot 23, 24, 144, 199
Ilvesheim 167
Ilveßheim 168
Immels 89
Immels, Kilian 82
Infektionskrankheit 197
Ingelheimensis 160
Inquisition 20, 184, 195, 202
Irland 20
Isabella I. von Kastilien 202
Isenburg 85
Isenburgschen 56 Siehe Ysenburg
Iserlohn 133
Italien 165
J.U.D. 151
Jacquier, Nicolas 158
Jahr ohne Sommer 187
Jahresbesoldung des Pfarrers 51
Jakob von Schottland 159
Jerusalem 33, 75
Joachimsthal 196
Joannem 136
Joannes 27, 138
Jodocus 158, 167
Johannes 27, 32, 41, 53, 59, 113, 128, 141, 142, 143, 153, 160, 166, 167, 168
Johannes Adam 162 Siehe Adam
Johannes Praetorius 141, 143, 196 Siehe Praetorius, Johannes
Johannes Scultetus 128
Jordan, Jacob 165
Juden 202
Jülich 20, 146
Jülicher Synode 160
Jüngste Gericht 61
Jüngste Tag 65, 93, 107, 134, 183
Juristen 92
Kaiser Maximilian II. 203
kalvinisch 33
kalvinistisch Siehe calvinistisch
Kamen 14, 25, 27, 29, 59, 128, 145, 146, 147, 149, 150, 151, 152, 153, 161, 163, 165 Siehe Camen
Kamener 27, 28, 147, 149
Kamener Gymnasium 28
Kämmerer 152
Kanzel 147
Kanzler 70, 88, 92
Kapelle 53
Karl der Große 106
Karl IX. von Frankreich 21
Karl V 20, 29, 151
Karolinga 100, 101
Kasimir, Johann 35
Kassel 119
Katastrophen 17
Katechismus 20, 35, 85, 195
Katharina von Bora-Haus 50
Katharina von Medici 24
Katharinenkirche 30, 160
Katholiken 155
katholisch 20, 23, 27, 29, 30, 61, 86, 144, 146, 149, 151, 184
Katholizismus 21, 203
Keimann, Arnold 152
Kelche 50
Keltzerus, Wilhelmus 151
Kepler 145
Kersting 146, 204
Kesslertantz 68, 112
Kettenheim 143
Ketzer 202
Kezelius 133
Kezelius, Wolgangus 133
Kindstod 29, 123
Kindtaufe 54, 86
Kirchbücher 16
Kirche 115, 155
Kirche mit Zukunft 12
Kirchendisziplinordnung 86
Kirchengeschichte 12, 14, 23
Kirchengeschichtliche Institute 236
Kirchenkreis 236
Kirchenordnung 22, 50, 53, 54, 55, 86
Kirchenrüger 55, 140
Kirchensynode in Trient 20
Kirchenumbau 155
Kirchenzucht 32
Kirchhain 58
Kirchhof in Laudenbach 144
kirchliche Ordnung 32
Kirchpracht 116
Kistner 235 Siehe Cisnerus
Kistner, Johannes 113
Kistner, Stadtarchivar Kamen 15
Kleine Eiszeit 61
Kleiner Katechismus von Luther 13
Kleinfeld 165, 206
Kleinfeld, Reinhold 165
Kleve 20, 22, 27, 146
Klimaverschlechterung 61, 199
Knox 20
Koch 89
Koch, Hans 82
Köln 127, 196
konfessionelle Wende 41
Konfessionskampf 32
Konfessionsstreitigkeiten 56

Konfessionswechsel 41
Königsstetten 46, 48
Königstein 196
Königstetten 46
Konrad zu Solms 58
Konzil von Trient 20
Kopernikus 184
Körber, Joan Conrad 145
Krankheiten 41, 54, 60, 142, 153, 168, 180
Krauss, Julius 52
Kretzschmar, Bischof 17
Kreuzau 160
Kreuznach 160, 161, 162, 163
Kreuz-Schule 41, 60, 177, 181
Kreuzweg 144
Krieg 57, 197
Krimm, Pfarrerin 17
Kurpfalz 120, 131, 133, 162
kurpfälzisch 30, 120, 143, 157
Kykyebosch, Mathias 165
Laasen 121
Lambertus 162
Lamesheim 51
Lancellot 167, 180
Landwirtschaft 139
Landwirtschaft des Pfarrers 121
Langenberger 161
Langendiebach 50
Latein 28, 85, 133
lateinisch 17, 21, 25, 26, 28, 35, 37, 42, 52, 54, 127, 134, 150, 151, 152, 167, 168, 184
Lateinlehrer 29
Lateinschule 25, 27, 53, 113, 135, 149
Laudenbach 15, 119, 120, 121, 122, 126, 128, 130, 131, 133, 136, 143, 144, 145, 146, 147, 153, 154, 155, 156, 157, 159, 162, 166, 167, 176, 177, 179, 181, 183, 184
Laupaeus 30
Laupaeus, Valentinus 160
Laupäus 160
Laupäus, Valentin 30
Lauterbach, Johannes 41
Lehramt 181
Lehrerausbildung 26
Leibesfrucht 124
Leichenpredigt 183
Leichpredigt 180, 236
Leinenwindel 144
Lemgo 133
Leonis, Christophorus 42
Lercheimer 159
Lerchheimer 153, 159
Leyden 165
Lich 16, 58, 85, 86, 128, 133, 136, 158, 180
Liechtenberg, Jakob von 159
Liesborn 24
Lippe 22, 25, 26, 133, 159
Lippe, Grafschaft 133
Lippensis 141
Lippertor 23
Lippiensis 26
lippisch 22, 23
Lippstadt 16, 21, 22, 24, 25, 26, 133, 149, 165, 236
Lippstädter 13, 23, 26, 236
Lippstädter Heimatblätter 37
Lips Hoffmann, Crein 69
Lobgedicht 42, 52
Loos, Cornelius 119
Ludwig 120
Luft 56
Lungenpest 197
Lutenbach 120
Luther 13, 29, 32, 41, 50, 166, 180
Lutheraner 20, 39, 86, 133, 146, 159, 164, 180, 204, 205
lutherisch 17, 20, 23, 29, 30, 32, 39, 41, 52, 53, 55, 61, 112, 146, 147, 164, 184, 195, 204, 205
Lutherische Kirche in St. Petersburg 17
Luthers Frau Siehe Katharina von Bora
Luthertum 22
Magier Hanss Schrecken 165
Main 40
Mainz 155
Malzeichen 66
Marburg 26, 58, 89, 107, 134, 135
Margareta 167
Margret Faust 89
Maria Stuart 21
Marienburger Woywoden 206
Marienkirche 22
Marienstift 128
Mark 20, 22, 146, 150, 165
Markmann, Pfarrerin 12
Marterkammer 91
Matthes Schultze 21, 22, 133 Siehe Schultze
Maulchristen 72
Maximilian I. von Bayern 184
Maximilian II. 203
Mayflower 184
Medewohner 236
Meierus, Johannus 160
Meißen 133
Melandrum 153, 159
Melandrum, Otto 158
Mennahoi 68, 113
Menschenfreund 189
Menschenrechte 189
Mesomylius, Johannes 58
Meyerinck 152
Milichius, Ludwig 158
Missernte 61, 62, 70, 187, 199
Mitgefühl 190
Moral 190
Mordtaten 202
Mordversuch 203
Moritz von Hessen-Kassel 119
Mosbach 113, 202
Moses 105

Müller, Hans 168
Müllerus 54
Münster 14
Münster-Dreisen 143, 167
Murensic 68, 113
Musäum 145, 155, 176
Muschenheim 15, 58, 136, 137, 139
Muslime 202
Müßiggang 116
Mylaeus 168
Mylaeus, Johannes 167
Nächstenliebe 106, 122, 189
Nachtmahl 177, 179, 183
Nagetiervermehrung 199
Nebenius 133
Nebenius, Conradus 133
Neckar 35, 37, 113
Negnidub 68, 112
nemo 168
Neuauflage 187
Neues Testament 94
Neuhaussen 143
Neun 89
Neun, Hermann 82
Neustadt 160, 203
Nicolai, Phillip 147, 204
Nicolaikirche 22
Nieder- Weisel 133
Niederlande 203
Niederländer 27
NIEMAND 168
Nierstein 160
Nisipeanu 222
Nix, Dr. 235
Nobisius, Godfried 113
Nordamerika 184
Nostradamus 21, 198, 202
Noviomagus 52
Noviomagus, Johannes 51
Nürnberg 159
Nürnberger Religionsfrieden 151
O.H.H.O.H.L.W.G. 166
Offenbach 41, 42, 46, 48, 50, 51, 52
Offenbacher 51, 55, 119
Ogersheim 143, 167
Okriftel 51
Ökumenische Dekade zur Überwindung der Gewalt 12
Oldenbarneveld 97
Oppenheim 29, 30, 160, 163, 164, 181
Oppenheimer Rose 30
Orgel 204
Osnaburg 133
Ostsee 199
Ostseeraum 22
Pädagogium 156
Pädagogium in Herborn 167
Pakt mit dem Teufel 81
Papier 187
Papst 20, 27
Papstgötzentum 65
päpstlich 164
Papsttum 28
Parabel von dem Unkraut 190
Paul IV 20
Pauluskirche 27
Pediander 69, 70, 109
Pediander, Petrus 69
peinliche Befragung 98
Peinliche Halsgerichtsordnung 151
Peney 100, 195
Pererius, Benedikt 153, 158, 159
Pest 27, 31, 40, 54, 56, 57, 61, 62, 70, 120, 138, 147, 165, 181, 197, 198, 199
Pestepidemie 23, 199
Pestgang 40
Pestsepsis 197
Pesttraktate 197
Peucer 128
Pfalz 46, 144, 181, 184
pfälzisch 20, 42, 120, 155, 184, 202
Pfarrerberuf 26, 53, 139, 147
Pfarrergehalt 139, 161
Pfarrgarten 121
Pfarrhaus 17, 30, 33, 53, 59, 64, 70, 91, 120, 121, 139, 147, 155, 157, 177, 179
Pfarrhaus Birstein 53
Pfarrhaus Laudenbach 120
Pfarrhaus Muschenheim 58
Pferdegang 178
Pferdesterben 130, 154, 177
Phildius, Philippus 160
Philipp II 20
Philipp II, spanischer König 203
Philosophia 136, 139, 142, 153
Pincineus, Johannes 159
Pistor 134
Pistoris 58
Pistorius 58, 59 Siehe Pistoris Siehe Pistoris
Pistorius, Hermann 58
Pithopoei, Lambertus Helmius 162
Pius IV 20
Plagen 72, 197
Planetenbücher 95
Plier, Henrich 153, 156, 167
Polizeiordnung 54, 106, 116
Pommerani 162
Pommern 163, 165
Prädestination 32
Praetor 196
Praetor, Joes 143
praetorisch 109
Praetorius 13, 14, 15, 16, 17, 26, 27, 28, 29, 30, 32, 33, 34, 35, 37, 39, 40, 41, 42, 46, 51, 52, 53, 54, 58, 59, 61, 63, 64, 68, 69, 70, 82, 85, 87, 91, 92, 93, 96, 98, 99, 101, 105, 107, 109, 111, 112, 114, 118, 119, 120, 121, 122, 126, 127, 128, 129, 130, 133, 134, 135, 136, 137, 138, 139, 141, 142, 143, 144, 146, 149, 151, 153, 154, 155, 156, 157, 163, 166, 167,

168, 176, 177, 179, 180, 183, 184, 187
Praetorius, Iodocus 167
Praetorius, Johannes 196 Siehe Johannes
Praetorius, Johannes aus Ogersheim 167
Praetorius, Michael 24, 196
Prager Fenstersturz 184
Predigeramt 26, 51
Predigt 126
Presbyterien 178
Pröbsting, Sophia 146
Proklamation 181
Prophet 77
Propheten 92, 93, 159, 162, 168, 178
Prophezeiung 21
Protestant 151
protestantisch 144
protestantische Tür 155
Prozession 130
Puritaner 184
Quirin Reuter 202
Rathausplatz von Laudenbach 130
Ratssekretär 165
Ratten 197
Rausch, Martin 51, 52
Ravolzhausen 50
Recke, Dietrich von der 27
Reformation 22, 25, 28, 30, 41, 52, 58, 86, 112, 164
reformiert 17, 20, 23, 30, 32, 33, 34, 35, 39, 41, 50, 51, 53, 54, 58, 59, 85, 86, 112, 120, 146, 147, 162, 164, 195, 204, 205
Reformierte 39, 86, 133, 146, 155, 164, 180, 204, 205
reformierter Theologe 190
Regen 57, 61, 73, 77, 78, 88
Regensburger Rezeß 120
Reich Christi 56
Reich Gottes 94
Reichart, Johan 131
Reichsacht 206
Reichsgericht 144
Reichskammergericht 144
Reichstag 29, 39, 144
Reichstag zu Speyer 39
Reinermann, Hermann 28, 146
Reisen 29
Religion 197
Religionsausübung 151
Religionskrieg 206
Remus, Martin 164
Reuter, Quirin 202
Revolution 91
Rhein 30
Rheinhessen 32
Richter 28, 64, 73, 88, 92, 93, 98, 99, 100, 102, 103, 104, 105, 107, 116, 123, 128, 146, 150, 152
Richtereid 150
Richtersherren 73
Rinderbiegen 68, 112 Siehe Rinderbügen
Rinderbügen 69, 82, 87, 89, 98, 109, 111, 112
Roden, Ortsteil von Iserlohn 133
Rodtselberg 143
Roggen 199
Rostock 26
Rudolphus, Peter 55
Rügenwalde 162, 164
Ruhrpandemie 40
sacrosanctis 133, 134, 236
Sakramente 134
Sakramentenlehre 133
Salbe 73, 95
Salicetus 151
Salicetus, Thomas Gephyrander 151
Sankt Johann 164, 205
Sankt Petri und Pauli 164
Sapientist 143
Satan 73, 79, 124
Saufen 55, 65, 94, 116, 183
Schadenszauber 81, 123, 202
Schardium, Conrad 119
Schieferbergbau-Heimatmuseum Schmallenberg - Holthausen 13
Schloss 91
Schloss Kalenberg 203
Schlosskirche 50, 51
Schmanck 16, 235
Schmitz, Caspar Siehe Fabricius, Caspar
Schmitz, Casper 150
Schnabel, Konrad 50, 51
schottisch 20
Schottland 21
Schröder, Pfarrer 22
Schulausbildung 28
Schuld 152
Schuldheiss 152
Schule 115, 160, 178
Schule, Jurgen 146
Schulenius, Wilhelmus 146
Schulgeld 28
Schulmeister 70, 87, 113, 146, 177
Schulrektor 58
Schulteten 152
Schultze 26, 27, 128, 149, 236 Siehe Matthes Schultze Siehe scultetus
Schultze, Heinrich 152
Schultzen, Balthasar 165
Schultzen, Heinrich 152
Schulze 22, 27, 196
Schulze, Hans 196
Schwangerschaft 29, 32, 136, 154
Schwarzer Tod 40, 197
Scribonius, Wilhelm Adolf 159
Scultetus 14, 26, 27, 128, 149, 152 Siehe Schulze, Schulte
Scultetus, Gelehrtenfamilie 27
seelische Folgen 190
Segner 66, 144, 154
Sekten 147
Selbstmord 112, 190

Server Frühe Neuzeit 16, 236
Seuchen 197
Shakespeare 21, 40, 131, 184
Sibylle 58, 59, 122, 123, 124, 136, 142, 166, 177
Sidonie 157, 202
Sieffersheim 160
Simon VI 23, 25
Simultaneum 155
Sintflut 65
Sixtus V, Papst 27
Skeptiker 190
Sklaventransport 184
Soest 26, 150, 196, 236
Sohn, Georg 158
sola scriptura 85
Solms 58, 133
Sonnenaktivität 199
Sonnenflecken 199
Sonnenschein 59, 61, 88
sonntägliche Predigt 55
Spanien 20, 27, 184
spanisch 29, 147, 203
spanisch - niederländischer Erbfolgekrieg 20
Spee von Langenfeld 13, 190
Speyerer Reichtagsabschied 128
Spieß, Hermann 157, 176
Spönemann 222
Sprachgebrauch 18
Sprendlingen 113, 143, 160
St. Elisabeth 164
St. Johann 164
St. Peter 161
Staatsbibliothek in Berlin 37
Stadtarchiv Kamen 15
Stadtsekretär 206
Starkenburg 155
Steeg 143
Stellungnahme zu den Hexenverfolgungen 12
Stephan, der Scharfrichter 87
Stiefel 90
Stiftsschule 128
Stipelius, Wimarus 143, 160
Stipendium 138, 141, 165
Stolberg 196
Strafe Gottes 24, 41, 55, 56, 61, 97
Strafgericht Gottes 197
Strafpraxis 189
Strafrechtsbuch 151
Strafverfolgung 190
Straßburg 41
Streitgespräch 92
Student 142
Studium 141, 142
Studium von A.Praetorius 26
Sündenböcke 56
Superintendent 168
Superintendent Buß 16
Susataeus, Anton 26
Tanzen 55, 86, 116
Taufe 97
Taufstein 39
Terror 189
Teuerung 23, 77, 184, 187
Teufel 56, 64, 65, 66, 67, 70, 71, 76, 79, 86, 88, 94, 103, 105, 106, 107, 131, 154, 165, 190, 205
Teufelsanhänger 88
Teufelsbücher 116
Teufelsbund 96
Teufelsdienst 70
Teufelsgenossen 99
Teutschland 152
Theodor von Beza 195
Theologia 136, 139, 142, 177
Theologie Calvins 32
Thorn 206
Thurn und Taxis 206
Tiere 74
Tifmann, Jost 28
Tilly 184
Tittelsheim 48 Siehe Dittelsheim
Todesstrafe 194, 195
Todesstrafe für Hexen 31, 195
Toledo 202
Toleranz 31
Torgau 196
Tortur 108
torturam 108, 124
Totenhaus 56
Totentänze 197
Totgeburten 136, 154
Track, Prof. Dr. 236
Träumbücher 95
Trauung in Weinheim 167
Trier 109, 119
Tütelßheim 46 Siehe Dittelsheim
Tyrannen 189
Ulentorpius, Lambert 28
Umzug 48
Undenheim 143
Universitätsbesuch 26
Unna 16, 22, 25, 145, 146, 147, 149, 150, 151, 152, 153, 163, 165, 167, 204
Unschuldige 99
Unterricht in der christlichen Religion 32
Urgicht 34
Vas Heidelbergense 37 Siehe Heidelberger Fass
Vaterland 22, 26, 122, 159, 196
Vegetationsperiode 199
Verächter Gottes 116
Verfolgungskritiker 14
Vergebungshandeln Christi 94, 97
Verhör 66, 91, 100, 103
Verhörprotokoll 90
Verhütung der Zauberei 126
Verleugnung Gottes 64
Verlobung 40
Verschuldung 199
Verteidiger 114
Verwandlung in Tiere 76, 81
Verwandtschaft 160
Vettel 144
vierte Frau 60
Vogelsberg 112, 120, 141

Vogt, Johannes 53
Völlerei 55
von Büren 204
Vorbehalte 154
Wachenheim 160
Wahrsager 66, 86, 93, 94, 116, 130, 131, 154
Walheim 143
Walpurgisnacht 69, 70
Walther, Johannis 164
Wasserprobe 103, 104, 159
Waszkiewitz 222
Weiber 197
Wein 116, 131, 144, 145, 187
Weinheim 156, 167, 168
Weinlandschaft 32
Weinlese 29
Weinstöcke beschädigen 76
Weißbrot, Joachim 52
Weißel 145
Weltbild 197
Werkzeug Gottes 79
Werl 25
Werner von Landau 35
Westfalen 16, 22, 27, 133, 143, 145, 160, 184, 189, 236
Westphalus 27, 141, 143, 146, 153
Wetter 58, 61, 69, 77, 78, 88, 155, 157, 188
Wetterinformationen 17
Wetterkatastrophen 17
Wettermachen 34, 66, 77, 78, 88, 103, 188
Wetterschaden 78, 81, 188
Wetterzauber 187
Weyer 236
Weyer, Johannes 14, 119, 158
Widerwärtigkeit 60, 136, 181
Widmung 52, 134, 135, 146, 148, 149, 157, 159, 160, 166, 184
Widmungsgedicht 52
Wiederkunft Christi 86
Wiedertäufer 65
Wigand von Walthor 51
Wilhelm Moritz I., Graf zu Ysenburg und Büdingen 200
Wilhelm, Herzog 150
Wind 73, 78, 88, 235
Wind, Rektor 15
Windel 144
wirtschaftlich 56, 131, 165
Wirtschaftsleben 28
Witekind 67, 153, 159
Witekind, Hermann 133, 159
Wittenberg 196
Witterungsverhältnisse 25
Wittgenstein 160
Witwenschaft 136, 138
Wolf, Reinhard 180
Wolfenbüttel 196
Wolfgang Ernst 41, 42, 46, 48, 50, 51, 52, 56, 59, 85, 109, 112, 118, 119
Wolfgang Ernst I 41
Worms 29, 34, 46, 120
Ylveßheim Siehe Ilvesheim
Ysenburg 27, 32, 39, 41, 42, 46, 50, 51, 52, 53, 57, 70, 111, 112, 119, 120, 181 Siehe Isenburg
Zauberei 14, 194
Zauberhexen 73
Zauberkünste 31
zaubern 194
Zaun, Johannes 184
Zehtlingen 196
Zerbst 196
Zingg, Michael 97
Zizenser 184
Zoilus 134
Züchtigung 66, 80, 124
Zürich 32
zweite Frau 40
Zwingli 32

Ein Index der Anmerkungen findet sich am Schluss der Anmerkungen.

Abbildungsverzeichnis

Bild 1 Wappen aus Praetorius "de pii" ... 1
Bild 2 Unterschrift Praetorius ... 2
Bild 3 AP ... 3
Bild 4 Widmung an Anton Praetorius von Hermann Pistorius 1. Teil ... 4
Bild 5 Widmung an Anton Praetorius von Hermann Pistorius 2. Teil ... 4
Bild 6 Graphik aus Praetorius, Bericht 1613 ... 9
Bild 7 Grevels handschriftliche Aufzeichnungen auf Praetorius Bericht 1598 ... 13
Bild 8 Lebensstationen von Praetorius ... 17
Bild 9 Lippstadt ... 19
Bild 10 Lippstadt: Altes Gasthaus am Lippertor von 1566 ... 21
Bild 11 Das älteste Haus in Kamen von 1570, Kämerstrasse 5 - Farbfotos S. 1 ... 25
Bild 12 Kamener Pauluskirche: Schiefer Turm - im Vordergrund die alte Schule ... 25
Bild 13 Altes Kamener Gymnasium (neben dem Neubau) - Farbfotos S. 1 ... 26
Bild 14 Wormser Dom - siehe Farbfotos S. 2 ... 27
Bild 15 Altes Pfarrhaus in Oppenheim - Farbfotos S. 2 ... 28
Bild 16 Gebeinhaus an der Katharinenkirche in Oppenheim - Farbfotos S. 2 ... 28
Bild 17 Oppenheimer Katharinenkirche - Farbfotos S. 2 ... 28
Bild 18 Calvin ... 29
Bild 19 Evangelische Kirche von Dittelsheim - s. Farbfotos S. 6 ... 31
Bild 20 Pfarrhaus Dittelsheim - s. Farbfotos S. 6 ... 31
Bild 21 Worms - Dalberger Schloss – s. Farbfotos S. 2 ... 32
Bild 22 Heidelberger Fass ... 33
Bild 23 Praetorius: Vas Heidelbergense ... 34
Bild 24 Praetorius: Vas Heidelbergense (8 Seiten gedruckt, die restl. 7 Seiten handschriftlich) ... 36
Bild 25 Bilderzerschlagung durch Reformierte ... 37
Bild 26 Offenbach alte Stadtansicht ... 39
Bild 27 Titelseite von Praetorius, de pii (Lobgedicht auf Graf Wolfgang Ernst) ... 41
Bild 28 Seite aus Praetorius, de pii (Lobgedicht auf Graf Wolfgang Ernst) ... 42
Bild 29 Graf Wolfgang Ernst von Ysenburg-Büdingen ... 43
Bild 30 Brief des Grafen Wolfgang Ernst an Darheim vom 7.8.1596 ... 45
Bild 31 Antwortbrief des Johan Darheim, Schultes zu Königstetten ... 47
Bild 32 Turm der alten Schlosskirche in Offenbach - Farbfotos S. 6 ... 49
Bild 33 Birsteiner Schloss früher – s. Farbfotos S. 4 ... 52
Bild 34 Birsteiner Schloss heute s. Farbfotos S. 4 ... 52
Bild 35 Lateinschule in Birstein – s. Farbfotos S. 5 ... 52
Bild 36 Birstein Lateinschule (Schild mit Jahreszahl) s. Farbfotos S. 5 ... 52
Bild 37 Ev. Kirche in Birstein – s. Farbfotos S. 5 ... 52
Bild 38 Pfarrhaus in Birstein – s. Farbfotos S. 5 ... 52
Bild 39 Turm des Schlosses in Birstein – s. Farbfotos S. 5 ... 52
Bild 40 Pieter Brueghel, Die Todsünden: Die Völlerei ... 53
Bild 41 Muschenheimer Wappen ... 56
Bild 42 Muschenheimer Ev. Kirche – s. Farbfotos S. 3 ... 56
Bild 43 Muschenheimer Kirche und Friedhof – s. Farbfotos S. 3 ... 56
Bild 44 Muschenheim altes Pfarrhaus – s. Farbfotos S. 3 ... 56
Bild 45 Titelseite Praetorius, Haußgespräch ... 58
Bild 46 Schadenszauber der Hexen: Unwetter ... 61
Bild 47 Grafik aus Praetorius Bericht 1598 ... 65
Bild 48 Teufelsbuhlschaft ... 69

Bild 49	Hexenflug	70
Bild 50	Hexenmahl	72
Bild 51	Hexe betet einen Dämon an	73
Bild 52	Schadenszauber: Zwei Hexen zaubern ein Unwetter	75
Bild 53	Abbildung eines zeitgenössischen Richters in Amtstracht	79
Bild 54	Akte Hexenprozess Birstein Titelseite	81
Bild 55	Praetorius Katechismus	82
Bild 56	Folterszene	88
Bild 57	Satan, der junge Zauberer wiedertauft	95
Bild 58	Anlegung der Schraubstiefel	99
Bild 59	Folter durch Ansetzen von Beinschrauben	100
Bild 60	Wasserprobe	102
Bild 61	Verbrennung von Hexen	104
Bild 62	Auszug aus der Hexenakte Birstein 1597	106
Bild 63	Aktennotiz Hexenprozess Birstein, Dämonologie Nr. 14	109
Bild 64	Rinderbügen Kreuzung – s. Farbfotos S. 3	109
Bild 65	Rinderbügen: Altes Haus – s. Farbfotos S. 3	109
Bild 66	Auf einer Wiese bei Rinderbügen wurde der Hexentanzplatz Kesslersdanz vermutet Farbfoto S.3	109
Bild 67	Brief von Praetorius betreffs Cornicius	115
Bild 68	Pfarrer, Teufel und Narr	116
Bild 69	Pfarrhaus in Laudenbach – s. Farbfotos S. 7	119
Bild 70	Seiten aus Praetorius, Bericht von der Zauberey 1598	123
Bild 71	Alte Dechanei Lich (1582-1867)	127
Bild 72	Grafik der Titelseite von Praetorius, de sacrosanctis 1602	129
Bild 73	Titelseite Praetorius, Bericht von der Zauberey 1602	130
Bild 74	Titelseite Praetorius, de sacrosanctis	133
Bild 75	Brief des Anton Praetorius vom 22. April 1602	135
Bild 76	Titelseite des Gutachtens lutherischer Theologen zur Zauberey	138
Bild 77	Widmungsseite von Praetorius, Bericht von der Zauberey 1613	146
Bild 78	Karte der Widmungen Deutschland	148
Bild 79	Schultheiss	151
Bild 80	Kirche in Laudenbach – s. Farbfotos S. 7	154
Bild 81	Kirche in Laudenbach – Protestantische Tür – s. Farbfotos S. 7	154
Bild 82	Karte zu den Widmungen	154
Bild 83	Wappen aus Bericht 1598	159
Bild 84	Widmungsgedicht des Heppenheimer Pfarrers für Praetorius 1613	161
Bild 85	Praetorius, Gedicht für eine Trauung in Weinheim	167
Bild 86	Wappen aus Bericht 1598	177
Bild 87	Titelseite der Leichpredigt für Praetorius	180
Bild 88	Titelseite Praetorius Bericht 1613	183
Bild 89	Titelseite Praetorius, Bericht von Zauberey 1629	184
Bild 90	Hexen zaubern Sturm	186
Bild 91	Wappen des Titelblattes der Leichpredigt	188
Bild 92	Titelseite der Carolina Ausgabe 1696	190
Bild 93	Pestkranker	196
Bild 94	Praetorius, Haußgespräch: Widmungen an die Kinder des Grafen	199
Bild 95	Evangelische Stadtkirche in Unna – s. Farbfotos S. 8	202
Bild 96	Unna, Haus von 1577 in der Gürtelstrasse 19 – s. Farbfotos S. 8	202

Hinweise zu den Abbildungen

1. Wappen aus Praetorius "de pii", UB Gießen
2. Unterschrift von Anton Praetorius aus dem gemeinsamen Brief von Schnabel und Praetorius vom 12. September 1596, FvIA Büdingen
3. Logo "AP" (Hegeler)
4. Widmung an Anton Praetorius von Hermann Pistorius 1. Teil, HAB
5. Widmung an Anton Praetorius von Hermann Pistorius 2. Teil
6. Wappen aus Praetorius, Bericht 1613, BSB München
7. Grevels handschriftliche Aufzeichnungen auf der Ausgabe von Praetorius Bericht 1598, SB Essen
8. Lebensstationen von Praetorius (Hegeler)
9. Lippstadt, Stadtarchiv Lippstadt
10. Lippstadt: Altes Gasthaus am Lippertor von 1566, Stadtarchiv Lippstadt
11. Das älteste Haus in Kamen von 1570, Kämerstraße 5, Farbbild Hegeler
12. Der schiefe Turm der Kamener Pauluskirche, im Vordergrund die alte Schule, Farbbild Hegeler
13. Altes Kamener Gymnasium (neben dem Neubau), Farbbild Hegeler
14. Wormser Dom, Farbbild Hegeler
15. Altes Pfarrhaus in Oppenheim, Farbbild Hegeler
16. Gebeinhaus an der Katharinenkirche in Oppenheim, Farbbild Hegeler
17. Oppenheimer Katharinenkirche, Farbbild Hegeler
18. Calvin 1553
19. Evangelische Kirche von Dittelsheim, Farbbild Hegeler
20. Pfarrhaus Dittelsheim, Farbbild Hegeler
21. Worms - Dalberger Schloss, Farbbild Hegeler
22. Heidelberger Fass, aus: Christ, S.37
23. Praetorius: Vas Heidelbergense, SB Berlin
24. Praetorius: Vas Heidelbergense (8 gedruckte Seiten, die restl. 7 Seiten als handschriftl. Manuskript), SB Berlin
25. Bilderzerschlagung durch Reformierte, Holzschnitt um 1525
26. Offenbach alte Stadtansicht
27. Titelseite von Praetorius, de pii, UB Gießen
28. Seite aus Praetorius, de pii, UB Gießen
29. Graf Wolfgang Ernst von Ysenburg-Büdingen (Foto FvIA, Bildnis mit allegorischem Schmuck. Kupferstich von Bathasar Schwan, Frankfurt 1622. Nachlaß Dr. Döring)
30. Brief des Grafen Wolfgang Ernst an Darheim vom 7.8.1596, FvIA
31. Antwortbrief des Johan Darheim, Schultes zu Königstetten, FvIA
32. Turm der alten Schlosskirche in Offenbach, Farbbild Hegeler
33. Birsteiner Schloss früher, Farbfoto Kauck, FvIA Birstein
34. Birsteiner Schloss heute, Farbfoto Kauck, FvIA Birstein
35. Lateinschule in Birstein, Farbbild Hegeler
36. Birstein Lateinschule (Schild mit Jahreszahl), Farbbild Hegeler
37. Ev. Kirche in Birstein, Farbbild Hegeler
38. Pfarrhaus in Birstein, Farbbild Hegeler
39. Turm des Schlosses in Birstein, Farbbild Hegeler
40. H. Cook nach Pieter Brueghel, Die Todsünden: Die Völlerei
41. Muschenheimer Wappen
42. Muschenheimer Ev. Kirche, Farbbild Hegeler
43. Muschenheimer Kirche Friedhof, Farbbild Hegeler
44. Muschenheim altes Pfarrhaus, Farbbild Hegeler
45. Titelseite Praetorius, Haußgespräch, HAB
46. Schadenszauber der Hexen: Unwetter, Olaus Magnus 1555. Eine Hexe entleert ihren Kessel ins Meer, um so einen starken Sturm heraufzubeschwören
47. Grafik aus Praetorius Bericht 1598
48. Teufelsbuhlschaft, Holzschnitt aus dem Tractatus von den bösen Weibern die man nennet die Hexen von Ulrich Molitor, Ulm um 1490
49. Hexenflug, Kupferstich um 1500
50. Hexenmahl, Ulrich Molitor 1489

51. Hexe betet einen Dämon an, Sebastian Münster, Cosmographia universalis, Holzschnitt 1544
52. Schadenszauber: Zwei Hexen zaubern ein Unwetter, Ulrich Molitoris "de laniis et phitonicis mulieribus", Reutlingen, Holzschnitt 1489
53. Richter, Holzschnitt von Niklaus Manuel Deutsch, um 1620
54. Akte Hexenprozess Birstein Titelseite, FvIA
55. Praetorius Katechismus, FvIA
56. Folterszene, Holzschnitt 16. Jahrhundert
57. Satan, der junge Zauberer wiedertauft, Guaccius 1626
58. Anlegung der Schraubstiefel
59. Folter durch Ansetzen von Beinschrauben, Millaeus, praxis criminalis, Paris: Colinaeus 1541
60. Wasserprobe, Holzschnitt 16.Jahrhundert
61. Verbrennung von drei Hexen in Derneburg 1555. Flugblatt 16.Jahrhundert
62. Auszug aus Aktennotiz Hexenprozess Birstein, Dämonologie Nr. 14, FvIA
63. Aktennotiz Hexenprozess Birstein, Dämonologie Nr. 14, FvIA
64. Rinderbügen Kreuzung, Farbbild Hegeler
65. Rinderbügen: Altes Haus, Farbbild Hegeler
66. In Rinderbügen auf einer Wiese wurde der Hexentanzplatz Kesslersdanz vermutet, Hegeler
67. Brief von Praetorius betreffs Cornicius, FvIA
68. Pfarrer, Teufel, Narr
69. Pfarrhaus in Laudenbach, Farbbild Hegeler
70. Seiten aus: Praetorius, Bericht von der Zauberey 1598
71. Alte Dechanei Lich, Marienstiftsbibliothek Lich
72. Grafik der Titelseite von Praetorius, de sacrosanctis 1602, HAB
73. Titelseite Praetorius, Bericht von der Zauberey 1602, UB Göttingen
74. Titelseite Praetorius, de sacrosanctis, HAB
75. Brief des Anton Praetorius vom 22. April 1602, FvIA
76. Titelseite des Gutachtens lutherischer Theologen zur Zauberey 1603
77. Widmungsseite von Praetorius, Bericht von der Zauberey 1613, BSB
78. Karte der Widmungen Deutschland (Hegeler)
79. Schultheiß im 16. Jahrhundert. Holzschnitt von Peter Flötner
80. Kirche in Laudenbach, Farbbild Hegeler
81. Kirche in Laudenbach - Protestantische Tür, Farbbild Hegeler
82. Karte zu den Widmungen (Hegeler)
83. Wappen Bericht 1598
84. Widmungsgedicht des Heppenheimer Pfarrers für Praetorius, BSB
85. Praetorius, Gedicht für eine Trauung in Weinheim, FLB Gotha
86. Wappen Bericht 1598
87. Titelseite der Leichpredigt für Praetorius, BSB
88. Titelseite Praetorius, Bericht von Zauberey 1613, BSB
89. Titelseite Praetorius, Bericht von Zauberey 1629, HAB
90. Hexenzauber, Illustration zu den Werken Ciceros 1531
91. Wappen vom Titelblatt der Leichpredigt 1613
92. Titelseite Carolina Ausgabe 1696, Stadtarchiv Kamen
93. Pestkranker, "incisio", Internet
94. Praetorius, Haußgespräch: Widmungen an die Kinder des Grafen, HAB
95. Evangelische Stadtkirche in Unna, Farbbild Hegeler
96. Unna - eines der ältesten Häuser von 1577 in der Gürtelstrasse 19, Farbbild Hegeler
97. E.E.E.A. Grafik aus Praetorius Vorrede Bericht 1613 (vgl. Seite 164)
98. Praetorius Bericht 1598 Seite 4/5
99. Praetorius Bericht 1602, Widmungen Seite 2

Herr Waszkiewitz leistete entscheidende Unterstützung bei der Aufbereitung, Zusammenstellung und Bearbeitung der Abbildungen.
Für die Hilfe bei den Farbfotos Dank an Herrn Nisipeanu und Herrn Spönemann.

Literaturverzeichnis

A. Quellen:

Almosen: Einnahmen - Ausgaben in Birstein: Fürst von Isenburgisches Archiv Büdingen, Kulturwesen, Fasz. 5, Nr. 24, 1597/98

Cornicius, Sebastianus und Arcularius, Hermannus: Brief betreffs Einstellung, FvIA Büdingen, Abteilung Kulturwesen, Nr. 184, Birstein 22.3.1597

Darheim, Johan: Schultheiß zu Königstetten, Antwortbrief an den Grafen, Fürstliches Archiv, Birsteiner Akten 4863, 12. August 1596

Fürstliches Archiv Schloss Büdingen Abt. Dämonologie Nr.14 vom 1. Juli 1597
FvIA Birstein, Akten-Nr. 4863 und 11478, zitiert von Willy Timm

Graf Wolfgang Ernst, Brief an Johan Darheim Schultheißen zu Königstetten, den 7. August 1596, Akte 4863 FvIA Birstein

Luther, D. Martin: Die gantze Heilige Schrifft Deudsch, Wittenberg 1545, letzte zu Luthers Lebzeiten erschienene Ausgabe, Wissenschaftliche Buchgesellschaft Darmstadt, November 1972

Praetorius, Anton: Vas Heidelbergense, Oktober 1595 (über das große Fass), gedruckt bei Smesmanni, Heidelberg. Staatsbibliothek Berlin - Preußischer Kulturbesitz, Abteilung Historische Drucke, SB 36 Xc 569 R (bisher unveröffentlicht)

Praetorius, Anton: De pii magistratus officio, iure, ac potestate in religione et ecclesiis ad verbi die normam reformandis. carmen elegiacum". illustri ac generoso comiti wolfgango ernesto, domino ab isenburg, comiti a budingen et burstein, in perpetuam pietatis ipsius laudem ac memoriam subiectionis et honoris ergo scriptum, ab Antonio Praetorio Lippiano Westphalo, hactenus Tutelshemij Palatinae, deinceps vero Bursteinij Isenburgicae Ecclesiae Ministro. (Lobgedicht auf Wolfgang Ernst, Herr von Ysenburg, Graf von Büdingen und Birstein). Heidelberg, Druckerei des Christoph Löw, im Jahre 1596 im Monat August. Universitätsbibliothek Gießen,[1102] E 9990 (80), (III 61.3935/6), (Übersetzung B. Schmanck. Bisher unveröffentlicht)

Praetorius, Anton, und Schnabel, Hofprediger des Grafen Wolfgang Ernst: Brief an den Grafen betreffs Einführung in Offenbach vom 12. September 1596, FvIA, Akte 11478

Praetorius, Anton: Hauptstück (Katechismus) Christlicher Religion sampt den gemeinesten Gebetlein/ und etlichen Fragen/ Jungen und Alten vom wege der Seligkeit zu wissen nötig und gnug: Vor Kirchen und Schulen der Ober und Under Graff und Herrschafft Isenburg/ gebessert und vermehret. (Unter dem gedruckten Titel und dem Wappen findet sich folgender Eintrag in der Handschrift des AP: "prasentiert ab autore Antonio Pratorio, pastoro Biersteinensi T. maij. A. d. 97"), Getruckt zu Lich in der Graffschafft Solms/ Durch Nicolaum Erbenium. 1597 (ohne Seitenangaben). FvIA, Abteilung Kulturwesen, 185. Das überlieferte Schriftstück ist ein Fragment. Bisher unveröffentlicht

Praetorius, Anton: Haußgespräch, darinn kurtz doch klärlich vnd gründlich begriffen wirdt, was zu wahrer Christlicher Bekanntnuß auch Gottseligem Wandel ... zu wissen von nöhten, Lich 1597. (102 Seiten, aber ohne Seitenangaben.) HAB

Praetorius, Anton: handschriftlicher Brief an den Grafen Wolfgang Ernst betreffs Cornicius. Dieser Brief trägt kein Datum, findet sich aber in der Ablage des FvIA vom Jahr 1597, Kulturwesen 184

Praetorius, Anton: Gründlicher Bericht von Zauberey und Zauberern/ darinn dieser grausamen Menschen feindtseliges und schändliches Vornemen/ und wie Christlicher Obrigkeit ihnen Zubegegnen/ ihr Werck zuhindern/ auffzuheben und zu Straffen / gebüre und wol möglich sey. Allen Ständen der Welt in Gemein und sonderlich den hohen und nidern Obrigkeiten/ zu nothwendiger nachrichtung und rechter Amptspflege dienlich und nützlich zu lesen/ Auß Göttlichen und Keyserlichen Rechten/ kurtz und ordentlich erkläret. Durch Joannem Scultetum Westphalo camensem. Sampt einem volkommenen zu End ausgedrucktem Register. Gedruckt zu Lich/ in der Graffschaft Solms bey Nicolas Erbenis.

drucktem Register. Gedruckt zu Lich/ in der Graffschaft Solms bey Nicolas Erbenis. 382 Seiten. 1598, HAB

(Johannes Scultetum ist ein Pseudonym für Anton Praetorius)

Praetorius, Anton: Gründlicher Bericht von Zauberey und Zauberern: Darinn der grawsamen Menschen feindtseliges und schändliches Vornemen/ und wie Christlicher Obrigkeit ihnen zubegegnen/ ihr Werck zu straffen/ auffzuheben und zuhindern / gebühre und wol möglich sey: Allen Ständen der Welt in Gemein / und sonderlich den hohen und nidern Obrigkeiten/ Vorsprechern/ und Amptsdienern/ zu nothwendiger nachrichtung und rechter Amptspflege dienlich und nützlich zu lesen/ Auß Göttlichen und Keyserlichen Rechten/ kurtz und ordentlich erkläret durch Antonium Praetorium, Matthes Schultzen Weiland Bürgers zur Lippe nachgelassenen Sohn/ deß Worts Gottes Predigern. Sampt einem volkommenen zu End angehängtem Register. 382 Seiten, gedruckt zu Lich/ M.DC I I. 1602, Niedersächsische Staats- und UB Göttingen, 8 Med.Inst. 66/33

Praetorius, Anton: Brief aus Muschenheim, Pfarrer zu Laudenbach, 1602. Dämonologie V, FvIA. Bisher unveröffentlicht

Praetorius, Anton: de sacrosanctis NOVI FOEDERIS IESU CHRISTI SACRAMENTIS IN GENERE ET IN SPECIE TRACTATUS PERUTILIS, UNDICIM HOMILIIS SOLIDE, METHODICE, perspicue absolutus, et nunc primum in lucem, ad Dei Opt. Max. gloriam, et Sanctorum aedificationem, prodiens AB ANTONIO PRAETORIO, ECCLESIAE LIPPIANAE FILIO, JESU SERVO LAUTENBACI. Cum Indice tum rerum tum argumentorum cuiusvis Homiliae copioso, compendii vice perlegendo. 1602 LICHAE SOLMENSIUM, Excudebat Wolfgangus Kezelius in consortio CONRADI NEBENII.

Drucker: Wolgangus Kezelius und Conradus Nebenius, Lich 1602, 312 Seiten. HAB (Übersetzung einiger Seiten durch B. Schmanck)

Praetorius, Anton: Nemo Ad Desideratissimas R. Et D. I. V. D. Nicolai Emmelii, Ilvesheimensis, E. F. P. Et Lectissimae Urgns Margaretae, R. Et. C. V. D. Johannis Mylaei, Weinheimensis P. Et I. V. Filiae, Spnsrm Nuptias, 15. Iunii. Anno S. C. D. N. 1613. Lautenbaco venit pedes Eques legatus Antonii Praetorii. L. [Druck:] Heidelbergae: Lancellotus -- Heidelberg: Lancelot, Johann, 1613 [1] Bl. 45,5 cm x 32 cm Fingerprint: s.m: t.re t.s: t.t: S 1613R, Gattung/Fach: Einblattdruck Gelegenheitsschrift: Hochzeit Gedicht Exemplar(e): Id-Nr.: 39:127082P Forschungs- und Landesbibliothek (FLB) Gotha, Bisher unveröffentlicht (Übersetzung von B.Schmanck)

Praetorius, Anton: von Zauberey und Zauberern/ Gründlicher Bericht. Darinn der grawsamen Menschen thöriges/ feindtseliges/ schändliches vornemmen/ Und wie Christliche Oberkeit in rechter Amptspflege ihnen begegnen/ ihr Werck straffen/ auffheben und hinderen solle und könne. Kurtz und ordentlich gestellet: durch Antonium Praetorium Lippiano-Westphalum, Pfarherrn zu Lautenbach in der Bergstraß. Hiezu ist gesetzet Der Theologen zu Nürnberg gantz Christlich Bedencken/ und Warhafftig Urtheil von Zauberey und Hexenwerck. Gedruckt 1613 zu Heydelberg/ durch Johann Lancellot/ In verlegung Andreae Cambier. 313 Seiten. BSB

Praetorius, Anton: Vorrede zum Bericht über Zauberey und Zauberer, Heidelberg, 1613, mit separaten Seitenzahlen, BSB

Praetorius, Anton: Bericht über Zauberey und Zauberer, 1615

(Im Verbundkatalog im Internet ist diese Ausgabe mit dem Druckjahr 1615 ausgewiesen. Auf Nachfrage in der Bibliothek der Lehrerbücherei des St.Michael Gymnasiums in Bad Münstereifel, 02253- 92130 stellte sich heraus, dass das Druckdatum nicht zu verifizieren ist, weil die Titelseite dieses Buches mit dem Druckdatum fehlt. Das Druckdatum "1615" ist später mit Bleistift dazugeschrieben worden. Nach einem Textvergleich des Vorwortes handelt es sich höchstwahrscheinlich um die Auflage von 1613.[1103])

Praetorius, Anton: Gründlicher Bericht Antonii Praetorii Lippiano-Westphali.

Von Zauberey und Zauberern/ deren Ursprung/ Unterscheid/ Vermögen und Handlungen/

Auch wie einer Christlichen Obrigkeit/ solchem schändlichen Laster zu begegnen/ dasselbe auffzuheben/ zu hindern und zu straffen gebühre und wol möglich seye.
Auß Göttlichem und Kayserlichem Recht kurtzlich und ordentlich gestellt und zusammen getragen. Männiglich/ sonderlich aber den Hohen und Nidern Obrigkeiten/ Richtern und Gerichten/ zu nothwendiger Nachrichtung sehr dienlich und nutzlich zu lesen.
Jetzo zum vierdtenmal in Truck gegeben/ sampt einem vollkommenen Register.
Getruckt 1629 zu Franckfurt am Mayn/ Durch Johann Niclas Stoltzenbergern/ In Verlag Johann Carl Unckels/ Buchhändlers daselbsten. Anno M.DC. XXIX. 174 Seiten, HAB

Schüling, S. 157 ff. Genaue Beschreibung der einzelnen von Erbenius gedruckten Bücher und Besitznachweise (S. 173).
Haußgespräch in: UB Giessen, HAB, Wroclaw (Breslau) UB.
Bericht 1598 in: Darmstadt LHB, Detmold LB, Essen StB, Gießen UB, Ithaca Cornell UL, HAB.
Bericht 1602 in: UB Göttingen
Bericht 1613 in: Heidelberg UB, Ithaca Cornell UL, Köln UuStB, Madison Univ.of Wisc.Libr., BSB
Bericht 1629 in: Heidelberg UB, Frankfurt, Ithaca Cornell UL, Mainz StB, HAB.

Scultetus; Johannes: siehe Praetorius, Bericht 1598

Wolf, Reinhard: Christliche Leichpredigt bey der begräbnuß deß ehrwürdigen wolgelehrten herren antonii praetorii lippiano-westphali, gewesenen pfarrers zu laudenbach an der bergstrassen gehalten durch reinhardum guolfium, Druck: Heydelberg: Lancellot 1614, BSB. Bisher unveröffentlicht

B: Sekundärliteratur:

Album academicae Vitebergensis: Ab A.CH MDII usque ad A.MDCII vol II und III. Halle 1894. 1905. S. 295

Alzeyer Competenzbuch: Anno 1605

Anklam Museumsführer 1995

"Antonius Pius," Microsoft® Encarta® Enzyklopädie 2000

Archiv der Grafen: von Leiningen in Erbach im Odenwald.

Bader, Dr. Bernd: Leiter der Handschriften - Abteilung der Universitätsbibliothek Giessen, Brief vom 28.2.2001

Baschwitz, Kurt: Hexen und Hexenprozesse. Die Geschichte eines Massenwahns und seiner Bekämpfung. München 1963

Bauks, Friedrich Wilhelm: Die evangelischen Pfarrer in Westfalen von der Reformationszeit bis 1945, Luther Verlag Bielefeld 1980, Bd. 4, S.391 Anton Praetorius als Rektor 1586 in Kamen. S. 480 Anton Soest Pfarrer in Lippstadt

Bautz: Biographisch-Bibliographisches Kirchenlexikon, http://www.bautz.de/bbkl Band XVIII (Internet 2001) Spalten 514 -519 Autor: Matthias Wolfes über Goclenius, Rudolph

Bautz: Biographisch-Bibliographisches Kirchenlexikon, http://www.bautz.de/bbkl/abh.shtml Band VII (1994) Spalten 906-907 Autor: Karl Friedrich Ulrichs über Praetorius, Anton

Behringer, Wolfgang: Hexen und Hexenprozesse, hrsg. v. Wolfgang Behringer, dtv Dokumente 2957, München 1988

Behringer, Wolfgang: Email vom 22. Dezember 2000 über Praetorius mögliche Verbindungen zum "Huis der Lievde" (family of love)

Behringer, Wolfgang: Email vom 14.Juni 2001 über Praetorius mögliche Verbindungen zum "Huis der Lievde" (family of love)

Behringer, Wolfgang: Climatic Change and Witch-Hunting, The Impact of the Little Ice Age on Mentalities, im Internet (Stand 18.6.2001): http://www.york.ac.uk/depts/hist/staff/wmb1

Bensheim: "Einweihung St. Laurentius 1965", Broschüre aus Bensheim
Benzing, Josef: Die Buchdrucker des 16. und 17. Jahrhunderts im deutschen Sprachgebiet, 1963, Wiesbaden, Beiträge zum Buch- und Bibliothekswesen, Bd. 12
Bickel, Dr. L: Die Bau- und Kunstdenkmäler im Regierungsbezirk Cassel, Bd.1, Kreis Gelnhausen, Marburg 1901, Die Kirche in Birstein: S. 126- 128
Biundo, Georg: Die evangelischen Geistlichen der Pfalz seit der Reformation (Pfälzisches Pfarrerbuch), Neustadt an der Aisch 1968
Bogucka, Frau Prof. Dr. Maria: PAN Instytut Historii, Rynek St. Miasta 29/31, Pl-00-272 Warszawa, "das alte Danzig" mit vielen Bildern und Abbildungen alter Bilder. Maria Bogucka, erschienen im Beck Verlag München 1980 ISBN3 406 317223 5
Brandenberg, Dirk: Anton Praetorius und sein Kampf gegen das Hexenwesen unter besonderer Berücksichtigung seiner Schrift "Gründlicher Bericht von Zauberey und Zauberern", Wissenschaftliche Hausarbeit im Fach KG/DG, Erlangen 1988, unveröffentlicht)
Braun- Hogenberg: Lippstadt um 1588, Stich
Brockmann, Andrea: Telefonische Information über Hexenprozesse in Liesborn und zur Quelle Niehaus 1875), 4.12.00
Bruns, Manfred: Email von 11.12.00 zitiert das Licher Heimatbuch, S.143
Bütfering, Elisabeth: Zur Geschichte des Lippstädter Gymnasiums. Ein Überblick, in: Lippstädter Spuren, Schriftenreihe des Heimatbundes Lippstadt, 12/1997 S. 59
Centurio, N. Alexander: Die großen Weissagungen des Nostradamus, Goldmann TB 11772, Bietigheim 1977
Christ, Karl: Das erste Heidelberger Faß und die damit zusammenhängenden Bauten. Eine Jubiläumsstudie. Nebst einem Anhange: Des Meistersängers Michel Beheim Lob auf Heidelberg, Heidelberg, 1886 (im Stadtarchiv Heidelberg)
Chronik der Nicolai Pfarrgemeinde zu Lippstadt 1941
Copialbuch des Marienstiftes Lich: Ende des 16.-Anfang des 17.Jahrhunderts, Gemeindebüro der Evangelischen Marienstift-Gemeinde Lich
Dahlkötter, Dr. Eva Maria: Lippstadt, Brief vom 25.4.01
Danziger Lehrer Gedächtnis, Praetorius: S. 21
Decker, Dr. Klaus-Peter: Archivar aus dem Büdinger Fürstlichen Schlossarchiv, Schlossplatz 2, 63654 Büdingen, Gespräch am 12. Januar 2001
Decker, Dr. Klaus-Peter: Archivar aus dem Büdinger Fürstlichen Schlossarchiv, Schlossplatz 2, 63654 Büdingen, Brief vom 21.2.2001
Deutsches biographisches Archiv, Neue Folge, Lfg.1 1989. (B.H.): Artikel: Prätorius, Quelle: Server Frühe Neuzeit: www.sfn.uni-muenchen.de/hexenverfolgung/art784.htm, vom 21. März 2000
Diehl, Dr. Wilhelm: Baubuch für die evangelischen Pfarreien der Souveränitätslande und der acquirierten Gebiete, im Auftrag der Historischen Kommission, Darmstadt 1935, Selbstverlag des Verfassers, Hassia sacra Band VIII
Diehl, Dr. Wilhelm: Hessisches Lehrerbuch, Dritter Teil: Provinz Rheinhessen und die kurpfälzischen Orte der Provinz Starkenburg, im Auftrag der Historischen Kommission, Darmstadt 1942, Hassia sacra Band XI
Diehl, Dr. Wilhelm: Kirchenbehörden und Kirchendiener in der Landgrafschaft Hessen-Darmstadt von der Reformation bis zum Anfang des 19. Jahrhunderts, Im Auftrag der Historischen Kommission, Darmstadt 1925, Selbstverlag d. Verfassers, Hassia sacra Bd II
Diehl, Wilhelm: Hessische Volksbücher, Hg. von Wilhelm Diehl, 31-36, Reformationsbuch der evangelischen Pfarreien des Großherzogtums Hessen von Wilhelm Diehl, 2.Aufl., Friedberg 1917, Selbstverlag.
Diehl, Wilhelm: Pfarrer- und Schulmeisterbuch für die Provinz Rheinhessen (Hassia sacra, Bd. III, 1928), S. 160
Diehl, Dr.Theol. Dr.phil. Wilhelm: Hrsg: Quellen u. Studien zur hessischen Schul- und Universitätsgeschichte, Heft 7

Dieterich, J.R.: Reformationsgeschichte von Oppenheim, Darmstadt 1904, S.111-114
Dresen- Coenders, Lène: Anton Praetorius in: Vom Unfug des Hexenprozesses. Gegner der Hexenverfolgungen von Johan Weyer bis Friedrich Spee. Hg. v. Hartmut Lehmann u. Otto Ulbricht, Wolfenbütteler Forschungen 55, Wiesbaden 1992, S.137, S. 129-137
EG Evang. Gesangbuch: Ausgabe für die Evang. Kirche in Westfalen, Gütersloh 1996
Ehbrecht, W.: (Hrsg.), Lippstadt. Beiträge zur Stadtgeschichte, Lippstadt 1985
Eßlinger Torturprotokoll vom 14. Sept. 1662, zitiert nach Soldan 1, S. 355 f.
Evangelische Kirchengemeinde und Ev. Kirchenkreis Unna, Die Pest, der Tod, das Leben - Philipp Nicolai - Spuren der Zeit, Beiträge zum Philipp-Nicolai- Jahr 1997
Evangelisches Kirchengesangbuch, Evangelischer Presseverband für Hessen und Nassau (Hrsg.), Frankfurt/M 1974, Nr. 378
Evangelisches Dekanat (Herausg.): 450 Jahre Reformation in Offenbach am Main, Beiträge zur Kirchengeschichte, Offenbach a.M. 1993
Falkmann, August: Beiträge zur Geschichte des Fürstentums Lippe aus archivarischen Quellen. Viertes Heft, Detmold 1882, S. 237f
Friedrich Spee von Langenfeld: Lesebuch, herausgegeben im Auftrag der Friedrich Spee Gesellschaft e.V., Düsseldorf 1991
Gemeindebrief der Ev. Kirchengemeinde Dittelsheim-Hessloch-Frettenheim, Dezember 2001, S.10: Nach dem Baubuch des Amtes Alzey im Jahre 1587
Gensicke, H.: Art. Worms. In: RGG 3 Bd.6, Tübingen 1986, S. 1808
Gersmann, Gurdrun, Server Frühe Neuzeit, München, zitiert bei Graf, Email 14.11.00 (Frau Gersmann leitet die Veröffentlichung des Textes des Berichtes von Anton Praetorius im Internet)
Gersmann, Gurdrun: "Unser Hexenänncken" – der Hexenprozeß als Thema der Heimatgeschichte, in: Saatkamp, Marielies/ Schlüter, Dick (Hg.): Van Hexen un Düvelslüden. Über Hexen, Zauberei und Aberglauben im niederländisch-deutschen Grenzraum (Aufsatzsammlung des deutsch-niederländischen Arbeitskreises „Hexen", 1995), S. 129-145
Giebel, Pfr. Martin: Langenbergstr.285, 50765 Köln, Tel. 0221, 979 3622 Telefon Nov.2000
Glaser, R.: Klimageschichte in Mitteleuropa seit dem Jahr 1000.- Wissenschaftliche Buchgesellschaft, Darmstadt 2000
Görlich, Paul: Licher Heimatbuch, hrsg. vom Magistrat der Stadt Lich 1989: Muschenheim S. 510 ff.
Graf, Klaus, Internet Diskussionsforum Hexenforschung, Email 14.11.00
Gräfliches Archiv Solms, Schloss - Laubach. Brief vom Dez. 2000
Grimm, Jacob und Grimm, Wilhelm: Deutsches Wörterbuch, Fünfter Band, Bearbeitet von Dr. Rudolf Hildebrand, Deutsches Wörterbuch Band 11, Deutscher Taschenbuch Verlag, München 1984
Grünewald, Dr. Friedrich; Braun, Lothar; Günther, Eduard Ernst: Offenbach am Main, Erinnerung und Gegenwart, Offenbach 1969
Hallek, Hartmut U.: Andalusien, Abenteuer und Reisen, Mairs Verlag, München, 2001
Hamelmann: Historiae Ecclesiasticae, pars 1., S. 848
Hammann, Pfr von Birstein: Übersendung von Informationen zum Schloss, zur Kirche und zum Pfarrhaus
Hammes, Manfred: Hexenwahn und Hexenprozesse, Fischer Taschenbuchverlag 1818, Frankfurt 1985
Hanle, Gisela: Graf Wolfgang Ernst von Ysenburg und die Einführung des Calvinismus in der Grafschaft Büdingen, Gießen 1964
Haustein, Jörg: Martin Luthers Stellung zum Zauber- und Hexenwesen, in: Münchener Kirchenhistorische Studien, . Bd. 2, Stuttgart 1990
Heidelberg Stadtarchiv: Brief vom 22.11.1999 an das Stadtarchiv Lippstadt
Heidelberger Katechismus, (calvinistisch/ reformiert), im EG 1996, S. 1330 ff

Heimat=Bote für die evangelischen Pfarreien Birstein, Unterreichenbach, Kirchbracht, Extrablatt zum 80.Jahrestag der Kirchweih der neuen evangelischen Kirche zu Birstein am 19.4.1994, Chronologische Abhandlung mit Auszügen aus dem Heimat=Boten vom Tag des Kirchenbrandes am 7. Januar 1913 bis zur Weihe der neuen Kirche am 19. April 1914, Herausg.: Evang. Kirchengemeinde Birstein, Pfarrer W. Hammann.

Heintze-Cascorbi: Die deutschen Familiennamen, Halle/S. 1933, im Stadtarchiv Lippstadt Sign. Ab27

Held, Dr. Martin: Burgstraße 4, 55276 Oppenheim, Brief vom 15.12.2000

Hellweger Anzeiger Unna 18.11.2000: Artikel: Mysteriöses Pferde-Sterben

Hengemühle, Franz: Woher der Vorname Jodokus?, in: Heimatblätter Lippstadt 1954, S.7

Hentzner, Paul: Itinerarium Germaniae etc, Breslau 1617, p. 184

Heppe, Dr. Heinrich: Kirchengeschichte beider Hessen, Zweiter Band, Marburg 1876

Herrmann, Fritz: Die ältesten Druckereien in Lich und ihre Erzeugnisse, In: Volk und Scholle 3 1925, S. 217- 221

Heutger, Nicolaus C.: Die evangelische- theologische Arbeit der Westfalen in der Barockzeit, Hildesheim 1969, S. 132 / 135 und 163

Hexenforschung Diskussions-Forum im Internet,
http://www.kbx.7.de/list?visit=hexenforschung&id=128795715
Internetadresse seit 2001: http://www.listserv.gmd.de/archives/hexenforschung.html

Hexenwahn - Hexenverfolgung, Ausstellungskatalog der Stadtbibliothek Nürnberg 98/1987, Widerstände gegen die Verfolgung: 3. Praetorius, Anton

Hildebrandt, Helmut, und Gudd, Martin: Getreidebau, Missernten und Witterung im südwestlichen Unteren Vogelsberg und dem angrenzenden Vorland während des 16. und frühen 17. Jahrhunderts, In: Archiv für hessische Geschichte und Altertumskunde, N.F. 49, S. 85-146

Janssen, Johannes, Pastor Ludwig: Geschichte des deutschen Volkes seit dem Ausgang des Mittelalters. Bd. VIII, Freiburg 1924, S.629f

Jöcher, Christian Gottlieb; Adelung, Johann Christoph; Rotermund, Heinrich Wilhelm: Praetorius, Anton. In: Allgemeines Gelehrtenlexikon. 6. Ergänzungsband. Hildesheim 1961, S. 786

Jordan, D. Holger: Email von 7.2.2002 zum Begriff "alyte"

Jubiläumsbuch von Laudenbach, Laudenbach 1988

Kappel, Hans-Jürgen: Westpreußenkartei, email vom 18.1.01, Am Bengst 11, 59519 Möhnesee, Tel.: 02924-84285

Karneth, Rainer: Stadtarchivar von Alzey, "Hexen, Hexenverfolgung und ein vermeintlicher Alzeyer Kritiker: Antonius Praetorius", Alzeyer Geschichtsblätter 30 1997, S.63f, S.37-76

Kaschlinski, Karl Anton: biographische Notiz in Danziger Familien von Ms. 5751, S. 11-13.

Kastner, Julius Friedrich: Hemsbach a.d. Bergstraße im Wandel der Zeit, Hrsg. Stadt Hemsbach

Katharinenkirche zu Oppenheim, Beschreibung der Katharinenkirche zu Oppenheim, o.J., Faltblatt der Kirchengemeinde

Keyser, Prof. Dr. Erich: Westfälisches Städtebuch, hrsg. von Prof. Dr. Erich Keyser, Kohlhammer Verlag Stuttgart 1954

Kirchbuch der St. Nicolai Gemeinde 1765-1807, ev. Gemeinde Lippstadt KB Buch 49 (ältester Band), Fotokopie von Frau Dr. Dahlkötter, Lippstadt

Kistner, Jürgen: Stadtarchivar von Kamen, Email 2.12.2000

Kistner, Jürgen: Stadtarchivar von Kamen, Email 25.12. 2000

Kistner, Jürgen: Stadtarchivar von Kamen, Email 28.12. 2000

Kistner, Jürgen: Stadtarchivar von Kamen, Email 27.11. 2000

Kistner, Jürgen: Stadtarchivar von Kamen, Email 26.11. 2000

Kistner, Jürgen: Stadtarchivar von Kamen, Email 16.1. 2001

Kistner, Jürgen: Stadtarchivar von Kamen, Email 16.7. 2001

Kistner, Jürgen: Stadtarchivar von Kamen, Email vom 19.1.2001
Klockow, H.: Stadt Lippe/ Lippstadt. Aus der Geschichte einer Bürgerschaft, Lippstadt 1964
Kneubühler, Hans-Peter: Die Überwindung von Hexenwahn und Hexenprozeß, Diessenhofen 1977, S. 127-132
Kohlenbusch, Lorenz: Pfarrerbuch der evang. unierten Kirchengemeinschaft (Hanauer Union) im Gebiet der Landeskirche in Hessen - Kassel, Darmstadt 1938, Der Kirchenkreis Gelnhausen, Pfarrer in Birstein: a) die alte reformierte Pfarrei, S. 270
Kolb aus Ladenburg: Brief vom 19.12.2000
Krimm, Jutta: Anton Praetorius und sein Kampf gegen das Hexenwesen unter besonderer Berücksichtigung seiner Schrift "Gründlicher Bericht von Zauberey und Zauberern", Wissenschaftliche Hausarbeit im Fach KG/DG, Erlangen 1988, unveröffentlicht
Küther, Waldemar: Das Marienstift Lich im Mittelalter, Lich 1977
Lamprecht, K.: Studierende aus der Stadt Lippstadt in den Jahren 1294 - 1650; in: Heimatblätter, Organ des Heimatbundes für d. Kreis Lippstadt 1921, S. 22 f, 25f, 37f, 42, 48, 52
Laumanns, C.: Lippstädter Familiennamen in alter und neuer Zeit. Ein Versuch ihrer Deutung, in: Heimatblätter, Organ des Heimatbundes für den Kreis Lippstadt, 21.Jg, Nr. 1, 21.1.1939, S.1 f
Lehmann, Hartmut: Frömmigkeitsgeschichtliche Auswirkungen der 'Kleinen Eiszeit`, in: Wolfgang Schieder (Hrsg.), Volksreligiosität in der modernen Sozialgeschichte (= Geschichte und Gesellschaft, Sonderheft 11), Göttingen 1986, S.31-50
Licher Heimatbuch: S. 143, zitiert nach Email von Manfred Bruns 11.12.00
"Lippstadt" *Microsoft® Encarta® Enzyklopädie 2000*
Lippstadt 800 Jahre: 1185- 1985, Stadt Lippstadt 1985, Stadtarchiv
Lippstädter Studierende in Wittenberg (1513-1617); in: Heimatblätter, Organ des Heimatbundes für den Kreis Lippstadt 1941, S. 2 f
Liturgiekalender, Internet: salesianer.de/util/liturkal.html (Berechnung von Osterterminen)
Löhr, Ulrich: Soest, Geschichte der Stadt, Bd 3, Soest 1995 u.a. Schulen in Soest S. 475 - 522
Lüdicke, Dr. Reinhard: Die Stadtrechte der Grafschaft Mark, Münster 1930, Veröffentlichungen der Historischen Kommission des Provinzialinstituts für Westfälische Landes- und Volkskunde, Abt. I, Die Stadtrechte der Grafschaft Mark, Heft 3. Unna: S. XVII
Malleus iudicum: Gesetzhammer der unbarmherzigen Hexenrichter usw., ohne Autor ("ein barmherziger katholischer Christ"), ohne Ort, ohne Jahr (1627) in: Reiche, Johann, Unterschiedliche Schrifften von Unfug des Hexen=Processes/ zu fernerer Untersuchung der Zauberey/ Nebst einer Vorrede von des Werckes vorheben und was sonsten von den Zauber=Wesen und Hexen=Processen zu halten, Halle 1703
Manuskript Dittelsheim: "Geschichte und Baugeschichte unserer Kirche (Dittelsheim) und besonders des Turmes", ohne Verfasser und Jahr, zur Verfügung gestellt von Peter Gaedigk, Dittelsheim
Maron, Dr. Wolfgang: email vom 19.11.00, Hinweis auf das Buch von Möller
Matrikel der Universität Wittenberg: R. Haasenbruch, Archivarin, Antwort der Universität: 7.12.00
Maurer, Pfr. Camill: Geschichte der Gemeinde Hemsbach an der Bergstrasse, Selbstverlag der Gemeinde Hemsbach, 1930
Merkel, Ernst: Hexenprozesse in der Herrschaft Dalberg, in: Der Wormsgau. Zeitschrift der Kulturinstitute der Stadt Worms und d. Altertumsvereins Worms, Bd. 11 1974/75, S. 79ff
Merkel, Johannes: Die Irrungen zwischen Herzog Erich II. und seiner Gemahlin Sidonie (1545-1575), S. 11-101, in: Zeitschrift des Historischen Vereins für Niedersachsen, Jahrgang 1899, Hannover 1899, S. 22
Mitteilungen des Westpr. Geschichtsvereins Jg. 34, S. 11
Mitteilungen des Westpr. Gesch.vereins Jg. 30, S. 59
Mitteilungen des Westpr.Gesch.-vereins Jg. 21, S. 7

Möller, Johann Anton Arnold, Bürgermeister: "Alte Nachrichten von Lippstadt und benachbarten Gegenden" , Lippstadt 1787
Muhl: Dzger. Bürger auf der Dzger.Höhe in Dzg.fam.-gesch. Beiträge 1/1929, S.42
Muhl: Dzger. Bürger-geschl.in ländlichem Besitz; Zeitschrift d. westpr. Gesch.-vereins Heft 71/1934, S.103
Mühlberg: Die Pfarrer der Evangelischen Kirchengemeinde Mühlberg/Elbe", zusammengestellt von Dr. Alexander Centgraf, Schlieben, Oktober 1954, mitgeteilt vom Pfarramt Pfr. Höpner, Telefonat und Fax im Dezember 2000, Altstädter Markt 9, 04931 Mühlberg/ Elbe, 035342- 566, rhoepner@t-online.de
Neu, Heinrich D.: Pfarrerbuch der evangelischen Kirche Badens von der Reformation bis zur Gegenwart. Teil II. In: VVKGB, Karlsruhe XIII. Lahr 1939, S. 466.
Niehues, B. Professor Dr.: Zur Geschichte des Hexenglaubens und der Hexenprozesse vornehmlich im ehemaligen Fürstbisthum Münster, Münster, Verlag der Coppenrath´schen Buchhandlung 1875
Niemöller, Heinrich: Reformationsgeschichte v. Lippstadt, der ersten ev. Stadt in Westfalen. Halle 1906
Nieß, Dr. Walter: Am Hain 95, D. 63654 Büdingen 1, Tel. 06042 2286, Brief vom 22.10.2000
Nieß, Dr.Walter: Telefonat 4.12.00
Nieß, Walter: Hexenprozesse in der Grafschaft Büdingen: Protokolle, Ursachen, Hintergründe. Walter Nieß - Büdingen: Selbstverlag, 1982. S. 47-81
Nieß, Peter: Die Hexen von Rinderbügen, Heimatblätter Januar 1937 Nr. 1, Beilage zum Büdinger Kreisblatt, Büdinger Allgemeiner Anzeiger
Nix, Dr. D.: Die Wehmütige Klage des Hermann Löher. Erträge einer Kurkölner Quelle zur Geschichte der Zauberprozesse.Reihe: Zeitgeiststudien Band 9. ISBN: 3-9803297-6-3. Eine Inhaltsbeschreibung des Buches findet sich im Internet: http://home.t-online.de/home/d.nix. Diese Internetseite bietet vielfältige Informationen über weitere Werke des Verfassers, zur Problematik der Hexenverfolgung und zu ihrer Erforschung.
Nix, Dr. D.: Email 9.12.2000 über den Namen Keltzerus
Nix, Dr. D.: Email 27.12.2000
Nix, Dr. D.: Email 13.1.2001
Nix, Dr. D.: Email 30.9.2001
Offenbacher Regenten: hrsg. vom Geschichtsverein Offenbach 1996
Patriot: Lippstadt, 11.1.1913: Lippstädter Hexenprozesse
Patriot: Lippstadt, 26.11.1935: Hugenotten in Lippstadt
Paulus, Nikolaus: Hexenwahn und Hexenprozess vornehmlich im 16. Jahrhundert, Freiburg im Breisgau 1910, 183 ff
Pelczar, Dr. Maria: Direktorin, Danzig Archiv, Email vom 9.1.01. Walowa 15, Pl-80-958 Gdansk, Polen (Email Adresse: stefanias@wenus.bgpan.gda.pl)
Pest Internet: www.pest.de
http://www.scheffel.og.bw.schule.de/faecher/science/biologie/seuchen/seuchen.htm
Pfaff in der Zeitschrift für die Kulturgeschichte 1856, S. 367: Eßlinger Torturprotokoll vom 14. Sept. 1662, zitiert nach Soldan 1, S. 355 f.
Pfarrergeschichte des Sprengels Hanau ("Hanauer Union") bis 1968 nach Lorenz Kohlenbusch, bearbeitet von Max Aschkewitz 2 Bde., Marburg 1984 - Veröffentlichungen der Historischen Kommission für Hessen 33, 2, S. 518 (Bd 2)
Pfister, Christian: Bevölkerungsgeschichte und historische Demographie 1500 - 1800, Oldenbourg Verlag, München 1994
Pfister, Oskar: Calvins Eingreifen in die Hexer- und Hexenprozesse von Peney 1545 nach seiner Bedeutung für Geschichte und Gegenwart, Zürich 1947
Pfister, Oskar: Calvin im Lichte der Hexenprozesse von Peney, in: ThZ 4 1948, S. 411 ff.
Pfister, Oskar: Das Christentum und die Angst, Zürich 1975, S. 368- 376 (die Rolle Calvins in den Hexenprozessen)

Praetorius, Johannes: Blockes-Berges Verrichtung (Erstveröffentlichung 1668), Hg. von Wolfgang Möhrig, Insel TB Nr. 402, 1982, ISDN- 3-458-32 1020

Praetorius, Michael: im Internet: http://jung.jura.uni-sb.de/Seminare/Nora.htm

Pröbsting, Friedrich: Geschichte der Stadt Camen, 1901: aus der Liste der Kamener Burgmannen: von Schulte, die Ahnen der Gelehrtenfamilie Scultetus, 1416-1497

Pröbsting, Friedrich: Geschichte der Stadt Camen, 1901, VI.: Das Schulwesen in Camen.

Propyläen-Weltgeschichte: Heinrich Lutz: Der politische und religiöse Aufbruch Europas im 16. Jahrhundert. Digitale Bibliothek Band 14: Propyläen-Weltgeschichte, Ullstein Verlag

Propyläen-Weltgeschichte: Golo Mann: Das Zeitalter des Dreißigjährigen Krieges, Digitale Bibliothek Band 14: Propyläen-Weltgeschichte, Ullstein Verlag

Rademacher, Ludwig Eberhard: Annales oder Jahr-Bücher der Uhr-alten und weitberühmten Stadt Soest, hrsg. von G.Köhn, Bd 2, Stadtarchiv Soest 1999, S. 543 f.

Rednos, Regina: Anton Praetorius und sein Kampf gegen das Hexenwesen unter besonderer Berücksichtigung seiner Schrift "Gründlicher Bericht von Zauberei und Zauberern". Wissenschaftliche Hausarbeit im Fach KG/DG, Erlangen 1988, unveröffentlicht

Reese, Anette: Anton Praetorius und sein Kampf gegen das Hexenwesen unter besonderer Berücksichtigung seiner Schrift "Gründlicher Bericht von Zauberei und Zauberern". Wissenschaftliche Hausarbeit im Fach KG/DG, Erlangen 1988, unveröffentlicht

Remling, Ludwig: Die konfessionelle Entwicklung von der Niederlage der Stadt (1535) bis zum Westfälischen Frieden (1648), in: Lippstadt. Beiträge zur Stadtgeschichte, hrsg. von Wilfried Ehbrecht, Lippstadt 1985, Bd. I

RGG 3, Bd. 5, 1961, Religion in Geschichte und Gegenwart, 3.Aufl. (Artikel: "Scultetus")

Rosenkranz, Lic. Albert: Geschichte der Ev. Gemeinde Kreuznach, Kreuznach 1951, Selbstverlag der Gemeinde, Archiv des Kirchenkreises an Nahe und Glan

Rostock, Register zur Matrikel der Universität: bearb. von Prof. Dr. Ernst Schäfer, Bd. II. Personen und Ortsregister P-Z, Schwerin 1922

Ruppel, H.: Stadtarchiv Offenbach, Brief vom 28.2.01

Saatkamp, Marielies: Der Hexenwahn und seine Gegner (1988 zum 6oojährigen Jubiläum der Stadt Tecklenburg)

Saatkamp, Marielies: Von den bösen Weibern die man nennet die Hexen (Katalog zur Wanderausstellung, Schriftenreihe des Kreises Borken Bd XII, 2000)

Saatkamp, Marielies: Bekandt daß sie ein Zaubersche were: Zur Geschichte der Hexenverfolgung im Westmünsterland (Ergebnisse des Projekts „Hexenverfolgung im Westmünsterland", 1994)

Saatkamp, Marielies/ Schlüter, Dick (Hg.): Van Hexen un Düvelslüden. Über Hexen, Zauberei und Aberglauben im niederländisch-deutschen Grenzraum (Aufsatzsammlung des deutsch-niederländischen Arbeitskreises „Hexen", 1995)

Sandgathe, Günter: Magister Antonius Praetorius, in: Simon, Theo: 100 Jahre Städtische Höhere Lehranstalt Kamen, Festschrift, Hrsg. von Th.Simon, o.O. (Kamen) u.o. J. (1958), S.111- 116

Schaab, Ev. Pfarrein: Dittelsheim Brief vom 29.12.00

Schenck, Dieter: "750 Jahre Laudenbacher Kirche", von Dieter Schenk u.a., Laudenbach 1988

Schenck, Dieter: Gründlicher Bericht von Zauberey und Zauberern, in: Der Rodensteiner, Zeitung, Ostern 1991, Nr.75, S.18

Schieferbergbau- Heimatmuseum Schmallenberg- Holthausen: Hexen- Gerichtsbarkeit im kurkölnischen Sauerland, Dokumentation zur Ausstellung vom 21.7.- 4.8.1984

Schlander, Otto: Schulen in Offenbach, Vier Jahrhunderte Offenbacher Schulgeschichte, Offenbacher Geschichtsblätter Nr. 19, herausgegeben vom Offenbacher Geschichtsverein 1969

Schmale, Wolfgang: Der Liesborner Hexenprozess von 1565, in: Der Lange Schatten der Abtei, Liesborner Geschichte(n), Aus der Reihe: "Liesborner Heimatbuch" Nr. 15, 1997, S. 19- 26 Heimatverein Liesborn, 59329 Liesborn

Schmanck, Burckhard: Übersetzung des lateinischen Textes von Anton Praetorius: "Nemo" 2001, des Widmungsgedichtes aus "de sacrosanctis", Titelseite von "de pii" und diverser anderer lateinischer Texte.
Schmidt, Dr. Jürgen Michael: Hexen und Hexenverfolgung im deutschen Südwesten, Cantz Verlag, Volkskundliche Veröffentlichungen des Badischen Landesmuseum in Karlsruhe. Im Band 2,2, S. 207 ff Aufsatz von Jürgen Michael Schmidt über die Kurpfalz
Schmidt, Dr. Jürgen Michael: Dissertation "Glaube und Skepsis. Die Kurpfalz und die abendländische Hexenverfolgung", Verlag für Regionalgeschichte, Bielefeld 2000, über Praetorius, S. 296-312
Schmidt, Dr. Jürgen Michael: Artikel über Anton Praetorius in: Server Frühe Neuzeit: www.sfn.uni-muenchen.de/hexenverfolgung, Stand 22. Januar 2001
Schmidt, Dr. Jürgen Michael: Artikel über Anton Praetorius in: Server Frühe Neuzeit: www.sfn.uni-muenchen.de/hexenverfolgung, Stand März 2001
Schnaase: Gesch. der ev. Kirche Danzigs, S. 561
Schneider, Manfred: Die Stiftskirche zu Cappel, Denkmalpflege und Forschung in Westfalen, Landschaftsverband Westfalen-Lippe, Bd. 16, Dr. Rudolf Habelt, Bonn 1988
Schneider: Archiv, Hauptamt Kreis Warendorf, Brief vom 7.12.2000
Schnettler, Dr. Otto: Ein gebürtiger Lippstädter als erster Bekämpfer der Hexenverfolgung, in: Heimatblätter, Organ des Heimatbundes für den Kreis Lippstadt, Hg. Carl Laumanns, Lippstadt, Nr.5, 9. Jg, Lippstadt 20. Juli 1927
Schnettler, Dr. Otto: Geschichte Westfalens, 1972 (Erwähnung des Praetorius)
Schnettler, Dr. Otto: Studierende aus der Grafschaft Mark auf der Universität Heidelberg (1386-1870) in: Beiträge zur Geschichte Dortmunds und der Grafschaft Mark. Herausgegeben vom Historischen Verein für Dortmund und die Grafschaft Mark. XX, Dortmund 1911, S. 95-103
Schormann, G.: Hexenprozesse in Deutschland, Göttingen 1986
Schröder, Bernd Philipp: Die pfälzische Zeit in Bensheim und ihre evangelischen Pfarrer, in: Geschichtsblätter Kreis Bergstrasse, Band 16, 1983, S. 97- 125
Schüling, Hermann: Die Druckertätigkeit von Nikolaus Erben in Lich (1596-1599), in: Ars impressoria: Entstehung und Entwicklung des Buchdrucks, internationale Festgabe für Severin Corsten zum 65.Geburtstag, hrsg. von Hans Limburg, München 1986, S. 157ff. mit genauer Beschreibung der einzelnen von Erbenius gedruckten Bücher und Besitznachweise (S.173).
Schütte, Dr.: Staatsarchiv, Münster, Brief vom Januar 2001
Schulze-Marmeling, Wilhelm: Johannes Buxtorf der Ältere; Ein Leben für die Wissenschaft, aus: 100 Jahre Städtische Höhere Lehranstalt Kamen, Festschrift, hrsg. von Th. Simon 1958, S. 102- 111
Server Frühe Neuzeit: www.sfn.uni-muenchen.de/hexenverfolgung
Simon, Theo: Die Geschichte der Schule, in: 100 Jahre Städtische Höhere Lehranstalt Kamen, Festschrift, hrsg. v.Th.Simon, o.O. (Kamen) u.o. J. (1958), S. 11-28
Sinemus, Karl: Der evangelischen Kirchengemeinde Andernach Vorgeschichte, Gründung und halbhundertjährige Entwicklung, Andernach 1904, S. 19 f.
Soldan- Heppe: Geschichte der Hexenprozesse, Neu bearbeitet und herausgegeben von Max Bauer, Bd. 1, Wissenschaftliche Buchgesellschaft Darmstadt, 1972 (unveränderter Nachdruck der 3. Auflage München 1912). S. 307 Erwähnung des Praetorius (über dessen Ausführungen zur Walpurgisnacht), S. 329- 332: Beschreibung von Gefängnissen, S. 330 Abbildung dazu.
Stadtarchiv Kamen: Bahnhofstr. 21, 59174 Kamen, Herr Stadtarchivar Kistner, Auszug aus dem Archiv der Stadt Kamen (NRW) Archiv Haus Reck Urkunde 303, 28.April 1586
Stadtarchiv Kamen: 28.April 1586, Stadtarchiv Kamen/ NRW Perg.-Urk. 300 a, Stiftung für die Lateinschule Kamen
Stammbuch des Danzigers Johannes Rosteuscher, Ms. 1415 I, S. 398

Steinman, Tobias: Kurtzer Bericht für arme Leute, wie man sich jetziger Zeit der Pestilenz verhalten soll. Der gemeinen Bürgerschaft zu Weimar zu gutem gestellet, Jehna 1607, Einblattdruck, 1 Blatt, Stadt- und Landesbibliothek Dortmund als Fotokopie N93-60, Original HAB

Steitz, Heinrich: Geschichte der Evangelischen Kirche in Hessen und Nassau, Erster Teil: Reformatorische Bewegungen, Reformationen, Nachreformationen, Marburg 1961

Steitz, Heinrich: Die Epoche der Reformation" in: Servatius/Steitz/ Weber: St. Katharinen zu Oppenheim, Alzey 1989

Studierende an der Universität Erfurt aus Lippstadt, Geseke und Rüthen; in: Heimatblätter, Organ des Heimatbundes für den Kreis Lippstadt 1940, S. 7

Studierende aus dem Kreis Lippstadt an den Universitäten Heidelberg, Marburg und Gießen; in: Heimatblätter, Organ des Heimatbundes für den Kreis Lippstadt 1941, S. 44

Sühlo, Peter: Reichsgrafenstand und Calvinismus, Hanau - Münzenberg, Bentheim, Ysenburg-Büdingen im Zeitalter der europäischen Religionskriege, Hausarbeit innerhalb der Fachwissenschaftlichen Prüfung für das Lehramt an Gymnasien, Göttingen, 1987; Praetorius: S. 80-83

Szkurlatowski, Krzysztof P.: Danziger Hexenprozesse, Email vom 21.Dezember 2000

Täger, Adolf: Aufstellung über Pfarrer Lippstadts in der St. Nicolai Kirche und bekannte Lippstädter Familien, 1992

Thurmann, Erich: Bürgerbuch der Stadt Lippe/ Lippstadt 1576-1810. Bearb. von Erich Thurmann, Lippstadt 1983 = Lipp. Geschichtsquellen, Bd. 11

Timm, Willy: Offenbachs zweite Reformation, in: Alt-Offenbach, Blätter des Offenbacher Geschichtsvereins, Neue Folge Heft 3, Juni 1980, S.4-7; Quellen: FvIA Birstein, Akten-Nr. 4863 und 11478

Töpke II, G.: Matrikel der Universität Heidelberg 1386- 1804, Heidelberg 1884- 1903

TRE Theologisches Realenzyklopädie, Band 7, 1981, Walter de Gruyter Verlag, Berlin 1981, Artikel "Calvin", S. 573

Trevor-Roper, Hugh: Der europäische Hexenwahn des 16. und 17. Jahrhunderts. In: ders.: Religion, Reformation und sozialer Umbruch. Die Krisis des 17. Jahrhunderts. Frankfurt 1970

Unsere Kirche Artikel "Hexenverfolgung: denunziert, angeklagt, verbrannt", UK Nr.10/ 4. März 2001, S.15

Unsere Heimat: Danziger ev. Gemeindebl. Danzig 1918

Vogel, Klaus A.: Wo Sprache endet. Der Bericht des Anton Praetorius über die Folter und das Problem der "selektiven Empathie", in: S. 188-204: Ein Schauplatz herber Angst: Wahrnehmung und Darstellung von Gewalt im 17. Jahrhundert. Hrsg. von Markus Meumann und Dirk Niefanger, Göttingen, Wallstein Verlag 1997

Vogt- Lüerssen, Maike: Sidonie, Gattin von Herzog Erich II. von Braunschweig-Kalenberg, in: http://www.asn-ibk.ac.at/bildung/faecher/geschichte/maike/frauen/ren27.htm

Von Hofschulzen und Oberhöfen, in: Heimatblätter, Organ des Heimatbundes für den Kreis Lippstadt, 15.Jg, Nr. 4, 12.7.1933, S.13 f

von Steinen, Johann Diederich: "Westphälische Geschichte (mit vielen Kupfern) Zweiter Teil, Lemgo 1757, Im Verlage sel. Joh. Heinrich Meyers Witwe" (über Unna)

von Steinen, Johann Diederich: "Westphälische Geschichte (mit vielen Kupfern) Dritter Teil, Lemgo 1757, Im Verlage sel. Joh. Heinrich Meyers Witwe" (über Kamen)

von Steinen, J.D.: Bd I, Anhang Nöthiger Beylagen, S. 533 / 566 (übersandt von Kistner, Stadtarchiv Kamen): Historisch Arragonischer Spiegell, darin mit gutem grund gezeiget, was die Spanier sonderlich in Westphalen ausgerichtet.

Warhafftiger und gruendlicher Bericht, 1562, im Internet bei: Behringer, Wolfgang: http://www.york.ac.uk/depts/hist/staff/wmb1

Wallisfurth- Warth: Lippstadt und das Heidelberger Faß, in: Heimatblätter Nr. 20 1938, S. 48

Walz, Rainer: Hexenglaube und magische Kommunikation im Dorf der frühen Neuzeit. Die Verfolgung in der Grafschaft Lippe, Paderborn 1993. ISBN 3-506-79581-3.

Weichbrodt, Bd. 1 (1986), S. 276; Methner, Arthur: Die Danziger Stadtschreiber bis 1650, in: Danziger familiengeschichtliche Beiträge, 1 (1929), S. 35, Nr. 68; Zeitschrift des Westpreußischen Geschichtsvereins 49, S. 157; 48, S. 94, 96, 105, 109

Weier, Johann: Buch des herzoglichen Leibarztes (Heft III. S. 44)

Weißenborn, E.: Die Universitätsmatrikeln als genealogische Quelle, Dt. Herold, 1906

Westfälisches Klosterbuch: Hrsg. von Karl Hengst, Teil 1, Münster 1992

Westpreußenkartei s. Kappel

Wilbertz, Dr. Gisela: (Stadt Lemgo), Brief vom 06.12.2000, veröffentlicht im Hexenforschungs Diskussions - Forum im Internet zu Lippstadt und Hexenprozessen in Lippstadt

Wilhelm Karl Prinz zu Isenburg: Geschichte der Isenburg in Birstein – ein Abriß aus der Geschichte eines alten Geschlechtes, 1956 (unveröffentlichte Arbeit).

Wind, Hermann Michael: Der Weinbau in Laudenbach früher und heute, eine ortsgeschichtliche Betrachtung, Herausgeber: Gemeinde Laudenbach 1993

Wind, Hermann: aus Laudenbach, Brief vom 1.12.2000

Wind, Hermann: aus Laudenbach, Email vom 10.11.00

Wind, Hermann: aus Laudenbach, Email vom 7.12.00

Wind, Hermann: aus Laudenbach, Brief vom 10.11.00

Windolph, Anton: Heimische Familiennamen; in: Heimatblätter, Organ des Heimatbundes für den Kreis Lippstadt 1921, S.63 f

Wissenswertes von Lippstädter Morgenkorn- und Wortzins-Registern, in: Heimatblätter, Organ für heimatliche Belange von Lippstadt und Umgebung, 25.Jg, Nr. 13, 15.12.1943, S.49 f

Wittig, Peer (Mitarbeiter im Museum im Steintor in Anklam): Email vom 9.1.01 zur Geschichte von Anklam

Wolf, Hans-Jürgen: Geschichte der Hexenprozesse, Hamburg 1998

Wolf, Hans-Jürgen: Hexenwahn und Exorzismus. Ein Beitrag zur Kulturgeschichte. Kriftel 1980

Wolf, Hans-Jürgen: Hexenwahn. Hexen in Geschichte und Gegenwart. Historia Verlag, Dornstadt, 1990

Wolgast: Die Universität Heidelberg 1986, S. 32

Worms Stadtverwaltung: Brief vom 25.1.02 von Frau Rinker Olbrisch, Dipl. Archivarin, zur Literatur zu den Dalberger Hexenprozessen

Zdrenka, Dr. Joachim: Rats- und Gerichtspatriziat der Rechten Stadt Danzig, Teil II (1526-1792), Hamburg 1989, S. 225

Zdrenka, Dr. Joachim: Email 12. Dezember 2000

Zdrenka, Dr. Joachim: Email November 2000

Zdrenka, Dr. Joachim: Danziger Widmungen: weitere Literaturhinweise

Zeitschrift des Westpreußischen Geschichtsvereins Jg. 62, S.67 f

Zeitschrift des Westpr.Gesch.-vereins, Jg. 49, S. 157

Zeitschrift des westpr. Gesch.-vereins, Jg. 48, S. 109

Zeitschrift des Westpr.Gesch.-vereins, Jg. 48, S. 94

Zeitschrift des Westpr.Gesch.-vereins, Jg. 48, S. 96

Zeitschrift des Westpr.Gesch.-vereins, Jg. 48, S. 105

Zeitschrift des Westpr.Gesch.-vereins, Jg. 48, S. 109

Zeitschrift für deutsche Mythologie und Sittenkunde, Hrsg. von Dieterich Göttingen 1859. Signatur SUB Frankfurt/M.: Gs 970/45, Bestand 1.1853- 4.1856/59

Zimmermann, Julius: Das sogenannte "Rote Buch". Ein kurpfälzisches Pfarrer- und Lehrerverzeichnis aus dem Ausgang des XVI. Jahrhunderts (1585-1621), bearbeitet von Julius Zimmermann, ev. Pfarrer in Bad Münster am Stein 1911

Zimmer, Henriette: Brief vom 22.3.01: Angaben über den Standort der Druckerei in Lich um 1600. Quelle: das alte Copialbuch.

Hexenprozesse in Danzig (weitere Literatur):
P. Simson, Beitrag zur Geschichte des Zauberwahns in Danzig, Mitteil. des Westpr. Ges.vereins 1/1902, S. 75-77
Muhl, J.: Zauberei in Danzig, 32/ 1933, S. 35-43
Weiteres zu Hexenverfolgung in Danzig und in der Gegend finden sich in den Mitteilungen des Westpreußischen Geschichtsvereins, 2, S. 59-61ff; 32, S. 35f., 41ff.

Literatur und Quellen zur Kleinen Eiszeit um 1600:

Calder, Nigel: "Die launische Sonne" - Dr. Büttiger Verlags GmbH, Wiesbaden 1997
Eddy, J.E. and Oeschger,H. (ed.): "Global Changes in the Perspective of the Past", Dahlem Workshop Reports, Wiley Publishers, Chichester 1992, pp. 383
Glaser, R., C. BECK & U. BEYER: Aus dem Mittelalterlichen Wärmeoptimum über die Kleine Eiszeit ins moderne Treibhausklima.- Die Temperaturentwicklung in Mitteleuropa seit dem Jahr 1000.- Petermanns Geographische Mitteilungen 2000, PGM 4
Glaser, Rüdiger: "Klimageschichte Mitteleuropas. 1000 Jahre Wetter, Klima, Katastrophen", Primus-Verlag, Darmstadt 2001, 227 Seiten
Hoyt, Douglas V. and Schatten, Kenneth H.: "The Role of the Sun in Climate Change" - Oxford University Press, New York 1997
Hsü, Kenneth: Klima macht Geschichte
Pfister, Christian, Klimageschichte der Schweiz 1988
Sigel, Felix: Schuld ist die Sonne, Frankfurt/M 1972
http://biosphaerenreservat-rhoen.de/wetter/Wetterlex_K.htm#KLEINE EISZEIT
http://www.morgenwelt.de/kultur/000221-klimabilder.htm
http://www.gfz-potsdam.de/pb3/pb33/kihzhome/kihz00/welcome.html

Die Hinweise zu einigen Werken der neueren aufgeführten Literatur zu Anton Praetorius und einige Angaben zu seinen Werken stammen von Herrn Dr. Graf, der mir freundlicherweise auch mehrere Aufsätze zusandte.

Ein besonderer Dank gilt Herrn Kistner, Herrn Dr. Nix, Herrn Wind und Herrn Schmanck, die immer postwendend und ausführlich auf alle Informationsanfragen geantwortet haben.

Anmerkungen

[1] Die Unterschrift von Anton Praetorius oben auf dieser Seite stammt aus dem gemeinsamen Brief von Schnabel und Praetorius vom 12. 9.1596 (FvIA Birstein, Akten-Nr. 4863 und 11478). Der hier nicht abgedruckte 3-seitige Brief wurde von Schnabel verfasst und von Praetorius unterschrieben.

[2] In: Praetorius, de sacrosanctis, S.9

[3] Praetorius, de sacrosanctis S. 9. Pfarrer Herm. Pistorius ist der spätere Schwiegervater von Praetorius (vgl. Kapitel Heirat in Muschenheim).

[4] Die 120-seitige Stellungnahme der Evang. Lutherischen Landeskirche in Bayern, die unter Vorsitz von Prof. Dr. Track erstellt wurde, ist kostenlos beim Büro der bayrischen Landessynode erhältlich (Meiserstr. 11, 80333 München, Tel. 089-5595/245).

[5] Nix, die Wehmütige Klage des Hermann Löher, aus der Inhaltsbeschreibung des Buches im Internet: http://home.t-online.de/home/d.nix/

[6] Nix, Löher a.a.O.

[7] Nix, Löher a.a.O.

[8] Nix, Löher a.a.O.

[9] Schieferbergbau- Heimatmuseum, S. 234

[10] Auf die Nachfragen unseres Arbeitskreises zum Thema Hexenverfolgungen erhielten wir von Seiten der Kirchenleitungen anfangs keine Antworten. Kirchengeschichtliche Institute in Westfalen haben auf unsere Briefe gar nicht reagiert. Stufen auch evang. Kirchenhistoriker die Hexenverfolgungen als katholisches Problem ein?

[11] Zunächst ließ Praetorius 1598 sein Buch unter einem Pseudonym erscheinen. Unter seinem eigenen Namen erschien es 1602.

[12] Die Korrespondenz Grevels liegt im Stadt-Archiv Essen, Nachlaß Grevel Karton 5. Frau Gersmann, Server Frühe Neuzeit, München, in: "Unser Hexenänneken" S. 129, zitiert bei Graf, Email 14.11.00). Grevel erhielt vom Weyerforscher Binz, zeitweiliger Dekan der juristischen Fakultät der Universität Bonn, am 25.6.1897 folgenden Brief: "Es gibt wohl einen Johannes Scultetus jener Zeit, der ein berühmter Arzt und Schriftsteller war, allein er ist 1595 zu Ulm geboren, kann also nicht wohl der Verfasser des Buches von 1598 sein. (...) Dem Wortlaut des Titels nach war der Westphalo-Camensis ein wütiger Hexenjäger. Sollte er doch das Gegenteil gewesen sein, so wäre es wohlgethan, den Inhalt des Buches der Nachwelt jetzt bekannt zu geben." Trotz der negativen Auskünfte beschäftigte das Leben des Scultetus den Forscher noch über Jahre hinweg, - vielleicht deshalb, ... weil er hoffte, in dem Westphalo-Camensis einen ähnlich hochformatigen Hexenverfolgungsgegner entdeckt zu haben wie den berühmten, nicht zuletzt durch Binz populär gewordenen Dr. Weyer. In einem Brief an den königlichen Geheimrat Veltmann in Wetzlar aus dem Jahre 1911 rekapitulierte Grevel schließlich seine Ermittlungen (siehe Anhang S. 191).

[13] Internetadresse siehe Literaturverzeichnis Hexenforschung Diskussions-Forum

[14] http://www.sfn.uni-muenchen.de/hexenverfolgung/frame_quellen.html

[15] Fürst von Isenburgisches Archiv Schloß Birstein

[16] siehe Literaturverzeichnis

[17] Gutachten der Nürnberger Theologen, zitiert von Praetorius 1613, S. 325

[18] 28. Januar 1562

[19] Propyläen-Weltgeschichte, S. 156

[20] Friedrich Spee Lesebuch, S. 13

[21] 1562

[22] 1562 bis 1598

[23] RGG Bd. 3, S. 128

[24] 1560

[25] und lebt von 1564 bis 1616.

[26] 1562

[27] Karneth, S. 64; Wolf, Leichpredigt, S. 19, Praetorius nennt im Werk "de sacrosanctis", S. 4 ebenfalls 1560 als sein Geburtsjahr.

[28] Lippstadt liegt heute im Bereich der Evangelischen Kirche von Westfalen im Kirchenkreis Soest

[29] Vogel, S. 188 Schneider, Brief: Zum Name "Schultze" in Lippstadt: Thurmann: "Im gedruckten Bürgerbuch der Stadt Lippstadt (erfasst den Zeitraum von 1576-1810) kommt im Register weder Anton noch sein Vater Matthes (Matthias) vor und zwar weder unter dem Namen Schulte, Schultze noch unter dem Namen Praetorius. Beide können aber trotzdem in Lippstadt gewohnt haben, ohne die Bürgerschaft erworben zu haben." In Chronik, S. 26 ist die Rede von Lippstädter "Medewohnern" (kleine Landwirte, Knechte, Mägde, Tagelöhner, kleine Handwerker), die kein Bürgerrecht besaßen.

[30] siehe Anhang S. 193

[31] Einsiedler

[32] Es ist weitgehend unbekannt, dass 332 Jahre später ein berühmter protestantischer Theologe in Lippstadt das Licht der Welt erblickt hat, der später ebenfalls in Hessen wirkte. Am 14. Januar 1892 wurde Martin Niemöl-

ler in Lippstadt geboren. Zwischen 1947 und 1964 war Niemöller Kirchenpräsident der Ev. Kirche in Hessen und Nassau.

33 Ausführliche Beschreibung des Familiennamens Schulze in: "Von Hofschulzen", vgl. Windolph S. 64

34 Einige Quellen sprechen von "Anton Praetorius von Mühlberg a.Elbe" (Kohlenbusch, S. 270; Neu S. 466). Diese Angabe ist falsch. Aus der Chronik der Parochie Mühlberg a. Elbe ist ersichtlich, dass dort von 1560 - 1585 ein "Antonius Richter (Praetorius)" Pfarrer war, der hier starb und begraben ist. Es handelt sich demnach um einen anderen Antonius, der nur mit Namenszusatz "Praetorius" genannt wurde. Anton Praetorius hat selber immer wieder in seinen Schriften betont, dass er aus Lippe stammt.

35 Keyser, S. 224-226. Im Jahre 1756 waren es 2576 Menschen; Möller, S. 348

36 "Lippe" ist der ursprüngliche alte Name von Lippstadt, der bis ins 17. Jh. üblich und noch im 18. Jh. bekannt und geläufig ist (Wilbertz, o.S.; Kistner, 2.12.00). Ob über Herkunft und Familie des Anton Praetorius oder Schulte in Lippstadt mehr als bisher bekannt herauszubekommen ist, dürfte fraglich sein. Ein Blick in die Beständeübersicht des Stadtarchivs Lippstadt zeigt, dass es mit der Überlieferung um die fragliche Zeit nicht so gut aussieht. Der Name "Schulte" allerdings kommt laut des 1576 beginnenden Bürgerbuches bereits im 16. Jh. mehrfach vor (s. Thurmann). Eine Durchsicht der gängigen Findhilfsmittel des Staatsarchivs und gedruckter Quellen zur Geschichte Lippstadts (Thurmann, Bürgerbuch) hat zu keinem Ergebnis geführt, jedoch war es nicht möglich, das Findbuch der im Staatsarchiv deponierten Urkunden des Stadtarchivs Unna durchzusehen, da es nicht über einen Index verfügt. Hier mag sich noch etwas verbergen. (Schütte)

37 Praetorius, Vorrede 1613, S. 22

38 Ehbrecht, S. 222. Zur Hanse siehe Anmerkung S. 256

39 Ehbrecht (S. 216 f) führt Beispiele von Bürgern in Danzig mit dem Familiennamen "von der Lippe" an. In Danzig werden allein um 1400 elf Einwanderer aus Lippstadt als Neubürger oder Ratsherr registriert. Die Westfalen sind in diesem Zeitraum im Ostseeraum außerordentlich stark vertreten. Daher ergeben sich möglicherweise auch verwandschaftliche Beziehungen der Familie von Praetorius zu Anklam und Bekanntschaften aus Danzig (vgl. die Widmungen des Berichtes von 1613).
Für die Vermutung von Schmidt im Server Frühe Neuzeit, auch Anton Praetorius habe sich in Danzig aufgehalten, findet sich kein einziger Hinweis in den Quellen.

40 Das Gogericht, das als Landgericht die Blutgerichtsbarkeit ausübt, verhängt Strafen gegen Leib und Leben von Rechtsbrechern und erfüllt damit verbunden die Aufgaben für äußere und innere Sicherheit.

41 Keyser, S. 224- 226

42 Es bestanden viele Kontakte von Kamen zu Lippstadt: z.B. der in Kamen geborene Pfr.G. Oemeken s. S. 237

43 Möller, S. 199

44 Möller, S. 205

45 Möller, S. 205 f.; Pfarrer Gert von Unna, Conrad Schomerus, Johan Brinckhuis erwähnt in: Kirchbuch

46 Möller, S. 340

47 Behringer, Climatic

48 Glaser, S. 116. Zu der Klimaverschlechterung und Verkürzung der Vegetationsperiode vgl. die Ausführungen über den Beginn der "Kleinen Eiszeit" um 1560 im Kapitel "Schlechtes Wetter" (S. 59) mit der daraus resultierenden Rezession im gesamten ländlichen Lebensbereich (Hildebrandt, S. 87).

49 Glaser, S. 116

50 Behringer Climatic. Glaser, S. 117: In Stuttgart "gab es ein Hagelwetter, welchs 4.Meil breit Korn und Wein, die Vögel in der Lufft, die Hasen auch alles anders auff dem Feld in grund erschlagen". "Man schrieb dies Ungewitter einer Hexenversammlung ... zu und verbrannte deswegen in Stuttgart mehrere alte Weiber". "Niederschläge" im wahrsten Sinne des Wortes.

51 Hildebrandt, S. 106

52 Glaser, S. 117

53 Glaser, S. 118

54 Schmale, S. 19- 26: Am 9. Juli 1565 wird angeordnet, eine Frau namens Anna aus Suderlage, ihren 12-jährigen Sohn, deren Großmutter Aleke sowie eine weitere Frau, Annas Schwester Katharine, genannt die Kaldewegsche, vor Gericht zu laden. Unter der Folter gesteht die Großmutter, wird aber später tot aufgefunden. Sicherlich ist der Tod der alten Frau auf die Folter zurückzuführen. Später wird verfügt, dass ihre Leiche verbrannt werden müsse, was auch geschieht. Die beiden anderen Frauen werden nach getaner Urfehde freigelassen. (S. 24) Urfehde bedeutet eigentlich "Aussein der Fehde". Eine gerichtliche Auseinandersetzung wurde beendet durch ein eidliches Friedensversprechen, das die Fehde aufhob und darum Unfehde oder Urfehde genannt wurde. Weil nach niedergelegter Fehde der Missetäter häufig das Land räumen mußte, konnte Urfehde später auch Verbannung bedeuten. Urfehde wurde zwischen dem 14. und dem 18. Jahrhundert im deutschsprachigen Raum der Eid genannt, mit dem alle aus Gefängnis, Zuchthaus oder der Untersuchungshaft Entlassenen beschworen, sich für die erlittene Haft nicht zu rächen.

55 Patriot, S. 2

56 Wilbertz: Liesborner Hexen Prozess von 1565: damals gehörte Liesborn territorial zum Oberstift Münster. Folglich muß die Quellenrecherche zu den damaligen Hexenprozessen im dortigen Staatsarchiv ansetzen, vor allem in den Beständen Fürstbistum Münster, Landesarchiv bzw. Amt Stromberg. Im Staatsarchiv Münster

liegt auch der Hauptteil der Überlieferung des ehemaligen Kanonissenstifts und späteren Benediktinerklosters Liesborn. Weitere Informationen im Westfälischen Klosterbuch. Aussichtsreich könnte auch eine Recherche in den Archiven des westfälischen Adels sein, vorwiegend solcher Familien, die Gerichtshoheit in jener Region ausübten und/oder das Drostenamt zu Stromberg innehatten. Ansprechpartner wäre hier das Westfälische Archivamt in Münster. Zu denken wäre bei Liesborn - und für die frühen Prozesse in Lippstadt gilt dies genauso - auch an chronikalische Nachrichten.

57 Praetorius, Vorrede 1613, S. 12

58 Glaser, S. 119

59 Glaser, S. 119

60 Behringer Climatic

61 Glaser, S. 120

62 Patriot, Lippstädter Zeitung, 26.11.1935: Hugenotten werden in Lippstadt ab 1695 aufgenommen, als Graf Simon Henrich zu Lippe ihnen sein Land öffnet.

63 Glaser, S. 121

64 Glaser, S. 121

65 Von den Verfolgten, die Praetorius hier in der Vorrede des Berichtes von 1613 nennt, ließen sich bisher in anderen Quellen keine Anhaltspunkte finden (Vorrede S. 12-13). "Ein Nagel-Schmidt hieß Ebert Balve und seine Schwester, eine Beckerin, die Freytägische genannt, worden auch gefangen und so gefoltert, dass sie für unleidlichen schmertzen auch gemein Hexenwerck bekandten unnd darauff zum Fewr verdammet worden. Im außführen aber widerrieffen sie ihre durch gewalt außgetrungene bekantnuß und namen Gott unnd ihren Wandel zum Zeugnuß ihrer Unschuldt. Drauff ihre freundtschaft uber gewalt schrien und ward ein getümmel unter dem Volck, dass man die verdamten personen wider zu ruck führen unnd der sachen besser nachforschen solte. Sie worden wider zu hafften genommen und sassen noch lange zeit gefangen. Endtlich kamen sie loß unnd trieben ihre bürgerliche gewerbe wie vorhin. Welches gnugsame anzeige war ihrer unschuld."

66 Praetorius, Vorrede 1613, S. 12

67 In der Anm. 241 auf S. 345 verweist Remling auf Hexenprozesse in Lippstadt 1573, wofür er sich auf Falkmann beruft. (53) Falkmann berichtet S. 236-242 über die Hexenverfolgungen in der Zeit Graf Simons VI.

68 Keyser, S. 226

69 Bütfering, S. 59. Ab dem Jahr 1260 nach Ehbrecht, S. 576

70 Ehbrecht, S. 577

71 Ehbrecht, S. 296

72 Ehbrecht, S. 312

73 Ehbrecht, S. 313

74 Ehbrecht, S. 297

75 Ehbrecht, S. 578

76 Als Rektoren der Schule in Lippstadt sind nach Möller, S. 278 überliefert: Engelbert Copius bis 1559, Sebastian Grevenstein, Magister Conrad Schomerus, Johan Lonnerus bis 1575. Konrektoren waren: (Möller, S. 282) Johan Kirchman von Selm, Johan Berninckhuisen (ca. 1566), Bernhard Hacke, Bernhard Orestes (bis 1566), Kantoren (Möller, S. 285). Vergleiche das Lippstädter Kirchbuch Band 49.

77 Bei der Lektüre seiner Bücher fallen seine sehr guten Latein- und Bibelkenntnisse auf.

78 Praetorius, Haußgespräch, S. 4

79 Glaser, S. 121

80 Glaser, S. 122

81 Ehbrecht, S. 579, Lambrecht; Lippstädter Studierende

82 Die 1419 gegründete Universität der Hansestadt Rostock ist die älteste Universität des Ostseeraums.

83 Lamprecht, S. 48

84 Rostock, S. 254. Matrikel Wittenberg, o.S.: Eine Immatrikulation 1581 in Wittenberg und Theologiestudium wurden aufgrund von Kohlenbusch, S. 270 vielfach vermutet, aber scheiden nach gründlichen Recherchen und einer Auskunft der Universität Wittenberg aus. (Pfarrergeschichte, S. 518). Ein Wolrad Schutze studiert 1590 in Marburg. Die Universitäten Marburg und Heidelberg haben schriftlich Auskunft gegeben, dass in ihrer Matrikel kein Anton Schulze/ Scultetus oder Praetorius verzeichnet ist.

85 Frau Dr. Eva-Maria Dahlkötter, Lippstadt, Brief vom 25.4.2001: "In einer Liste, die über Lippstädter evangelische Pfarrer zusammengestellt wurde von dem Laien Adolf Täger vor ca. 25 Jahren, ist folgendes vermerkt: Anton Soest, Pfarrer an St. Nicolai von 1579-1582 (mit Bleistift: event. länger)."
Vgl. Lamprecht, S. 48. Die Quelle, die Lamprecht hier angibt (Max Heraeus: Studierende in der Grafschaft Mark und der Stadt Dortmund) ist bibliographisch nicht zu ermitteln. Herr Elbert vom Stadtarchiv Soest fragt, ob Heraeus die erst 1922 vollständig veröffentlichten Register zu den Matrikeln der Universität Rostock gekannt hat (Ernst Schäfer, 2 Bde. Schwerin 1919/1920). Der latinisierte Genetiv müsste auch Susatensis heissen. Rostock war schon im 13. Jahrhundert ein von Lippstädtern besonders frequentierter Ort.

86 Leider ist auf dem Computer nicht die damals verwendete Kanzlei-Schrift verfügbar. Die hier verwendete Sütterlinschrift kommt der damaligen Schreibschrift am nächsten, um deutlich zu machen, wie sich die Schreibweise der Worte Scultetus und Susataeus ähnelt.

[87] Zur Hanse siehe Anmerkung S. 256
[88] Im Zeitraum von 1574 - 1584 häufen sich die Hexenprozesse in Rostock (Wolf, Hexenprozesse, S. 879 f).
[89] Kirchbuch Lippstadts Band 49. Hier schreibt Johann Bernhard Gottfried Keggemann (nach Bauks geb. in Soest 1746, Inspector Waisenhaus Soest 1772, 1776-79 Pfarrer an St. Nicolai Lippstadt): "Verzeichniß der Evangelisch Lutherischen Prediger an der St. Nicolai Gemeinde so weit ich von ihnen habe Nachricht erlangen können." Dato August 1783 Lippstadt. Vgl. F.W.Bauks, Ev.Pfr. in Westfalen, 1980, S. 480.
Ob Anton Susataeus möglicherweise Schüler an der 1570 gegründeten Soester schola susatensis war (heute Archi Gymnasium Soest)? Löhr S. 482: "Die auswärtigen Schüler veranlasst vorrangig die theologische Ausbildung zum Besuch der Soester Schule."
[90] siehe Anhang S. 193
[91] Wolf, Leichpredigt, S. 21
[92] Glaser, S. 123
[93] Ehbrecht, S. 578
[94] Auszüge aus der Chronik der Stadt Kamen: Kistner 25.12.00
[95] Möller, S. 340
[96] Glaser, S. 122
[97] (oder 1583 ?)
[98] Glaser, S. 123
[99] Hildebrandt, S. 145
[100] 1582 Papst Gregor XIII. führt den Gregorianischen Kalender ein.
[101] (geb. 1493), Kistner 25.12.00: Auszug aus der Stadtchronik Kamen
[102] Nach einer dendrochronologischen (gehölzkundlichen) Untersuchung errichtet in der Zeit nach 1550.
[103] Kamen liegt heute im Bereich der Evangelischen Kirche von Westfalen im Kirchenkreis Unna
[104] Sandgathe, S. 111- 116
[105] Kistner, Email vom 16.1.2001: Im Morgensprachenbuch (Testamente bei Ehepaaren), das eine Laufzeit von 1598 bis 1677 hat, taucht der Name Praetorius nicht auf. Im Anhang dazu befinden sich Strafen des sog. "Dornkastens" (städt. Gefängnis), das einige Eintragungen von 1584 bis 1596 enthält. Darin taucht am 30. Juni 1584 ein **Johan Schulz** als Bürge für zwei dadurch freigekommene Frauen auf, die trotz des Verbots des Rates heimlich Korn und Gras geschnitten hätten. Es ist die einzige Nennung des Namens Schulz in beiden Quellen (Sign.: StAK I/0087). Ob es sich dabei vielleicht um unseren Johannes Scultetus handelt, ist natürlich sehr unsicher, da der Name häufiger vorkommt. Wenn wir darin Anton Praetorius Sohn vermuten würden, so wird er noch zu jung gewesen sein um bürgen zu können. Hier der vollständige Wortlaut des Regests (Inhaltsangabe): Nr. 187. 1584, 30. Juni "Nachdem Gertrud Wulbar, Anna Schelle, jetzt Heinrich Friggen Hausfrau, und Anna Doering, Heinrich Sudhaus Magd, wider vielfältiges Verbot des Rath heimlich in anderen Korn und Wiesen Gras geschnitten, so sind sie in des Stadt Dornkasten etliche Tage eingesperrt worden, jedoch heute auf Fürbitte nachbenannter Bürger und nachdem sie Urfede geschworen, daraus entlassen. Bürgen: Heinrich v. Scheiner, Diedrich v. Bönen, **Johan Schulz**, Johan Koepen, Friedrich Colmann, Hermann Clothmann, Johan Koich, Johan Clüting, Gord Schmidt, Heinrich Sudhaus, alle Bürger von Camen." N.B.: die Schreibweise der Namen ist immer relativ verschieden.
[106] Pröbsting, o.S. "Fr. Evert Schulte. Dieser heisset in einem Briefe zur Reck vom Jahr 1497 ein Schwager Diederich und Henrich v. der Reck, Diederichs Söhnen tor Heyde, und sollen von ihm die gelehrten Schulteti herstammen." (Steinen, Dritter, V.Kapitel, 3.Absatz)
[107] Möller, S. 349
[108] Kistner 16.7.01: Kirchenschiff etwa 1842 abgebrochen und durch das heutige, 1849 eingeweihte ersetzt.
[109] Wolf, Leichpredigt, S. 20
[110] Schnettler Studierende, S. 100
[111] Praetorius, Brief aus Muschenheim 1602
[112] Glaser, S. 124
[113] Behringer Climatic
[114] Hildebrandt, S. 124
[115] Glaser, S. 125
[116] Bei Bauks, S.. 391 findet sich folgender Eintrag: Nr. 4855 Prätorius, Anton aus Balve?, Rektor Kamen um 1586?, Pf. Balve 10, als Lutheraner amtsentsetzt 14, Pf Dahl 15 (-24), wurde wegen Versuchs der Rekatholisierung verdrängt, kath. Pf. Bensberg/Rhld 34 (-36 ?), + 9.11.46. Hier scheinen die Lebensläufe von zwei verschiedenen Pfarrern irrtümlicherweise vermengt worden zu sein. Urkundlich ist als gesichert anzusehen, dass der in Lippstadt gebürtige Anton Praetorius Rektor in Kamen und später calvinistischer Pfarrer in Birstein bzw. Laudenbach war. Demnach kann der aus Balve (?) stammende A.Prätorius nicht derjenige sein, der in Kamen Rektor der Lateinschule war. Anzumerken ist, dass in dem westfälischen Ort Balve fast 300 Menschen als Hexen umkamen, etwa die Hälfte der Bevölkerung. Das dürfte Weltrekord sein.
[117] Stadtarchiv, Urkunde 303. Die lateinische "Schule lieget am Kirchhofe."
[118] Pröbsting, VI. Schulwesen in Camen
[119] Stadtarchiv, Perg.-Urk. 300a

[120] M. = Magister (Lehrer)

[121] Weitere Beziehungen zwischen den Hansestädten Kamen und Lippstadt sind bezeugt: Schomberg (Mercator, Schaumburg), Johann: Pfarrer;Priester in Lippstadt 1548, 2. Pf. in Kamen 1556, 1. Pf. in Kamen 1581, seit 1567 reformatorisch tätig, + 1589 in Kamen. oo Margarete Fischer (Bürger in Kamen). Verf.: „Trostbüchlein". Stifter (30 Taler) für die Lateinschule 1586. (Stadtarchiv Kamen). Oemecken, Gerdt, geb. 1500 in Kamen, Prediger in Lippstadt, führte im Auftrag des Soester Rates ab 1.1. 1532 die Reformation in Soest durch. (Bautz, VI, 1993, Spalte 1150 f, Kistner 22.11.00)

[122] Möller, S. 278 erwähnt als Rektor der Lippstädter Schule einen Sebastian Tilemann. Ob es sich um einen Verwandten handelt?

[123] Zugeteiltes

[124] ß = Schillinge

[125] Spender

[126] In Lübeck und vor allem Stockholm gab es viele Kamener Hansekaufleute, in Stockholm sogar ein "Kamener Viertel". Zur Hanse siehe Anmerkung S. 256

[127] Simon, S. 11 -28

[128] Ob es möglicherweise eine Komplikation mit dem Rhesusfaktor gegeben hat: das erste Kind überlebt, bei nächsten Schwangerschaften sterben die Kinder? Kommentare zur Beziehung zwischen Praetorius und seiner Frau sind hier fiktional ausgestaltet.

[129] Wolf, Leichpredigt, S. 20

[130] Stahlsprenger, Johann: Nachfolger v. Prätorius als Rektor, stammt aus Unna, 1601-1612 Perg.-Urk: 317, 323, Stadtarchiv Kamen

[131] Glaser, S. 125

[132] Wolf, Hexenprozesse, S. 583

[133] Hildebrandt, S. 123 f

[134] Schenck Bericht, S. 18. Leider waren keine Nachfragen zu seiner verdienstvollen Recherche möglich.

[135] Worms liegt heute im Bereich der Evangelischen Kirche in Hessen und Nassau in der Propstei Rheinhessen.

[136] In der Folge verbietet das Wormser Edikt die Verbreitung der lutherischen Schriften und ächtet Luther. Luther wird von Kurfürst Friedrich III., dem Weisen von Sachsen, gerettet und zu seinem Schutz auf die Wartburg gebracht, wo er seine Bibelübersetzung beginnt.

[137] Neu, S. 466

[138] Gensicke, S. 1808

[139] Behringer Climatic

[140] Glaser, S. 127

[141] Glaser, S. 127

[142] Bautz

[143] Oppenheim liegt heute im Bereich der Evang. Kirche in Hessen und Nassau in der Propstei Rheinhessen

[144] Kohlenbusch, S. 270; Held; Steitz, Epoche, S. 241-243 Pfarrerliste: Erwähnung von Praetorius und Laupaeus in Oppenheim.

[145] Karneth, S. 64

[146] Steitz, Epoche S. 241-243 Pfarrerliste

[147] Held: Hier vor Ort gibt es keine weiteren Unterlagen aus dieser Zeit, da die gesamten Archivalien im pfälzischen Erbfolgekrieg restlos verbrannt sind (1689). Man sieht jedoch aus den vorstehenden Stationen, dass Praetorius stets Reformierter war, alle Pfarreien liegen in reformiertem Gebiet.

[148] Held

[149] Katharinenkirche o.S.

[150] Steitz, Epoche S. 241

[151] Steitz, Epoche S. 241: Als reformierter Pfarrer wirkte an der Katharinenkirche von 1585 - 1622 Valentin Laupaeus, (erster Pfarrer) und von 1597 an zugleich Inspektor, gest. 12. August 1622 im Alter von 79 Jahren.

[152] Propyläen, S. 238

[153] Dieterich: Zu der Oppenheimer Situation; Schaab

[154] Propyläen, S. 182

[155] Propyläen, S. 185

[156] Propyläen, S. 186

[157] Propyläen, S. 187

[158] Propyläen, S. 184

[159] über das erste Buch Samuel

[160] Pfister, Christentum, S. 358 f

[161] Pfister, Christentum, S. 358

[162] Propyläen, S. 270

[163] Glaser, S. 128, Hildebrandt, S. 103

[164] Hildebrandt, S. 138

[165] Glaser, S. 128

[166] Hildebrandt, S. 108
[167] Wolf, Leichpredigt, S. 20
[168] Wolf, Leichpredigt, S. 21
[169] Dittelsheim liegt heute im Bereich der Evang. Kirche in Hessen und Nassau in der Propstei Rheinhessen
[170] Manuskript Dittelsheim datiert den Turm auf ca. 1200, den Turmunterbau nach Dr. Wolfgang Bickels Untersuchung von Holzproben auf das letzte Drittel des elften bis Mitte des 12. Jahrhunderts. Die Proben der eichenen Spaltbohlen ergaben ein Fälldatum um 1075.
[171] Glaser, S. 129
[172] Schnettler, Heimatblätter. Bautz: Die Jahreszahl (1592) wird allerdings immer in Klammern angegeben. Schaab; Kohlenbusch, S. 270; Karneth, S. 64; Möller, S. 304
[173] Gemeindebrief, S. 10: Nach dem Baubuch des Amtes Alzey im Jahre 1587. Die Baupflicht an der Kirche wurde der "Kirch" zugeschrieben, von der berichtet wird, freilich unter Auslassung der Baupflicht der bürgerlichen Gemeinde am Kirchturm, dass sie "an ihr selbst reich" sei (Hassia sacra 6, S. 180).
[174] Schaab: Im Jahre 1572 wird in Dittelsheim erstmals ein reformierter Pfarrer genannt. Auf landesherrliche Anordnung wird 1577 in Dittelsheim das lutherische Bekenntnis eingeführt. Im Jahre 1583 wird wieder das reformierte Bekenntnis eingeführt. Der Kirchturm unserer Kirche ist fast 1000 Jahre alt, den Anton Praetorius in dieser Form gesehen hat.
[175] Gemeindebrief, S. 9. Kreuzfahrer hatten 1144 die Grabeskirche in Jerusalem mit einem achteckigen Turm erbaut. Dieser Turm war ihnen Symbol und Erinnerung. Er wurde im Jahr 1545 zerstört.
[176] In dem Kompetenzbuch von 1605 heißt es: "Die Pfarrbehausung ist ganz bawfellig, hat nuhr ein Stuben und Cammer, die man recht brauchen kann. Sollen Kirchenjuraten auß den Kirchengefellen bawen, dan kein Collector sich noch zur Zeit der Pfarr annimpt. Desgleichen sollen Kirchenjuraten die Scheuer, Ställ und alles, so im Pfarrhof und zu Bewahrung desselben gehöret, aus den Kirchengefellen bawen." Hassia sacra 6, S. 182
[177] Praetorius, Haußgespräch S. 6
[178] Praetorius, Haußgespräch S. 7
[179] Praetorius, Haußgespräch S. 65
[180] Glaser, S. 129
[181] Praetorius, Vorrede 1613, S. 13
[182] Das Herrnsheimer Schloss gehört seit 1958 der Stadt Worms. Als letzter der Familie Dalberg starb John Dalberg-Acton im Jahre 1902 (Worms Stadtarchiv).
[183] Karneth, S. 48
[184] Zu den Dalberger Hexenprozessen siehe: Merkel, S. 79 ff, Schmidt, Dissertation, S. 279 ff und Karneth, S. 66
[185] Schmidt, Dissertation, S. 298/9
[186] Schmidt, Dissertation, S. 299
[187] Praetorius, Vorrede 1613, S. 14
[188] Praetorius, Vorrede 1613, S. 14 f
[189] Glaser, S. 129
[190] Hildebrandt, S. 117 f
[191] Hildebrandt, S. 125
[192] Hildebrandt, S. 126
[193] Heidelberg liegt heute im Bereich der Evangelischen Landeskirche in Baden
[194] RGG Bd. 3, S. 124-125: Vom 14. Jh. bis 1720 ist Heidelberg die Residenz der Pfalzgrafen. 1386 gründet Ruprecht I. von Kurpfalz die Universität, die nach Pariser Vorbild mit vier Fakultäten eingerichtet und das Zentrum des Humanismus in Deutschland wird. 1556 hält die Reformation Einzug in Heidelberg. Durch die kurze Regierung des streng luth. Kurfürsten Ludwigs VI. (1576-83) wurde die reformierte Fakultät zwar beseitigt - sie fand z. T. an der neuen Hochschule seines Bruders Johann Kasimir in Neustadt/Hardt Zuflucht -, erstand aber danach wieder im gleichen Geist.
[195] Schulze
[196] Glaser, S. 130
[197] Möller, S. 304
[198] Praetorius, Vas Heidelbergense. Möller, S. 304
[199] Wallisfurth, S. 48.
[200] Heidelberg, 22.11.99
[201] Christ, S. 6: Paul Hentzner, Itinerarium Germaniae etc, Breslau 1617, p. 184
[202] = Heidelberger Fass
[203] Calvinistischer/ reformierter Heidelberger Katechismus, 1996, Frage 96
[204] Calvinistischer/ reformierter Heidelberger Katechismus, 1996, Frage 98
[205] südlich von Mainz
[206] Nostradamus schreibt dazu: (8,62 nach Centurio, S. 130)
"Wenn man sehen wird, wie die heilige Kirche ihres Schmuckes beraubt wird,
Und der Größere an der Rhone ihre Heiligtümer entweiht,

Dann wird hierdurch ein großes, pestartig umsichfressendes Unheil entstehen.
Der König verabscheut den Ungerechten, aber er wird ihn nicht verdammen können."

[207] Diehl, Hessische S. 540 f

[208] Glaser, S. 130

[209] Wolf, Leichpredigt, S. 20

[210] Pfister, S. 43: Die Lebenserwartung lag um 1600 nach Angaben in zeitgenössischen Leichenpredigten von Männern bei 57 Jahren, von Frauen aufgrund der hohen Kindersterblichkeit und der physischen Überbeanspruchung bei 38 Jahren.

[211] Vergleiche den Brief von Praetorius aus Muschenheim 1602

[212] Vgl. unten im Anhang den Exkurs zur Pest S. 195

[213] Wolf, Leichpredigt, S. 20

[214] Pandemie = eine sich weit verbreitende, ganze Länder oder Landstriche erfassende Seuche

[215] Pest Pfister S. 39 f. Zur Pest vgl. Anhang "Pest" S. 195

[216] Hier wird deutlich, wie Menschen die Luft genau wie andere Wetterphänomene als Bedrohung empfanden (vgl. hierzu im Anhang "Kleine Eiszeit").

[217] Praetorius, Brief aus Muschenheim 1602

[218] Steinman

[219] Steinman. Weitere Informationen dazu im Anhang zur Pest S. 195.

[220] Abkündigung der Verlobung

[221] Wolf, Leichpredigt, S. 20

[222] vgl. S. 52

[223] Witwenschaft

[224] Praetorius, Brief aus Muschenheim 1602

[225] "Ob nun der liebe Gott dieses Mal mich erhalten, warte ich doch täglich, dass der Tod mich ergreife." Praetorius, Brief aus Muschenheim 1602

[226] Offenbach liegt heute im Bereich der Evangelischen Kirche in Hessen und Nassau in der Propstei Rhein-Main

[227] Bildnis des Grafen Wolfgang Ernst Fürst v. Isenburgisches Archiv

[228] Zu den Ereignissen in Offenbach siehe: Timm, S. 4-7; sowie Quellen: FvIA, Akten-Nr. 4863 und 11478

[229] Diehl, Hessische S. 540 f

[230] Praetorius, De pii

[231] Praetorius, De pii

[232] Übersetzung von B. Schmanck

[233] Glaser, S. 130

[234] Rüsselsheim-Königstädten zwischen Wiesbaden und Darmstadt bei Groß-Gerau, damals ysenburgischer Ort.

[235] Akte 4863 Fürstliches Archiv Birstein. Erstaunlich, dass wir in der Korrespondenz von damals so genaue Einzelheiten des Alltagslebens erfahren. Ob vergleichbarer Briefwechsel wohl auch privat geführt worden ist?

[236] Tütelßheim = Dittelsheim

[237] Wormbs = Worms

[238] Altzej = Alzey

[239] Königstetten = Königstädten

[240] Gemeint ist eine Fronleistung, da gibt es Zehrungskosten für die Verpflegung. Das regelt der Schultheiß, und das wird dann wieder aus der Kammer des Grafen erstattet.

[241] Regierungssitz

[242] örtlicher Repräsentant des Grafen

[243] Birsteiner Akten 4863

[244] E.G. Euer Gnaden

[245] Tittelsheim = Dittelsheim

[246] Fürst v. Isenburgisches Archiv Birstein, Akten-Nr. 4863 und 11478

[247] Glaser, S. 130

[248] Timm, S. 4-7; Quellen: Fürst v. Isenburgisches Archiv Birstein, Akten-Nr. 4863 und 11478

[249] Timm, S. 4-7; Quellen: Fürst v. Isenburgisches Archiv Birstein, Akten-Nr. 4863 und 11478

[250] Fünf km westlich von Büdingen

[251] Fünf km nordöstlich von Hanau

[252] 15 km südwestlich von Büdingen

[253] Bautz gibt hier mit **1595** ein falsches Jahr an. Auch die Angaben bei Kohlenbusch S. 270 und Diehl Hessische, S. 223 sind falsch, wenn sie schreiben, dass Praetorius in Offenbach zwei Jahre bis 1596 bleibt.

[254] Timm, S. 4-7; Quellen: Fürst v. Isenburgisches Archiv Birstein, Akten-Nr. 4863 und 11478

[255] Ruppel, H., Stadtarchiv Offenbach, Brief vom 28.2.01

[256] Offenbacher, S. 24

[257] Welcher Ort gemeint ist, ist nicht genau zu entscheiden. Es könnte sich um Lambsheim, 15 km südlich von Worms, handeln. Dort war Regnerus Gerhardi seit dem 22.2.96 Pfarrer (Zimmermann S. 175). Es könnte auch Laumersheim sein, 10 km östlich von Worms. Dort war Casparus Tenderus seit dem 17.7.92 Pfarrer.

[258] Hattersheim - Okriftel, ca. 10 km südöstlich von Frankfurt
[259] Timm, S. 4-7; Quellen: Fürst v. Isenburgisches Archiv Birstein, Akten-Nr. 4863 und 11478
[260] Diehl Hessische, S. 540 f irrt hier im Jahr, wenn er schreibt: Praetorius wird **1598** durch Pfarrer Johannes Noviomagus abgelöst.
[261] Grummet = Heu der zweiten Ernte
[262] Timm, S. 4-7; Quellen: Fürst v. Isenburgisches Archiv Birstein, Akten-Nr. 4863 und 11478
[263] Praetorius, De pii
[264] siehe einen vergleichbaren Sachverhalt bei Bautz Internet, Sp. 514
[265] Birstein liegt heute im Bereich der Evang. Kirche von Kurhessen-Waldeck im Kirchenkreis Gelnhausen
[266] Bautz
[267] Praetorius, De pii
[268] Krimm, S. 11 zitiert hierzu Hanle, S. 143
[269] Krimm, S. 11 zitiert hierzu Hanle, S. 143
[270] Krimm, S. 11, vgl. Kohlenbusch S. 270 ff; Neu, S. 466. Praetorius ist nicht - wie auf den ersten Blick zu vermuten - mit der öffentlichen Reformation 1598 als "lutherischer" Pfarrer abgesetzt worden, sondern war als "heimlicher" Calvinist bis 1598 in Birstein.
[271] Praetorius Bericht 1613, S. 114; Nieß, Hexenprozesse, S. 88
[272] Auskunft von Pfarrer Hammann, Birstein
[273] Praetorius, Haußgespräch S. 7
[274] Heimat=Bote, S. 18
[275] Heimat=Bote, S. 18: Die Kirche in Birstein muss 1914 neu gebaut werden, nachdem die Kirche am Abend des 7. Januar 1913 durch einen Brand völlig zerstört wird.
[276] Bickel, S. 128
[277] schlecht = schlägt
[278] Praetorius, Haußgespräch, S. 85
[279] alb. = Albus (Münzeinheit vom 15. bis zum Beginn des 17. Jahrhunderts (1 alb. = 24 Pfennig (&))
[280] Almosen, Fürstliches Archiv
[281] Nieß, Hexenprozesse S. 51
[282] Brandenberg, S. 3: Als Bündnisformen mit dem Teufel wurden angesehen: Unzucht, Fresserei, Sauferei u.a. Dazu Zauberei. Vgl. Praetorius Bericht 1598, S. 358: "Müssiggang, Fressen, Saufen, Tanzen, Gaukeln und dergleichen teuflicher Samen".
[283] Nieß, Hexenprozesse, S. 52. Auf katholischer Seite "Sendschöffen".
[284] Nieß, Hexenprozesse, S. 53 f
[285] vgl. Exkurs zur Pest S. 195
[286] Steinman
[287] Nieß, Hexenprozesse, S. 81; Steinman
[288] Steinman
[289] Dieser Vertrag ist abgedruckt: Nieß, Hexenprozesse, S. 61
[290] Nieß, Hexenprozesse, S. 60
[291] Nieß, Hexenprozesse, S. 62
[292] Nieß, Hexenprozesse, S. 60 f
[293] Oberkeit = Obrigkeit
[294] In: Praetorius, Haußgespräch, S. 93 (Buch eigentlich ohne Seitenangaben) am Schluss des Buches. Die Melodie findet sich im neuen Evangelischen Gesangbuch EG 67: geistlich Erfurt 1524. Der Text lässt sich so zu der Melodie singen.
[295] Küther, S. 246: Im benachbarten Lich finden sich Nachrichten von einer Familie Pistoris. 1533 und 1539 Hermann Pistoris, Präsenzmeister in der Kirche. 1544 Hermann Pistoris Kanoniker
[296] Muschenheim liegt heute im Bereich der Evang. Kirche in Hessen und Nassau in der Propstei Oberhessen
[297] Görlich, S. 539 vgl. Küther, S. 246
[298] Sicherlich nicht richtig ist die Annahme von Küther, S. 218 + Anm. 74 (Verweis auf Diehl, Hassia sacra IV, S. 150): "Hermann Pistorius, von 1529 bis 1553 Vikar des Stiftes (zu Lich), wurde Pfarrer in Muschenheim, wo er 1576 und noch 1612 nachzuweisen ist." Dies würde bedeuten, dass Pistorius 89 Jahre (bzw. 92 Jahre nach Diehl) im pfarramtlichen Dienst gewesen wäre. Möglicherweise ist der Erstgenannte ein Verwandter oder der Vater.
[299] Görlich, S. 539: Pistorius ist 1615 noch als Pfarrer in Muschenheim bezeugt.
[300] Krimm, S. 11; vgl. Diehl, Hessische, S. 358, 535 f
[301] Görlich, S. 511 f
[302] Görlich, S. 533
[303] Görlich, S. 540
[304] Licher Heimatbuch, S. 540 f
[305] Görlich, S. 520
[306] Praetorius "Einander Newjahrs Lied" in: Haußgespräch, S. 95

[307] Pfarrergeschichte S. 518
[308] Glaser, S. 130
[309] Glaser, S. 130
[310] Praetorius, Haußgespräch, darinn kurtz doch klärlich vnd gründlich begriffen wirdt, was zu wahrer Christlicher Bekanntnuß auch Gottseligem Wandel ... zu wissen von nöhten, Lich 1597 (ohne Seitenangaben)
[311] Krimm, S. 12. Praetorius, Haußgespräch S. 38
[312] Kohlenbusch, S. 270. Die Recherche nach dem Verbleib des Nachlasses von Kohlenbusch verlief ergebnislos.
[313] Pfarrergeschichte S. 518: Die "Ehepakten" sollen bei den Birsteiner Pfarrbestallungsakten sein (Kohlenbusch, S. 270); aber sie sind nicht mehr auffindbar.
[314] Das Pfarrhaus Birstein ist seit der Erbauung im Jahr 1556 ständig Wohnung der Birsteiner Pfarrer gewesen.
[315] Wolf, Leichpredigt, S. 20
[316] aus dem Neujahrslied von Praetorius, Haußgespräch o.S. am Ende des Buches 3. Strophe
[317] Schmale, S. 25; Nieß, Hexenprozesse, S. 53. Vgl. Exkurs zur Kleinen Eiszeit im Anhang S. 197.
[318] Gletscher-Bohrproben zeigen, dass diese Klimaveränderung schon 1400 begann.
[319] Warhafftiger und gruendlicher Bericht, 1562
[320] Glaser, S. 114, Flugblatt von den grausamen Wetterzeichen von 1555
[321] Behringer Climatic
[322] Behringer Climatic
[323] Behringer Climatic: 1584 und 1590 waren fruchtbare Jahre. Besonders in den Zeiträumen 1560-1574, 1583-1601 und 1623-1630 finden sich Jahre mit extrem kalten langen Wintern und nasskalten Frühjahren und Sommern.
[324] Nieß, Hexenprozesse, S. 53
[325] Praetorius "Einander Newjahrs Lied" in: Haußgespräch, S. 96
[326] gebeut = gebiete
[327] Martin Behm, seit 1586 Oberpfarrer in der Stadt Lauban (Oberlausitz), Evang. Kirchengesangbuch Nr. 378
[328] Hildebrandt, S. 110
[329] Hildebrandt, S. 119
[330] Hildebrandt, S. 108
[331] Nieß, Hexenprozesse, S. 80
[332] Praetorius, Bericht 1598, S. 86. Hier bietet sich der Schulmeister als fragender Gesprächspartner an, da Lehrer häufig die Vorstufe zum Pfarrer darstellte. Als mutmasslich Jüngerer mag ein Schulmeister dem Älteren auch Respekt und Bewunderung entgegengebracht haben. Praetorius hat immerhin schon Bücher veröffentlicht und sich intensiv mit den biblischen Aussagen über Zauberei auseinandergesetzt.
[333] Glaser, S. 130: Im März erfolgt ein markanter Temperatureinbruch.
[334] Nieß, Hexenprozesse, S. 62
[335] Praetorius, Bericht 1598, S. 60
[336] Praetorius, Bericht 1598, S. 52
[337] Praetorius, Bericht 1598, S. 53
[338] Praezeptor = Lehrer
[339] die ersten sechs Kapitel
[340] Praetorius, Bericht 1598, S. 7
[341] Hier findet sich der Hinweis auf eine Veränderung im Sprachgebrauch. War bislang immer von "Zauberei" geredet worden, so beginnt sich zu Zeiten von Praetorius immer mehr der Ausdruck "Hexerei" durchzusetzen mit der besonderen Konnotation, wie es Praetorius, Bericht 1598, auf S. 79 beschreibt.
[342] Vergleiche dazu Luthers Aussagen im Kleinen Katechismus in der Erklärung zu den Zehn Geboten und die Aussagen des calvinistischen/ reformierten Heidelberger Katechismus über Hexerei und zum Wortlaut der Forderung der Todesstrafe für Hexerei/ Zauberei (s. Anhang S. 192)
[343] Praetorius, Bericht 1598, S. 6
[344] Praetorius, Bericht 1598, S. 7
[345] Praetorius, Bericht 1598, S. 7
[346] Praetorius, Bericht 1598, S. 25 f.
[347] Praetorius, Bericht 1598, S. 47
[348] Kapitel 5 und 6: Praetorius, Bericht 1598, S. 53
[349] Praetorius, Bericht 1598, S. 47
[350] Praetorius, Bericht 1598, S. 49
[351] Praetorius, Bericht 1598, S. 48
[352] Praetorius, Bericht 1598, S. 49
[353] Praetorius, Bericht 1598, S. 53
[354] Praetorius, Bericht 1598, S. 51
[355] Brandenberg, S. 16
[356] Brandenberg, S. 16
[357] Brandenberg, S. 16

[358] Praetorius, Bericht 1598, S. 60
[359] Praetorius, Bericht 1598, S. 65
[360] Praetorius, Bericht 1598, S. 62
[361] Praetorius, Bericht 1598, S. 64
[362] Kapitel 1: Praetorius, Bericht 1598, S. 4
[363] Kapitel 2: Praetorius, Bericht 1598, ab S. 13. Praetorius, Bericht 1598, S. 15
[364] Praetorius, Bericht 1598, S. 24
[365] Praetorius, Bericht 1598, S. 29
[366] Praetorius, Bericht 1598, S. 18
[367] Praetorius, Bericht 1598, S. 18
[368] Centurio, S. 149 bringt die Centurie 4,71 von Nostradamus, vgl. S. 200
[369] Praetorius, Bericht 1598, S. 20. Dies wird im Kapitel 3 dargelegt.
[370] Praetorius, Bericht 1598, S. 24
[371] vgl. dazu die Begebenheit in Laudenbach mit der Windel (siehe S. 142)
[372] Praetorius, Bericht 1598, S. 31
[373] Praetorius, Bericht 1598, S. 30 ff
[374] Interpretation Hegeler
[375] Kapitel 4: Practorius, Bericht 1598, S. 31
[376] Praetorius, Bericht 1598, S. 42
[377] Praetorius, Bericht 1598, S. 41
[378] Praetorius, Bericht 1598, S. 44
[379] Interpretation Hegeler
[380] Praetorius, Bericht 1598, S. 45
[381] Praetorius, Bericht 1598, S. 47
[382] Praetorius, Bericht 1598, S. 66
[383] Praetorius, Bericht 1598, S. 67
[384] Kapitel 7 Praetorius, Bericht 1598, S. 63ff.
[385] Praetorius, Bericht 1598, S. 69
[386] Praetorius, Bericht 1598, S. 67
[387] Die Schreibweise der verschiedenen Kategorien von Zauberern ist dem Buch von Praetorius entnommen. Beschwerer = Beschwörer
[388] Praetorius, Bericht 1598, S. 70
[389] Praetorius, Bericht 1598, S. 71. Los-legen = Wahrsagen
[390] Praetorius, Bericht 1598, S. 7
[391] Praetorius, Vorrede 1613, S. 15-18. Krimm, S. 14 weist auf diese Sätze besonders hin.
[392] Ein Bekannter versuchte nach dem ersten Lesen folgenden Versuch der Deutung dieser geheimen Textbotschaft: Ich traf auf hohem, vogelumkreistem Berg einen Herren, der christlichen Lebenswandel führte. Er zeigte in seiner Haltung so grossen Ernst und Sicherheit, als ob sein Heim von Eisen und Stahl sei. Da trug es sich zu, dass zwei Frauen auf seltsamem Lebenswandel angetroffen wurden und gestanden. Worauf aus einem Dorf vier arme Bauersfrauen, die sich nur vom Baumrindenschälen ernährten, verhaftet wurden. Deshalb, weil sie (angeblich) auf dem Tanz der "Kessel-Leute" (Hexensekte) gesehen wurden. Sie wurden in den "Boserstein" (Kerker) gesteckt, wo sie so behandelt wurden, dass sie umkamen. Und das nicht nach Recht und Gesetz. Denn wie mir M.M. (Menahem Mauer = Jude vom Balkan?) und andere sagten, wurden sie (heimlich) mitten in der Nacht verhaftet… (vgl. die Deutung auf S. 110)
[393] Büdingen liegt heute im Bereich der Evangelischen Kirche in Hessen und Nassau in der Propstei Oberhessen
[394] Glaser, S. 130
[395] Praetorius, Vorrede 1613, S. 15.
[396] Nieß, Hexenprozesse, S. 70
[397] Hildebrandt, S. 106 (Das Wintergetreide ist sehr ausgeblieben.)
[398] Praetorius, Bericht 1613, S. 115. Dort gibt Praetorius die Aussagen des Pediander wieder. Das Gespräch ist hier geringfügig erweitert.
[399] Als der berühmteste „Hexentreffpunkt" im mittelalterlichen Europa galt der Brocken, der höchste Gipfel des Harz. Aber auch viele andere Hexentanzplätze waren möglich (vgl. die Ausführungen zum "Kesslerstanz" bei Rinderbügen S. 110).
[400] Praetorius, Bericht 1613, S. 114; Nieß, Hexenprozesse, S. 88
[401] Praetorius, Bericht 1613, S. 114
[402] Praetorius, Bericht 1613, S. 115
[403] Vergleiche die Anmerkung zum Gespräch Praetorius und Schulmeister oben auf S. 61.
[404] Hexe: althochdeutsch hagzissa, ein sich auf [Grenz-]Zäunen aufhaltendes dämonisches Wesen ("Hexe," Microsoft® Encarta® Enzyklopädie 2000)
[405] Praetorius setzt sich im folgenden mit den Hauptanklagepunkten der Hexenprozesse auseinander, illustriert in diesem Buch durch zeitgenössische Abbildungen. Ein Bild zur Teufelsbuhlschaft siehe S. 69.

[406] Praetorius, Bericht 1598, S. 72
[407] Vergleich zu Äußerungen von Praetorius zur Teufelsbuhlschaft S. 69 u.a.
[408] Praetorius, Bericht 1598, S. 73
[409] Praetorius, Bericht 1598, S. 73
[410] Praetorius, Bericht 1598, S. 74. Insbesondere Gewitter mit Donner und Blitz ("Feuer des Himmels") werden als direkte Ausdrucksform von Gottes Zorn gedeutet: Glaser, S. 114, Flugblatt von den grausamen Wetterzeichen von 1555.
[411] Praetorius, Bericht 1598, S. 74
[412] Praetorius, Bericht 1598, S. 75
[413] Praetorius, Bericht 1598, S. 75
[414] Praetorius, Bericht 1598, S. 75
[415] Praetorius, Bericht 1598, S. 76. Hiermit wendet sich Praetorius gegen Calvin, der "versichert, der Teufel habe einen Menschen durch die Luft entführt und veranlasst hierüber eine amtliche Untersuchung". (Pfister, Christentum, S. 358)
[416] Praetorius, Bericht 1598, S. 77
[417] Praetorius, Bericht 1598, S. 81
[418] Praetorius, Vorrede 1613, S. 21
[419] Praetorius, Bericht 1598, S. 82
[420] Praetorius, Bericht 1598, S. 82
[421] Praetorius, Bericht 1598, S. 83
[422] Praetorius, Bericht 1598, S. 83
[423] 8. Kapitel Praetorius, Bericht 1598, S. 84
[424] Praetorius, Bericht 1598, S. 85
[425] Praetorius, Bericht 1598, S. 86
[426] Praetorius, Bericht 1598, S. 87
[427] Praetorius, Bericht 1598, S. 88
[428] Praetorius, Bericht 1598, S. 89
[429] Praetorius, Bericht 1598, S. 90
[430] Praetorius, Bericht 1598, S. 91
[431] Praetorius, Bericht 1598, S. 93
[432] Praetorius, Bericht 1598, S. 96
[433] Praetorius, Bericht 1598, S. 97
[434] Praetorius, Bericht 1598, S. 97
[435] Kisselschlag = Hagel. Hildebrandt, S. 106
[436] Vergleiche hierzu die Ereignisse des Jahres 1629 am Schluss S. 184!
[437] Psalm 11, Vers 6
[438] Joel, Kapitel 1 Vers 4
[439] Praetorius, Bericht 1598, S. 98 f
[440] Praetorius, Bericht 1598, S. 100
[441] Praetorius, Bericht 1598, S. 101
[442] Praetorius, Bericht 1598, S. 102
[443] Praetorius, Bericht 1598, S. 103
[444] 9. Kapitel Praetorius, Bericht 1598, S. 109
[445] Hier argumentiert Praetorius biblisch und rational wie Witekind.
[446] Praetorius, Bericht 1598, S. 110
[447] Praetorius, Bericht 1598, S. 113
[448] Praetorius, Bericht 1598, S. 113
[449] Praetorius, Bericht 1598, S. 114
[450] Praetorius, Bericht 1598, S. 115
[451] Praetorius, Bericht 1598, S. 116
[452] Praetorius, Bericht 1598, S. 117
[453] Somit bleibt nach Praetorius vom Delikt der Zauberei der spirituelle Kern übrig: der Abfall von Gott und der Pakt mit dem Teufel.
[454] Bibel: 5. Buch Mose, Kap. 23, Vers 5. Praetorius, Bericht 1598, S. 118
[455] Praetorius, Bericht 1598, S. 120 f
[456] Praetorius, Bericht 1598, S. 121 f
[457] Praetorius, Bericht 1598, S. 123
[458] Praetorius, Bericht 1598, S. 124
[459] Geschrei = Gerücht
[460] Nieß, Hexenprozesse, S. 68 beschreibt, welche Umstände in Rinderbügen die sich entwickelnde Tragödie begünstigen: die unglückliche Zweiteilung des Dorfes in Oberrinderbügen und Unterrinderbügen mit unter-

schiedlichen Rechten bezüglich Holzsammeln, Weide- und Mastnutzung, dazu ungezählte Streitigkeiten und Ehehinderungen zwischen den Bewohnern beider Dorfteile als Folge dieser merkwürdigen Rechtslage.

[461] Nieß, Hexenprozesse, S. 72. Hexenprozesse in Birstein: Karneth, S. 64 f und Schmidt, Dissertation, S. 299, Dresen, S. 129

[462] Nach Praetorius, Vorrede 1613, S. 15 geschah dies schon vorher: "Dann im Aprili worden sie bey eiteler Nacht gefangen: da sie doch zuvor auff Beschickung mehr als einmal erschienen und sich zu Recht entschuldiget hatten."

[463] Nieß, Hexenprozesse, S. 72

[464] Praetorius, Vorrede 1613, S. 16

[465] Nieß, Hexenprozesse, S. 69

[466] Praetorius Hauptstück

[467] Die Bezeichnung "KW 185" kennzeichnet den Fundort im Fürstlichen Archiv.

[468] "oratio dominica" ist doppeldeutig. Es kann sich hierbei um einen "sonntäglichen" liturgischen Gebetstext handeln, aber auch um ein beispielhaftes Wort Jesu. "So sollt ihr beten!" (Übersetzung von Herrn Schmanck).

[469] sola scriptura = allein die Heilige Schrift

[470] Hanle, S. 109 und S. 130

[471] "Hütet euch, dass euer Herzen nicht beschweret werden mit Fressen und Saufen" (Praetorius, Haußgespräch, S. 73), vgl. Brandenberg, S. 3

[472] Brandenberg

[473] Hanle

[474] Praetorius, Vorrede 1613, S. 17

[475] Nieß, Hexenprozesse, S. 75

[476] Nieß, Hexenprozesse, S. 75

[477] Praetorius, Vorrede 1613, S. 16 f

[478] Praetorius, Vorrede 1613, S. 19

[479] Praetorius, Bericht 1598 Titelseite

[480] Praetorius, Bericht 1598, S. 1

[481] Praetorius, Bericht 1598, S. 1

[482] Praetorius, Vorrede 1613, S. 18

[483] Praetorius, Bericht 1598, S. 2

[484] Praetorius, Bericht 1598, S. 105

[485] Praetorius, Bericht 1598, S. 108 f

[486] Nieß, Hexenprozesse, S. 78

[487] Nieß, Hexenprozesse, S. 67

[488] Glaser, S. 130

[489] Nieß, Hexenprozesse, S. 76

[490] Eßlinger

[491] Nieß, Hexenprozesse, S. 74

[492] Nieß, Hexenprozesse, S. 77

[493] Praetorius, Vorrede 1613, S. 18

[494] In diesem fiktiven Gespräch von Anton mit dem Richter in Birstein wird der Inhalt der Kapitel X - XIII seines "Berichtes" von 1598 wiedergegeben. Siehe Praetorius, Bericht 1598 Kapitel X, S. 142 ff, besonders ab S. 157. Weitere grundsätzliche Hinweise zu der Gestaltung dieses fiktiven Gespräches finden sich unter dem Stichwort "Gespräch" S. 61. Fettgedruckt sind die Hauptthemen der Auseinandersetzung.

[495] Praetorius, Bericht 1602 (Bibelworte als Motto auf der 2. Seite)

[496] Praetorius, Bericht 1598, S. 83

[497] Praetorius, Vorrede 1613, S. 18

[498] Praetorius, Bericht 1598, S. 83

[499] Nieß, Hexenprozesse, S. 77

[500] Praetorius, Bericht 1598, S. 157

[501] Dominus (= lateinisch: der Herr) kann hier in doppeltem Sinn verstanden werden: Der gräfliche Herr oder Gott der HERR.

[502] Praetorius, Bericht 1598, S. 157

[503] Praetorius, Vorrede 1613, S. 17

[504] Praetorius, Bericht 1598, S. 157

[505] Praetorius, Bericht 1598, S. 149, 143

[506] Praetorius, Bericht 1598, S. 143

[507] Praetorius, Bericht 1598, S. 143

[508] Praetorius, Bericht 1598, S. 143

[509] Praetorius, Bericht 1598, S. 157

[510] Praetorius, Bericht 1598, S. 144

[511] Praetorius, Bericht 1598, S. 144

512 Exodus 12, 18. Calvin erklärt unter Berufung auf diese Bibelstelle, Gott selbst habe die Todesstrafe für Hexen festgesetzt. In seinen Predigten über das erste Buch Samuel tadelt er darum jene, welche die Verbrennung der Hexen ablehnen, und will sie als Verächter des göttlichen Wortes aus der Gesellschaft ausstoßen. (Pfister, Christentum, S. 358f) Vergleiche S. 192 und Anmerkung S. 247
513 3. Mose, Kapitel 20, Vers 6, Praetorius, Bericht 1598, S. 145
514 Praetorius, Bericht 1598, S. 147
515 Praetorius, Bericht 1598, S. 149
516 Praetorius, Bericht 1598, S. 294
517 Römer 6,14.
518 Praetorius, Bericht 1598, S. 146
519 Praetorius, Bericht 1598, S. 151
520 Praetorius, Bericht 1598, S. 154
521 Praetorius, Bericht 1598, S. 331
522 Praetorius, Bericht 1598, S. 154
523 Praetorius, Bericht 1598, S. 155
524 Praetorius, Bericht 1598, S. 156
525 Praetorius, Bericht 1598, S. 157, Hebräer 6, 4
526 Praetorius, Bericht 1598, S. 158
527 Praetorius, Bericht 1598, S. 159
528 Praetorius, Bericht 1598, S. 161
529 Praetorius, Bericht 1598, S. 162
530 Praetorius, Bericht 1598, S. 161
531 Praetorius, Bericht 1598, S. 164
532 Praetorius, Bericht 1598, S. 164
533 Praetorius, Bericht 1598, S. 166
534 Praetorius, Bericht 1598, S. 167
535 Praetorius, Bericht 1598, S. 168
536 Praetorius, Bericht 1598, S. 168
537 Praetorius, Bericht 1598, S. 168
538 Pfister, Christentum, S. 405
539 besagen = als Hexe denunzieren/ (unter der Folter) beschuldigen
540 Praetorius, Bericht 1598, S. 170
541 Praetorius, Bericht 1598, S. 175
542 Praetorius, Bericht 1598, S. 177
543 Praetorius, Bericht 1598, S. 176
544 Praetorius, Bericht 1598, S. 170
545 Praetorius, Bericht 1598, S. 178
546 Praetorius, Bericht 1598, S. 181
547 Praetorius, Bericht 1598, S. 181
548 Hesekiel 18, 27 und 33, 11
549 1. Timotheus 1, 15: Praetorius, Bericht 1598, S. 181
550 Er listet eine lange Folge von Zitaten aus der Bibel auf, die von der Obrigkeit Menschlichkeit, Toleranz, Geduld, Gerechtigkeit und Maßhalten bei der Bestrafung von Sündern fordern.
551 Praetorius, Bericht 1598, S. 186
552 Magier = Zauberer; Hexen. Praetorius, Bericht 1598, S. 188
553 Praetorius, Bericht 1598, S. 188 f
554 Praetorius, Bericht 1598, S. 190
555 Praetorius, Bericht 1598, S. 191
556 Exodus 23, 8
557 Praetorius, Bericht 1598, S. 193
558 Geschrei = Gerücht
559 Praetorius, Bericht 1598, S. 197
560 Praetorius, Bericht 1598, S. 194
561 Praetorius, Bericht 1598, S. 196
562 Praetorius, Bericht 1598, S. 197
563 Praetorius, Bericht 1598, S. 198
564 Praetorius, Bericht 1598, S. 200
565 Praetorius, Bericht 1598, S. 201
566 die kaiserliche Halsgerichtsordnung von Kaiser Karl V. Siehe Bild der Titelseite auf S. 190
567 Praetorius, Bericht 1598, S. 205
568 Praetorius, Bericht 1598, S. 206

[569] Praetorius, Bericht 1598, S. 206. Praetorius wendet sich damit entschieden gegen Calvin. Warum erklärte Calvin nicht: "Das Evangelium verbietet solche Unmenschlichkeiten? Die Antwort kann nur lauten: Weil er dies aus seinem Evangelium nicht herauslas, weil sein Christus dies nicht verbot, weil sein ... Gott dagegen keinen Einspruch erhob." (Pfister, Christentum, S. 366)
[570] Praetorius, Bericht 1598, S. 210
[571] Pfister, Christentum, S. 364
[572] Praetorius, Bericht 1598, S. 257
[573] Praetorius, Bericht 1598, S. 210 f
[574] Praetorius, Bericht 1598, S. 263
[575] Praetorius, Bericht 1598, S. 262
[576] Praetorius, Bericht 1598, S. 260 f
[577] In dem Protokoll des Fürstlichen Archivs über den Rinderbügener Hexenprozess heißt es: "Dan er (Praetorius) mit großem Gstüm und Unbescheidenheit vor der thür angericht, den Herrn D. außgefürdet und heftig contra Torturam geredet". (Nieß, Hexenprozesse, S. 77). "Herr D." wird von Nieß als "Dominum", der gräfliche Herr interpretiert.
[578] Praetorius, Bericht 1598, S. 257
[579] Praetorius, Bericht 1598, S. 262. Auf S. 261 beschreibt Praetorius einzelne angewandte unmenschliche Foltermethoden. Auf deren ausführliche Schilderung wird hier verzichtet.
[580] Praetorius, Bericht 1598, S. 264
[581] Praetorius, Bericht 1598, S. 265. Es ist auffällig: je länger Praetorius schreibt, desto schärfer wird sein Ton gegenüber den Richtern und der Obrigkeit.
[582] Praetorius, Bericht 1598, S. 219
[583] Praetorius, Bericht 1598, S. 215 - 217. Praetorius fügt hier ein Gebet ein, das Richter beten können.
[584] vgl. Gen.15, 3
[585] Praetorius, Bericht 1598, S. 219 f. Es fällt auf, dass Praetorius sich oft auf die Carolina beruft, aber sie unter das Gesetz Gottes stellt, welches für ihn die höchste Autorität darstellt. Bild der Titelseite der Carolina S. 190
[586] Praetorius, Bericht 1598, S. 223
[587] Praetorius, Bericht 1598, S. 226
[588] Praetorius, Bericht 1598, S. 229
[589] Praetorius, Bericht 1598, S. 232
[590] Praetorius, Bericht 1598, S. 236
[591] vgl. Num. 19,12
[592] Praetorius, Bericht 1598, S. 241
[593] Praetorius, Bericht 1598, S. 243
[594] Praetorius, Bericht 1598, S. 244
[595] Praetorius, Bericht 1598, S. 245
[596] Praetorius, Bericht 1598, S. 248
[597] Praetorius, Bericht 1598, S. 252
[598] Praetorius, Bericht 1598, S. 253
[599] Praetorius, Bericht 1598, S. 254
[600] Praetorius, Bericht 1598, S. 255 f
[601] Praetorius, Bericht 1598, S. 266
[602] Praetorius, Bericht 1598, S. 267
[603] Praetorius, Bericht 1598, S. 271
[604] Praetorius, Vorrede 1613, S. 17
[605] Praetorius, Bericht 1598, S. 272
[606] Praetorius, Bericht 1598, S. 273 f
[607] Praetorius, Bericht 1598, S. 274
[608] Praetorius, Bericht 1598, S. 275
[609] Praetorius, Bericht 1598, S. 276
[610] Praetorius, Bericht 1598, S. 278
[611] Praetorius, Bericht 1598, S. 279
[612] Praetorius, Bericht 1598, S. 326
[613] Praetorius, Bericht 1598, S. 296
[614] Praetorius, Bericht 1598, S. 298
[615] Praetorius, Bericht 1598, S. 299
[616] Praetorius, Bericht 1598, S. 302. Damit ist nach Praetorius die leibliche Vernichtung und damit Hinrichtungstätigkeit abzulehnen. Calvinistischer/ reformierter Heidelberger Katechismus, 1996, Frage 105: "Was will Gott im sechsten Gebot? ... Darum hat auch der Staat den Auftrag, durch seine Rechtsordnung das Töten zu verhindern." Vgl. Anhang S. 192.
[617] Praetorius, Bericht 1598, S. 313
[618] Praetorius, Bericht 1598, S. 330

619 Praetorius, Bericht 1598, S. 331
620 Praetorius, Bericht 1598, S. 331 f
621 Praetorius, Bericht 1598, S. 334. Nach Calvin sind Wahrsager und Zauberer schlimmer als Vergifter und Räuber, denn sie wollen alles Gesetz, alle Zucht, alle Naturordnung umstossen. (Pfister, Christentum, S. 371)
622 Praetorius, Bericht 1598, S. 376
623 Dominus = Herr
624 Praetorius, Bericht 1598, S. 377
625 Nieß, Hexenprozesse, S. 78
626 Fürstliches Archiv, Dämonologie; Nieß, Hexenprozesse, S. 77
627 Praetorius Vorrede, S. 18 f
628 Nieß, Hexenprozesse, S. 77
629 Nieß, Brief
630 TRE: Kirchenzucht bedeutete für Calvin, dass disziplinarische Strafen sogar verhängt wurden für Ehebruch und Prostitution, Fluchen und Spotten, unerlaubten Luxus usw. Calvin als geistiger Führer liefert den Calvinisten die "Argumente für die Hexenverfolgung". Exodus 22, 18 ist für Calvin ein "gültiges und auszuführendes Gesetz" (Haustein, S. 151). Im Kommentar zu 2. Mose 22, 18 führt er aus, Gott selbst habe die Todesstrafe für Hexen eingesetzt und der Staat sollte doch Gottes Willen ausführen. Vergleiche Calvin und der Heidelberger Katechismus zu Hexenverfolgungen S. 192 und Anmerkung S. 245.
631 Krimm, S. 14; Wolf, Hexenwahn, S. 470 ff; Baschwitz, S. 147 ff.; Trevor-Roper, S. 140 ff
632 Nieß, Hexenprozesse, S. 80
633 vgl. Nieß, Hexenprozesse, S. 80
634 Jordan: Es handelt sich hierbei offenbar um eine Umschreibung der Geburtshelferkröte (Alytes o.), die als Hexentier bezeichnet wurde - jene Kröte trägt ihre Eier am Hinterleib mit sich und wurde deshalb als zauberkräftig beschrieben (in manchen Schriften für Bindezauber verantwortlich).
635 Unserem gnädigen
636 Nieß, Hexenprozesse, S. 77
637 Albus = 24 Pfennige
638 Nieß, Hexenprozesse, S. 67
639 Praetorius, Vorrede 1613, S. 15-18
640 Hier hat Frau Krimm in ihrer Examensarbeit wichtige Hinweise gegeben: S. 14 f
641 Praetorius, Vorrede 1613, S. 15
642 Nieß, Hexenprozesse, S. 53. Diehl, S. 540 f
643 Nieß, Hexenprozesse, S. 53 f
644 Zeitschrift für deutsche Mythologie, S. 68: "Die tanzplätze sind häufig die alten gerichtsplätze oder sonst heilige stellen." Die Hexen "von Büdingen besuchen den Pfaffenwald, den Breitenborn oder einen platz im Büdinger walde Khesselers dantz genannt."
645 Decker Brief
646 Diehl, Lehrerbuch, S. 252; Zimmermann, S. 161 erwähnen allerdings Cisnerus nicht. Die bei Diehl aufgeführten anderen Diakone legen aber nahe, dass es sich um dasselbe Sprendlingen handelt.
647 "moderator" ist jemand, der einen mäßigenden Einfluß ausübt. "ludi" sind Spiele jeglicher Art zum Zeitvertreib. Das Wort kann aber auch "Schule" bedeuten. Der "magister ludi" ist dann ein Schullehrer. Der "Ludimoderator" bedeutet demnach "Spielleiter" oder "Schulleiter" (Schmanck, Email 7.2.02)
648 Decker Brief
649 Pf. 21. Junij 1602 (Zimmermann, S. 33)
650 Diehl, Lehrerbuch, S. 253
651 Praetorius, Bericht 1598, S. 334 ff
652 Glaser, S. 130
653 Praetorius, Bericht 1598, S. 290
654 Praetorius, Bericht 1598, S. 286
655 Praetorius, Bericht 1598, S. 306
656 Praetorius, Bericht 1598, S. 292 f
657 Praetorius, Bericht 1598, S. 251
658 Praetorius, Bericht 1598, S. 204 f
659 Praetorius, Bericht 1598, S. 335
660 Praetorius, Bericht 1598, S. 339
661 Praetorius, Bericht 1598, S. 338
662 Praetorius, Bericht 1598, S. 339
663 Praetorius, Bericht 1598, S. 341
664 Praetorius, Bericht 1598, S. 344
665 Praetorius, Bericht 1598, S. 127: Praetorius beschreibt eine Gewohnheit der Bauern von Münster in Westfalen (vom Schwellenvogel) zur Abwehr von Schadenzauber.
666 Praetorius, Bericht 1598, S. 129

[667] Praetorius, Bericht 1598, S. 129
[668] Praetorius, Bericht 1598, S. 136
[669] Praetorius, Bericht 1598, S. 139
[670] Praetorius, Bericht 1598, S. 344
[671] Praetorius, Bericht 1598, S. 347
[672] Praetorius, Bericht 1598, S. 348
[673] Praetorius, Bericht 1598, S. 351
[674] Praetorius, Bericht 1598, S. 352
[675] Praetorius, Bericht 1598, S. 354
[676] Praetorius, Bericht 1598, S. 358
[677] Praetorius, Bericht 1598, S. 359
[678] Praetorius, Bericht 1598, S. 360
[679] Praetorius, Bericht 1598, S. 364
[680] Praetorius, Bericht 1598, S. 360 f
[681] Praetorius, Bericht 1598, S. 364
[682] Praetorius, Bericht 1598, S. 365
[683] Praetorius, Bericht 1598, S. 366
[684] Praetorius, Bericht 1598, S. 367
[685] Ein Arcularius findet sich als Cantor des Gymnasiums in Lippstadt um 1600 (Möller, S. 285)
[686] Kirchbracht ist eine Ortschaft wenige Kilometer nördlich von Birstein.
[687] KW 184
[688] Hanle, S. 78: Quelle: F.A. Büdingen, Kulturwesen 16, 97 und 23, 185
[689] Fürstliches Archiv Büdingen, Abteilung Kulturwesen, Nr. 184, 22.3.1597
[690] Praetorius, Vorrede 1613, S. 17
[691] Offenbacher, S. 24
[692] = Hexenfreund
[693] Schormann, S. 36
[694] Recse, S. 10
[695] Praetorius muß 1598 Birstein nicht wegen der Einführung des reformierten Bekenntnisses verlassen, wie Kohlenbusch, S. 270f. und Neu, S. 466 vermuten; vgl. Krimm, S. 13
[696] Nieß Brief
[697] Sühlo, S. 80-83. Interessant besonders S. 82 Anm. 6: Erwähnung der Entlassung in einem Schreiben Wolfgang Ernsts an den pfälzischen Kirchenrat über Einstellung eines Nachfolgers, 28.9.1597, PIA Nachlaß Cuno Nr. 95. Vormals im Plesse Archiv Bovenden, jetzt im Hess. Staatsarchiv Marburg seit 1989. Leider habe ich trotz mehrerer Nachfragen und Bitten vom Hess. Staatsarchiv hierzu keine Kopie erhalten. Pfarrergeschichte; Kohlenbusch, S. 270
[698] Hildebrandt, S. 106
[699] Hildebrandt, S. 124
[700] Glaser, S. 131
[701] Hildebrandt, S. 145
[702] Wind Weinbau, S. 4
[703] Zimmermann, S. 31; Schenck Bericht, S. 18; Kohlenbusch, S. 270; Wolf, Leichpredigt, S. 3
[704] Der Ort Laudenbach liegt heute im Gebiet der Evangelischen Landeskirche in Baden im Kirchenbezirk Ladenburg Weinheim, direkt an der nördlichen Grenze zur Evangelischen Kirche in Hessen und Nassau
[705] Schmidt, Dissertation, S. 298
[706] Schmidt, Dissertation, S. 298
[707] Malleus iudicum, vgl. Janssen, S. 629 f, Anm. 14
[708] Schmidt, Dissertation, S. 299
[709] Wind, 1.12.2000
[710] Jubiläumsbuch, S. 179
[711] Wolf, Beerdigungspredigt, S. 22
[712] Wind Weinbau, S. 4
[713] Wind, Email 10.5.01
[714] In der Darstellung des Lebenslaufes schreibt Pfarrer Wolf in der Beerdigungspredigt vom Zusammenleben von Anton Praetorius mit seiner 4. Ehefrau, dass es keinen Monat "ohne Widerwärtigkeiten"" gab und "diesem grossen Haußcreutz/ welches er an seinen Weibern und Kindern gehabt". (Wolf, Leichpredigt, S. 20)
Bei der Darstellung dieses Gespräches half mir meine Frau beim Bemühen, mögliche Erlebnis- und Sehweisen der Frau von Praetorius in den Blick zu bekommen.
[715] Praetorius, Haußgespräch, S. 80 Bibel: Epheser 5, 23
[716] Praetorius, Vorrede 1613, S. 19
[717] Praetorius, Vorrede 1613, S. 29
[718] Hexenbuhle = Hexenfreund

[719] Praetorius, Bericht 1598, S. 2
[720] Praetorius, Bericht 1598 Titelseite
[721] Praetorius, Bericht 1598, S. 1
[722] Praetorius, Vorrede 1613, S. 21
[723] Praetorius, Bericht 1598, S. 2
[724] Praetorius, Bericht 1598, S. 6
[725] Praetorius, Bericht 1598, S. 7
[726] Praetorius, Bericht 1598, S. 113
[727] Praetorius, Bericht 1598, S. 117
[728] Praetorius, Bericht 1598, S. 119
[729] Praetorius, Bericht 1598, S. 120 f
[730] Praetorius, Bericht 1598, S. 139
[731] Wolf, Leichpredigt, S. 20
[732] Praetorius, Bericht 1598, S. 7
[733] Glaser, S. 131
[734] Das gebildete Deutsch der Zeit war mit lateinischen, italienischen, französischen Brocken dermaßen durchmischt, dass es manchmal wirkte wie eine internationale Kunstsprache. (Propyläen-Weltgeschichte: Golo Mann: Das Zeitalter des Dreißigjährigen Krieges, S. 10)
[735] Schenck, 750 Jahre
[736] nach Paulus, S. 193 N.1
[737] Dresen, S. 130
[738] nach Paulus, S. 193 N.1
[739] Praetorius Vorrede 1613, S. 22
[740] Praetorius, Bericht 1598
[741] Schenck Bericht. Herr Hermann Wind aus Laudenbach schreibt hierzu am 18.2.02: Der hier erwähnte Johann Christof Scultetus ist einer meiner direkten Vorfahren. Seine 20jährige Tochter Susanna Jakobina (gestorben 1776) heiratete am 10.1.1736 meinen Ur(5x)...Großvater Johann Valentin Keßler, der in Laudenbach Mühlenbesitzer war. J. Scultetus, geboren in Worms, 1715 Pfarrer in Lampertheim mit Sandhofen, 1720-1743 Pfarrer in Laudenbach, 1742 (!) – 1761 Pfarrer in Niederflörsheim, als Inspektor in Alzey verstorben. Quelle: Kirchenbuch der reformierten Gemeinde Laudenbach (Heiraten von 1713-1810, S. 227).
[742] Herrmann, S. 217- 221
[743] Krimm, S. 12; Schüling, S. 159, 164
[744] Herrmann, S. 220
[745] Beide Gebäude nahe der Kirche und der Pfarrscheuer. Original in der Marienstiftsbibliothek Lich, Zeichnung im Gemeindehaus. Dazu gibt es einen alten, leider undatierten Lageplan von vor 1867 (Frau H. Zimmer, Lich)
[746] Jedes Manuskript mußte genehmigt werden von der Obrigkeit. Da der Schwiegervater in der Nachbargrafschaft wohnt und wohl auch Spannungen zwischen den Grafschaften bestanden, ist es vielleicht deshalb Praetorius möglich, sein Buch in Lich drucken zu lassen.
[747] Benzing, S. 277 über Nikolaus Erben 1596-1599 (Praetoriusbücher 1598 und Haußgespräch): S. 277 über Konrad Neben und Wolfgang Ketzel 1599-1603, S. 185 über den Universitäts-Buchdrucker Johann Lancelot 1597/1619, welcher 400 Drucke herausgebracht hat (so auch Wolf Leichenpredigt 1614); Herrmann, S. 220; Gräfliches Archiv: Dort keine Materialien über Anton Praetorius. Die Eröffnung dieser Druckerei kann nur im Einverständnis mit dem Gräflich-Solmschen Hause geschehen sein. Bekannt sind von Erbenius aus den drei Jahren seiner Licher Tätigkeit 27 Drucke zumeist theologischen und juristischen Inhalts. Das Geschäft in Lich übernehmen die Drucker Wolgangus Kezelius und Conradus Nebenius, die nochmals etwa 45 Drucke anfertigen. Trotzdem kommt zehn Jahre später die Druckerei zum Erliegen. Anton Praetorius lässt 1602 noch ein weiteres Buch bei den Nachfolgern drucken: "de sacrosanctis".
[748] Praetorius, Bericht 1598
[749] Wolf, Leichpredigt, S. 21
[750] Wolf, Leichpredigt, S. 21
[751] Praetorius, Bericht 1613, S. 110
[752] Glaser, S. 131
[753] Schmidt, Dissertation, S. 311 ff. Praetorius, Bericht 1613 S. 108- 113
[754] Mysteriöses Pferde-Sterben (Hellweger Anzeiger 18.11.2000): "Brüssel. Ein mysteriöses Pferde-Sterben hat Züchter in Belgien in Aufregung versetzt. Innerhalb von fünf Tagen starben in den ostbelgischen Provinzen Lüttich und Luxemburg nahe der deutschen Grenze nicht weniger als 20 Pferde. Wie belgische Zeitungen am Freitag berichteten, kommt nach Expertenmeinung ein so genannter Strahlenpilz, der im Herbst auf den Weiden sprießt, als Verursacher des Tier-Sterbens in Frage. Dieser Pilz scheide für Pferde hochgiftige Antibiotika aus. Empfohlen wurde den Pferdebesitzern nun zunächst ein mehrwöchiger Stallaufenthalt ihrer Tiere."
[755] Schmidt, Dissertation, S. 311ff
[756] Zimmermann, S. 31. Johan Reichart wird 1611 Pfarrer in Laumersum. Könnte es sich um den Ort Lamesheim handeln, den Praetorius nach seiner mißglückten Einführung als Pfarrer in Offenbach besucht?

[757] Hildebrandt, S. 106
[758] Glaser, S. 131 f
[759] Glaser, S. 132
[760] Hildebrandt, S. 106
[761] Glaser, S. 132
[762] Diese Angabe findet sich am Ende des Vorworts der Ausgabe von 1629 (Nachdruck der Ausgabe von 1602)
[763] Praetorius, Bericht 1602. Schmidt, Dissertation, S. 297
[764] Praetorius, Bericht 1629, Dedicatio S. 1 f
[765] In der Vorrede zu seinem Buch (Vorrede 1613 S. 20) schreibt Prätorius zur Intention seines Werkes: "daß nun solche ... tyrannische/ leib und seelen gefährliche händel die armen unterthanen hinforter nicht erfahren möchten: auch die Oberkeite solchen schimpf/ als Herzog Erichen von Braunschweig an seiner Gemahlin/ und Anno 1603 dem Bischoff von Meinz zu Dipurg durch den Drachen begegnete/ nicht mehr erleiden durfften/ das hab ich auch mit diesem Büchlein/ wens gelesen würde/ zuverhüten verhoffet."
Prätorius hofft mit seinem Buch zu verhüten, dass weder die Untertanen noch die Obrigkeit in die gefährlichen Händel verstrickt werden, wie sie der Herzog mit Frau erlebten, als sie zu Dieburg durch "Teufelsgeränke" den Bischof von Mainz trafen. - Dies wäre dann ein damals wohl kursierendes Volksgerücht gewesen, vermutlich nicht prickelnd genug, um in unseren Sagenschatz einzugehen, so dass wir dann jetzt nichts mehr davon wissen. Allenfalls kann es noch eine versteckte Obrigkeitskritik sein, die aus guten Gründen hinter gewundenen Unklarheiten abtauchen soll. Ausführlichere Darstellung der Begebenheit siehe Anhang S. 200
[766] Herrmann, S. 220
[767] Damit ist Schmidt (Dissertation S. 298) zu widersprechen, der schreibt: "Während Hermann Witekind ein fleissiger Autor war, aus dessen Feder ganz unterschiedliche Werke flossen, gehörte Anton Praetorius zu denjenigen Verfolgungsgegnern, die sich ansonsten gar nicht oder nur sehr wenig publizistisch betätigten".
[768] Übersetzung von B. Schmanck
[769] Praetorius, de sacrosanctis, S. 9
[770] Diese Widmung findet sich am Anfang des Buches auf Latein und Deutsch. Die Bedeutung der Abkürzung "Soc.p.g.f." war nicht zu erhellen.
[771] Praetorius, de sacrosanctis, S. 4
[772] Übersetzung von Dr. Bader
[773] Praetorius, de sacrosanctis, S. 308-310
[774] Bautz Internet, Spalte 514/159: Rudolph Goclenius (1547/1628) war Philosoph und Logik/Professor an der Universität Marburg. 1589 wurde er Professor für Logik, übernahm 1598 auch die Mathematik und seit 1603 Professor für Logik und Ethik. Als Dekan der Philosophischen Fakultät war er über viele Jahre Rektor der Universität. Insgesamt lehrte er 50 Jahre und genoß höchstes Ansehen als akademischer Lehrer. Er schrieb viele Werke, z.B. Lexikon philosophicum 1613.
1609 findet sich in Unna als Rektor der Lateinschule Johan Goclenius. (von Steinen Dritter, S. 1214)
[775] Wolf, Leichpredigt, S. 20
[776] Wolf, Leichpredigt, S. 20
[777] Glaser, S. 133
[778] Praetorius, Brief aus Muschenheim 1602
[779] Wolf, Leichpredigt, S. 20
[780] Wolf, Leichpredigt, S. 20
[781] nach: Liturgiekalender war Ostern am Sonntag, den 7.4.1602. Dann war der 22.4.1602 ein Montag.
[782] Praetorius, Bericht 1598, S. 370
[783] Glaser, S. 133
[784] 1604-1607 sind ertrags- und witterungsmäßig etwas besser.
[785] Praetorius 1613, S. 317- 334
[786] Glaser, S. 133
[787] Kulturwesen KW 22/175-177
[788] Leider waren von der Universität Heidelberg keine weiteren Einzelheiten über das Matrikelverzeichnis jener Zeit zu erfahren.
[789] Schnettler Studierende, S. 101: "Er wurde in Kamen geboren und lebte dann im Lippeschen; daher seine Namen. Er war der Sohn von Anton Praetorius, der zu den ersten Bekämpfern der Hexenverfolgung gehört."
[790] Glaser, S. 134
[791] Hildebrandt, S. 106
[792] Schnettler, Studierende S. 100
[793] inclinieret = dahin neigen. Praetorius, Brief aus Muschenheim 1602
[794] Wolf, Leichpredigt, S. 20
[795] Praetorius, Haußgespräch, S. 85 f
[796] Zimmermann, S. 50
[797] Zimmermann, S. 81
[798] Ein Verwandter des Engelbert Copius, der bis 1559 Rector der Schule in Lippstadt war? Möller, S. 278

[799] Zimmermann, S. 162. Vielleicht ein Verwandter des Engelbert Copius, der bis 1559 Rector der Schule in Lippstadt war. Möller, S. 278: Im Jahre 1576 kommt Engelbert Copius als Rector in Hamm vor, wo er die Reformation beförderte und bei seinen Schülern das Singen der teutschen Psalme einführte.
[800] Zimmermann, S. 77
[801] Könnte Glöckner bedeuten
[802] Zimmermann, S. 70
[803] Diehl, Lehrerbuch, S. 254; Zimmermann, S. 50
[804] Zimmermann, S. 198
[805] Diehl Lehrerbuch, S. 254
[806] Schnettler, Studierende S. 100
[807] Es handelt sich wohl um das heutige Oggersheim bei Ludwigshafen
[808] Zimmermann, S. 50
[809] Wolgast, S. 32: das Collegium Sapientiae in Heidelberg war als kurf. Stiftung (ehem. Augustinerkloster) seit 1555 ein Wohnheim für 60 arme und begabte Studenten unter Kontrolle der Artistenfakultät. 1561 von Friedrich III. umgewidmet für Theologiestudenten: berühmt als "Pflanzstätte reformierter Geistlicher" (nicht mehr unter Kontrolle der Universität, sondern des Kirchenrats). Quirinus Reuter wird 1598 Leiter der Sapienzanstalt in Heidelberg. Vgl. Mitglieder der Familie Cisnerus Anhang S. 200
[810] Biundo, S. 354
[811] Zimmermann, S. 31
[812] Zimmermann, S. 31
[813] Glaser, S. 134
[814] Glaser, S. 134
[815] Propyläen-Weltgeschichte: Von der Reformation zur Revolution, S. 89
[816] Glaser, S. 134
[817] Propyläen-Weltgeschichte: Golo Mann: Das Zeitalter des Dreißigjährigen Krieges, S. 45
[818] Hildebrandt, S. 115
[819] Hildebrandt, S. 121
[820] Praetorius, Bericht 1613 Widmungsseite 3
[821] 1609 Auf einen warmen Winter folgt ein kühler und sehr trockener Sommer. Infolge der misslungenen Ernte kommt es zu einer Teuerung. Der Wein wird sauer. Glaser, S. 135
[822] Zimmermann, S. 31
[823] In der Urkunde steht: "Gl." - könnte Glöckner bedeuten
[824] Zimmermann, fol. 18, 89, 90. Kastner, S.465: Guntheimer, dessen Ehefrau Anna am 24.1.1618 ihr Haus in Weinheim verkauft.
[825] Glaser, S. 135
[826] Jubiläumsbuch, S. 179 und S. 182
[827] vgl. Wolf, Leichpredigt, S. 22
[828] Datum und Szene sind erfunden
[829] Glaser, S. 135
[830] Praezeptor = Magister (Lehrer)
[831] A. Schnettler, Studierende S. 100f
[832] 1595: 7. Januar: Hermannus Reinermann, Camensis Westphalus. A. Schnettler, Studierende S. 100 f
[833] Jurist
[834] Lüdicke, S. 125: Nr. 89:. 16. Febr 1594: Vergleich zwischen dem Richter Kaspar Schmitz und Bürgermeister und Rat zu Unna über Geleits-, Haussuchungs-, Ausweisungs- und Pfändungsrecht. Hier findet auf S. 125 auch Erwähnung Johansen Baden, Richtern zu Camen. (siehe Anmerkung S. 252)
[835] von Steinen, Dritter, S. 24
[836] von Steinen, Dritter, S. 24: Mit zwei anderen Pfarrern zusammen hat Wilhelm Schule in Kamen die reformierte Religion eingeführt.
[837] Interessant ist, dass zwei Reformatoren, die entweder in Kamen geboren (Oemeken) sind oder als solche hier gewirkt (Hamelmann) haben, auch im Gebiet des heutigen Mecklenburg -Vorpommern tätig waren: Oemeken bis 1562 in Güstrow und Hamelmann 1558 in Rostock. (Kistner 28.12.00)
[838] von Steinen, Dritter, S. 1092
[839] Behringer Climatic: 1588 ist ein Jahr mit extremen Niederschlagsmengen und furchtbaren Stürmen.
[840] von Steinen, Dritter, S. 1202
[841] Zu Auseinandersetzung zwischen Reformierten und Lutheranern in Unna vgl. Evangelische Beiträge zum Philipp-Nicolai-Jahr, S. 109
[842] An der juristischen Klärung dieses Streites war ein Richter beteiligt, "wohl der aus Soest stammende ...erst wenige Tage zuvor (19. Januar 1593) ernannte Kaspar Schmitz, der erst Wochen später (28. Mai 1593) vom Rat vereidigt wurde)" (siehe Anmerkung S. 252).
[843] Schnettler, Studierende S. 100f: Es waren mehrere Studenten aus der Umgebung von Unna/Kamen/Hamm in Heidelberg:

1589, 16. September: Joannes Brinckmannus, Onnensis, Westphalus
1593: 27. Mai: Christophorus Copius, Hammonensis
1595: 7. Januar: Hermannus Reinermann, Camensis Westphalus
1600: 21. März: Rutgerus Vittaeus, Westhoviensis, Westphalus
1600: 9. Oktober: Eberhardus Ramaccerus, Unnensis Westphalus
1601, 25. Juni: Joannes Werdelmann, Westhaviensis Westphalus
1601: 25. Juni: Casparus Schwartz, Tremoniensis Westphalus
1602: 23. Juni: Franciscus Copius, Hammonensis Westphalus
1604: 1. März: Johannes Praetorius, Camenus Westphalus
1605: 9. Juli: Simeon á Diest, Markanus Westphalus
1606: 23. April: Henricus Langschede, Hammonensis Westphalus
1609: 4. Mai: Henricus Vuollius Hammonensis Westphalus
1610: April: Christophorus Gephyrander, Unnensis Westphalus
1610: Oktober: Henricus Pottgiesser, Hammonensis Westphalus
1612: 5. Mai: Henricus Freundt, Hammonensis Westphalus
1613: 1. März: Eberhardus zum Bruch, Unnensis Westphalus
1613: 1. März Jodocus Praetorius Unnensis, Westphalus und weitere

[844] Unna hat 1787 ca. 2280 Einwohner in 494 Häusern (Möller, S. 349).

[845] Zu Philipp Nicolai, seinem Wirken und der Situation der Stadt Unna um 1600 siehe Evangelische Beiträge zum Philipp- Nicolai- Jahr 1997, Unna. Vergleiche im Anhang S. 202.

[846] von Steinen, Dritter, S. 1173

[847] von Steinen, Dritter, S. 1176

[848] von Steinen, Dritter, S. 1162 f

[849] 1553 hält die Reformation in Kamen Einzug, und man ist zunächst lutherisch. Kurz vor 1600 schwenkt dann die Kamener Gemeinde zum reformierten Bekenntnis über. Die Stiftung für die Kamener Lateinschule von 1586 ist ausdrücklich an das Augsburger Bekenntnis (lutherisch!) gebunden. Die Union zwischen Lutheranern und Reformierten wird in Kamen erst nach dem 1. Weltkrieg vollzogen! (Kistner 25.12.00)

[850] Von 1568 bis 1648 tobt der Spanisch-Niederländische Krieg, der sich auch auf Westfalen (und Unna und Kamen) auswirkt. Die gegnerischen Parteien verlegen ihre Truppen regelmäßig zum Herbst nach Westfalen ins Winterlager, um dann wieder im Frühjahr gegeneinander zu kämpfen. Im Winterlager lebt man dann auf Kosten der dort lebenden Menschen. Für Kamen sind für 1599 und 1614 drückende Einquartierungen überliefert. (Kistner, 25.12.00) Im "Historisch Arragonischer Spiegell", einem zeitgenössischen Zeugnis (von 1599) werden die drastischen Auswirkungen dieses Krieges auch für Kamen eindringlich beschrieben. (Kistner, 25.12.00)

[851] von Steinen, Dritter, S. 1179

[852] Praetorius, Vorrede 1613, o.S. hinter dem Titelblatt

[853] Zur Hanse siehe Anmerkung S. 256

[854] von Steinen, Dritter, S. 1156; von Steinen, Dritter, S. 1154

[855] Der landesherrliche Richter Caspar Schmitz war verheiratet mit Clara von Büren, der Schwester des Salinenbesitzers Winold von Büren. (Evangelische Beiträge zum Philipp-Nicolai-Jahr, S. 109). Konflikte um die Ratswahlen 1596 sowie wirtschaftliche und juristische Auseinandersetzungen von Winold von Büren um den Bau von konkurrierenden Solebrunnen und Salzwerken in Unna- Königsborn 1603 erhitzten die Gemüter in Unna und führte zu Tumulten und Prozessen vor dem Reichskammergericht. Vgl. Evangelische Beiträge zum Philipp-Nicolai-Jahr, S. 111, auch zu der Rolle des Schwagers des von Büren, des Richters Caspar Schmitz. Vergleiche im Anhang S. 202

[856] Evangelische Beiträge zum Philipp-Nicolai-Jahr, S. 113

[857] Lüdicke, S. 121: Nr. 88: Mai 28 1593: Bürger- und Richtereid des Richters Kaspar Schmitz vor dem Rat, Abschrift im St.A. Münster: U 60/267 Bl. 37. S. 121 f

[858] Lüdicke, S. 125

[859] von Steinen Dritter, S. 1213: Herr Hovel hat 1608 in Köln über ihn auf Latein geschrieben

[860] von Steinen Dritter, S. 1213; (Übersetzung: Burghard Schmanck, 26.03.2001) "Gephyrander" dürfte wohl die Gräzisierung des Namens "Brückmann" sein. "Salicetus" kann man mit "salix" – Weide und "salictum" – Weidengebüsch in Verbindung bringen. Es könnte sich hier um eine geographische Herkunftsbezeichnung handeln (Weiden/ Oberpfalz? Oder salisches Franken?)

Markgraf Ernst wurde im April 1609 als Bevollmächtigter des in Preußen festgehaltenen jungen Kurfürsten Johann Sigismund von Brandenburg in der Grafschaft Mark tätig.

[861] Leider war der Name "Wilhelmus Keltzerus" urkundlich nicht nachzuweisen. Da Praetorius neben seinem eigenen auch andere Namen (vgl. Casper Schmitz) latinisiert hat, habe ich versucht, einen entsprechenden deutschen Namen zu eruieren. Von Herrn Nix kam dazu als Anregung: - kelz / kelzen / kalzen ist im mhd. Schreien, Schimpfen, Prahlen - kelwe / kalwe ist im mhd. Südwestfränkischen "der Kahle" - Keßler / Kelzer ist der Kesselmacher und wurde ein Familienname. Wilhelm gehörte demnach eventuell zur Sippe der Prahler, Kahlen oder Kesselmacher. Falls er aus dem Raum Unna gebürtig war und berücksichtigt wird, dass dort

seit römischer Zeit Bergbau betrieben wurde, liegt der Kesselmacher nahe (Nix, 9.12.2000). Leider war ein solcher deutscher Name in Unna oder Umgebung urkundlich nicht feststellbar.
[862] Nix
[863] Schnettler, Studierende S. 101
[864] Praetorius, Vorrede 1613, S. 16-18
[865] Praetorius, Vorrede 1613, S. 18; vgl. Praetorius, Bericht 1613, S. 211 ff
[866] Der Stadtarchivar von Kamen, Herr Kistner, berichtet am 19.1.2001, dass er in den Kamener Urkunden den Unnaer Heinrich Schultze gefunden hat.
[867] Reichstaler
[868] Hier das Regest (Inhaltsangabe) der Papier-Urkunde Nr. 50: 5. 3. 1629 Pap.-Urk. 50 (Kistner, 19.1.2001)
[869] von Steinen, Dritter, S. 611
[870] von Steinen, Dritter, S. 611
[871] von Steinen, Dritter, S. 611
[872] Praetorius, Vorrede 1613, o.S., Widmungen hinter dem Titelblatt
[873] Gödelmann wirkt an der juristischen Fakultät in Rostock 1584. 1591 bringt er in Frankfurt/M sein Werk über das Hexenwesen heraus. Die Universität in Rostock erreichten Anfragen aus dem norddeutschen Raum. Bei der Beurteilung durch Rostocker Juristen fällt eine relativ starre Haltung in der Hexenfrage auf und ein dogmatischer Zug (Wolf, Hexenprozesse, S. 882).
[874] Praetorius, Bericht 1613; Paulus, S. 188
[875] Zimmermann, S. 31
[876] Zimmermann, fol.2
[877] Praetorius, Haußgespräch, S. 78
[878] Praetorius, Haußgespräch, S. 88
[879] Wolf, Leichpredigt, S. 21
[880] Laudenbach unterstand als kurpfälzisches Lehen dem Bischof von Worms, wobei sich die Kurpfalz etliche Hoheitsrechte vorbehielt. Darüber gab es jahrhundertelangen Streit über das 'Filetstück an der Bergstrasse'. Der Graf von Erbach war nur am Rande beteiligt, als er zu dieser Zeit Oberlaudenbach zum Lehen erhielt (ebenfalls von der Kurpfalz). Das hatte 1803 übrigens zur Folge, dass Laudenbach an das Großherzogtum Baden und Oberlaudenbach (obwohl von seiner Infrastrukrur schon immer mit Laudenbach eng verbunden) an das Großherzogtum Hessen fiel. So ist es bis heute geblieben. Allerdings blieb Oberlaudenbach - jedenfalls evangelischerseits - bei der badischen Landeskirche und wird von Laudenbach betreut, während die Katholiken zu Heppenheim (also Hessen) kamen. Ein Musterbeispiel deutscher Kleinstaaaterei, das auch heute noch in einer Strassenhälfte hessische Müllabfuhr und Postzustellung und auf der anderen Strassenseite badische Dienstleistungen zur Folge hat. Email von Wind 7.12.00
[881] Gebet von Praetorius, Haußgespräch, S. 89
[882] Wolf, Leichpredigt, S. 22
[883] Nieß, Hexenprozesse, S. 57
[884] Fürsprecher
[885] Praetorius, Vorrede 1613, S. 21
[886] Wolf, Leichpredigt, S. 21
[887] Parochie = Kirchengemeinde
[888] Wolf, Leichpredigt, S. 22
[889] Glaser, S. 136
[890] Jubiläumsbuch, S. 28
[891] Wind, Brief vom 1.12.2000
[892] Praetorius, Vorrede 1613, S. 32
[893] Glaser, S. 136
[894] Zimmermann fol.2
[895] Zimmermann, S. 32
[896] Praetorius, Vorrede 1613, o.S. hinter dem Titelblatt
[897] Zimmermann, S. 31
[898] Glaser, S. 136
[899] Wolf, Leichpredigt, S. 20
[900] Prätorius Vorrede 1613 S. 20
[901] Dankenswerterweise wiesen mich Dr. Graf, Dr. Nix und Dr. Decker auf folgende Quelle hin, die die rätselhaften Andeutungen erklärlich macht: Vogt beschreibt im Internet das Schicksal von Sidonie, der Gattin von Erich II. von Braunschweig-Wolfenbuettel-Calenberg (gest. 1584)
[902] Nähere Einzelheiten finden sich im Anhang im Exkurs über Herzog Erich II von Braunschweig S. 200.
[903] Prätorius Vorrede 1613 S. 20
[904] Dr. Decker, Paderborn, verweist zur Auflösung dieser rätselhaften Andeutungen in einem Email auf folgende Quelle: Herbert Pohl: "Hexenglaube und Hexenverfolgung im Kurfürstentum Mainz", Stuttgart 1988, S.118 f.
[905] Prätorius Vorrede 1613 S. 20

[906] der Ausgabe von 1602
[907] distrahieret = zerstreut; besser: verkauft
[908] Praetorius, Vorrede 1613, S. 22
[909] Praetorius, Vorrede 1613, S. 24
[910] Praetorius, Vorrede 1613, S. 4 f
[911] Praetorius, Bericht 1613, S. 65
[912] Damit lüftet er öffentlich das Pseudonym des Kurpfälzers Hermann Witekind.
[913] Praetorius, Vorrede 1613, S. 6
[914] Praetorius, Vorrede 1613, S. 24
[915] Praetorius, Vorrede 1613, S. 23 f
[916] Praetorius, Vorrede 1613, o.S. hinter dem Titelblatt. In der Nennungsfolge der Namen könnte man auch eine gewisse Hierarchie (Bedeutung und persönliche Nähe) sehen.
1. "Meinen Großgünstigen und günstigen Herren / *(darauf beziehen sich wohl auch die ersten drei Zeilen zu Beginn der Widmung)*
2. lieben freunden /
3. Gevattern/Bruder/ und Vetteren" *(Plural ?/Wer* ***was*** *war, kann man nicht eindeutig entnehmen).*
[917] = gewidmet
[918] Praetorius, Vorrede 1613, S. 22
[919] Praetorius, Vorrede 1613, S. 26
[920] Praetorius, Vorrede 1613, S. 29
[921] Praetorius, Vorrede 1613, S. 30
[922] Johannus Althusius, Pfarrer zu Wachenheim: Biundo, S. 6. Siehe zu weiteren möglichen Verbindungen nach Holland die Überlegungen von Prof. Wolfgang Behringer am Schluß der Anmerkungen.
[923] Bensheim, S. 79 f: "Johannes Meyer, 22.5.1620 / 14.12.1622. Er stammte aus Kreuznach. Von 1610 an war er bereits Diakon in Bensheim. 1618 wurde er hier selbständiger Pfarrer mit dem Titel Inspektor. 1620 wurde ihm Johann Jakob Cnopius aus Heppenheim als Diakon beigegeben, nachdem er am 22. Mai 1620 eigentlicher Pfarrer von Bensheim geworden war. Schon 1621 scheint Meyer krank geworden zu sein und am 14. Dezember 1622 starb er hier und wurde wie sein Vorgänger in der Friedhofskapelle begraben. Bis kurz vor seinem Tod hatte er ´unter Anstrengungen` noch Dienst getan." Vgl. Zimmermann, S. 135.
[924] Zimmermann S. 161, Anm.1907: "Pf.16. Aug.ao 88, Winemarus Stipelius, Westualus 21. Oct.1572" (Töpke II,64); stammte aus Stypel bei Blankenstein; stud. in Düsseldorf und war Hauslehrer der Edlen von Bodelschwingh, dann Pastor in Dexheim, dann in Venlo, später in Spr. Holleg führt (S. 421) die Witwe "Weimari Stipelii" auf.
[925] Nach Zimmermann, S. 162 war seit dem 23.April 1604 ein **Johannes Praetorius** Diakon in Sprendlingen (bei Alzey). Ob es sich hier möglicherweise um seinen Sohn handelt? Der wäre 1604 19 Jahre alt.
[926] Zimmermann S. 160, Anm.1884: Abelus à Creutzanus, Pfarrer zu Sieffersheim. 22. April ao 97 (obiit). Aus Kreuzau bei Düren; er scheint im Sommer 1584 nach Kirchherten gekommen zu sein; die Jülicher Synode 1585 gibt ihm nach seinem Abschied von da auf seine Bitte Empfehlungsschreiben an den Heidelberger Kirchenrat (Synodalbuch S. 175, 181, 184, 188, 306)
[927] Zimmermann S. 146, Anm.1751: Philippus Phildius, Pfarrer zu Nierstein. Pf. 14. Junij 1604. Fridburgensis 18. Aug. 1584
[928] Zimmermann S. 141, Anm.1693: 5. Sept.97, Valentinus Laupaeus, Ingelheimensis 13. Januarij 1561 (Töpke II, 24) (s. Held, 15.12.2000). **Pfarrer danziger Herkunft** in der Umgebung: (vergleiche Widmungen an Danziger Freunde S. 161 und Anmerkung S. 255): Zimmermann S. 141, Anm.1702: In Oppenheim findet sich dazu folgender Eintrag: M.Martinus Remus Diac. 2.Julij 1621: Martinus Remus, **Dantiscanus** 25.Oct. 1613; Alb. mag. art. 16.Febr.1615. "Martinus Remus, Gedanensis Borussus, 16.Oct....". Anscheinend ein Pfarrer mit Herkunft aus Danzig. Vielleicht ergibt sich hier ein Zusammenhang mit den anderen Widmungen an Personen/Pfarrern aus Danzig?
Zimmermann S. 140, Anm.1676: In Clein Umbstatt findet sich folgender Pfarrer: Daniel Holstius, Pf. 4.Julij 1603. **Dantiscanus** Borussus 12. Julij 1594 (Töpke II, 174). Nach einer Notiz im Alzeyer Competenzbuch Anno 1605 war er früher auch Pfarrer in Freimersheim "hinder der warth".
[929] Rosenkranz S. 30: Auf Superintendent Stiefel folgte Johann Hülsmann, vielleicht ein geborener Langenberger. Statt Superintendent bürgerte sich jetzt der Titel "Inspektor" ein. "Die stürmischen Jahre 1585-87 hatten für die Gemeinde Kreuznach die doppelt wichtige Folge, dass Kurpfalz sich bei der Besetzung der Pfarrstelle als der Stärkere erwiesen hatte, dem die spätere badische Regierung nur wirkungslosen Widerspruch entgegenzusetzen wagte, und dass mit Scheuerlins Vertreibung die lutherische Gemeinde in Kreuznach für 45 Jahre aufhörte zu bestehen. Mit dem Vorwiegen des kurpfälzischen Einflusses hatte der Calvinismus seine Alleinherrschaft angetreten." Wer noch lutherisch war, musste dies "aber vor den pfälzischen Beamten sorgfältig verbergen. Für eine einheitliche innere Entwicklung (...) war der zwiefache Glaubenswechsel, der ihr 1577 und jetzt wieder 1587 zugemutet wurde, ohne Zweifel wenig förderlich. Dafür hatte er viel zu tiefe Parteiung und viel zu häufigen Streit mit sich gehabt."

930 Zimmermann S. 154: Johannes Hulsmannus, Inspector zu Creuznach. Pfr. und Insp. (Andreae bringt die Notiz:"edidit quasdam diascepses theologicas; vixit adhuc an. 1620") [Er veröffentlichte einige theologische Schriften, er lebte bis zum Jahr 1620] (übersetzt von B. Schmanck).

931 Zimmermann, S. 156: Johann Beringer aus Kreuznach

932 fl = Florint (Währung)

933 Kastner, S. 465, der auch unständige Einnahmen aufführt: für eine Hochzeit 1 Maß Wein und 1 Brot, desgleichen für eine Beerdigung, bei der vom Trauerhaus bis zur Kirche gesungen wird. Von den ständigen Einnahmen von 34 fl kamen 29 fl von der Gemeinde sowie 22,5 albus zum Versehen der Schlaguhren und 5 fl von der Kirche.

934 Schenck, Bericht, S. 19-20

935 Heppenheim liegt heute am südlichen Rand der Evangelischen Kirche in Hessen und Nassau in der Propstei Starkenburg.
Praetorius, Vorrede 1613, S. 34; Zimmermann S. 155. Zimmermann, S. 136 f: Joh. Adam war Pfarrer in Heppenheim seit dem 3. April 1601 bis 1628 und hatte drei Kinder.

936 Praetorius, Vorrede 1613, S. 35

937 Praetorius, Vorrede 1613, S. 34

938 Laudenbach ist heutzutage Grenzort von Baden-Württemberg, während das vier km nördlich gelegene Heppenheim zu Hessen gehört.

939 Praeceptor = Lehrer

940 Schmidt Januar 2001, S. 1: "Vielleicht hielt er (Praetorius) sich zwischenzeitlich in Danzig auf." Für diese Vermutung finden sich keinerlei Hinweise.

941 Zur Hanse siehe Anmerkung S. 256

942 Zimmermann S. 141, Anm.1702: Diakonus aus Oppenheim: M. Martinus Remus Dantiscanus. Er wird auch "Martinus Remus Gedanensis Borussus" genannt.

943 Zwischen Darmstadt und Aschaffenburg findet sich in der Nähe der B 45 ein Ort Großumstadt/ Kleinumstadt.

944 Zimmermann S. 140, Anm.1676: In Clein Umbstatt ist Pfarrer: Daniel Holstius Dantiscanus Borussus Pf. 4. Julij 1603. 12. Julij 1594 (Töpke II, 174). Nach einer Notiz im Alzeyer Competenzbuch Anno 1605 war er früher auch Pfarrer in Freimersheim "hinder der warth".

945 Weitere Pfarrer aus Danzig in der Umgebung von Laudenbach: (vgl. S. 161 und Anmerkung S. 254): Joachim Keckermann ist 1606-1615 Pfarrer in Dilsberg. Matthäus Keckermann aus Danzig ist 1607 bis 1616 Pfarrer in Stetten (Biundo S. 223 f). Peter Lossius Dantiscanus ist 1604 - 1614 Pfarrer in Horbach (Biundo S. 279). Jakob Fabricius aus Danzig ist 1610 - 1619 Pfarrer in Weinheim (Biundo S. 109).

946 Zeitschrift des Westpr.Gesch.-vereins, Jg. 49, S. 157: Stipendiat der Stadt Danzig in Heidelberg ist stud. theol. Bartholomäus Keckermann, der 1598 Konrektor am Danziger Gymnasium wird. Kurz danach wird Reinhold Kleinfeld Stipendiat.

947 Pelczar: Adam (Adamus) Jacob: eine biographische Notiz zu ihm in Danziger Familien von Karl Anton Kaschlinski, Ms. 5751, S. 11-13.

948 Schnaase: Gesch. der ev. Kirche Danzigs, S. 561: Jakob Adam, reformierter Prediger aus Rügenwalde, wirkt 8 Jahre als Pfarrer zu Bensheim/Pfalz. Danziger Lehrer Gedächtnis, Praetorius: S. 21. 1603 kommt er als der 4. Geistliche seit der Reformation an die Hospitalskirche St. Elisabeth in Danzig und arbeitet dort bis zu seinem Tod am 3.4.1618. Seine Biographie findet sich im Katalog der Danziger Stadtbibliothek, hrsg. Von A. Bertling, Bd 1, Danzig 1892, S. 623 (Hinweis von Dr. Joachim Zdrenka, Berlin-Brandenburg Academy of Sciences, Potsdam, Email vom 12.12.2000). Unsere Heimat: Danziger ev.Gemeindebl.Danzig, 1918 und Mitteilungen d. Westpr. Geschichtsvereins, Jg. 34, S. 11. Er heiratet Sabina Cleophe Wild, die bis 1644 lebt. Mitteil. d. Westpr. Geschichtsvereins, Jg. 34, S. 11: Die Elisabethkirche ist lange reformiert, bis sie von der reformierten Gemeinde 1844 mit allen Rechten an der Elisabethkirche und dem Hospitalgebäude mit seinem großen ländlichen Besitz wegen großer Schuldenlast nach der französischen Zeit an den preußischen Militärfiskus abgegeben werden muß.

949 Praetorius, Vorrede 1613, S. 34; Zimmermann S. 155. Zimmermann, S. 136 f: Joh. Adam war Pfarrer in Heppenheim seit dem 3.April 1601 bis 1628 und hatte drei Kinder.

950 Zeitschrift des Westpreußischen Geschichtsvereins Jg. 62, S. 67 f

951 Nostradamus schreibt hierzu: (5,73 nach Centurio, S. 130)
"Von Gott selbst wird die Kirche verfolgt werden,
die heiligen Kirchen werden ausgeraubt:
das Kind wird die Mutter nackt im Hemd gebären".

952 Zeitschrift des Westpreußischen Geschichtsvereins Jg. 62, S. 67 f

953 Zeitschrift des Westpreußischen Geschichtsvereins Jg. 62, S. 67 f

954 Zdrenka, Email: Zu seiner Person finden sich ausführliche Informationen bei: Weichbrodt, Bd. 1 (1986), S. 276; Arthur Methner, Die Danziger Stadtschreiber bis 1650, in: Danziger familiengeschichtliche Beiträge, 1 (1929), S. 35, Nr. 68; Zeitschrift des Westpreußischen Geschichtsvereins 49, S. 157; 48, S. 94, 96, 105, 109 und zu seinen Eltern in Zdrenka, Rats- und Gerichtspatriziat der Rechten Stadt Danzig, Teil II (1526-1792), Hamburg 1989, S. 225.

[955] Zeitschrift des Westpr.Gesch.-vereins, Jg. 49, S. 157: zur Person von Reinhold Kleinfeld.
Muhl: Dzger. Bürger auf der Dzger.Höhe in Dzg.fam.-gesch. Beiträge 1/1929, S. 42:
Sein Vater Rudolf Kleinfeld war Pächter des "Hofes Wartsch", das der Stadt Danzig gehört. Mitteilungen des Westpr. Gesch.vereins Jg. 30, S. 59: Reinhold Kleinfeld wird 1640 als Pächter von Wartsch genannt. Zeitschrift des westpr. Gesch.-vereins Jg.48, 109: Er war Calvinist und starb 1628. Muhl: Dzger. Bürger-geschl.in ländlichem Besitz; Zeitschrift d. westpr. Gesch.-vereins Heft 71/1934, S. 103
Besitzer von Hohenwalde, heiratete 1619 Brigitta Brandes aus Danzig
Mitteilungen des Westpr.Gesch.-vereins Jg. 21, S. 7: Seine Schwester war Elis. Kleinfeld, gest. 8.8.1677, Heirat am 4.5.1629 mit Reinhold Brandes. Weitere Personen dieses Namens Kleinfeld werden als Stadtschreiber und Ratsherr aufgeführt. Die wichtige Mission des Diplomaten Reinhold Kleinfeld 1615: Zeitschrift des Westpr.Gesch.-vereins, Jg. 49, S. 157. Muhl- Dzger. Bürger auf der Dzger.Höhe in Dzg.fam.-gesch. Beiträge 1/1929, S. 42; Mittlgn. des Westpr. Gesch.vereins Jg. 30, S. 59; Zeitschrift des westpr. Gesch.-vereins Jg.48, 109; Muhl - Dzger. Bürger-geschl.in ländlichem Besitz; Zeitschrift d. westpr. Gesch.-vereins Heft 71/1934, S. 103. Weitere Literaturhinweise von Dr. Joachim Zdrenka siehe am Schluß des Literaturverzeichnisses

[956] Eine Familie Andreas kommt in Danzig vor (Weichbrodt, Bd. 2, S. 24-25), aber ein Stephan ist nicht zu belegen. Ein Balthasar Andres (Andreas, Andreae) war in dieser Zeit in Danzig Buchbinder und Buchhändler; ein Ernst war Diakon an St.Petri und ein Nikolaus war Maler und Kupferstecher. (Zdrenka, 12. Dezember 2000). In der Westpreußenkartei findet sich keine Angabe lt. Herrn Kappel.

[957] Zur Hanse siehe Anmerkung S. 256

[958] Szkurlatowski, Krzysztof: P. Danziger Hexenprozesse, hisks@monika.univ.gda.pl Email, Dezember 2000

[959] Pelczar: Schultzius Balthasar M., Hinterpommern ? - eine Eintragung im Stammbuch des Danzigers Johannes Rosteuscher, Ms. 1415 I, S. 398. Ein Bartholomäus (Balthasar) Schultze war 1592 Pastor in Wussecken (Regierungsbezirk Köslin/ Hinterpommern) vgl. Hellmuth Heyden, Pommersche Geistliche vom Mittelalter bis zum 19. Jahrhundert, Köln-Graz 1965, S. 161 Ein Dr. Balthasar Schulz (Schultze) war 1601 Stadtphysikus in Kolberg (vgl. Baltische Studien, Alte Folge, Bd 30, S.28. Bd. 35, S. 16 f. (Hinweise von Dr. Joachim Zdrenka, Berlin-Brandenburg, Academy of Sciences, Potsdam, 12.Dez. 2000, Email).

[960] Anklam, S. 3 f: "Die erste urkundliche Erwähnung Anklams stammt aus dem Jahre 1243. Zu dieser Zeit bestand dort schon eine deutsche Kolonie, zum großen Teil Westfalen... Noch im 15. Jh. ist ein hoher westfälischer Anteil unter den Bewohnern erkennbar." Nach dem Eintritt in die Hanse lassen sich immer mehr Kaufleute und Handwerker in Anklam nieder. Die Stadt kommt zu Wohlstand und Ansehen. Die Hansezeit scheint viele Westfalen nach Anklam geführt zu haben (wie evtl. die Schultzes).

[961] Die **Hanse**, deren Ursprung mit der "Gildehalle" der Kölner Kaufleute in London 1157 belegt ist, baute ihre wirtschaftliche Macht vom 14. bis zum 16. Jahrhundert aus, indem sie den Güteraustausch vornehmlich zwischen Ost- und Westeuropa organisierte. Die Hanse sicherte ihre Handelsmacht auch durch militärische Aktionen und gestaltete somit als einflußreicher Faktor die Politik in Nordeuropa, z.B. im Frieden von Stralsund 1370. Die Hanse als lockere, nur partiell organisierte "Interessengemeinschaft" mit primär wirtschaftlicher Zielsetzung bestand aus 70 bis 80 aktiven Mitgliedern sowie 100 bis 120 kleineren Städten.

[962] Simon, S. 11 -28

[963] Wittig. Paul Schumann: ein Anklamer Hexenprozess, in: Anklamer Heimatkalender 1966, S. 78 ff.

[964] Praetorius, Vorrede 1613, S. 31

[965] Praetorius, Vorrede 1613, S. 32

[966] vgl. Anfang der Widmungsseite oder bedeutet es: Euch Allen Gerechten/Gnädigen und Lieben?
oder: ewiglich ewiglich euch allen gnade und liebe?

[967] Die Abkürzung muss in deutscher Sprache sein wegen des Wörtchens "und"!

[968] Krimm, S. 16

[969] Praetorius, Bericht 1613 Widmungsseite 3

[970] Der Vorname Jodokus stammt von St. Jodokus, der im 7. Jahrhundert in der ehemaligen französischen Provinz Picardie als Priester lebt. Sein Fest ist am 13. Dezember. Die Hilfe dieses Heiligen wird besonders in Pestzeiten angerufen. Bei Bielefeld gibt es den Jodokusberg, wohin zahlreiche Wallfahrten bis zur Reformationszeit führten. (Hengemühle)

[971] Schnettler, Studierende S. 101: Jodocus Praetorius Unnensis, Westphalus. b. art. Juni 1614. In der Fußnote heißt es: "Verwandter des Praetorius aus Kamen" (vgl. Schmidt, Dissertation, S. 297). Die Hohe Schule in Herborn wurde 1584 vom Grafen Johann von Nassau - Dillenburg gegründet und wurde um 1817 in ein evang. - theologisches Seminar umgewandelt. In der 1. Hälfte des 17. Jahrhunderts war sie die Hochburg der reformierten Lehre in Deutschland. (Simon, Anmerkung 32)
Bei der Immatrikulation könnte ein Student etwa 16 Jahre alt gewesen, ein damals sehr übliches Studienalter und sogar prozentual naheliegend, da die damalige Lebenserwartung je nach Sozialstatus zwischen 30 und 50 Jahren lag. Damalige Universitäten kann man sich hinsichtlich Studentenschaft eher wie ein heutiges Gymnasium vorstellen. So ist auch die einjährige Promotion des Sohnes Johannes zu verstehen, der Baccaleaurus entspricht unserem "cand.", also die Stufe des bestandenen Vordiploms, somit eigentlich kein Uni- Abschluss. (Nix, Email 27.12.00)

[972] (Schmidt Januar 2001, S. 1). Für diese Vermutung finden sich keine Hinweise.

[973] Praetorius, Vorrede 1613, S. 22
[974] Schmidt, Dissertation, S. 297
[975] Zimmermann, S. 198
[976] Am Anfag meiner Recherchen hatte ich auch eine genealogische Suche nach möglichen heutigen Nachkommen von Anton Praetorius begonnen. Im bundesdeutschen Telefonverzeichnis finden sich 440 Einträge zum Familiennamen Praetorius. Aufgrund dieser Erkenntnisse über den Tod seines Sohnes habe ich diese Richtung nicht weiter verfolgt, denn aus der Ursprungsfamilie des Anton Praetorius mit dem Namen "Schulze" lassen sich keine Spuren ableiten, und von seinen eigenen Kindern hat keins überlebt.
[977] Weinheim liegt am nördlichen Rand der Ev. Landeskirche in Baden im Kirchenbezirk Ladenburg - Weinheim
[978] Glaser, S. 136
[979] Diese und die folgenden Abkürzungen werden im Titel der Hochzeitsansprache verwendet, aber nicht erklärt. Ihre Bedeutungen waren nicht sicher zu klären.
Dr. Bader, Universität Gießen, schrieb dazu: Bei den von Ihnen erfragten Abkürzungen dürfte es sich um Titel, d.h. Adelsprädikate, akademische Grade o.ä. handeln, die aber im allgemeinen hinter den Namen stehen müssten. Ihre Auflösung, wenn sie so gehäuft auftreten, ist oft ein schwieriges, ja unmögliches Unternehmen, wobei auch mit absichtlichen Verschlüsselungen oder Spielereien zu rechnen ist. ... SPNSRM muß eine Abkürzung für sponsorum sein. I.V.D. ist im allgemeinen iuris utriusque doctor, d.h. Doktor des kirchlichen und weltlichen Rechts. Davor vielleicht R (everendi) et D (omini)? E (quitis?) F.P. ist mir unklar. Myläus war Pfarrer, daher vielleicht V (erbi) D (ivini)? Die Erweiterung der Jahreszahl verstehe ich als S (alutis) C (hristi) D (omini) N (ostri). Am Schluß vielleicht (Licentiati).
[980] von Steinen, Dritter, S. 162 berichtet von einem Kamener Rektor und Vicarius, dass er im Jahr 1613 ein Epithalamius hat drucken lassen, welches er für die Heirat von Rotger Knipmann mit Anna Fabricius angefertigt hatte. Die Anfertigung solcher Hochzeitsgedichte schien also in Mode zu sein. Ob es sich bei Anna Fabricius um eine Verwandte des Casparus Fabricius, 1593 Richter zu Unna handelt?
[981] Praetorius, Nemo
[982] Es handelt sich wohl um die damalige Schreibweise des heutigen Ilvesheim.
[983] Zimmermann, S. 30
[984] Zimmermann, S. 15
[985] Wolf, Leichpredigt, S. 21
[986] Glaser, S. 136
[987] Zimmermann, S. 32
[988] Glaser, S. 137
[989] Wolf, Leichpredigt, S. 22
[990] Das genaue Erscheinungsdatum der Auflage des Buches im Jahr 1613 ist nicht bekannt. Ich habe es hier auf die Zeit nach dem Tode von Praetorius gelegt.
[991] Liturgiekalender
[992] Wolf, Leichpredigt, S. 22
[993] Wolf, Leichpredigt, S. 20
[994] Der Tod von Sibylle ist nicht urkundlich festgehalten. Die Beerdigungspredigt spricht allerdings von den vier Frauen des Praetorius in der Vergangenheitsform; auch wird die Frau bei der Beerdigungspredigt nicht angesprochen, wie es wohl üblich wäre.
[995] Praetorius, Bericht 1598, S. 347
[996] Praetorius, Bericht 1598, S. 348
[997] Praetorius, Bericht 1598, S. 351
[998] Praetorius, Bericht 1598, S. 352
[999] Praetorius, Bericht 1598, S. 355
[1000] Wolf, Leichpredigt, S. 3
[1001] Bautz. Das Todesjahr in RGG 3, Bd. 5, 1961, 562 ist eindeutig falsch: "Johann Scultetus (gest. 1614), Schriftstellername des Anton Schultze, latinisiert Anton Praetorius, ref. Theologe."
[1002] Schnettler Heimatblätter. 1625 soll Anton Praetorius als reformierter Inspektor bzw. Superintendent in **Alzey** verstorben sein (so am 1. Nov. 2000 im Internet:
http://www.sfn.uni-muenchen.de/hexenverfolgung/art784.htm; mittlerweile korrigiert). Dies wird abweisend diskutiert von Karneth S. 63 (zitiert Paulus, S. 186), siehe Schmidt, Dissertation, S. 298
[1003] Hemsbach liegt heute am nördlichen Rand der Ev. Landeskirche in Baden im Kirchenbezirk Ladenburg - Weinheim
[1004] Jubiläumsbuch: Pfarrer Johann Christoph Reinhard Wolf (1613-). Pfarrer in Sinsheim, seit dem 15. September 1613 Pfarrer in Hemsbach und Laudenbach, wo er ein kleines Grundstück besaß. Er soll sich während des Dreißigjährigen Krieges nach dem Sieg des Schwedenkönigs Gustav Adolf zeitweilig in Hemsbach aufgehalten haben. Bei diesen Angaben bezieht sich das Jubiläumsbuch auf Maurer: "Dagegen ist von Pfarrer Wolf aus einer Grundstücksbegrenzung bald nach dem Kriege bekannt, dass er hier begütert war und seine Nachkommen diese Güter damals noch im Besitz hatten." In Maurers Buch finden sich allerdings keine Quellenangaben.

[1005] Folgender Eintrag findet sich auf S. 143 des Licher Heimatbuches: 2. Stiftspfarrer: 1600-1614 (+) Christoph Wolf, gest. 2.11.1614. Ist das ein Bruder von Reinhard Wolf oder der Vater? (Email von Manfred Bruns 11.12.00)
[1006] Zimmermann, S. 36
[1007] Küther, S. 246: Im benachbarten Lich finden sich Nachrichten von einer Familie Wolff: Johann Wolff war 1563 Glöckner der Kirche. / Telefon. Information zur Leichenpredigt von Dr. Th. Jahn in der BSB München.
[1008] Glaser, S. 137
[1009] auszugsweise wiedergegeben.
[1010] Wolf, Leichpredigt
[1011] Wolf, Leichpredigt, S. 3
[1012] Wolf, Leichpredigt, S. 19 unten
[1013] Wolf, Leichpredigt, S. 20
[1014] = Abkündigung
[1015] Wolf, Leichpredigt, S. 21
[1016] Mit "Fach" muss Offenbach gemeint sein. Im Stadtarchiv Offenbach ist diese Stadtbezeichnung nicht bekannt.
[1017] Wolf, Leichpredigt, S. 22
[1018] Brandenberg, S. 3
[1019] Schenck Bericht, S. 18
[1020] Wind, 1.12.2000
[1021] Wind Brief vom 10.11.00
[1022] Diehl, Hassia sacra, Bd. III, S. 160 Pfarrer in Laudenbach
[1023] Wind Brief vom 10.11.00
[1024] Wind Brief vom 10.11.00
[1025] Praetorius, Bericht 1613
[1026] Schmidt, Dissertation, S. 300
[1027] Krimm, S. 16; Praetorius, Vorrede 1613 Widmungsseite. Kistner, 28.12.2000, zu den verwendeten Druckschriften: Wie in der deutschen Handschrift (fälschlicherweise heute als "Sütterlin" bezeichnet), verwendete man auch im Druck unterschiedlichen Schrifttypen. Die latinisierten Namen und Begriffe (Fremdwörter) wurden in lateinischer, die deutschen Namen und anderen Wörter in deutscher Drucktype gedruckt. Nach dem Ende dt. Begriffe folgte ein "/", nach lat. ein Komma zur Trennung vom Nachfolgenden.
[1028] immatrikuliert in Heidelberg am 9. Juni 1599
[1029] Zimmermann, S. 31
[1030] Glaser, S. 137
[1031] Dresen S. 130; Schmidt, Dissertation
[1032] Krimm, S. 16
[1033] Reese, S. 27
[1034] Behringer Climatic
[1035] UK Artikel "Hexenverfolgung: denunziert, angeklagt, verbrannt", UK Nr.10/ 4. März 2001, S. 15
[1036] vgl. den ausführlichen Textexzerpt oben im Kapitel: "Der Teufel ist fleissiger als je zuvor"
[1037] Wolf, Leichpredigt, S. 3
[1038] In der Stadt Birstein laufen auf Initiative von Pfr. Hammann und Herrn Kauck derzeit Überlegungen, eine Strasse nach Anton Praetorius zu benennen.
[1039] Praetorius, Bericht 1598, S. 100
[1040] Paulus, S. 183
[1041] zitiert nach Paulus, S. 183 f
[1042] nach Paulus, S. 191 f
[1043] Kneubühler, S. 127
[1044] Karneth, S. 63
[1045] Karneth, S. 76
[1046] Vogel. S. 189 ff
[1047] Vogel, S. 193
[1048] Vergleiche S. 88 den Auszug aus einem Verhörprotokoll im Kapitel: "Was Gott uns zum rechten Umgang mit den Hexenprozessen gelehrt hat"
[1049] Vogel, S. 198 ff
[1050] Schmidt, Dissertation, S. 296
[1051] Schmidt, Dissertation, S. 301
[1052] Dresen- Coenders, S. 137
[1053] Von: wmb1 wmb1@york.ac.uk
An: Hartmut Hegeler su000137@access.uni-dortmund.de Betreff: Praetorius
Sehr geehrter Herr Hegeler, 22.12.2000

Ihre Absicht, eine Festschrift zum Andenken an Praetorius' Bericht herauszubringen, habe ich mit Interesse gelesen. Kennen Sie jemanden, der sich Gedanken macht über Praetorius' mögliche Verbindungen zum "Huis der Lievde" (family of love). Falls nicht, könnte ich dazu vielleicht eine Miscelle beisteuern. Mit besten Grüssen, Ihr Wolfgang Behringer

Sehr geehrter Herr Hegeler, 13.6.2001
herzlichen Dank für Ihr Angebot, aber momentan bin ich so überlastet mit Arbeit, dass ich darauf leider nicht eingehen kann. Ich bin sehr gespannt auf Ihre Publikation, die Lektüre von Praetorius hat für mich zu den überraschendsten gehört. Beste Grüße, Ihr Wolfgang Behringer

Sehr geehrter Herr Hegeler, 14.6.2001
Standard ist immer noch Alastair Hamilton, The Family of Love, Cambridge 1981, der erkannt hat, dass diese Gruppe so berühmte Mitglieder wie Christopher Plantijn und möglicherweise Justus Lipsius hatte. In Richtung Deutschland hat noch niemand gesucht, Hendrik Niclaes wird kurioserweise als Niederländer betrachtet, obwohl er in Köln geboren ist, dort seine meisten Bücher (auch die englischen und niederländischen) publiziert worden sind, und er weite Strecken seines Lebens in Emden und Köln gelebt hat und dort auch gestorben ist. Dass er Anhänger in Deutschland gehabt haben muss, erscheint mir evident, und man würde wohl zuerst an die Rheinschiene denken. Als David Wootton kürzlich nachwies, dass Reginald Scot mit der Family of Love verbunden war, habe ich im Geiste durchprobiert, welche deutschsprachigen Autoren in Frage kämen. Anton Praetorius ist mein Favorit, aber außer seinem Text, den ich auch in meiner Quellensammlung mit entsprechenden Passagen zitiert habe, gibt es bis jetzt keinen Beleg dafür, natürlich unter anderem deshalb, weil dies bei einem calvinistischen Pastor nicht gerade nahezuliegen scheint. An eine "formale" Mitgliedschaft wird aber sowieso nicht denken bei einer Gruppe, die explizit keinen Wert auf äußere Merkmale legt und sogar ihre Existenz verschweigt. Niemand hat bisher danach gesucht, aber Sie können gerne in einer Fußnote festhalten, dass ich das vorschlage. Man müsste über die Textanalyse hinaus natürlich in prosopographische Studien einsteigen. Das kann ich aber derzeit nicht leisten. Ich habe nicht einmal den kompletten Text des Hexenbuches hier, sondern nur meine Exzerpte aus Wolffenbüttel. Aber ich nehme an, dass Ihre Publikation einen guten Ausgangspunkt für weitere Studien bieten wird, ich bin schon sehr gespannt darauf. Mit herzlichen Grüssen, Ihr Wolfgang Behringer

[1054] Die Korrespondenz Grevels liegt im Stadt-Archiv Essen, Nachlaß Grevel Karton 5. Zitat von Frau Gersmann, "Unser Hexenänneken" S. 132 f

[1055] Pfister, Christentum, S. 358f

[1056] Haustein, S. 150-153

[1057] TRE

[1058] Haustein, S. 150

[1059] Pfister, Christentum, S. 377

[1060] Pfister, Christentum, S. 371

[1061] Pfister, Christentum, S. 376

[1062] Pfister, Christentum, S. 376

[1063] RGG Bd. 3, S. 128

[1064] Antonius der Große (RGG Bd. 1, S. 461)

[1065] Häresie, S. 9. RGG Bd. 3, S. 16

[1066] Antonius von Padua, (RGG Bd. 1, S. 461)

[1067] Rademacher, S. 543 f

[1068] S. 745. Rademacher bezieht sich auf Hamelmann, S. 848. Darauf nimmt Bezug Sinemus, S. 19 f.

[1069] Bauks, S. 460 erwähnt zwei Pfarrer namens Johannes Schulte (= Praetorius): 1. ordiniert in Unna 31.10.1660; 2. ordiniert in Unna 17.2.1686

[1070] Zur Pest in Büdingen vgl. S. 54

[1071] siehe: "Internet"

[1072] Mündl. Auskunft v. Prof. Dr. Meyer, Bochum, 2001, allerdings waren hierzu keine Literaturangaben zu finden.

[1073] Pfister S. 39 f

[1074] Steinman

[1075] Nostradamus 9, 14 nach Centurio S. 138

[1076] http://biosphaerenreservat-rhoen.de/wetter/Wetterlex_K.htm#

[1077] http://www.morgenwelt.de/kultur/000221-klimabilder.htm

[1078] Weitere bibliographische Hinweise hierzu am Ende des Literaturverzeichnisses.

[1079] Pauperisierung = Verarmung

[1080] Pfister, S. 13

[1081] Sigel, S. 140

[1082] z.B. aus Westfalen vgl. Schieferbergbau- Museumskatalog, S. 213- 218

[1083] Reese, S. 27

[1084] Biundo, S. 370

[1085] Wolf, Hexenprozesse, S. 191

[1086] Hallek, S. 32

[1087] Nostradamus, Centurio, S. 149 bringt die Centurie 4,71

[1088] Vergleiche hierzu S. 155

[1089] Prätorius Vorrede 1613 S. 20

[1090] Dankenswerterweise wiesen mich Dr. Graf, Dr. Nix und Dr. Decker auf folgende Quelle hin, die das Rätsel erklärlich macht: Vogt beschreibt im Internet das Schicksal von Sidonie, der Gattin von Erich II. von Braunschweig-Wolfenbuettel-Calenberg (gest. 1584)

[1091] vgl. dazu Johannes Merkel, S. 22

[1092] Merkel, S. 78; vgl. http://www.welfen.de/erich2.htm

[1093] vgl. Evangelische Beiträge zum Philipp-Nicolai-Jahr, S. 109

[1094] Steinen, Zweiter, S. 1171

[1095] Steinen, Zweiter, S. 1172

[1096] Zeitschrift des Westpreußischen Geschichtsvereins Jg. 62, S. 67 f

[1097] Glaser, S. 138

[1098] Danzig war nach dem Thorner-Frieden von 1466 Danzig praktisch ein Freistaat unter dem Schutz der polnischen Könige und wurde erst 1793, nach der 2. polnischen Teilung preußisch.

[1099] Zeitschrift des Westpr.Gesch.-vereins, Jg. 48, S. 96

[1100] Zeitschrift des Westpr.Gesch.-vereins, Jg. 48, S. 105

[1101] Zeitschrift des Westpr.Gesch.-vereins, Jg. 48, S. 109

[1102] Dr. Bader von der Universität Gießen schreibt dazu: "Unsere Signatur E 9990 ist ein Sammelband mit 82 Schriften, anscheinend durchweg Gelegenheitsdichtungen. Den Vorbesitzer und Urheber der handschriftlichen Eintragungen habe ich indirekt ausfindig machen können: Conrad Bachmann (1572-1646), Theologe und selbst Poet, Professor an unserer Universität, aus dessen Besitz der Band direkt an unsere UB gelangt sein dürfte. Daß von ihm auch schon diese Zusammenstellung stammt, darauf deutet der Eintrag Caminum variorum volumen tertium auf der Titelseite der ersten Schrift hin."

[1103] Lieber Herr Hegeler, Die Münstereifler Panzerschrank-Bücher sind in der Tat häufig "nachbearbeitet", auch beim Löher. Mit Tinte waren wichtige Namen von Tätern geschwärzt, die Titel und Vorsatzblätter einschließlich Deckel enthalten manchmal allerlei Schrieb. Wie Sie schon richtig erwähnen, war das aber nun einmal die "Arbeitsbibliothek" des damaligen Jesuitenstifts. Zum Praetorius Einschrieb: Die alten Bücher wurden schon vor langer Zeit katalogisiert, aber nicht zur Zeit der Jesuiten. Das System war einfach: man nahm das Publikationsdatum und zählte dann hinter einem Schrägstrich durch. Löher z.B. ist SJ 1676/5, also das fünfte Buch der Sammlung der Jesuiten aus dem Jahr 1676 (in Wahrheit 1677 oder später). Praetorius ist also das dritte Buch aus 1613. Man darf noch dankbar sein, dass hier nur mit dem leicht entfernbaren Bleistift gearbeitet wurde, manche Bibliotheken haben wertvolle Bücher verhunzt mit riesigen Eigentums-Stempeln auf dem Titelblatt. Da die Einschriebe oft ziemlich alt sind, darf man sie selbst wieder als historiographisch interessant ansehen. Publikationsdatum: Von der Ausgabe 1615 weiß ich nun nichts, ich kenne überhaupt nur die Ausgabe 1613 von Andreas Cambier/Johann Lancelot, Heidelberg 1613. Diese Werke z.B.: Staatsarchiv München, BSB Sign.: Mor. 756 und SB Berlin Sign.: N 823. Sensationell wäre es, wenn die Münstereifler Ausgabe NICHT von Cambier/Lancelot in Heidelberg wäre. Dann würde es sich nämlich um einen Raubdruck handeln und das wäre recht wichtig. Email 13.1.01, Beste Grüße, Dietmar Nix

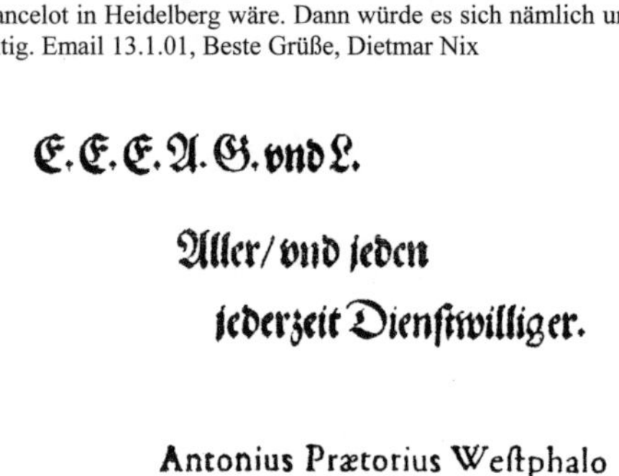
E.E.E.A.G. vnd L.

Aller/ vnd jeden

jederzeit Dienstwilliger.

Antonius Prætorius Westphalo
Lippianus; nun 15. Jar Kirchendiener daselbst.

Grafik aus Praetorius Vorrede Bericht 1613 (vgl. Seite 164)

Index der Anmerkungen

1597 237, 240, 248, 249
1598 239
1628 250, 255, 256
1629 243
Abelus 254
Abfall von Gott 243
Adam 255
Albus 240
Aleke 234
Almosen 240
Althusius 254
Alzey 237, 239, 254, 255
Andreas 256
Anton Praetorius von Mühlberg a.Elbe 234 Siehe Praetorius
Antonius 234
Antonius von Padua 259
Arcularius 248
Augsburger Bekenntnis 252
Baccaleaurus 256
Baden, Großherzogtum 253
Baden, Johansen 251
Balve 235, 236
Bayern 233
Behm, Martin 241
Behringer 259
Bensberg 236
Bensheim 254, 255
Beringer, Johann 255
Berninckhuisen, Johan 235
Bibel 245
  1. Timotheus 1, 15 245
  2. Mose 22, 18 Siehe Exodus 22, 18
  3. Mose, Kapitel 20, Vers 6 245
  5. Buch Mose, Kap. 23, Vers 5 243
  Epheser 5, 23 248
  Exodus 12, 18 244
  Exodus 22, 18 247 Siehe Bibel: 2. Mose 22, 18
  Exodus 23, 8 245
  Hebräer 6, 4 245
  Hesekiel 18, 27 und 33, 11 245
  Joel, Kapitel 1 Vers 4 243
  Num. 19,12 246
  Psalm 11, Vers 6 243
Bibelübersetzung 237
biblisch 243
Bielefeld 256
Birstein 233, 236, 239, 240, 244, 248
Bodelschwingh, von 254
Bönen 236
Borussus 254, 255
Brandes, Brigitta 256
Brandes, Reinhold 256
Braunschweig 253
Brief 238
Brinckmannus 252
Bruch, zum 252
Brückmann 252
Büdingen 239, 242, 247, 248
Calvin 243, 244, 245, 247
Calvinismus 254
Calvinist 240, 256
calvinistisch 259
Camen 236, 251
Camensis 251, 252
Camenus 252
Cantor 248
Carolina 246
Casparus Tenderus 239
Cisnerus 247
Clein Umbstatt 254, 255
Cleve 252
Clothmann, Hermann 236
Clüting, Johan 236
Colmann, Friedrich 236
Copius 235, 251, 252
Creutzanus 254
Creuznach 255
Dantiscanus 254, 255
Danzig 234, 254, 255, 256, 260
Darmstadt 239
Deutsche Sprache 249
Deutschland 238, 256, 259
Diakon 254, 256
Diakonus 255
Diedrich v. Bönen 236
Diest 252
Dittelsheim 237, 239
Dominus 246, 247
Dornkasten 236
Drucker 249
Düren 254
Düsseldorf 254
Ebert Balve 235
Emden 259
Epithalamius 257
Erbenius 249
Erfurt 240
Erich II von Braunschweig 253
Ernte 251
Essen 233, 259
Evang. Lutherische Landeskirche in Bayern 233
Evangelische Kirche in Hessen und Nassau 233, 237, 239, 240, 242, 248, 255
Evangelische Kirche von Kurhessen-Waldeck 239
Evangelische Kirche von Westfalen 233, 236
Evangelische Landeskirche in Baden 238, 248, 257
Fabricius 255, 257
Family of Love 259
Fass 238
fliegen 243
Foltermethoden 246
Frankfurt 239, 253
Fressen 240
Freundt 252
Freytägische 235
Friedrich Colmann 236
Friedrich III 237
Gebet 253
Gebet für Richter 246
Gebote Siehe Zehn Gebote
Gedanensis 254, 255
Gefängnis 236
Gelnhausen 239
genealogische Suche 257
Gephyrander 252
Gersmann 233, 259
Gespräch 242, 244
Gewitter 243
Goclenius 250
Gödelmann 253
Gord Schmidt 236
Gottes Zorn 243
Graf Johann von Nassau - Dillenburg 256
Graf Simon 235
Gregor XIII 236
Grevel 233
Grevenstein, Sebastian 235
Groß-Gerau 239
Großherzogtum Hessen 253
Grummet 239
Güstrow 234, 251
Gymnasium 255, 256
Hacke, Bernhard 235
Halsgerichtsordnung 245
Hamelmann 251
Hamilton 259
Hamm 251, 252
Hanse 256
Hattersheim - Okriftel 239
Haußcreutz 248
Haußgespräch 240
Heidelberg 235, 238, 250, 251, 252, 255, 258
Heidelberger 254
Heidelberger Katechismus 238, 241, 246
Heinrich Sudhaus 236
Heinrich v. Scheiner 236
Hemsbach 257
Hentzner 238

Heppenheim 253, 254, 255
Hermann Clothmann 236
Herzog Erich II von Braunschweig 253
Hexenbuhle 248
Hexenprozess 234, 246, 258
Hexenprozesse 235, 256
Hexenverfolgungen 235
Hohe Schule in Herborn 256
Hohenwalde 256
Holstius 254, 255
Hovel 252
Hugenotten 235
Hulsmannus 255
Hülsmannus 254
Humanismus 238
Ingelheimensis 254
Inspektor 254
Joannes 252
Jodocus 252, 256
Jodokusberg 256
Johan Clüting 236
Johan Koepen 236
Johan Koich 236
Johan Reichart 249
Johan Schulz 236
Johannes 236, 252, 254, 255, 256
Jülicher Synode 254
Kaldewegsche 234
Kamen 234, 236, 250, 251, 252, 256
Kamener 252, 253, 257
Kantor 235
Karl V 245
Kasimir 238
Katechismus, Kleiner 241
Katharinenkirche 237
Katholiken 253
Ketzel 249
Kezelius 249
Kindersterblichkeit 238
Kirchenbezirk Ladenburg Weinheim 248, 257
Kirchengeschichtliche Institute 233
Kirchenkreis 233
Kirchenkreis Gelnhausen 239
Kirchenkreis Unna 236
Kirchenzucht 247
Kirchman von Selm, Johan 235
Kleine Eiszeit 238
Kleinfeld 255
Knipmann, Rotger 257
Köln 259
Königstädten 239
Königstetten 239
Kreuzau 254
Kreuznach 254, 255
Kurhessen-Waldeck 239
Kurpfalz 238, 253, 254
kurpfälzisch 254
Lambsheim 239
Lamesheim 249
Lancelot 249
Langenberger 254
Langschede 252
Latein 252
lateinisch 249, 252
Lateinschule 236, 252
Lauban (Oberlausitz) 241
Laudenbach 236, 242, 253, 257, 258
Laumersheim 239
Laumersum 249
Laupaeus 237, 254
Lebenserwartung 238, 256
Leichenpredigt 238
Leichpredigt 233, 236, 237, 238, 239, 240, 248, 249, 250, 251, 253, 257, 258
Lich 240, 249, 258
Liesborn 234, 235
Lippe 234, 235
Lippstadt 233, 234, 235, 236, 248, 250, 251
Lippstädter 233, 235, 236
Lipsius 259
Lonnerus, Johan 235
Ludwigshafen 251
Luft 238
Luther 237, 241
Lutheraner 236, 252
lutherisch 237, 254
Magier 245
Marburg 235, 248, 250
Mark 252
Markgraf Ernst 252
Martin Behm 241
Medewohner 233
Münster in Westfalen 247
Münster, Oberstift 234
Münzeinheit 240
Muschenheim 236, 238, 239, 240, 250
Nagel-Schmidt 235
Neben 249
Nebenius 249
Neujahrslied 240
Neustadt 238
Niclaes 259
Nicolai, Philipp 252
Niederländer 259
Niemöller, Martin 233
Nierstein 254
Nostradamus 238, 241, 255
Noviomagus 239
Oberlaudenbach 253
Oberrinderbügen 243
Oberstift Münster Siehe Münster
Oemeken 251
Oemeken, Gert 234
Offenbach 239, 249
Offenbacher 239, 248
Okriftel 239
Oppenheim 237, 254, 255
Orestes, Bernhard 235
Ostseeraum 234
Pakt mit dem Teufel 243
Papst 236
Pediander 242
Pest 238
Pfalz 255
pfälzisch 237, 248, 254
Pfarrbestallungsakten 240
Pfarrhaus Birstein 240
Pfennig 240
Pferdesterben 249
Phildius, Philippus 254
Pistoris 240
Pistorius 240
Pistorius, Hermann 240
Plantijn 259
Pottgiesser 252
Praetorius 234, 239, 240, 246, 247, 248, 249, 250, 252, 254, 256, 257 Siehe Anton Praetorius
Pröbsting 236
Propstei Oberhessen 240, 242
Propstei Rheinhessen 237
Propstei Rhein-Main 239
Propstei Starkenburg 255
Prostitution 247
Ramaccerus 252
Reformation 234, 238, 240, 251, 252, 255
Reformator 234, 251
reformiert 237, 238, 241, 246, 248, 251, 252, 255, 256, 257
Reformierte 252
Regnerus Gerhardi, Pfarrer 239
Reichskammergericht 252
Reinermann, Hermann 251, 252
Remus, Martin 254, 255
Reuter 251
Richter 244, 246, 251, 257
Richtereid 252
Rinderbügen 243, 246
Rostock 235, 251, 253
Rügenwalde 255
Ruprecht I. von Kurpfalz 238
Rüsselsheim 239
sacrosanctis 233, 249, 250
Salzwerke 252
Sapienzanstalt 251
Schadenszauber 247
Schmidt Siehe Gord Schmidt Siehe Nagelschmidt
Schmitz, Caspar 251, 252
Schmitz, Casper 252
Schomerus, Conrad 235
Schulmeister 242
Schultze 233, 253, 257
Schulze 235, 238

Schutze, Wolrad 235
Schwangerschaft 237
Schwartz 252
Schwellenvogel 247
Scot 259
Scultetus 236, 257
Sebastian Tilemann 236
Selm 235
Server Frühe Neuzeit 233
Sibylle 257
Sieffersheim 254
Sigismund von Brandenburg 252
Simon VI 235
Soest 233, 234
sola scriptura 244
Solebrunnen 252
Sprendlingen 247, 254
St. Elisabeth 255
Stadtarchiv Lippstadt 234
Stiefel 254
Stipelius, Wimarus 254
Stromberg 234
Studienalter 256
Suderlage 234
Sudhaus, Heinrich 236
Superintendent 254
Tenderus, Casparus 239
Tittelsheim 239
Todesstrafe 247
Todesstrafe für Hexen 244
torturam 246
Track, Prof. Dr. 233
Tütelßheim 239
Universität 256
Unna 234, 250, 251, 252, 257
Unna- Königsborn 252
Unterrinderbügen 243
Urfehde 234
Vas Heidelbergense 238
Verfolgungsgegner 250
Verhörprotokoll 258
Verlobung 239
Vittaeus 252
von Büren 252
von Büren, Clara 252
von Büren, Winold 252
Vorpommern 251
Vuollius 252
Wachenheim 254
Wartburg 237
Wein 251
Weinheim 255
Weltrekord 236
Werdelmann 252
Westfalen 233, 234, 247, 252, 259
westfälisch 236
Westphalus 252, 256
Wetter 238
Weyer 233
Widerwärtigkeit 248
Widmung 254
Widmungsseite 251, 256, 258
Wiesbaden 239
Wilhelm, Herzog 252
Wind 248, 253, 258
Windel 242
wirtschaftlich 256
Witekind 243, 250
Witekind, Hermann 254
Wittenberg 235
Witwenschaft 239
Wolf, Pfarrer. 248
Wolfgang Ernst 239
Wootton, David 259
Worms 239, 253
Wormser Edikt 237
Ysenburg 239
Zehn Gebote 241

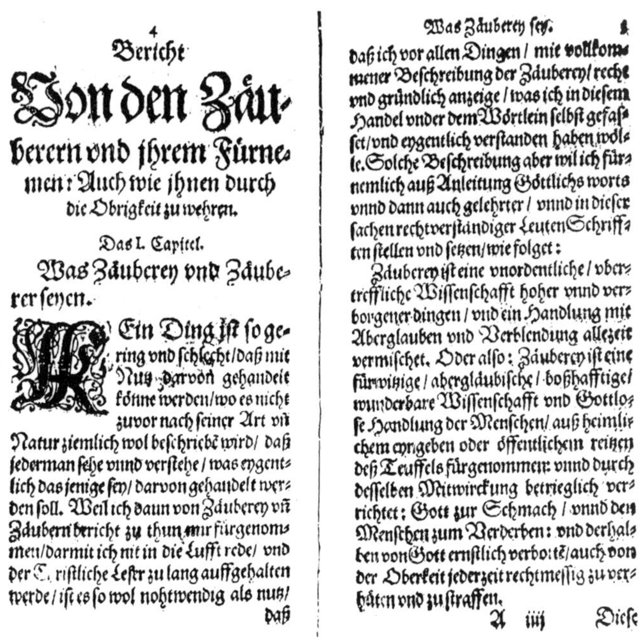

4
Bericht
Von den Zäuberern vnd jhrem Fürnemen: Auch wie jhnen durch die Obrigkeit zu wehren.

Das I. Capitel.
Was Zäuberey vnd Zäuberer seyen.

KEin Ding ist so gering vnd schlecht/ daß mit Nutz darvon gehandelt könne werden/ wo es nicht zuvor nach seiner Art vñ Natur ziemlich wol beschriebẽ wird/ daß jederman sehe vnnd verstehe/ was eygentlich das jenige sey/ darvon gehandelt werden soll. Weil ich dann von Zäuberey vñ Zäubern bericht zu thun mir fürgenommen/ darmit ich nit in die Lufft rede/ vnd der Christliche Leser zu lang auffgehalten werde/ ist es so wol nohtwendig als nutz/ daß

Was Zäuberey sey. 5
daß ich vor allen Dingen/ mit vollkommener Beschreibung der Zäuberey/ recht vnd gründlich anzeige/ was ich in diesem Handel vnder dem Wörtlein selbst gefasset/ vnd eygentlich verstanden haben wölle. Solche Beschreibung aber wil ich fürnemlich auß Anleitung Göttlichs worts vnnd dann auch gelehrter/ vnnd in dieser sachen rechtverständiger Leuten Schrifften stellen vnd setzen/ wie folget:

Zäuberey ist eine vnordentliche/ vbertreffliche Wissenschafft hoher vnnd verborgener dingen/ vnd ein Handlung mit Aberglauben vnd Verblendung allezeit vermischet. Oder also: Zäuberey ist eine fürwitzige/ abergläubische/ boßhafftige/ wunderbare Wissenschafft vnd Gottlose Handlung der Menschen/ auß heimlichem eyngeben oder öffentlichem reitzen deß Teuffels fürgenommen: vnnd durch desselben Mitwirckung betrieglich verrichtet: Gott zur Schmach/ vnnd den Menschen zum Verderben: vnd derhalben von Gott ernstlich verbottẽ/ auch von der Oberkeit jederzeit rechtmessig zu verhüten vnd zu straffen.
A iiij Diese

Bild 98 Praetorius Bericht 1598 Seite 4/5

DEDICATIO.

Den Edlen / Ehrnvesten /

Hoch- vnd Wolachtbarn / Ehrsamen / Fürsichtigen / Wolweisen Herrn / Herrn Drosten / Bürgermeistern / Richtern / Rähten / Kämmierern / Freygraven vnd Schöpffen / vnd gantzen löblichen Burgerschafft aller Stätte vnd Aemptern der Vralten berühmbten Graffschafft Lippe in Westphalen: meinen in Gott vielgeliebten Landsleuten / großgünstigen Junckern / Herren / vnd guten Freunden / sampt vnd so;nder / ꝛc.

EDle / Ehrnveste / Hoch- vnd Wolachtbare / Ehrsame / Fürsichtige / Wolweise / Großgünstige Herrn / liebē Freunde: Viel gelehrte vnd dapffere Männer haben in kurtzen Jahren inn- vnd ausserhalb Teutscher Nation viel geschrieben von dē grewlichen laster der verfluchten Zauberey / vnd den thörichten menschen / die derselben entweder boßhafftig vnd freventlich / oder durch betriegliche verführung / vnd fast vnwissentlich / Gott zu vnehren / vnd jhnen selbsten nicht weniger als andern zu grossem schaden sich befleissen. Vnd sind vn-

):(ij ter

Bild 99 Praetorius Bericht 1602, Widmungen Seite 2